全国革命老区县发展史丛书·广东卷

南雄市革命老区发展史

南雄市革命老区发展史编委会　编

SPM 南方出版传媒　广东人民出版社
·广州·

图书在版编目（CIP）数据

南雄市革命老区发展史 / 南雄市革命老区发展史编委会编. —广州：广东人民出版社，2019.10
（全国革命老区县发展史丛书·广东卷）
ISBN 978-7-218-13798-8

Ⅰ. ①南⋯　Ⅱ. ①南⋯　Ⅲ. ①南雄市—地方史　Ⅳ. ①K296.54

中国版本图书馆 CIP 数据核字（2019）第 176876 号

NANXIONG SHI GEMING LAOQU FAZHANSHI

南雄市革命老区发展史

南雄市革命老区发展史编委会　编　　　　版权所有　翻印必究

出 版 人：肖风华

责任编辑：夏素玲　谢　尚
装帧设计：张力平
责任技编：周　杰　周星奎

出版发行：广东人民出版社
地　　址：广州市海珠区新港西路 204 号 2 号楼（邮政编码：510300）
电　　话：(020) 85716809（总编室）
传　　真：(020) 85716872
网　　址：http://www.gdpph.com
印　　刷：广州市浩诚印刷有限公司
开　　本：715mm×995mm　1/16
印　　张：30.5　插　页：16　字　数：383 千
版　　次：2019 年 10 月第 1 版
印　　次：2019 年 10 月第 1 次印刷
定　　价：118.00 元

广东省编纂《革命老区县发展史》丛书
指导小组

组　长：陈开枝（广东省老区建设促进会会长）

副组长：林华景（广东省老区建设促进会常务副会长）

　　　　宋宗约（广东省农业农村厅副巡视员、广东省老区
　　　　　　　　建设促进会副会长）

　　　　刘文炎（广东省老区建设促进会副会长）

　　　　郑木胜（广东省老区建设促进会副会长）

　　　　姚泽源（广东省老区建设促进会副会长兼秘书长）

　　　　谭世勋（广东省老区建设促进会副会长）

办公室

主　任：姚泽源（兼）

副主任：廖纪坤（广东省农业农村厅扶贫协作与老区建设处
　　　　　　　　处长）

　　　　柯绍华（广东省老区建设促进会副秘书长）

　　　　伍依丽（广东省老区建设促进会副秘书长）

韶关市编纂《革命老区县发展史》丛书
指导小组

组　　长：梁　聪（韶关市老区建设促进会第一副会长）

副组长：李国华（韶关市老区建设促进会副会长）

成　　员：黄志才（韶关市老区建设促进会副会长）

　　　　　张定均（韶关市老区建设促进会副会长）

　　　　　梁观福（韶关市史志办原副主任）

《南雄市革命老区发展史》编纂委员会

编纂委员会

主　　任：王碧安（南雄市委书记）

执行主任：林小龙（南雄市委副书记、市长）

副 主 任：叶济熊（南雄市委副书记）

　　　　　朱海兵（南雄市委常委、常务副市长）

　　　　　曾文辉（南雄市委常委、市委办主任）

　　　　　林　军（南雄市委常委、组织部部长）

　　　　　温春花（南雄市委常委、宣传部部长）

　　　　　陈志光（南雄市委常委、统战部部长）

　　　　　涂运发（南雄市老促会会长）

成　　员：钟祥文（南雄市委办）

　　　　　卢锦华（南雄市政府办）

　　　　　张祥兰（南雄市委组织部）

　　　　　张卿雄（南雄市委宣传部）

　　　　　李指源（南雄市发展和改革局）

　　　　　李泉洲（南雄市农业农村局）

　　　　　姚远华（南雄市财政局）

　　　　　钟筱蓉（南雄市文广旅体局）

　　　　　肖兴麟（南雄市史志办）

在举国欢庆新中国成立 70 周年前夕，中国老区建设促进会王健会长请我为《全国革命老区县发展史》丛书作序，作为一名在老区战斗过并得到老区人民生死相助的老兵，回首往事，心潮澎湃，感慨万千，深感义不容辞，欣然应允。

中国革命老区，是以毛泽东为代表的中国共产党人在领导人民推翻帝国主义、封建主义和官僚资本主义三座大山，争取民族独立和人民解放伟大斗争中建立的革命根据地，在这片红色的土地上，诞生了无数可歌可泣的革命英雄儿女，为后人树起了一座不朽的丰碑，她是新中国的摇篮，是党和军队的根。

在艰苦卓绝的战争年代，老区人民把自己的命运与中华民族的命运紧紧地联系在一起，与中国共产党和人民军队的命运紧紧地联系在一起，他们生死相依，患难与共。我曾亲历过战争年代，并得到过老区红哥红嫂的救助，切身感受到发生在身边的一幕幕撼天动地的革命故事，在那极其艰难的条件下，老区人民倾其所有、破家支前，不怕艰难困苦，不怕流血牺牲。"最后一碗米送去做军粮，最后一尺布送去做军装，最后一件老棉袄盖在担架上，最后一个亲骨肉送去上战场"，这是当时伟大的老区人民为建立新中国做出巨大牺牲的真实写照，它将永远镌刻在中国共产党、中国人民解放军、中华人民共和国的历史丰碑上。他们的光辉业绩永载史册，他们的革命精神必将影响一代又一代的革命新人，造就一代又一代的民族脊梁。

在社会主义革命和建设时期，革命老区和老区人民响应党的号召，面对落后的面貌、脆弱的经济、恶劣的生态环境，他们本色不变，精神不丢，自力更生，艰苦奋斗，干一行爱一行。始终坚持"革命理想高于天"，自觉做共产主义远大理想的坚定信仰者和忠实实践者，勇于向恶劣的自然环境和贫穷落后宣战，他们在各条战线上为国建功立业，用平凡的双手创造了一个又一个不平凡的奇迹，彰显了老区人的崇高精神和人格力量。

在改革开放的伟大进程中，老区人民解放思想，勇于创新，发奋图强，攻坚克难，老区的经济社会建设取得了辉煌成就。特别是在改变中国的面貌、中华民族的面貌、中国人民的面貌、中国共产党的面貌的伟大实践中发挥了至关重要的作用。老区人民既是改革开放的参与者，也是改革开放的推动者。

艰苦练意志，危难见精神。老区人民在近百年的革命战争、社会主义建设和改革开放的伟大实践中，孕育形成了伟大的老区精神：爱党信党、坚定不移的理想信念；舍生忘死、无私奉献的博大胸怀；不屈不挠、敢于胜利的英雄气概；自强不息、艰苦奋斗的顽强斗志；求真务实、开拓创新的科学态度；鱼水情深、生死相依的光荣传统。这是党和人民宝贵的精神财富、丰厚的政治资源，是凝心聚力、振奋民族精神的重要法宝，也是社会主义核心价值观的重要内容。

中国老区建设促进会怀着强烈的政治责任感和历史使命感，组织全国各地老促会人员克服困难，尽心竭力编纂《全国革命老区县发展史》丛书，记录老区的光辉历史和辉煌成就，传承红色基因，弘扬老区精神，是功在当代、利及千秋的一件大事。手捧这部丛书的部分书稿，读着书中的故事，倍感亲切，深感这部丛书具有资政、育人、存史的社会功能，有着重要的时代和历史价值。它是不忘初心、牢记使命的源头活水，是赞颂共产党、讴歌老区人民的一部精品力作，是弘扬老区精神、传承红色记忆的丰厚载体，是一项继承优秀传统文化、弘扬革命文化、发展社会主义先进文化，坚定"四个自信"的宏大文化工程。它必将成为一种文化品牌，为各界人士了解老区宣传老区支持老区提供一部有价值的研究史料。希望读者朋友们能从中了解并牢记这些为党和民族的利益不断奉献的老区人民，从中得到教益，汲取人生奋斗的精神动力。

新时代赋予新使命，新起点开启新征程。让我们更加紧密地团结在以习近平同志为核心的党中央周围，坚持以习近平新时代中国特色社会主义思想为指导，增强"四个意识"，坚定"四个自信"，做到"两个维护"，弘扬老区精神，铭记苦难辉煌。为实现"两个一百年"奋斗目标，实现中华民族伟大复兴的中国梦作出新的更大的贡献！

遲浩田

2019 年 4 月 11 日

　　2017 年 6 月，中国老区建设促进会组织全国各地老促会启动编纂《全国革命老区县发展史》丛书，按照"建立中国共产党、成立中华人民共和国、推进改革开放和中国特色社会主义事业"三大里程碑的历史脉络，系统书写革命老区百年历史，深入挖掘革命老区红色文化资源，这对于充实丰富中国革命史籍宝库、在新时代传承红色基因、弘扬革命精神、强固根本，对于激励人们在新的历史条件下夺取中国特色社会主义伟大胜利，实现中华民族伟大复兴的中国梦具有重要意义。

　　丛书编纂以习近平新时代中国特色社会主义思想为指导，以《中国共产党历史》《中国共产党的九十年》等重要文献为基本依据，以党的领导为核心，以老区人民为主体，以老区发展为主线，体现历史进程特征，突出时代发展特色，坚持辩证唯物主义和历史唯物主义相统一、历史真实性与内容可读性相统一的原则，书写革命老区从站起来、富起来到强起来的光辉革命史、不懈奋斗史、辉煌成就史，把老区人民的伟大贡献、伟大创造、伟大成就、伟大精神充分展示出来，形成一部具有厚重历史特征和鲜明时代特色的精品力作。这是一部培根铸魂、守正创新，既为历史立言，又为时代服务，字里行间流淌着红色血脉、催生着革命激情的传世之作。丛书的编纂出版将成为讴歌党讴歌人民讴歌时代、传播红色文化、为革命老区和老区人民树碑立传的重要载体。

　　丛书按照编年体与纪事本末体相结合、以编年体为主的编写体例确定框架结构；运用时经事纬、点面结合的方式记述史实；坚持人事结合、以事带人的原则处理人与事的关系；采取夹叙夹议、叙论结合以叙为主的方法展开内容。做到了史料与史论、历史与现实、政治与学术统一，文献性、学术性、知识性相兼容。

　　为编纂好《全国革命老区县发展史》丛书，打造红色文化品牌，中国老区建设促进会认真组织积极协调，提出政治立场鲜明、史料真实准确、思想论述深刻、历史维度厚重、时代特色突出、编写体例规范、篇目布局合理、审读把关严格、出版制作精良的编纂出版总要求，力求达到革命史籍精品的精神高度、思想深度、知识广度、语言力度，增强丛书的权威性和社会影响力。各省（区、市）、市（州、盟）、县（市、区、旗）老促会的同志，以强烈的使命感、责任感和紧迫感，勇于担当，积极作为，认真实施，组织由老促会成员、专家学者等参加的十余万人编纂队伍。编纂工作主体责任在县，省、市组织协调、有力指导、审读把关。各方面人员以高度负责的精神和科学严谨的态度，满腔热情地投入工作，为丛书编纂出版做出了重要贡献。丛书编纂工作还得到了党和国家有关部委、地方各级党委政府及有关部门的大力支持和积极参与，社会各界也给予了热情帮助。中共中央政治局原委员、中央军委原副主席、原国务委员兼国防部长迟浩田上将，对老区人民怀有深厚感情，对革命老区建设发展十分关注，欣然为《全国革命老区县发展史》丛书作总序。

　　丛书由总册和 1599 部分册（每个革命老区县编纂 1 部分册）组成，共 1600 册。鉴于丛书所记述的史实内容多、时间跨度长和编纂时间紧，不妥之处，敬请批评指正。

中国老区建设促进会

原中央苏区县 南雄

今三影塔公园，民国时为延祥寺。1926年6月，中共南雄县支部在延祥寺成立。

中共中央党史研究室

中史厅〔2010〕12 号

对"关于要求确认南雄市
为中央苏区范围的请示"的回复

中共广东省委党史研究室

广东省老区建设办公室:

粤党史〔2010〕9 号来件收悉。

根据来函请示,我们对南雄市当年是否属于中央苏区范围一事进行了认真研究,并对随函所附《赣西南的报告》等革命历史文献以及老同志回忆材料和国民党方面的文献档案资料进行了审阅、查考。根据民政部、财政部 1979 年 6 月 24 日有关文件规定的第二次国内革命战争(即土地革命战争)时期根据地划分标准,我们认为有关论证工作做得比较充分,现有资料可以证明,南雄县的大部分地方曾属于赣西南苏区,在 20 世纪 30 年代初随赣西南苏区成为中央苏区

的管辖区域。据此,可以认定南雄县(即今南雄市)当时属于中央苏区范围。

此复。

中共中央党史研究室办公厅
2010 年 5 月 6 日

中共广东省委党史研究室
广东省老区建设办公室 文件

粤党史[2010]29 号

关于转发中共中央党史研究室
《对"关于要求确认南雄市为中央苏区
范围的请示"的回复》的通知

中共南雄市委、南雄市人民政府:

你们要求确认"南雄县(现南雄市)属中央苏区区域范围,是中央苏区所属县之一"的请示,经报中共中央党史研究室审定,确认南雄县(今南雄市)在第二次国内革命战争(即土地革命战争)时期属于中央苏区范围,并以中共中央党史研究室办公厅中史厅函[2010]12 号文正式批复。

南雄县(今南雄市)被确认为"属于中央苏区范围",恢复了南雄县(今南雄市)在第二次国内革命战争时期的历史地位,使南雄县(今南雄市)成为全国为数不多的中央苏区县之一,是我省目前继大埔县之后又一个中央苏区县,这是广东党史研究工作和老区建设工作的又一新成果、新成就,

对进一步加强革命传统教育和爱国主义教育,弘扬民族精神,推动我省革命老区经济社会协调发展,具有重大的现实意义和深远的历史意义。

现将中史厅函[2010]12 号文转发给你们,请认真做好有关后续工作。

附件: 中史厅函[2010]12 号

中共广东省委党史研究室   广东省老区建设办公室
2010 年 5 月 20 日

主题词: 党史 苏区 南雄市 通知

抄报: 泽君、容根同志,省委、省政府办公厅

抄送: 省委组织部、省民厅、韶关市委、市人民政府、韶关市史志办、韶关市老区建设办公室、省直有关单位

中共广东省委党史研究室   2010 年 5 月 20 日

● 革命史迹 ●

油山上朔南雄县苏维埃政府遗址修复效果图

红四军黄木岭脱险地

水口战役纪念公园

南方红军三年游击战油山镇廖地会师旧址

南方红军三年游击战争期间大岭下会议旧址

南方红军三年游击战争期间陈毅同志寝室金星岩

油山镇连山陈毅藏身洞

澜河龙狮石"北山事件"发生地红军烈士纪念碑

油山革命纪念碑

抗日战争时期瑶坑中共广东省委旧址

澜河锅坑东纵粤北留守部队隐蔽处旧址

帽子峰乾村中共五岭地委旧址

雄州新貌

雄州公园

全国重点文物保护单位——三影塔

孔江国家湿地公园（百岛湖）

中国美丽乡村——灵潭村

赣韶铁路穿越南雄大地

南雄火车站

韶赣高速公路南雄段

南雄产业转移工业园（一期）

广东南雄中学

中国黄烟之乡——南雄生产基地

● 建设发展 ●

南雄市委市政府办公楼

血沃油山知松劲　风染浈凌展宏图

南雄市位于广东省东北部大庾岭山脉南麓。县境北、东、南分别与赣南地区大余、信丰、全南接壤。大庾岭山脉连绵起伏，横亘粤赣边上，其中，著名的油山、梅岭和帽子峰山脉连成一片，山高林密，在革命战争年代，这里成为粤赣湘边游击区的主要组成部分。

南雄人民富有光荣的革命传统。从1925年的大革命时期起，至1949年解放战争结束，在中国共产党的领导下，南雄人民坚持不懈地参加和支持革命武装斗争，24年红旗不倒，直到南雄解放。纵观南雄人民的革命斗争历史，它具有以下五个鲜明特点：

一是开展革命斗争时间早。早在20世纪20年代中期，曾昭秀、陈召南、彭显模等革命先辈在广州求学时就接受了无产阶级革命思想。彭显模于1925年秋回到家乡上朔村建立起第一个乡农会。同年12月，共青团广东区委派共青团员傅恕、夏明震、沈仲昆三人建立了共青团南雄特支，翌年6月建立了中共南雄支部。1927年12月1日，中共南雄县委成立。1929年底，南雄划归中央苏区管辖。

二是开展革命斗争规模大。南雄开展武装斗争的范围遍及全县行政区划的大部分地域。1928年2月的农民暴动达3万多人；参加第一次土地革命战争开展"平仓平田"运动的人数达5万人以上；毛泽东、朱德率领的中央红军多次转战南雄；彭德怀、滕代远率领的红五军曾攻克南雄县城；土地革命战争时期最为著名的中央苏区保卫战——水口战役发生在南雄；项英、陈毅率领的红军游击队在这里坚持了艰苦卓绝的南方三年游击战争；中共广东省委机关曾一度迁到南雄的瑶坑村，领导全省的抗日救亡运动；中共五岭地委及粤赣湘边人民解放总队（后改为北江第二支队）以南雄为中心，领导粤赣湘边人民开展武装斗争，迎接和支援南下大军解放广东全境。

三是开展革命斗争时间长。南雄人民开展革命斗争的历史，从 1925 年开展工农运动开始，经历了土地革命战争、抗日战争和解放战争，一直到中华人民共和国成立，持续时间长达 24 年。无数革命先辈抛头颅，洒热血，前赴后继，用伟大的革命精神甚至把宝贵的生命，无私奉献给党和人民的解放事业，党组织活动始终没有停止过，革命斗争从来没有间断过，保证了革命红旗永不倒，一直坚持到最后胜利。

四是开展革命斗争涉及革命先辈历史人物多。老一辈无产阶级革命家中就有毛泽东、朱德、彭德怀、邓小平、项英、陈毅、聂荣臻、叶剑英、陈丕显、曾山、张云逸、王震、滕代远等等，其他高级将领不计其数。

五是在长期革命斗争中牺牲的革命烈士多。据统计，在革命战争年代，南雄人民为开展革命斗争而牺牲，有名有姓、有据可查的革命烈士就有 676 名，著名革命烈士有曾昭秀、彭显模、陈召南、李乐天、叶修林、钟蛟蟠等，难以考证的革命烈士和为革命牺牲的群众则更多。

回首南雄人民革命斗争历程，其有四大贡献：

一是为中央苏区的建立、巩固和发展作出了重大贡献。1929 年 1 月，毛泽东、朱德率领红四军从井冈山突围，出击赣南，大庚（今大余）失利，在南雄坪田坳与国民党军队再度发生激战后，紧急转移到乌迳，当晚及时得到了南雄县委送来的国民党军队4个团合围红军的情报，红四军迅速撤离乌迳，避免了被国民党军队围歼的危险。1929年6月和1930年4月南雄人民为红五军、红四军筹集军饷、药品、食盐、布匹等。1932年7月在南雄发生的中央苏区保卫战——水口战役中，南雄县委组织的红军游击队和南雄人民不仅给予了大量的人力物力支援，更为战役的胜利作出了重大牺牲，仅上朔一个村就牺牲支前群众几十人。

二是为项英、陈毅领导的红军游击队坚持南方三年游击战争以及南方八省游击队组建成新四军奔赴抗战前线抗击日寇作出了重大贡献。主力红军长征后，在南雄地方党组织和广大革命群众支持下，中央分局领导项英、陈毅以南雄油山、北山为中心区域，领导开展了艰苦卓绝的南方三年游击战争，造就和锻炼了一批忠于革命、英勇善战的干部及骨干。抗日战争爆发后，项英、陈毅根据中央的指示，率领南方八省游击队北上组建成新四军奔赴抗日前线，南雄游击队也随之编入新四军。

三是为保卫中共广东省委机关的安全作出了重大贡献。1939—1940年，中共广东省委机关驻地迁设南雄瑶坑村，南雄人民积极支持中共广东省委在这里指挥全省开展抗日救亡运动。省委书记张文彬在南雄瑶坑开展领导活动一年多。

四是为中共五岭地委和粤赣湘边人民解放总队领导粤赣湘边人民开展武装斗争，支援南下大军解放广东全境作出了重大贡献。解放战争期间，为切实加强对粤赣湘边人民武装斗争的领导，领导边区人民开展武装斗争，迎接中华人民共和国成立，根据革命斗争形势发展需要，中共中央香港分局于1947年3月成立了中共五岭地委，并将所属部队统一整编，建立了粤赣湘边人民解放总队（后改称北江第二支队）。领导机关办公地点设在南雄市帽子峰镇乾村。至此，乾村成为解放战争时期粤赣湘边对敌斗争的总指挥部。南雄人民积极支持中共五岭地委和粤赣湘边人民解放总队。解放大军南下进军南雄时，南雄县委很快筹集大量的粮草，解决了数万部队的军需。向广东纵深进军时，南雄支前委员会组织6万多民工，调派各种车辆55辆、民船120艘，积极为解放大军运送军用物资，有力地配合了南下大军解放广东全境。

血沃油山知松劲，风染涟凌展宏图。中华人民共和国成立以来，特别是改革开放后，在党的领导下，南雄人民奋发图强，经济社会发生了翻天覆地的变化，人民过上了幸福安康的生活。党的十八大以来，南雄市委、市政府以习近平新时代中国特色社会主义思想为行动指南和思想武器，带领全市人民抢抓原"中央苏区县"等重大政策机遇，确立"打苏区牌，走生态路"的发展思路，全面推进乡村振兴战略，进一步推动全市经济社会的快速发展，城乡变化日新月异。南雄的红色历史得到高度重视，红色文化得到深度挖掘，革命旧（遗）址得到保护、开发和利用，精准扶贫、精准脱贫正在推进，以弘扬革命传统为内容的红色旅游产业正在形成和发展。一大批的优秀儿女为南雄创下的光辉历史，既是南雄人民的光荣，更是南雄人民的骄傲。

经过编纂人员一年多的不懈努力，《南雄市革命老区发展史》终于出版了。该书深刻反映了南雄人民在党的领导下，在革命战争年代不怕牺牲、艰苦奋斗，在和平建设时期勇于开拓、不断奋进的伟大精神。这是一笔宝贵的精神财富和文化资源。南雄革命老区的光辉历史值得永远铭记，敢于革命勇于奉献的优良传统值得一代又一代的传承！

《南雄市革命老区发展史》侧重反映在党的领导下南雄人民创立和发展革命根据地的历史。南雄市革命老区发展史是中国共产党新民主主义革命史和社会主义建设发展史的重要组成部分。

《南雄市革命老区发展史》的出版将为社会各界了解南雄红色历史，进一步打好苏区牌，走好生态路，起到极其重要的促进作用；对广大党员干部不忘初心，牢记使命，传承红色基因，弘扬优良传统，推动经济社会加快发展，帮助老区人民脱贫致富，亦大有裨益。该书也是对广大党员干部、群众和青少年学生进行革命传统教育的理想读本，必将为南雄人民开展社会主义新农村建设，脱贫攻坚，实现乡村振兴，全面建成小康社会提供强大精神动力。

王碧安（中共南雄市委书记）

2019 年 2 月

序
二 苏区南雄 红色热土

　　红梅豪气绽，古城雄州献鸿猷；浈凌泛碧波，鼓荡东风迎春潮。盛世修史，明时修志。在无数革命志士奋斗过的当今南雄，正赶上了一个好时代。按照中国老区建设促进会的安排，革命老区南雄史料工作者众志成城，几经淬炼，终于编撰出版了这部《南雄市革命老区发展史》。

　　南雄历史源远流长。春秋时为百越地，战国属楚，秦属南海郡，两汉为南野县，三国时属吴国南野县卢陵郡。唐光宅元年（684年）置浈昌县，南汉乾亨四年（920年）在浈昌县置雄州，宋开宝四年（971年）置南雄州，明洪武元年（1368年）置府，清嘉庆十二年（1807年）改为直隶南雄州，民国时改为南雄县，隶属广东省。中华人民共和国成立后，沿袭不变，1996年撤县设市。南雄革命历史辉煌，1929年划归中央苏区管辖；中央苏区保卫战——"水口战役"在此打响；主力红军长征后，项英、陈毅、陈丕显在南雄领导开展了南方三年游击战争，陈毅元帅写下了著名的《梅岭三章》；1939年冬，中共广东省委机关迁驻南雄瑶坑，领导全省的抗日救亡运动。2010年，南雄市被确认为"中央苏区县"。

　　南雄全市总面积2326平方千米，辖17个镇、1个街道、24个居委会、208个村委会，户籍人口49.5万。原"中央苏区县"

的南雄，又是"国家可持续发展实验区""国家重点生态功能区"，中国"黄烟之乡""银杏之乡""恐龙之乡""特色竹乡""姓氏文化名都"。近年来，南雄经济社会步入快速发展阶段，先后竞得国家电子商务进农村综合示范县、全国建制镇示范试点、全国休闲农业与乡村旅游示范县、省原中央苏区县域经济创新发展示范县、省扶持村级集体经济发展试点县、省级新农村示范片项目、省新型城镇化"2511"综合示范县等 10 多个国家级、省级竞争性项目，经济社会发展后劲充足。2018 年，完成地区生产总值 120.2219 亿元，地方公共财政预算收入 5.1 亿元，完成固定资产投资 67.7 亿元。

南雄交通区位优越。其历来有"居五岭之首，为江广之冲"和"枕楚跨粤，为南北咽喉"之称，自唐代名相张九龄奉旨开凿梅关驿道后，就是岭南通往中原之要道。现今，赣韶铁路、韶赣高速公路、G323 线、S342 线贯穿全境，四通八达的地方公路构成了快捷便利的交通网络。驾车从南雄到广州只需要 3 小时，到江西赣州车程只要 1.5 个小时，南雄已基本融入珠三角 3 小时经济圈。

南雄物产资源丰富。主要资源有地热、矿产、森林、水力、药材等。全市现有耕地总面积 4.34 万公顷，林地面积 15.9 万公顷，活立木蓄积量 947.4 万立方米，森林覆盖率 66.9%；毛竹面积 2.6 万公顷，是广东省毛竹的主要产区之一；主要农作物有水稻、花生、大豆，是国家和省双料"产粮大县""全国粮食流通监督检查示范县"；主要经济作物有黄烟、银杏、田七、罗汉果等；南雄板鸭是国家地理标志保护产品。黄烟作为南雄市支柱产业，已有 300 余年种植历史，烟叶品质上乘，在国内外具有极高知名度，被国家烟草专卖局列入全国现代烟草农业整县推进单位。

南雄旅游资源丰富。境内名胜古迹众多，是一个集古色、红色、绿色、金色于一体的好地方。近年来，南雄获批省旅游创新发展十强县（市），其中珠玑古巷、梅关古道获"国家4A级旅游景区""首批省文化旅游融合发展示范区"等殊荣，梅关古道景区入选全国红色旅游经典景区名录，梅关古驿道保护利用项目荣获中国人居环境范例奖，帽子峰镇被认定为省森林小镇，誉为"小九寨沟"的帽子峰省级森林公园被评为"国家3A级旅游景区"。此外，南雄连续成功举办了四届姓氏文化旅游节，被授予"中国姓氏文化名都"称号，被推介为"全国9个最美银杏观赏地"之一。

南雄发展态势向好。近年来，南雄市抢抓原中央苏区和粤东西北地区振兴发展等重大政策机遇，突出"产业攻坚、城镇提升、基础设施完善、农村发展"四个重点和"党的建设、信访维稳、务实改革"三个突破，推动全市经济社会持续平稳健康发展，工业转型稳步推进，现代农业加快发展，第三产业持续兴旺。

南雄城乡生态宜居。按照"一园一区一副中心"思路，实施城镇提升三年行动计划，精心谋划了135个中心城区建设项目，总投资66.7亿元，2018年实施项目41个。至2018年底，建成市区面积12.6平方千米，市区常住人口约14万，城镇化率提升为48.18%。珠玑镇获评全国文明镇，被列为全国建制镇示范试点，与中心城区同城化进程加快。

南雄发展环境良好。多年来，南雄市花大力气抓好干部队伍的作风建设，着力营造风清气正、干事创业的良好发展环境。不自满、不松懈、不畏难，心无旁骛推动南雄跨越发展，是全市上下的思想共识，想干事、能干事、能干成事、能干净干事，是干部队伍的最大特点，也是南雄能实现跨越发展的最大信心所在。坚持将"服务投资者"作为招商引资软环境的核心要素，专门成立了外来投资服务中心，正式启用公共服务中心新服务大厅，对来雄投资企业在选址、办证、办照、供水、供电等方面实行"一站式"服务。老区人民热情好客，民风淳朴，安居乐业，是韶关市社会治安综合治理先进单位，良好的社会风气为企业家投资创业提供最优质的发展环境。"亲商、安商、富商"的投资氛围得到广大客商的充分肯定，"南雄服务"成为金字招牌。

本书从南雄的区域地理、人文历史、革命斗争、社会发展等多个维度，进行历史纵深的叙述。该书以大量翔实的史笔，介绍了大革命时期以来，中国共产党领导南雄人民进行革命、建设、发展的丰功伟绩，脉络清晰，史料丰富，人物立体，故事精彩，文风朴实，语言流畅，可读性强，是一部不可多得的史书。

百业竞兴，商机无限。本书的出版，对于我市讲好革命老区南雄的精彩故事，实施乡村振兴战略，打赢脱贫攻坚战是大有帮助的。千年雄州，于今雄起。当前，南雄已进入中国特色社会主义新时代，正在抓住新一轮发展机遇，坚持以新时代中国特色社会主义思想为统率和指引，全面深入学习宣传贯彻落实党的十九大精神，抢抓机遇、锐意进取，真抓实干、久久为功，以更大的政治担当、更强的工作本领、更实的工作举措、更严的工作作风，奋力开创南雄乡村振兴发展新局面，实现老区人民美好幸福生活！

林小龙（中共南雄市委副书记、南雄市人民政府市长）

2019 年 2 月

第一章

革命老区概况

南雄是盆地地形，中间低，四周高。北部山地海拔较高，统称为大庾岭山脉，为粤赣交界山。大庾岭又叫梅岭，东部的油山、西部的帽子峰，群山连绵，山高林密，易守难攻，是第二次国内革命战争时期和解放战争时期游击队的主要活动区域。

在革命战争年代，南雄人民在共产党的领导下，开展武装斗争，经历了血与火的考验，24 年红旗不倒。全市现有 17 个镇（街）、154 个行政村、1349 个自然村被评为老区村。2010 年 6 月，南雄被中央党史研究室确认为"中央苏区县"。

第一节 山水南雄

一、南雄盆地

南雄，是一个独特的盆地地貌，中部为平原、丘陵，四周为山地。中部平原、丘陵地质上主要为紫色砂页岩，东北—西南走向，长约 80 千米，宽约 18 千米，面积约 1500 平方千米，地理学称之为"南雄盆地"。

南雄盆地，以紫色砂页岩为主，地质岩层形成于 7000 万年前的白垩纪时期。当时，南雄所在的大陆板块被海洋分开，分布在低纬度地区。那时地球上高温多雨，气候温暖湿润。恐龙统治着陆地，翼龙在天空中滑翔，巨大的海生爬行动物统治着浅海。最早的蛇类、蛾和蜜蜂以及许多新的小型哺乳动物也出现了。

七千万年前白垩纪时期的南雄地块，是一个巨大的湖泊。湖水倒映着蓝天，湖面碧波荡漾。陆地、湖泊到处是恐龙出没，植物生长茂盛。天气潮湿，伴随着大量的降雨，使湖盆周边高地上的泥砂、石块，在流水的冲刷作用下，随着流水的搬运作用，被带到了湖泊中渐渐沉积下来，湖底越淤越高。在温暖温润的气候条件作用下，混合在沉积层中的铁分子产生氧化，形成三氧化二铁等化学元素。高价铁所产生的红色素，将黄色、黑色等泥土，染成红色、红紫色，在千万年的沉积与高温高压的作用下，最后形成湖相沉积岩。这些湖相沉积岩，就是南雄独有的"红层"。

南雄"红层"主要包括如下四种地质岩体：红色砂岩、红色砂砾岩、红色砂页岩、紫色砂页岩。它们主要分布于南雄盆地内部。这些岩体在全球范围内，以南雄出露表现得最广泛、典型，国际上地质学将其以南雄的地名进行命名，称为"南雄群"。

南雄群的地质岩体系列，主要为红色砂砾岩与砂质泥岩、泥质砂岩的沉积，厚达2900多米，含有大量轮藻、恐龙蛋、恐龙等化石，这些化石是中国华南晚白垩世地层中常见的属种。7000万年前，当南雄盆地还是湖泊的时候，在温暖湿润、草木茂盛的环境中，南雄的湖泊、岸陆生活着大量的生物。其中，以恐龙最为繁盛。恐龙，是所有陆生爬行动物中体格最大的一类，很适宜生活在沼泽地带和浅水湖里，那时的空气温暖而潮湿，食物也很容易找到。所以，南雄湖泊成为恐龙繁衍、聚居的理想胜地。这些恐龙，主要有肉食龙中的霸王龙，有蜥脚类的短棘龙，鸟脚类的小鸭嘴龙等。

南雄恐龙化石于1928年被发现。20世纪50年代，国家地质部门以及中国科学院古脊椎动物与古人类研究所等单位，先后到南雄对"南雄红层"进行详细考察，并在晚白垩纪至古新世的地层里，发现了包括腹足类、介形虫类、轮藻类和恐龙类等古生物化石共60属，100多个品种。其中以各种类型的恐龙化石最为丰富。"南雄群"恐龙动物群的成员有肉食龙中的霸王龙，蜥脚类中的短棘南雄龙，鸟脚类中的南雄小鸭嘴龙，均是晚白垩纪的标准化石。目前已出土一批完好率达80%以上的小恐龙化石和成窝的恐龙蛋化石。

1983年和1984年，中国科学院与西德古生物学家两次在南雄"红层"进行联合考察，于南雄大塘发现20余个恐龙脚印化石。这一发现，为进一步研究恐龙的步态、身长及古生物环境等提供了科学依据。

鉴于南雄盆地内部发现大量恐龙化石，为保护好这些地质历史文化遗产，2017 年，广东省政府设立了"广东南雄恐龙省级地质公园"。公园总面积为 85.18 平方千米，由主田—水口园区、杨梅坑园区、苍石寨园区组成，主要景观类型为恐龙骨骼、恐龙蛋、恐龙足迹化石，具有极高的科研和科普价值。

二、大庾岭山脉

大庾岭，属于南岭山脉。南岭山脉位于赣、湘、粤、桂之间，由东到西有五岭：大庾岭（赣粤）、骑田岭（湘粤）、萌渚岭（湘桂）、都庞岭（湘桂）、越城岭（湘桂）。这些山，并不是很高，其实是南北通道，被辟为军事战略要塞，两千多年前，秦始皇统一中国时，派出五路大军分别从上述五个通道南下，进而统一了岭南。由于这些通道周边的山没有名称，秦汉时期的地理学家便把南岭一带的山，用五条通道的名字而称之，故有"五岭"之称。

南雄境内的大庾岭山脉，位于南岭"五岭"中的最东端，处于粤赣交界处，为江西进入广东的要道，故史书称南雄为"居五岭之首，为江广之冲，控带群蛮，襟会百粤"。[①]

大庾岭，最初的名字叫台岭，后叫梅岭，山势不高，海拔约350 米。山上的地质基岩为石灰岩，为 3 亿年前石炭纪时期的海上沉积岩，在海西运动的作用下，形成褶皱、断裂，由于年代久远，历经亿万年的风化侵蚀作用，故出露地表后的地质，岩层破碎，山势相对低矮。我国东北的大兴安岭，也属于海西运动的褶皱山地，地势也相对低矮平坦。

---

① ［清］余保纯等修、黄其勤纂：广东省《直隶南雄州志》，"卷九·形胜"，清道光四年刊本，《中国方志丛书》，成文出版社印行，第 5 页。

梅岭东部的油山、西部的帽子峰，均属燕山运动时期的花岗岩。燕山运动是 2.1 亿年前的造山运动。由于山脉中的花岗岩地质岩性坚硬，加上地表抬升、隆起，故虽经上亿年的风化侵蚀，仍然山势高耸。油山主峰的海拔是 1073 米，帽子峰主峰海拔是 1058 米。

台岭，是 3 亿年前海西运动的产物，它位于 1 亿年前燕山运动形成的东部油山和西部帽子峰之间，岩层破碎，山势低矮，海拔只有 300 多米。从很早的时候起，这里就成为当地原住族群，往来行走于粤赣之间的便捷通道。由于交通地处咽喉，地理位置重要，早在战国时期便有军队驻守，故称台岭。台岭，系指有军队瞭望守卫的山。史书记载，战国末年，梅鋗奉越王令，驻守台岭。因为梅鋗曾驻守该山，故台岭被后人称为梅岭。这就是从台岭到梅岭的称呼演变。广东省《直隶南雄州志·宦迹》对此有载："梅鋗，其先越王勾践子孙，避楚走丹阳皋乡，更姓梅，因名皋乡曰梅鋗。周末，散居阮湘，秦并六国，越复称王，自皋乡逾零陵往南海。鋗从之，至台岭家焉，筑城浈水上，奉王居之，民因号台岭为梅岭。"

据传，当梅鋗在梅岭驻守的时候，他招募民众，亦兵亦民，垦荒种地，修筑中站城。当时江西有名叫庾胜的义士，与其弟拥众数千人，据山为王。他仰慕梅鋗之名，放弃自己的地盘，引众归属梅鋗部。梅鋗甚喜，他领兵驻在中站城（含今珠玑中站村），拜庾胜兄弟为副将。庾胜把守台岭的通道，越岭较便捷，但路途陡峻（今梅关古道）；庾胜弟弟驻守的通道，越岭路较远，但路途较和缓（即今国道 G323 线山顶处）。故而台岭又有大庾岭、小庾岭之说。由于梅关道行走人更多，名气更大，大庾岭便成为了台岭、梅岭的称谓。

梅鋗驻守广东南雄，自古以来，因此广东多称台岭为梅岭。

庾胜来自江西，因此，江西多称台岭为大庾岭。大庾岭山脉，是标准的地理学山脉称谓。

2017 年，在全国开展的地名普查中，全国地名普查领导小组办公室要求各县填写县域内的山脉名称。在地理学上南雄的山统称为"大庾岭山脉"，但这个划分过于简略，不能准确反映南雄的山地走势。在地名审订时，经学者建议并得到广东省地名普查领导小组办公室专家同意，将大庾岭山脉下南雄境内的山脉，再细分为油山、帽子峰、青嶂山、洪泰山四条山脉。如今，油山、青嶂山、洪泰山、帽子峰山脉作为大庾岭的子山脉，已纳入全国地名目录中。

三、油山

南雄位于广东省东北部的粤赣交界处，赣粤边上，横亘着蜿蜒起伏、连绵不绝的莽莽大山，这些山，统称为大庾岭山脉。以梅岭为界，东部称为油山山脉，西部称为帽子峰山脉。油山和帽子峰，是两条山脉的主峰，是南雄境内两座重要名山，不仅山高林密、景色秀丽，而且都是革命的山、英雄的山、红色的山，在中国近代革命进程中，拥有重要的历史地位，闻名遐迩。

油山，位于油山镇境内，与江西信丰、大余相接，油山主峰海拔 1073 米，是南雄东北部最高峰。油山地质古老，是市境内地质历史最早的岩层，为云母片岩，形成于 6 亿年前的震旦纪吕梁运动时期。因此，油山山体比较破碎，具有山势高耸、山体和缓、山原苍翠的独特景观。清代南雄文人孔毓炎《油山》诗云："油山如画翠连天，树染青云草染烟。百尺松杉倚屏列，一庭佳气荫阶前。"[1]

---

[1] 南雄油山平林《孔氏族谱》。

油山山体大、沟壑阔，部分南北向沟壑成为赣粤边民通道，人民来往频密，口音相近，习俗相仿。据广东省《直隶南雄州志》记载："在城东一百二十里。高数百仞，其势突兀，旁有一穴出油，人取以为利，昼夜出油不竭。后人以其小，凿而大之。其油遂绝。"是为油山得名的由来。

油山，是一座著名的红色革命山峰。1928年春，南雄县委领导农民暴动，建立南雄县苏维埃政府后，敌人发起进攻，县苏维埃政府驻地上朔村被攻陷，红色堡垒篛过村先后被占领。同年8月，被打散的南雄赤卫队，在县委的领导下，秘密奔赴油山，打游击，由此建立广东较早的革命根据地——油山革命根据地。

1929年以后，毛泽东和朱德率红四军、彭德怀率红五军先后来到南雄，帮助南雄县委巩固建立党组织，扩大建设油山革命根据地。1934年10月，中央红军开始长征时，中央机关"红星纵队"，以及红一、九军团途经油山。红军长征后，1935年，项英、陈毅从江西突围到广东南雄油山后，在油山和北山（帽子峰）领导了艰苦卓绝的赣粤边三年游击战。1937年，抗战全面爆发后，游击队下山改编为新四军，开赴华中抗日。油山，是孕育新四军起源的中心之一。

油山原是山名，不是行政区名。1962年，在附近的村庄建公社时，取这座红色山为名，称"油山人民公社"。2001年与大塘镇合并后，仍称"油山镇"，镇政府驻大塘墟。

四、帽子峰

帽子峰，位于帽子峰与澜河镇境内，与江西大余县交界，主峰海拔1058米，是南雄境内的重要山脉。因其主峰顶尖峦宽，状如帽子，故称"帽子峰"。

在2.1亿年前的燕山运动作用下，帽子峰成为南雄境内山势最高、山体最大、山原最宽的山脉。由于山势高、山体大、山原广，人迹罕至，山上迄今保有常绿阔叶林生态系统，是我国南岭南缘保存较完整、面积较大、分布较集中、原生性较强、具有代表性的常绿阔叶林生态系统，在生物进化史上具有特殊的地位和作用，是研究森林生态系统和水土保持的重要基地。2006 年，南雄市在此设立了自然保护区，次年被广东省政府批准为"广东南雄小流坑—青嶂山省级自然保护区"，小流坑保护区面积有 1.3 万亩。

帽子峰位于粤赣湘边交界附近，方圆数千平方千米为粤赣湘三省的莽莽山区，这里山高林密，易守难攻，曾是红军游击队的主要活动区域，留下了传奇的红色故事、厚重的红色文化。

1934 年 10 月，中央红军开始长征时，为保障中央机关"红星纵队"过境江西游仙、吉村、内良的安全，红一军团途经帽子峰境内。红军长征后，1935 年，项英、陈毅从江西突围到广东南雄后，曾较长时间隐蔽在帽子峰大山深处，领导南方红军三年游击战。1937 年抗战全面爆发后，帽子峰一带的北山游击队在陈毅率领下，下山改编为新四军开赴华中抗日。抗战胜利前夕，1945 年王震按党中央的部署，率三五九旅主力组成的八路军南下支队从延安出发，万里远征到广东南雄。八路军官兵翻越帽子峰山后，行经帽子峰镇洞头、富竹等 11 个村落，拉开了五岭革命斗争的序幕。王震南下时，在珠江三角洲一带的东江纵队，接中央军委电令，千里北上南雄，接应八路军南下支队。帽子峰成为东江纵队在南雄的大本营，是粤赣湘边根据地的指挥中心。到 1949 年夏，粤赣湘边武装部队发展到 1.3 万人枪。后来部队分别编入韶关（北江）、赣州（赣南）、衡阳（含郴州）军分区。

帽子峰镇，古称横水。为纪念境内帽子峰这座红色的山，1960 年横水从城郊人民公社析出建"林业公社"时，取"帽子峰"这座红色山而名，称"帽子峰林业人民公社"。1962 年，公社将林业与农业分开，农业称为"帽子峰公社"（驻富竹），林业称为"帽子峰国营林场"（驻芳坑）。

1983 年，帽子峰公社改为帽子峰区，1989 年改为帽子峰乡，1994 年改为帽子峰镇。帽子峰国营林场，曾称翠屏公司，现称森林公园，场部设在芳坑。为保护生态，20 多年来，帽子峰林场只种树，不砍树。目前，整个林场湖光山色，绿荫掩映，景色秀丽。芳坑街的银杏，秋天来临，金黄一片，银杏染秋，风光旖旎，每年吸引大批游客前来观光。

五、浈江　凌江

浈江

浈江，发源于江西省信丰，流经南雄界址、乌迳、黄坑、水口、雄州街道、南雄市区、全安，在古市镇小水出始兴，流经曲江，注入北江，全长 211 千米。南雄境内长 112 千米，流域面积 1756 平方千米，占南雄区域面积的 83.3%，是南雄第一大河，是广东名川。

浈江古称"溱水"（郦道元《水经注》），为取吉祥意，写成"祯水"。祯者，祥也，吉祥之意。以后改水旁，成为河流专用名，是为"浈水"。唐宋以前，以乌迳新田为分界，下游称浈水，上游称昌水。唐朝武则天光宅元年（684 年），南雄建县时，从浈、昌两水取名，称"浈昌"县。浈昌，吉祥昌盛之意也。

浈江自东北向西南流经南雄盆地，在千万年的冲刷淤积下，形成广阔的冲积平原，这些平原土地肥沃，灌溉便利，早在两晋时期就开始开垦良田，到民国时期，共有良田 15 万亩。这些良田，迄今仍是南雄重要的粮产区。浈江冲积平原分布着 12 个镇街，人口超过 33 万人，占南雄全市总人口的 71.4%。

浈江冲积平原以紫色土壤为主，富含磷钾，适合种烟，是南雄重要的烟叶生产基地。明末清初，南雄始种黄烟，迄今已有300多年历史。南雄烟叶品质优良，叶色金黄，烟味醇香，易燃灰白，是许多中国名烟的必配原料。南雄烟叶产量居广东省之首，占全省烟叶收购量的一半。

浈江是古代南雄的重要交通线，唐朝梅关古道开通后，浈江通过梅关古道的陆路，北接章水、赣江、长江，南接北江、珠江，把长江和珠江两大水系联结起来。水陆兼程，舟车联运，货物畅通，航运频繁，南雄因浈江而兴盛。浈凌两江汇合处的码头客栈，逐渐发展为南雄县城。

在浈江冲积平原上，现有市境内35千米长的赣韶铁路，接通全国铁路网，每天有货客列车通往广州、上海等地。有韶赣高速公路、国道 G323 线、省道 S342 线在浈江冲积平原南北穿过，使南雄有了进入华南、华东的便捷通道。

凌江

凌江，发源于南雄百顺镇杨梅村，流经澜河、帽子峰、全安，在市区汇入浈江，全长65千米，流域365平方千米，是南雄境内的第二大河。

凌江，古称横浦水、楼船水。据广东省《直隶南雄州志》记载，秦汉以前，凌江曾设横浦关，故称"横浦水"。汉武帝元鼎五年（前112年）秋，南越相吕嘉叛乱，汉武帝遣楼船将军杨仆，出豫章（江西），平南越乱。杨仆奉诏后，率楼船师（水军）溯赣江至南安，越岭至凌水，从凌江下浈江，进军番禺，最后一举平南越之乱。因杨仆所率的楼船师，曾从凌江下浈江，故凌江最早被称为"楼船水"。杨仆，是西汉水师名将。楼船，是中国古代甲板建筑巨大的战船。船高艢宽，外观似楼，故称"楼船"。凌江古称"楼船水"缘此。

　　杨仆率楼船师出凌江期间，曾到凌水河畔全安杨沥岩村，观赏当地属丹霞地貌的奇特红色砂山，后人称此山为"杨沥岩"，即"杨仆游历过的砂岩"。

　　北宋天禧年间，浈昌（南雄）县令凌皓，率领老百姓在城北20里（今全安陂头村），凿渠堰水，灌田5000余亩，人民感念凌皓恩德，称此陂为"凌陂"，称河为"凌江"。凌江由此得名。

　　凌江发源于百顺，流经帽子峰山脉崇山峻岭中，在65千米的长河中，形成928米的巨大河流落差，是南雄境内水力资源最丰富的河流，沿途先后建设了13座水电站。从上游起的电站及年发电量分别为：百顺沙坑电站（77万度）、百顺学校天弓湾电站（160万度）、澜河鲜地电站（113万度）、澜河高桥电站（310万度）、澜河小流坑电站（285万度）、帽子峰林场里洞口电站（308万度）、帽子峰林场祖师寮电站（156万度）、帽子峰林场芳坑电站（640万度）、帽子峰林场鲜生坑电站（154万度）、帽子峰潭溪电站（491万度）、帽子峰外溪电站（307万度）、帽子峰红峰电站（62万度）、全安帽子峰佛岭电站（937万度）。

　　凌江流经的花岗岩地质的帽子峰山脉，岩性坚硬，植被茂盛，水土流失少。在南雄市区水西村注入浈江处，江阔水平，河水清澈。每当夜色降临，月色倒映在水中，形成了古代南雄著名的"凌江秋月"胜景。2003年，三枫电站建成后，宽阔的浈凌人工湖泊环拥市区，南雄城市生态环境进一步提升。

第二节 **人文雄州**

一、南雄得名的由来

南雄，春秋为百越地，战国属楚，秦属南海郡，汉属豫章郡之南埜县，三国属吴之始兴郡始兴县。唐武则天当政之光宅元年（684 年），将始兴县东北部的化南、横山二乡析出置县，取境内浈江、昌水各一字而名，叫浈昌县，是为南雄县建置之始。到了北宋时，为避皇帝宋仁宗赵祯讳，改名为保昌县。

南雄得名，要从雄州的设立讲起。唐朝灭亡后，中国进入五代十国的分裂时期。南汉乾亨元年（917 年），刘龑割据岭南，在广州建立南汉政权，范围包括今广东、广西大部分地区。浈昌县位于南汉国北疆，与北部湖南的南楚国、江西的南唐国接壤，刘龑为加强北部的边防，于南汉乾亨四年（920 年），在南汉国北部设两个州，刘龑以"英雄"两字来命名新设立的州，把浈阳县从兴王府（广州）析出，设英州（英德）；把浈昌县从韶州府析出，设雄州。英州、雄州，合起来就是英雄。据史料记载，刘龑，本来叫刘岩，后改刘陟，取高升之意。当了南汉王后，听部下说其皇宫出现白龙，信以为真，把名字改为刘龚，并改元为白龙。他死前病重，胡僧说其名字不吉，于是三易其名，又生造了一个"龑"字，改名刘龑，意谓飞龙在天。可见南汉皇帝刘龑对取名的重视。

值得一提的是，南汉以"英雄"取名的方式，对北周也产生了影响。后周显德六年（959 年），周世宗柴荣抗击契丹，率军攻辽，水陆并进，攻克瓦桥关、益津关以后，在此设州，拱卫北周边疆。柴荣以"雄霸"命名。瓦桥关称雄州（河北雄县），益津关称霸州（河北霸州）。这样，当时中国出现了两个雄州，一在河北，一在广东。但是因为这两个"雄州"分属北周、南汉两个国家，一北一南，互不隶属，所以虽然重名，但无大碍。

北宋开宝四年（971 年），宋师南下克复广东雄州，攻灭南汉后，中国重新获得了统一。为了区别于河北的雄州，宋太祖赵匡胤下诏把广东的雄州加一个南字，意为南方的雄州之意，故名南雄州。这是南雄得名之始，之后得名一直未变。元朝称南雄路，明朝称南雄府，清朝称直隶南雄州。民国建立后，1912 年废州，改为南雄县。1996 年南雄撤县设市，称南雄市。而河北的雄州，在民国废州后称雄县，2017 年 4 月，河北雄县与安新等县合并，称为河北雄安新区。

二、梅关古道

南雄，春秋为百越地，春秋末年，楚灭越国后属楚地。战国末年，秦始皇灭楚后，越王重新出山，率部众前往岭南。梅鋗追随越王来到台岭，越王令梅鋗扼守台岭。梅鋗受越王令后，在梅岭脚下筑城而居，此城就是中站城，又叫梅鋗城。台岭也因为梅鋗的驻守，被后人称为梅岭。

大庾岭（梅岭）是粤赣互往的通道，也是南海郡的边界。秦末，陈胜、吴广起义，天下大乱。任嚣病重。他临死前，在治所番禺（今广州），把部下龙川县令赵佗召来说：秦政无道，中原扰乱，"番禺负山险，阻南海，东西数千里，颇有中国人相辅，此亦一州之主也,可以立国"。① 他还向赵佗颁布任命文书,代行南海郡尉的职务。赵佗立即出兵,毁坏中原进入岭南的五条通道,其中包括大庾岭通道,为防中原乱军进犯。又诛杀秦朝在南海郡的官吏,换上自己亲信。此后,赵佗割据岭南,建南越国,直到被西汉所灭。

大庾岭路本就难走,被赵佗毁损后,更加崎岖险峻,狭窄难行了。如果不走大庾岭路,就只能走"乌迳古道"经信丰抵赣州,陆路多绕百里。到了唐代以后,"广州通海夷道"繁盛,航海贸易兴起,广州北通中原的通道越来越繁忙。而大庾岭路依旧艰险难行。大唐帝国在"贞观之治"后,国力强大,内外贸易倍增,经济空前繁荣,开凿大庾岭,成为当时刻不容缓的大事。

这个历史使命,落在了岭南才子张九龄的身上。张九龄,字子寿,一名博物,唐仪凤三年(678 年)出生于广东曲江官宦世家。他少年聪慧,七岁能写诗文,三十岁进士及第,为秘书省校书郎、右拾遗。唐开元四年(716 年),张九龄向唐玄宗写出奏章,建议朝廷开辟疏通大庾岭路。唐玄宗批准奏章,并任命张九龄主持道路修建工作。此后,张九龄用了两年时间,开通了宽3.3 米、长 30 千米的大道,时称"大庾岭新路",这就是闻名华夏的"梅关古道"。这条道路开通之后,便捷了南北交通,使中原与岭南交往日益频繁,商旅络绎不绝,促进了广东经济和文化的繁荣发展。此后,张九龄声名鹊起,后任中书门下平章事(宰相),担任唐代宰相。他耿直温雅,风仪甚整,时人誉为"曲江风度"。清蘅塘退士编选《唐诗三百首》中的《望月怀远》"海上生明月,天涯共此时。情人怨遥夜,竟夕起相思。"就是出自

---

① [汉] 司马迁撰:《史记·南越列传第五十三》(卷一百一十三),中华书局 1989 年,第 2967 页。

他的手笔。韶关市的风度路，"风度"二字就是纪念张九龄的。

大庾新路，把浈江和赣江连接起来，沟通了长江和珠江两大水系，使南北交通畅通，政令大通，有利于岭南的安定统一，促进了中原与岭南族群的融合，使中原等地的先进文化、艺术更多地输入到岭南。

大庾新路的开通，有利于南北的商贸交往，推动了海内外交流和中外关系发展。广州与海外的对外贸易也通过大庾新路连接到岭南以北地区。唐朝时，海外诸国纷纷委派遣唐使至华，广州港成为中国联系世界的港埠。商贾将各式香料捆扎上船，沿北江而上，转陆路经大庾岭直抵赣江，顺长江而下直达扬州港，后经京杭大运河销往长安、洛阳等大都市。京畿贵族和绅民皆以享用大庾岭所运香料为荣。

南宋以后，大庾岭路沿途驻守重兵，每年有五六百万斤的铜钱币经此北运，所需人力10万。运送广盐和铜铁器，每日需挑夫数千人。明朝时，每年经大庾岭路北运的广盐高达数千万斤。

清中叶，清廷实行闭关自守，封闭了漳州、宁波、连云港三个港口，以广州为唯一对外通商口岸。梅关古道成了中国对外通商主动脉，年输英国茶叶50万担。大批外贸物资由梅关古道南运广州港口。大庾岭路为朝廷带来了高额的税赋，世称"黄金大道"。

梅关古道开通后，南雄境内从州城到梅岭的驿道上，沿途产生了10个重要铺街：长亭铺、长迳铺、沙水铺、石塘铺、里东铺、灵潭街、火迳铺、小岭铺、红梅铺、雉公堆街。每日来往商旅一二千人，沿途商贸因之繁荣起来。迢迢古道，街市相望，车马交驰，一片繁荣景象。其中，沙水铺后来发展成为沙水街，进而发展为著名的珠玑巷。

鸦片战争以后，中国门户打开，近海航运兴起。清政府开通了广州至上海、天津的货客海运线路，广州的货客运输开始走海运，梅关驿道的货客流开始大幅减少。1934 年前后，国民政府开通粤汉铁路（京广线），南北之间的货客主要走粤汉铁路运输，粤赣之间的主要走雄庾公路、雄信公路。梅关古道被弃用，成为粤赣边民行走的乡道，地位一落千丈，从此风光不再。

改革开放后，梅关古道被开发为旅游景区，每年有大批游客前来观光旅游。

三、珠玑古巷

珠玑古巷，地处南雄市区北部偏东 9 千米的古驿道上，属珠玑镇。它是梅关驿道上的商业重镇。宋明时的沙角巡检司，就设在珠玑巷北面出口处的沙角村。

梅关驿道开通后，中原和岭南的交往主要走这条路，从江西进入广东。为了满足旅人的餐宿休憩，在南雄州城至梅关的 30 千米路段中，沿途建有 10 个重要铺街。其中，珠玑巷铺街发展最大，渐成规模有人口定居。

珠玑巷，原名敬宗巷。唐朝浈昌县（南雄）敬宗巷孝义门人张兴，因七代人没有分家（七世同居），属典型的和谐家庭，唐朝廷赐"珠玑绦环"予张兴以示表彰。后来，唐朝皇帝李湛去世，其庙号称"唐敬宗"。敬宗巷为避讳，以"珠玑绦环"取名，称珠玑巷，沿用至今。珠玑巷有小河，称沙水。梅关驿道在珠玑巷的街铺，又称沙水街、沙水铺。

梅关驿道开通以后，南来北往的迁客骚人、达官显贵和富商巨贾经过或驻足于珠玑巷，有的干脆在此落户安家。随着缙绅流寓的日益增多，珠玑巷便逐步发展成为百姓杂居的繁荣古镇。明清时，南来北往的商旅、挑夫日有数千人经过古巷，珠玑巷成为

"商贾如云，货物如雨，万足践履，冬无寒土"的繁华重镇。①

珠玑古巷是中原南迁氏族的驻足地，在岭南人文史上有重大影响。据史料记载，珠玑巷人南迁由唐朝始，但重要的迁徙主要在北宋末期至元代初期 200 多年间，大规模有三次，小规模甚至个别南迁则多达 100 余次。据众多岭南姓氏族谱记载，从珠玑巷南迁到珠江三角洲，然后又迁徙到港澳和海外共 183 姓。如今，珠玑巷后裔遍及海内外，人口数以千万计。

其中，最大规模而又影响最大的，是罗贵率领的一次著名大迁徙，据说有 33 姓 97 户。据罗凯燊《浈凌史志文集》研究，罗贵率领的此次迁徙有三个不寻常的地方：一是大规模举家迁徙。据中山小榄麦氏族谱载，单麦氏兄弟五户南迁时就"相与挈家两百余口"。罗贵一家男女共 19 口。据此推算，此次迁徙有 1000 余人。各家都带有一定的劳力和资金，可以说是生产力的一次大转移。二是在罗贵率领下，恳请官府批准的大迁徙。虽属避难性质，但不是难民，是在官府支持下有组织的生产力大转移。三是跋涉千里，时经两个月，历尽艰险。走水路者斩竹结筏，从正月十六日沙水解缆，出浈江，下北江，漂流两个月，三月十六日到达冈州。罗贵率众履险南迁这一壮举，尽管其具体情况有不同说法，仍不失为岭南民族迁徙史上光辉的一页。其意义，不仅使上百南迁家族，避祸得福，找到了蕃衍发展之良机，而更重要的是给珠江三角洲带来了农业开发生力军，推动了岭南经济文化的发展。南迁壮举，功不可没。

随着宋季北元南侵，中原内地战乱频仍，不少氏族为避战祸和自然灾害，纷纷经江西越岭南来。他们先在南雄珠玑巷安顿下

① 刘兴洲：《珠玑巷古今》，《南雄文史资料》第 18 辑，韶关市新华印刷厂 1995 年，第 12 页。

来，居住数年或数十年，逐渐适应了岭南地区的气候和生活习惯之后，又逐步南迁珠江三角洲，据说，累计迁徙到珠三角的共有152 姓。故珠江三角洲一带的许多名门望族，都把南雄珠玑巷称为"七百年前桑梓乡"。

1995 年 11 月，经历多年的酝酿协商和广泛发动，"广东南雄珠玑巷后裔联谊会成立暨第一届恳亲大会"在南雄举行。大会推举黎子流为第一届理事会会长。出席会议的有霍英东、马万祺、朱森林等各级领导人和海内外 16 个国家及地区 100 多个社团、侨团的代表，共 1700 多人。

随着联谊会的成立和对珠玑巷的建设及宣传推广，珠玑巷名闻天下。这里除保存有古街巷、沙水湖外，现存古建筑和文物还有：南门楼、中门楼、北门楼、珠玑石塔、千年古榕等。

自 20 世纪 90 年代以来，南雄市先后投入十几亿元，规划兴建了珠玑新城，对古巷景区进行改造。建有各姓氏纪念馆、珠玑巷博物馆、张昌故居、罗贵纪念馆、大雄禅寺、百姓堂、珠玑假日风情酒店等，基本形成了珠玑巷从南迁后裔恳亲联谊，向寻根旅游的品牌定位打造。2012 年 8 月，经全国旅游景区质量等级评定委员会批准，南雄市珠玑古巷被评定为国家 4A 级旅游景区。

四、千年雄州

据有确切的文字记载，最早到南雄且裔孙迄今仍生活在南雄的，是乌迳新田村的李耿。西晋愍帝时，李耿曾官居太常，被贬始兴郡曲江令。西晋建兴三年（315 年），他领家眷南下赴任。途经南雄乌迳，见新田风景秀丽，清河曲流，是个好地方，便举家在新田定居下来。新田，位于浈江河畔，以新田为界，上游称昌水，下游称浈水。三百余年后，唐光宅元年（684 年），南雄设县时，取浈水、昌水而名，称浈昌县。故南雄有"先有新田李，后有浈昌县"的说法。

南雄设县时，县境人口在 5 万人左右，治所设在浈凌两江相汇的半岛处。当时，这里尚未建城，也无整齐像样的街道。在浈江上建有货客上岸的码头，码头直上为一条道路，道路两旁建有货物买卖的商铺，及供旅客休息用餐的客栈，亦有一些村落民居。这条最古老的路，称由义街，取遵循道义之意。民国后，由义街改称中山街。由义街的尽头，就是浈昌县衙署（治所）。历代南雄州（县）署均设在这里。1929 年红军占领南雄，将国民党南雄县署烧毁后，这里先作为驻军兵房，1958 年辟建为南雄县人民医院留医部。

唐朝时，开始与海外通商，广州是航运中心，浈江水运开始繁忙。梅关古道开通后，商贸成倍增长。南来北返的商旅货客，经过浈江，中转南雄，北输江西，南下岭南，浈昌治所人口增加，商铺增多，走向繁荣发展。

南汉时，南雄设州。雄州下面管浈昌、始兴两县。浈昌县治所在由义街，雄州治所设在黄坑溪塘村。南汉时，中国处于分裂时期，岭南岭北货客来往受阻，由义街发展缓慢，只有商铺、住宅的村郭，没有城墙、城门。

南雄建城，起于北宋肖渤时期。肖渤，江西吉州人，北宋皇祐年间，他在南雄任知州时，恰好遇到侬智高叛乱。侬智高系北宋时广西壮族首领，皇祐四年（1052 年）四月，侬智高在广源州举兵反宋，五月，破邕州，改国号为大南国。之后挥师东进，很快就占领了广西东部以及广东西部大片地区。五月丙寅（1052 年 6 月 21 日），侬军抵广州，进行了历时 50 天的广州围城作战。作战失利后，侬军转师北攻，先陷清远，再围英州（英德），进逼韶州，眼看就要打到南雄，情形非常危急。在此紧急情况下，知州肖渤紧急动员南雄军民，日夜不停，挖泥运土修筑城墙。用了

20 多天时间，以由义街为中心，修成周长 2400 米、高 8.5 米的南雄城墙。这个城被称为"斗城"。

斗城内，当时只有一条街——由义街。当时在斗城修筑了三座城门，东曰春熙（后名钟楼），西曰凌江（后名武定），南曰政平。政平门口外，为浈江码头。浈江是当时重要的交通运输线，连通韶州和广州。政平门朝向正南方，与州署遥遥相对，故名正南门、政平门。

值得一提的是，侬军并未攻南雄，侬军在攻韶州碰壁后，率军往西走，于次年正月在广西昆仑关，为北宋名将狄青所败，全军覆灭。而北宋知州肖渤所修筑的城墙，却惠及后人。肖渤所建的正南门，今存。坐北朝南，呈"凹"字形，东西宽 20 米，城门宽 4 米。城门楼为砖木结构，整座城门楼显得宏伟、庄重。该城门，宋代称政平门，清代称南薰楼。民国时，为纪念孙中山，改称中山楼。1995 年，正南门被列为南雄市文物保护单位。2002 年，被列为广东省文物保护单位。

自北宋肖渤建城后，南雄城市建设开始起步，由西往东，顺着浈江从下游往上游发展。到明代，随着梅关古道日益繁荣，商旅货客往来众多，南雄城市发展到今青云桥一带后，城市主街开始按梅关驿道的进城路线延伸发展。街道狭小弯曲，只有 5 米多宽。1933 年，为使南雄城与韶赣公路衔接，南雄当局将原有街巷扩宽至 12 米，修建了有 4 米宽的骑楼人行道。开通了宾阳门至河南街、维新路经河边街至广州会馆、永康路至大码头路段的马路。从此，南雄县城有了"马路"的称谓。骑楼商铺，成为民国时期南雄商业街市的独有景观。为传承南雄骑楼建筑风格，2000 年以后，南雄进行城市改造开发，在沿江西路、成新路、八一路、三影塔广场陆续修建了一批新骑楼。

明正德九年（1514 年），南雄城发展到宾阳门一带。其时，乡间有流贼啸聚,社会秩序不稳。时任南雄知府李吉,修建了宾阳门,使南雄城形成城墙环闭。以后,城区继续沿驿道向东延伸扩展,但城墙止于宾阳门,未再东移。门内称为城,门外称为城郭。宾阳门朝东。宾阳,迎接来宾和朝阳之意。宾阳门在"大跃进"时期被拆除。1996年,在附近建居民小区时,取历史地名,称"宾阳小区"。

由于浈江沿岸未筑城墙,为避敌沿江进攻,明嘉靖四十三年(1564年),时任南雄知府欧阳念,发动全州军民建设了从小梅关至水西桥的城墙,此称水城。水城全长约1.8千米,经历代修缮后,保存至民国初期。后来,沿河城墙(水城)陆续被单位、个人建房侵占,一直到改革开放后才得到保护改造。2003年,南雄开展浈河北岸改造,对这些建筑进行整治,开辟滨江公园,仿制了水城女墙。

三影塔始建于北宋大中祥符二年(1009年),是广东省仅有的有绝对年份可考的北宋早期砖塔。为六角九层楼阁式砖塔,塔高约50米,造型规整,秀丽挺拔,自古以来为南雄城的象征。三影塔原名延祥寺塔,是延祥寺的一座建筑物,传说在光滑如镜的寺壁上,可以反射出三个塔影,一影向上,两影倒悬,故称三影塔。延祥寺于"大跃进"时期被拆除,三影塔保存迄今。2003年,南雄对城区进行改造,兴建了三影塔广场,供人民娱乐、休闲,现成为南雄市内重要的景点。

南雄于1985年建设水南新城,于2002年对老城进行改造建设。经过三十多年的努力,至2019年南雄这座北宋古城,已焕发出现代城市的光芒。2003年,对凌江裁弯取直后,城西的汛期水患得到解决,建设三枫电站水坝后,构筑了数千亩的人工湖。至2004年,南雄市区湖水环绕,碧波荡漾,景色宜人。

进入21世纪10年代以后,南雄引入资金数百亿元,先后修建了生态凌江绿道、雄州公园、浈江滨河公园等生态绿道。对城区进行了拆迁改造，建设了大润发广场、时代广场等。建设了南雄碧桂园、雄州一品、大福名城、雄州名园等生态环境优美的居民小区。加大了城市旅游服务基础设施建设，中高档酒店已达30余家，其中三星级酒店有3家，现代生态旅游城市形象基本形成。

五、红色南雄

1928年2月，在党的领导下，南雄开展农民武装暴动，较早地开辟建立了革命根据地。此后，南雄人民拿起武器，前仆后继，不怕牺牲，经历了血与火的考验，作出了重大的牺牲。

据《南雄县志》人口统计资料显示，南雄农民暴动前的1927年，南雄有29.15万人，经历了10年土地革命战争后，到1937年抗战全面爆发、国共合作抗日时，南雄有16.02万人。经过十年的土地革命战争，南雄锐减人口13.13万人。在抗日战争和解放战争中，南雄人民再次作出了巨大的贡献和牺牲。

党中央没有忘记南雄人民为革命作出的巨大贡献和牺牲。中华人民共和国成立后，1950年，中央人民政府派出中共中央南方革命老根据地慰问团，来到广东南雄，并亲赴上朔、篛过、大兰、黄地、孔江、兰丘、帽子峰、灵潭、祇荒、湖口、园岭、矿岭、瑶坑等革命村庄进行慰问。所到之处，老区人民情怀依依，热泪盈眶。在此行的慰问中，中央慰问团特为南雄赠送了革命老区锦旗。

1987年评划的第二次国内革命战争老区村。

1987年，广东省人民政府评划第二次国内革命战争老区村时，南雄有158个村庄评划为老区村，分别如下。

油山镇：犁牛坪、杨梅坑、猪头圳、上茶田、过水坑、茶田、黄泥迳、坪田坳。田心、下冲、孔村围俚、高岭、老寨背、上门、丈古圬、黄为塘、江塘俚、田螺下、南山、牌坊下、下坪林围俚。松头、石人咀、大棚圬、李坑龙、大兰、老村、桥头、大岭下、龙下、上屋、老屋、下屋。南风俚、茫东坑、梓杉圬、石岩下、黄地、围俚、潭龙。兰田村、下兰田。益田、沙排、寨下、下连、寨下、章地背、莲塘。鹅脚湾、老上山、围梗上、石子坑、山背、老村、寨背洞、黄陂洞、赤土寨、望峰山、龙头、沙洲坑、大涧、石师下。西坑、私公地、暗湖、里和田。大塘村。上朔村。寨江、上五色、下五色、上坑、象咀头、夹河口、坳背、井圬、古胜前、樟树下。井湾、锦陂。

乌迳镇：毫猪坑、苗竹湾、新屋俚、高垅、桐子树下、寨子脑、石禾场、井石。铜锣湾、赵岭、鹧鸪水、走脚坑、小大塘、老佛化、孔夫岭、孔江下。水松、浅塘、旱坑子、寺前。

雄州街道：瑶坑。

帽子峰镇：洞头墟、崩岗下、塘角岭、坪岗、台头、高新村、秋脚湾、黄陂洞、便田龙、坎头下、新店、旱禾坝、上园田、黄石街、三圬田、牛角湾、龙小坑。

水口镇：篛过、围俚、河背、上横塘、高腰洞、老屋、陈屋、横坋、邓屋。

邓坊镇：和睦塘。

界址镇：江子脑、杉头下。

黄坑镇：园岭。

湖口镇：樟树下、箓箕窝。张屋、高石街、老墟、枫潭、湖口墟、高田、池塘、老屋、新店、大井头、二厅。下地山、新塘、矿岭。

珠玑镇：上祇芜、下祇芜、老城俚、仙水塘、中坑。灵潭村、中心。

坪田镇：毛车、野猪石、湖坑、樟岭。

南雄革命老区村镇。

南雄全市现有面积2361.4平方千米，有18个镇（街），208个行政村。1994年广东评划革命老区村，南雄有17个镇（街）、154个行政村、1349个自然村被评为老区村，老区村人口26.1万。这154个老区行政村分别如下。

油山镇：连山、平林、大兰、黄地、夹河口、锦陂、黄田、下慧、古城、大塘、孔村、延村、上朔、爱敬、浆田、坪田坳。

邓坊镇：上湖、兰田、茶头背、洋西、赤石、里源、邓坊。

乌迳镇：水松、庙前、山下、白龙、黄洞、高朔、孔塘、长龙、鱼塘、官门楼、黄塘、孔江、兰垍、大竹、田心、白胜、乌迳、龙迳。

坪田镇：背迳、老龙、横岭、小塘、中坪、迳洞、新墟、坪湖、龙头、坪田、老宅。

帽子峰镇：洞头、富竹、坪山、上龙、梨树。

湖口镇：湖口、矿石、新迳、里和、新湖、太和、积塔、三水、岗围、三角、长市、承平。

全安镇：密下水、杨沥、全安、荔迳、陂头、河塘、苍石、兰溪、大坪、章禾洞。

珠玑镇：祗芜、灵潭、珠玑、聪背、里东、洋湖、上嵩、叟里元、里仁、新村、古田、长迳、泰源、梅关、中站、角湾、梅岭。

界址镇：马芫、大坊（原窑灶口）、下屋、大坑、百罗、界址、赵屋、崇化

古市镇：柴岭、小坑、丹布、溪口、三角岭、古市。

水口镇：篛过、水口、下湖、石庄、大部、沙头、赤岭。

百顺镇：溪头、湖地、朱安。

雄州镇：荆岗、观新、勋口、上坪、下坪。

黄坑镇：社前、园岭、耶溪、溪塘、黄坑、许村、小陂、塘源、上象、中心。

南亩镇：中寺、南亩、岭下、鱼鲜、芙蓉、樟屋、水尾。

主田镇：窑合、大坝、塘山、西坪、高峰、西洞。

澜河镇：澜河、上澜、洞底、葛坪、上矽、白云。

2010年6月，依照民政部、财政部于1979年6月24日下发关于第二次国内革命战争时期根据地划分标准和相关革命历史文献的规定，中共中央党史研究室确认南雄为"中央苏区县"。此后，南雄确立了"打苏区牌、走生态路"的发展思路，坚定信念、锐意进取，求真务实，奋发前行。

2

第二章
大革命时期

在军阀混战、地方官僚土豪压迫之下，南雄人民生活在水深火热之中。五四运动后，马克思主义开始在中国传播。1924 年，国共两党合作后，大革命运动以广州为中心，轰轰烈烈地在中国展开。南雄的中共组织和革命团体纷纷建立起来，农民运动迅猛发展。在运动中锻炼出来的政治骨干和工农武装，为以后南雄革命斗争的开展奠定了基础。

第一节 南雄青年传播革命思想

一、民国乱百姓苦，社会渴望变革

自唐代梅关古道开通以后，梅关驿道成为沟通五岭南北商旅的黄金通道，南雄因古道而区位优势突显，社会经济走向繁荣。晚清以后，随着中国近海航运的兴起，梅关古道开始走向衰落。民国时期，南雄大量人口失业，流民数量增加，政局动荡，人民深受其苦。

军阀在南雄混战，南雄人民饱受兵灾之苦。

1915 年 12 月，袁世凯复辟称帝，蔡锷在云南组织"护国军"，揭起护国讨袁大旗，开始护国战争。云南护国军第二军李烈钧出兵两广，之后，滇军控制广东。后来，袁世凯当了 83 天皇帝后，于绝望中死去，继任总统黎元洪，宣布恢复《临时约法》和国会，护国战争结束。但是，军阀混战已拉开序幕，各路军阀互不服气，中国陷入分裂局面。南雄与江西交界，成为滇军（南军）、北洋军（北军）攻防的前线，人民饱受军阀混战之苦。

1916 年 6 月，护国军滇军（南军）张开儒师占领韶关，派曹浩森部驻扎南雄，以防备驻江西的北洋军南进。不久，驻雄滇军兵变，抢劫富商后向北山溃散。这些溃兵，大部分为匪，劫掠粤赣湘边地区，人民深受匪患之苦。

1918 年 4 月 18 日，北洋军阀吴佩孚准备统一广东，派赣南镇守使吴鸿昌为攻粤总司令，部署两个师的兵力，进攻南雄。滇军的梅岭守军只有一个连，不战而退。北军进占到南雄城郊时，滇军团长曾子才率全团官兵在五里山阻击，因枪弹用尽，寡不敌众，只好弃城。北军占领南雄城后，奸淫掳掠、杀人放火、无所不为，在河边街一带，烧毁店铺房屋300多间。全城货物被洗劫一空，抢去的财物运到大庾（今江西省大余县）销赃。驿道沿线许多村庄被北军点火焚烧，南雄人民遭受空前灾难。省立南雄中学校舍被焚，图书馆、教学仪器被洗劫一空，员生奔逃四乡，省立南雄中学被迫停办一年。

当时担任广东宣抚使的龙济光，听闻南雄被北军攻陷，抽兵北上，于6月3日收复南雄。滇军收复南雄后，雄城由十三支队司令成光控制。滇军借口筹军饷，大收人头税、壮丁税、门牌税等，南雄城乡到处设税厂、税卡。特别是"梅关税厂"，在1918年这一年，竟提前征收10年的税，把税收到了1929年。

民国枪支泛滥，匪患猖獗，人民饱受匪患之苦。

从清代沿袭下来的乡村自卫传统，到了民国发展到失控的地步。民国不禁枪，鼓励民间发展自卫武装，其直接后果，就是枪支泛滥。当时广东沿街兜售子弹的小贩，走村串户的游动造枪小贩很多，只要有钱就能买到枪。大部分乡民买枪自卫，少数铤而走险者，买枪后上山为匪。

1916年至1925年的十年间，南北军阀在南雄混战几个回合，大量枪支散落民间，不少溃兵上山为匪。1916年驻雄滇军溃兵几百人上山为匪，外来土匪与当地土匪相结合，势力非常猖炽，南雄人民深受其害。

1925年，土匪更是整体洗劫水口墟、吉安约、古录墟，掳去商民20人，勒索了大批钱财，才将人放出。

在土匪猖獗的这种非常时期，南雄乡村仿效广东开平建碉楼以避匪。在 1920 年前后，南雄至少修建 1200 多座炮楼（碉楼），人口较多、稍富庶些的自然村，都建炮楼。炮楼为砖石结构，普遍为三层楼，每层楼四面设射击孔。一旦遇土匪袭扰，村民立即进炮楼躲避，登楼拿枪射击。其他各村乡团闻讯后，拿起武器，前去包抄截击，土匪见无便宜可占，便只好乖乖退走。

官僚土豪压迫，人民生活在水深火热中。

南雄深受兵灾、匪患困苦之时，又受到官府、土豪压迫。1920 年冬，曾蹇复任南雄县县长时，进一步把重刑治县法规化，亲自起草《南雄县地方保卫团细则》，县设总局，自任总监督；每约（相当于现在的"乡"）设一团，置团董；以十户为一牌，设牌长；十牌为一甲，设甲长；每户出一丁，为团丁。还作了许多限制人民基本自由的规定，连乞丐都限定其行乞的地段及住宿地点。曾蹇、成光滥杀无辜，压迫人民，限制人民行动自由的做法，使南雄人民非常愤慨。但是，地方上的土豪卢焜、王仁山、麦显荣等人，却对曾蹇、成光倍加赞扬，还挪用公款，在县城德政街口建造"曾成二公祠"。老百姓见了非常愤怒，不到半年，所谓"曾成二公祠"就被当地群众捣毁。当时的南雄富豪卢焜，奔走巴结滇军师长赵成梁，多方钻营，被省署委任为南雄县城乡团防局长。卢焜上任后以筹措团防经费名义，大肆向商民增派捐税，虚报团防兵员，大吃空额。1924 年，土匪抢劫古市三角岭村，卢不派团兵出击，事后却派团兵进村勒索军饷。匪去兵来，双重勒索，人民不堪其苦。区、乡捕得土匪，亦往往因卢焜收取贿赂而被放纵，人民群众对卢焜恨之入骨。

民国初年的南雄，土地兼并很严重，贫富差距巨大。仅占农村人口 9% 的地主阶级，却占有 80% 的土地。地主利用收田租放高利贷的方式剥削农民，佃农租入 1 担谷田，就要向地主交 6 斗以上的田租，即使遇上自然灾害，农作物歉收，地主也不管农民的死活，要农民如数交清田租。如果农民向地主借谷，有的借一担就要还两担。烟农向地主借款种烟，利息更高得惊人，要借一还三。无地少地的农民为了维持生活，起早摸黑，终日辛苦耕耘，却过着吃糠咽菜，食不果腹，衣不蔽体的贫困生活。

南雄的情况是当时中国社会的缩影。社会动荡，经济萧条，土匪劫掠，军阀混战，土豪压迫，南雄人民生活在水深火热中，人们渴望新兴政治力量出现，以帮助大家摆脱苦难。就在这时，1917年，俄国十月革命取得胜利的消息传来，北京大学历史系教授李大钊敏锐地洞察到，这是中华民族争取独立和中国人民求得解放的希望。因此，李大钊开始在中国传播马克思主义。他参与编辑陈独秀的《新青年》，并和陈独秀创办《每周评论》，推动马克思主义在中国的传播。此后，以《新青年》为主要舆论阵地，中国进入了反帝反封建的新文化运动时期。

1919年五四运动后，革命和社会主义成为青年的旗帜和向导；民主与科学，深入大众，深入人心，对中国社会产生深远影响。

二、南雄中学爆发学潮事件

1919年5月，中国爆发了五四运动。此后，先进的革命思想通过各种渠道开始传入南雄，并首先在南雄中学青年学生中引发共鸣。

南雄中学，时称广东省立第六中学，是从清朝的道南书院改办而来。它办学历史最早可追溯到北宋治平元年（1064年），宋仁宗遣袁州通判陈侁，到南雄任知州、办州学。陈侁到南雄后，在"小东门外"（今市政府及迎宾馆一带），辟地兴办南雄州学，建有大观楼、射圃等，为南雄实办州学之始。明成化十四年（1478年），知府江璞在"州学"西部创办"大中书院"，后易名为"宏道书院""天峰书院"。清乾隆三十一年（1766 年），改名为"道南书院"。道南，即将中国文化推及到南方之意，与暨南的意思是相仿的。清光绪三十二年（1906），清政府下诏"废科举、办新学"后，道南书院改为"南雄州立中学堂"。民国时期，1913 年改为广东省立南雄中学。

南雄中学，是当时南雄的最高学府。五四运动的革命思想首先在南雄中学得到传播，并最终以学潮事件的爆发，引发了南雄新旧思想的激烈斗争。

1920 年，留学日本的五华县人曾骞被派到南雄任县长后，他把老乡王道纯拉来当南雄中学校长，王道纯又把自己的亲朋好友拉来当教员领公俸。这些人文化水平不高，搞"之乎者也"的古式教育，不推动白话文教学，不准学生看新文化运动书籍，规定学生每周只许上街两次。

1921 年 4 月，南雄在水南兴隆庵复办雄中时，新建的学生宿舍倒塌，压伤了几位女学生。受五四运动影响的雄中学生对此强烈不满，认为是校方贪污受贿、偷工减料所致，便以此为由，举行罢课和游行示威。

雄中学生曾昭秀与本校同学陈召南、周序龙、彭显模、张功弼、周群标、廖光忠、何新福、钟蛟蟠、李乐天、张道谦等商议，决定联合发起罢课行动。之后，大家分头联络了 100 多名本校同学，在河边街（今青云路）何家祠集会。会上大家揭发王道纯的贪污渎职行为，决定从次日起罢课，在县城街道示威游行。同时派学生赴广州向省教育厅告状，要求撤换校长王道纯。

当时的南雄中学学制四年，初一至初四，每年级一个班，全校学生约 160 人。其时民间轻学校、重私塾，能到雄中读书的主要是思想开明、家境较好的子弟。这些家庭在南雄社会也较有影响。雄中学生罢课游行，在当时的南雄社会产生极大震撼。校长王道纯吓得惶惶不可终日，县长曾蹇被弄得狼狈不堪。罢课坚持了一个多月，到 5 月底，斗争取得胜利。县长曾蹇调走，校长王道纯被撤职。

这次学生运动，为革命思想突破封建势力阻挠，蓬勃盛旺地在南雄传播揭开了序幕。而发起罢课的 16 名学生骨干，后来绝大部分走上了革命道路。

三、求学广州，南雄青年走上革命道路

罢课虽然取得胜利，但校方以"捣乱生事，煽动学潮"的罪名，将曾昭秀为首的 16 名学生骨干开除。民国初期的广东在全省办了 10 所高中，南雄中学排第六，称广东省立第六中学。当时能够到省六中读书的，大部分是少年才俊。这 16 名被开除的学生后有三种出路：一是条件好的家庭，将子弟转广州或江西继续读书（曾昭秀、李乐天等）。二是家庭条件一般且有社会关系的，安排子弟到乡村小学教书（卢世英等）。三是家庭经济困难且无社会关系的，回家耕田并成家（钟蛟蟠等）。以上三种出路，以转到广州读书为大多数。

南雄青年转赴广州求学。

曾昭秀，出生于 1900 年，是湖口老墟人。父亲曾奉璋是私塾老师，曾昭秀自小聪明好学，随父读私塾，攻读四书五经，古文基础扎实。他的文笔好，读书时，便向上海报馆写稿，不时领得报馆稿酬。1919 年，他以全县第一名的成绩考入南雄中学。曾昭秀被学校开除后，父亲送他到广东省立第一中学（广雅中学）读书。1922 年 8 月，曾昭秀从南雄城青云码头（今青云桥旁）登上浈江南行客航前往广州读书时，众亲友前来相送，曾昭秀即兴赋诗，感谢亲友们饯行。这首诗后被他的老表杨家基收藏在墙壁里，度过风雨动乱的年代，后于 1983 年重修老屋时被发现，这是目前

南雄所发现的曾昭秀唯一诗作。

感谢朋辈饯行

昭秀游羊城，在雄城感谢朋辈饯行，作七律一首诗云。

为感朋侪盛意多，自惭下驷赋骊歌。西窗剪烛话联榻，南浦扬帆别对河。此去敢云看热闹，今来慨叹太蹉跎。如流岁月暂分手，爆竹声传再琢磨。

曾昭秀的老表兼好友杨传墉收到诗后，也和了一首诗给曾昭秀：

毕竟聚多别亦多，今君慷慨赋骊歌。父情豪送摇山岳，诗兴铿锵撼斗河。学贯古今谁与比，述通中外岂蹉跎。前途远大好怀贞，再向羊城把砚磨。①

广州求学的南雄青年，深受马克思主义影响，从此走上革命道路。

为推翻北洋军阀的统治，建立工农革命政权，1923 年 6 月，中共"三大"确定党员以个人名义加入国民党，与国民党建立革命统一战线。1924 年 1 月，在中共的参与和共产国际的帮助下，孙中山在广州召开国民党一大，确定联俄、联共、扶助农工的三大政策。随后，创办了一文一武两所大学，培养军政人才。文，即广东大学（中山大学）；武，即黄埔陆军军官学校。此后，中

---

① 曾美善（曾昭秀弟弟，北二支老干部）：《为有牺牲多壮志——曾昭秀同志一家》，1999 年编，家庭内部印制。原载 2000 年《南雄青年报》（5、6、7 月）第四版《文化南雄》。

国出现了轰轰烈烈的大革命运动。广州是大革命的中心，在广州读书的南雄学生，受革命思想影响，很快接受了马克思主义，并先后加入中国共产党。

1922 年，曾昭秀转到广东省立第一中学（广雅中学）读书。1924 年考取广东大学（孙中山去世后，更名为中山大学）。大学期间，接受马克思主义思想，从此走上革命道路，后来担任南雄首任县委书记，领导了南雄农民暴动。一起在广州读书的陈召南、彭显模、周群标、张功弼、周序龙、曾昭慈（女）、廖光忠等也先后走上了革命道路，并成为南雄早期的革命领导人。

1925 年暑假，同是湖口老乡的曾昭秀、陈召南、张功弼、曾昭慈从广州回南雄后，组织了"青年学社"，有 30 多个先进青年参加。他们在德政街口设立一间"民生书店"，由专人主持，专门推销上海、广州等地出版的革命书籍和进步书刊。为了方便青年学社社员来往，又在宾阳门二牌坊曾春利酒店设立一间"青年学舍"，由曾广和（曾昭秀的堂弟）负责经营，招待来往社员的膳宿。

1926 年 10 月，广东区委在南雄县城塔前街延祥寺，成立中共南雄中心支部时，曾昭秀、陈召南、周序龙、张功弼、曾昭慈五人是支部委员，且是南雄最早入党的一批党员，张功弼是南雄入党第一人。张功弼是南雄湖口镇张屋人，1925 年在广州参加中国共产党，后任中共南雄县委委员，1930 年编入红军，1933 年秋在福建的战斗中牺牲。曾昭秀属于较早的党员。20 世纪 80 年初任广州市政协副主席的饶卫华（大埔人），与曾昭秀是大学同学，也是曾昭秀的入党介绍人。1982 年他写有《回忆曾昭秀同志入党前后的情况》："1925 年 5 月，我加入了共产主义青年团，担任广东大学的团支部书记。同年七、八月间，我介绍曾昭秀参加共产主义青年团。1926 年 1 月，我由共青团员转为共产党员后担任党支部书记。曾昭秀比我迟几个月转党，和我同在一个党支部过组织生活。然而，革命斗争是残酷的，南雄最早入党的 5 名共产党员，只有曾昭慈活到了新中国的成立，其余均牺牲于土地革命战争时期。"①

---

① 1982 年，时任广州市政协副主席的饶卫华应南雄党史办之约，专门写了《回忆曾昭秀同志入党前后的情况》一文。

第
二
节

建立南雄党组织　开展革命运动

一、中共南雄县支部在延祥寺成立

1924 年，国共两党合作以后，中国革命的统一战线建立，波澜壮阔的大革命运动轰轰烈烈地展开了。当时，南雄在广东革命政府管辖范围内，发展国民党和共产党组织都是合法的，于是国共两党先后在南雄县建立党组织。

1925 年夏，国民党中央组织部派人到南雄筹建党组织，到是年冬，已发展国民党党员 200 多名，大会选出执行委员，以县长邓惟贤为常务委员。

1925 年 12 月中旬，共青团广东区委派广东农民运动讲习所第五期毕业学员湖南人傅恕、夏明震等到南雄建立党组织。是月下旬，在南雄县城文庙（今市政府大成殿），成立了"共青团南雄特支"，代号"兰芝"，取南雄支部的"南支"谐音。傅恕任特支书记。以后随着中央把入党年龄由 25 岁降到 20 岁，原来团员随后转为党员，此时只要符合条件，可以直接入党。

1926 年 6 月，中共南雄县支部在县城塔前街延祥寺成立，傅恕任支部书记。当时南雄工农运动有所发展，在南雄城成立了"捆烟工会"等七个行业的工会，在农村中成立 20 多个乡农会。在工会、农会中发展了 20 多名党员。

1926 年 8 月，在广州读书的共产党员南雄籍学生曾昭秀、张功弼、陈召南、周序龙、周群标、彭显模、曾昭慈等，由中共广东区委派回南雄工作。由于党员人数的骤然增加，便将原来的中共南雄县支部，扩建为"中共南雄县特别支部"，由傅恕任书记，曾昭秀任副书记，曾昭慈、张功弼、周序龙、陈召南、陈德贵、彭显模等为委员。随即建立党的基层组织。首先，在县城工人中建立党支部。不久又在上朔、湖口、祗芫、灵潭、石坑、园岭、篛过、乌迳、珠玑农村也先后建立起党支部或党小组共 11 个。党员人数 70 余人。

1926 年，国民党尚能执行国共合作政策，允许共产党员以个人的身份加入国民党，并进入国民党党部工作，除傅恕（湖南人）、夏明震（湖南人）先后担任国民党南雄县执行委员，以后共产党员陈赞贤（江西人，南雄工会创始人）、陈德贵（南雄城人）、欧阳哲（南雄水口人）、曾昭秀（南雄湖口人）、曾昭慈（南雄湖口人）等，相继增选为国民党南雄县执行委员。由傅恕任国民党南雄县党部主要负责人（常务委员），陈召南任农民部长，曾昭秀任青年部长，曾昭慈任妇女部长，办公地点设在大成殿。这时的国民党南雄县党部，实际上完全由共产党所掌握。他们充分利用这些合法有利的条件，在南雄轰轰烈烈地领导开展了大革命运动。

一是进行了大革命运动宣传。1926 年 2 月 22 日，在县党部的组织发动下，举行了"南雄县民大会巡行示威"。巡行队伍多达一千余人，除县城各阶层群众外，还有部分农民参加。他们高呼革命口号："援助省港大罢工工友！""反对日本帝国主义及直奉军阀！""促进中俄邦交！"等等，并且向群众散发革命传单。这是南雄县有史以来的第一次群众示威游行，它在广东边陲的南雄县首次"唤起民众"，促使民众觉醒，投入大革命洪流，公开反对帝国主义的侵略和封建军阀的黑暗统治。

　　二是大力传播革命书籍。由"民生书店"发售《康民尼斯（即共产主义）ABC》《剩余价值论》《向导》《人民周刊》《中国青年》等革命刊物，传播马克思主义和反对帝国主义、反对封建军阀等革命思想，为开展革命运动大造舆论。

　　三是培养革命的骨干。1926 年 2 月，以县党部的名义创办了"党立南雄县宣传员养成所"，第一期招收学员 74 名。仿照广州农讲所的教学内容和方法，对学员授以革命理论、历史、军事等课程，旨在把学员造就成"革命人才"，希望他们去"唤起民众，促革命早日成功"。经过三个月的训练，学员结业后，都分派回原籍各乡去做宣传工作，组织联合群众，发起工农革命，为全县工农运动的开展发挥了不小的作用。

　　南雄工农运动的蓬勃发展与南雄党组织创建人傅恕密不可分。傅恕，1904 年生，湖南衡南县泉溪镇人。1925 年，在衡阳成章中学就读时，加入中国共产主义青年团，被选为共青团衡阳地委执行委员。1925 年 9 月，被中共湘南特委选派到广州参加第五期农民运动讲习所学习班，结业后被派往南雄县建立党组织，开展工农运动。傅恕到南雄后，广泛发动群众参加工农运动，为后来的南雄农民暴动，成立苏维埃政府，开展土地革命打下基础。1927 年 2 月，傅恕带领南雄县农民青年骨干十余人，到韶关北江农民自卫军军政学校学习。不久，即发生蒋介石四一二反革命政变，傅恕未再回到南雄，转赴南昌从事工运，配合八一南昌起义，是年冬在南昌被捕、牺牲。

　　与傅恕一起来南雄建立党组织的，还有夏明震、沈仲昆。夏明震，湖南衡阳县礼梓乡人，出生于 1907 年，是中国革命先驱夏明翰的弟弟。夏明震在衡阳的湖南省立第三师范学校读书期间，接受革命思想，后经毛泽东介绍加入中国共产党。1925 年秋，在广州农民运动讲习所第五期结业后，被中共广东区委派往南雄发展党组织，之后回湘南开展农民运动。1928 年 1 月，夏明震与朱德、陈毅一起组织领导"湘南暴动"，是年 3 月，在郴县反革命暴乱中英勇牺牲。夏明震牺牲后，他年仅 17 岁的妻子曾志，别下褓褓中的婴儿，跟着部队上了井冈山，成为我党早期革命斗争为数不多的女干部之一。中华人民共和国成立后，曾志曾任中共广州市委副书记、中共中央组织部副部长、中共中央顾问委员会委员等职。

二、成立农民协会，开展工农运动

彭显模暑假回来，在上朔首办农民协会。

早在 1925 年 7 月，在广州读书的彭显模，受党组织派遣，利用暑假到海陆丰去，学习彭湃搞农民运动的经验。彭显模与堂弟彭显善从海陆丰回到家乡上朔村，向乡亲们宣传革命道理，发动群众组织农会。8 月下旬，彭显模在上朔村召开了群众大会，推举彭九斤、徐步庭、彭显伦、彭章伟等 10 多名农民积极分子组成农会筹备委员会，筹备建立农会。

上朔，在民国时期称"朔溪村"，全村有 2000 多人，以彭姓为主，也有徐姓。9 月 16 日，朔溪村 1000 多名农会会员聚集在"彭氏十房祠堂"（今上朔礼堂处），举行入会仪式，宣布正式成立朔溪乡农民协会（俗称犁头会）。大会选出农民协会委员 11 人，彭九斤当选为农会会长，徐步庭、彭显伦、彭章伟等当选为农会委员。

朔溪农会是南雄最早建立的农会。农会领导农民修水利、搞生产；征用公堂田兴办学校；抵制当地税卡向农民征收苛捐杂税；剿匪，维持地方治安；将为地主挑运田租粮的工资提高一倍。这些措施使农民在政治上、经济上都得到实惠。朔溪农会的建立，为南雄农民运动的发展起到了很大的推动作用。

从办夜校入手，创建乡村农民协会。

中共南雄党组织建立后，党组织以办夜校为切入点，向农民宣讲建农会的好处与必要性，号召农民组织起来，减租退押，废除苛捐杂税，推翻地主阶级在农村的封建统治。由于共产党员的努力，1926 年初，在湖口、水口、箬过、园岭等地建立了一批乡农会。1926 年 2 月，共青团南雄特支向团中央报告已"建立十三个乡农民协会"。

随着革命形势的发展，南雄的农民运动不断地发展、扩大，各地农村的农民协会像雨后春笋般地建立起来。由于农运发展的需要，1926 年 7 月 24 日，党成立了"南雄县农民协会筹备处"，统一领导全县农民运动。1926 年冬，成立"南雄县农民协会"，陈召南任南雄县农民协会委员长。县农会设在延祥寺（今三影塔旁）。至 1927 年 2 月，南雄全县建立乡农会 120 个。

为了保护农民运动的发展，在建立乡农会的同时，各乡也建立起农民武装"农民自卫军"。每乡成立一个小队，人数 10 ~ 20 名。从 1926 年 1 月起，至 1927 年 2 月止，随着全县农会不断发展壮大，农民自卫军发展到 120 个小队，自卫军总人数约 2000 人。各乡农民自卫军在实行减租退押、取消苛捐杂税、反对豪绅地主压迫农民、维持地方治安方面起了积极作用。

1927 年 2 月，南雄县农民协会派出农民自卫军骨干十多人，由中共南雄县特别支部书记傅恕率领，到韶关北江农民自卫军军政学校受训。其中有灵潭村的钟蛟蟠、钟蛟球、钟蛟发、邓事谦、黄端刚，祇芫村的杨瞻颜、曾广州，小岭村的赖赓，和睦塘的卢世英，古城的李其标，箬过村的欧阳老四，上朔村的彭章伟等。受训后，南雄学员编入北江农民自卫军，奉命北上武汉，到达湖南长沙时，发生"马日事变"，农民自卫军北上受阻，只好返回家乡。回到南雄后，他们成为南雄农民赤卫队的骨干，是后来南雄农民暴动的先锋。

陈赞贤组织工运，陈德贵发动驱邓。

1926 年初，随着革命形势的发展，南雄的工人运动也轰轰烈烈地发展起来。2 月初，受北洋政府江西省南康县反动当局迫害的革命志士陈赞贤，由党组织派遣到南雄开展工人运动后，他深入到城市工人中去作宣传鼓动，培养工人积极分子，并逐步地将县城各行各业的工人组织起来。经过三个月的努力，先后组织起木匠工会、缝业工会、理发工会、捆烟工会、店员工会等 5 个基层工会，入会人数达 958 人。其间，共青团南雄特支还发动木匠、理发工会向雇主提出增加工资的要求，斗争取得胜利。到 4 月，南雄工人运动达到高潮。由于工人运动的蓬勃发展，迫切需要全县工会组织来领导工人运动，于是，1926 年 5 月 1 日，成立了"南雄全县总工会"，选举陈赞贤为总工会委员长。

陈赞贤，是江西南康人，出生于 1895 年。1921 年考入南昌省立第一师范学校，后任小学校长。1925 年组织声援五卅运动，被北洋政府江西省南康县反动当局追捕，之后到南雄开展工运。1926 年 7 月，陈赞贤受中华全国总工会负责人刘少奇派遣，以特派员身份到江西赣州开展工人运动，任赣州总工会委员长、江西省总工会副委员长。1927 年 3 月，被国民党新右派杀害。

陈赞贤离开南雄后，由陈德贵继任南雄县总工会委员长。南雄的工人运动进一步得到发展，并与农民运动相结合，把南雄革命推向高潮。

陈德贵，南雄县城洙泗巷人，出生于 1900 年。在省立南雄中学毕业后，陈德贵任南雄县第一高等小学校长。1926 年加入中国共产党，之后受聘为县总工会顾问。7 月，陈赞贤离开南雄后，陈德贵任南雄县总工会委员长。他组织工人反对不法商人和封建把头克扣工人工资，反对奴役工人的包工制。8 月，国民党南雄县县长邓惟贤纠集流氓打手，到县总工会和缝业工会等处寻衅，殴打工会人员，劫夺印章。陈德贵与其他共产党员一起发动工、农、商、学各界，在县城召开3000多人的公民临时大会，揭露邓惟贤的罪行，并电告省政府，最终撤掉邓的职务。1927年四一二反革命政变后，陈德贵离开南雄隐蔽。11月初，回到南雄参与谋划诱杀县城乡团防局局长卢焜的行动，旋随叶剑英领导的第四军教导团到广州参加广州起义。1928年春回到南雄，被选为中共南雄县委委员，领导农民暴动。暴动失败后，转移到赣南。1928年底，到广州参加省委政治军事训练班学习，结业后留广州工作。1929年春不幸被捕，就义于江门。

三、曾昭慈领导南雄妇女解放运动

由于南雄县国共两党的真诚合作，中共南雄县特别支部又在其中起到主导作用，南雄县的工农运动开展得有声有色。共产党员和共青团员不辞劳苦地深入群众，采取各种形式大力宣传革命思想，大大地提高了广大群众的革命觉悟，抑制了地主阶级对农民的残酷剥削和压迫，使广大农民群众扬眉吐气。

曾昭慈在南雄领导开展妇女解放运动。

曾昭慈，又名曾碧漪，1906年出生于南雄湖口老墟。童年时，随母亲到福音堂韶关天主教会定居（今韶关四中），1923年冬，在韶关私立德华女子师范学校毕业后，到广州芳村的一所教会小学去当教员，后入读广东省工业专门学校。1925年，曾昭慈加入共产主义青年团。1926年，蔡畅在广州组织"中国妇女解放协会"（今大东门），曾昭慈经常到那里去帮蔡大姐做些事务工作，也曾到东皋大道的"农民运动讲习所"听毛泽东讲农民运动方面的问题。1926年秋，曾昭慈由团员转为党员后，被任命为广东省妇女解放协会南雄县分会特派员，随同曾昭秀、陈召南、张功弼、周序龙等党员同志回南雄工作，任务是发动和组织妇女自求解放，投向革命。曾昭慈是南雄妇女解放运动的先驱。

1926 年 10 月，"广东省妇女解放协会南雄县分会"成立，曾昭慈以特派员的身份兼任该会主席。委员有陈月英（卢世英的妻子）、王淑英（灵潭村人）、徐大妹（周群标的妻子）等。曾昭慈要求党员的妻子带头出来参加社会活动。如陈亿楼的妻子、周群标的妻子徐大妹、陈召南的妻子等都在丈夫的发动下，踊跃参加了妇女运动的工作。旧时代的南雄妇女，在旧礼教、旧道德、旧观念的思想束缚下，开展妇女运动非常困难。当时，妇女工作的主要内容是：宣传男女平等；不准丈夫虐待妻子；禁止抱童养媳；发动妇女参加社会活动；动员家长让女子读书；反对压迫妇女；发动妓女摆脱控制，跳出火坑，弃娼从良等。那时，大多数妓女经过宣传教育，觉悟不断提高，为革命做了不少工作。1927 年 12 月，诱杀国民党南雄县城乡团防局局长卢焜的行动，就是事前由妓女报告卢焜的爱好活动后，县委书记曾昭秀才决定采取诱杀计划，结果一举成功的。曾昭慈领导"广东省妇女解放协会南雄县分会"深入做妇女解放的宣传工作，使南雄社会逐渐改变了重男轻女的陈旧观念，从而比较尊重妇女，使深受重重压迫的妇女获得了一定的社会地位。

南雄暴动失败后，曾昭慈赴中央苏区，后任毛泽东秘书。

1927 年四一二反革命政变后，南雄局势趋紧，曾昭慈被国民党通缉，被迫转入农村隐蔽。随后，她参加了南雄农民武装暴动的筹备工作。1928 年春，农民暴动失败后，曾昭慈随堂哥曾昭秀到江西寻邬（今江西寻乌），后任寻邬县苏维埃政府妇女工作部部长。曾昭慈到寻邬后，与时任寻邬县委书记古柏相遇，他们于1929 年冬结婚。据史料记载，他们在寻邬游击队营地结婚时，原计划只请游击队员参加"茶话会"，毛泽东知道后，派人捎信说：

"小古，你们结婚是件大喜事，特别是在这个时候，这种场合，你们要'大办'——要张贴结婚宣言，贴到城里去，让全县人民知道，向全县人民宣传我们不是共产共妻，不搞买卖婚姻；宣传我们共产党实行自由恋爱，一夫一妻制的婚姻政策。"古柏采纳了这一建议，派人在县城及各乡交通要道张贴了许多"结婚宣言"，并举行了简朴而热闹的篝火婚礼。这事在当地产生很大影响。人们纷纷议论说，共产党哪里是共产共妻，明明人家是婚姻自由，光明正大，一不摆酒席，二不坐花轿，真是又省钱又风光。①

1930 年，古柏调任红四军前委秘书长。曾昭慈随丈夫古柏一起在红四军前委工作。夫妇俩共同担任前委书记毛泽东的秘书，为毛泽东写《寻乌调查》做了大量工作。主力红军长征后，古柏留守中央苏区，在 1935 年的突围中牺牲。丈夫牺牲后，曾昭慈携子古一民回到粤北家中隐蔽。抗战时，曾昭慈曾在韶关设保产所为中共地下秘密交通点，与武汉八路军办事处叶剑英单线联系。其间她动员堂弟曾文玉、妹妹曾华、表兄张功佩，奔赴延安，投身革命。中华人民共和国成立后，曾昭慈先后在中国红十字会总会、中央组织部等部门工作。1988 年，南雄县苏维埃政府成立 60 周年时，曾昭慈从北京回到南雄，出席纪念大会并在会上讲话。曾昭慈于 1997 年病逝。

---

① 摘自 1995 年 2 月 23 日《组织人事报》，原文《古柏的结婚宣言》，刊载于《广东党史》1995 年第 2 期。

3

第三章

土地革命战争时期

　　1928 年春，南雄县委率赤卫队领导全县农民武装暴动，建立了南雄县苏维埃政府，之后在敌人的武装进攻下，农民暴动被镇压了。同年夏，被打散的赤卫队奔赴油山打游击，创建了油山革命根据地。1929 年后，毛泽东和朱德率红四军、彭德怀率红五军先后来到南雄，帮助南雄县委巩固扩大游击根据地。1929 年底，南雄划为"中央苏区县"。1932 年，中央红军 2 万余人挺进南雄，在水口战役中打退了粤敌的进攻，保障了中央苏区南翼的安全。1933 年，南雄县委率游击队开辟了北山、南山两个游击新区，赣粤边游击区由此形成，为后来项英、陈毅领导坚持赣粤边南方红军三年游击战奠定了坚实的基础。抗战全面爆发后，油山、北山、南山游击队下山改编为新四军，开赴华中抗日。

第一节

南雄农民暴动　建立苏维埃政府

一、团防局南雄"清共"，曾昭秀计除卢焜

1926 年，蒋介石夺取了国民党的党、政、军大权之后，实行军事独裁的野心日益高涨，随着北伐的胜利进军，蒋介石日趋反动。11 月 9 日，他在南昌成立总司令部，决心清党反共，并开始做秘密准备工作。

"四一二"反革命政变爆发，卢焜在南雄"清共"。

1927 年 4 月，北伐军占领上海。4 月 12 日，以蒋介石为首的国民党新右派在上海发动反对国民党左派和共产党的武装政变，大肆屠杀共产党员、国民党左派及革命群众，史称"四一二"反革命政变。政变发生后，南雄地方的反革命势力与广州的反革命派遥相呼应，对南雄的工农运动实行镇压。

1927 年 4 月下旬，南雄城乡团防局局长卢焜和爪牙麦显荣、黄逸品、王仁山等纠集商团武装，占领了由共产党人控制的国民党南雄县党部，封闭了共产党组织领导的县总工会、县农民协会、省妇女解放协会南雄分会等。5 月初，国民党广东省当局悍然明令通缉在南雄从事革命斗争的曾昭秀、曾昭慈、陈召南、周序龙、周群标、彭显模、陈德贵、卢世英等共产党员和革命人士 57 人。

面对瞬息万变的形势和严重的困难局面，中共南雄特支于 5 月上旬召开紧急会议，决定党组织立即转入地下活动，坚持革命

斗争；已暴露的中共党员则转移到外地去隐蔽，等待时机。曾昭秀、陈召南、彭显模等人相继转移到敌人难于控制的农村，领导和秘密发展农会。

奋起反抗，曾昭秀计除卢焜。

面对敌人屠杀，共产党人决定进行武装反抗。8 月 7 日，中共中央在汉口召开了紧急会议（史称"八七会议"），制定了"土地革命和武装反抗国民党反动派"的总方针，号召革命基础较好的广东、湖南、江西、湖北四省发动农民起义。

1927 年 8 月 1 日，在周恩来、贺龙、叶挺、朱德、刘伯承等的领导下，中国共产党在南昌举行武装起义，打响了武装反抗国民党反动派的第一枪。之后，2 万多人的南昌起义军一路南下。当部队挺进到潮汕时，作战失利，部队几乎解体，余部在朱德、陈毅率领下，转湘南方向开进。10 月下旬到达江西信丰。10 月 26 日，朱德率南昌起义军余部离开信丰，进入南雄油山境内。10 月 27 日，部队宿营南雄时，朱德、陈毅接见了南雄县委曾昭秀、钟蛟蟠等人，留下九支长枪，并对南雄县委作出重要指示：必须把农会的积极分子组织成秘密赤卫队，从组织上、思想上和武装上做好今后武装暴动的准备。次日，南昌起义军离开南雄在大庾等地整军后，前往湖南参加"湘南暴动"。暴动后，朱德率部队上井冈山与毛泽东的秋收起义部队会师，由此创建了人称"朱毛红军"的红四军。

在南昌起义军离开南雄后，县委立即行动起来，以党员和农会中的积极分子为骨干组织了 100 多人的赤卫队。1927 年 11 月 7 日，县委在湖口集英国民小学召开扩大会议。曾昭秀主持会议，传达了中共中央"八七会议"精神，南昌起义军朱德、陈毅的指示，以及广东区委、北江特委关于南雄等县应极力发展武装暴动的指示精神。会议作出在邓坊和睦塘村集训赤卫队，除掉恶霸地主卢焜，领导全县农民武装暴动的决定。南雄共产党员曾昭秀、陈召南、彭显模、周群标、周序龙、曾昭慈、张道谦、谢泰谦、李士泰、何新福、欧阳炎、邓事谦、赖赓、卢世英、刘子明、廖光忠、叶舒棠、杨瞻颜以及湖口、上朔、篛过、园岭、和睦塘、灵潭、石坑、坪地等地农民协会骨干100多人出席了会议。

南雄县城乡团防局局长卢焜，是南雄县古市小水村人，土豪劣绅，占有大量的田地。"四一二"以后，蒋介石掀起了反共高潮，他纠集反动力量，组织反动民团，用武力强占了国民党县党部、县总工会、县农民协会、省妇女解放协会南雄县分会等办公地址，对革命党人和革命组织大肆进行武装镇压，县委机关曾昭秀所住的龙勾巷家也受到骚扰。卢焜集土豪、封建势力、地方官僚于一身，经常勾结土匪拦劫商旅，坐地分赃，借贷收租，盘剥百姓，派捐收税，中饱私囊，抽丁敲诈，鱼肉乡民，人民群众对他恨之入骨。为了打击反革命的嚣张气焰，鼓舞革命人民的斗志，更好地发动群众起来参加武装暴动，县委决定首先计杀卢焜一伙。经过周密的调查和研究，最终选择到12月15日这天以宴请诱杀。

1927年12月14日，县委领导曾昭秀等同志与商团团长黄乐之联系，叫他明晚不要派兵到"美香馆"酒楼一带（今维新路）巡哨。曾昭秀与黄乐之关系稔熟，曾昭秀任国民党南雄县党部青年部长时，曾组成《珠玑周报》出版委员会，与黄乐之共事，有交往。黄乐之听从了曾昭秀的安排。曾昭秀在南雄中学做过老师，任教导主任，在学生中有影响。他指派南雄中学学生会主席欧阳璋、学生会干事温慈秀以学生会的名义，邀请县党部改组派清党要员卢焜、麦显荣、黄逸平、王仁山等到"美香馆"饮宴。

12月15日早，曾昭秀派李士泰（南雄花捐局局长，大革命时期未暴露的共产党员）、张道谦、邓事谦三人进城，前去拜见卢焜等人，送上请帖。与此同时，县委将组织好了的30多名敢死队员集中起来，暗藏武器，中午由卢世英带领，从湖口出发，进入南雄城，埋伏在"美香馆"及附近。傍晚，"美香馆"酒楼灯火辉煌，李士泰等和陪同的学生会干部早已来到了酒楼上等候。不久，卢焜、黄逸品、王仁山走进"美香馆"酒楼，宴会就开始了。酒酣之际，潜伏在酒楼里的赤卫队走出酒楼外，用手电筒向外发信号，头戴风帽眼镜的敢死队员，便从隐伏处飞快地冲上酒楼，闯入包间，一刀刺死卢焜、黄逸品。混战中，王仁山滚下楼梯逃走了。次日一早，赤卫队再闯改组派成员办公地和家里，杀死了麦显荣、彭求福，之后迅速撤离县城。

卢焜被杀，轰动南雄。有人将此编成歌谣传唱民间："伙计，哎！曾昭秀呀浮唔浮，带紧卢焜上茶楼，拿起酒杯唛一唛。紧讲竟着，卢焜脑壳跌下楼。哎呀，当呀！跌下楼。"此歌谣《南雄县志》有载。

曾奉璋毁家纾难，捐输革命。

卢焜被杀后，其胞兄卢煌恼羞成怒，便从始兴招来一批兵痞流氓为骨干，组成一支120多人的反动武装，妄图进行报复。事发13天后，1927年12月28日，卢煌率领120多人的武装，走乡村小道，避开南雄城，绕路来到湖口，突然进攻中共南雄县委书记曾昭秀的家乡湖口老墟曾屋村。卢煌率武装进村后，见人就杀，当场开枪打死曾广运、曾连生、曾春林、曾荣生、曾北斗共5人；捉走曾家邻居、亲戚曾杉毛古、曾茂松、曾学年、凌家驹共4人，然后点火焚烧了曾屋村。熊熊大火将这座有两三百人的村庄烧毁。曾屋家园被毁，村民四处奔逃。

卢煌把捉走的4人带回小水村老家，原意要处决这4人，但后来改变主意。据传有两个原因使卢煌选择放人。一是卢的母亲较慈和，说人家杀了我们一个人，我们现在杀他家几个人；而且抓来的都是邻居和亲戚，还是放回去，不要结下这么大的仇恨。

二是卢煌"扫荡"革命的武器借自曲江罗坝曾姓，事情被讲究宗族观念的罗坝曾姓人发觉后，生气地骂卢煌：你借我曾家的武器，去打我曾家的人，放言要找卢煌算账。卢煌恐将事情闹大，在勒索银圆 1600 元后，将 4 人释放。当时，党的力量很薄弱，这些经济损失，全部由曾昭秀家个人承担。曾昭秀的父亲曾奉璋东挪西借，前凑后凑，终将人赎回。被杀害的 5 人安葬费用，也全部由曾昭秀家负责，还烦劳邻村姜子塘、石古圳村男青壮年帮工操劳，安葬在鹤岭坟场。五人墓后称"烈士墓"。

曾奉璋，是晚清秀才，古典经史理论很深，博学多才。他长期从事私塾教育，钻研中医学术，常为乡梓邻里诊脉，开方治病。由于世代节俭，勤奋上进，到曾昭秀一代时，算是小富人家。有谷田四百担，另有同兴堂、伦兴泰、恒泰三家店铺。曾昭秀参加革命以后，他深受儿子的影响，走上了支持儿子革命的道路。他还动员其他儿子、亲戚、学生走上革命道路。他的七个儿子曾昭秀、曾昭度、曾昭璜、曾友贤、曾文玉、曾文蔚、曾美善都先后参加了革命。其中，大儿子曾昭秀（中山大学学生，领导农民暴动的南雄县委书记）、二儿子曾昭度（北京国民大学学生，红军游击队干部）、五儿子曾文玉（抗日军政大学学员，中央军委电台干部）均为革命牺牲。他的族亲曾昭慈、曾昭恩（曾昭慈妹妹，红军干部）、曾昭苏（粤赣湘边人民解放总队干部）、曾仁洲、曾德州（抗日军政大学学员，延安中央财经干部）等也参加了革命。他培养的学生杨家基、吴永棋、张功提、李清廉等是没有入党的革命工作者，从大革命以后至中华人民共和国成立，一直是南雄湖口、珠玑支持革命的重要民间力量，为党做过许多工作，帮助掩护过许多党的干部。解放战争时期及中华人民共和国成立初期，南雄重要的地下党干部张尚琼、张功振、张英裘、徐道昌、徐道金、胡辉瑞、郭显亲、罗垂明、李贤光、张祥龙、李树华、杨子江等均是曾奉璋的学生。

曾奉璋毁家纾难，捐输革命，从此家无余资，过着艰难的生活。1943 年，69 岁的曾奉璋因中风过世时，儿子都在外面参加革命，无亲人在身边，无亲人料理丧事，是他的学生杨家基、李清廉、张泰淮等到南雄城买寿板，由众学生集资筹措治丧费用，才将他顺利安葬入土。像曾奉璋这样的家庭，南雄还有不少，是他们的前赴后继，换来了革命的最后胜利！

二、南雄县委领导农民暴动，成立苏维埃政府

卢焜被刺杀后，一段时间里，没有人敢来南雄当县长，县政府无人主持，南雄社会开始出现动荡。由于前一年水稻受灾减产，农村出现饥荒，部分农民便到地主家封谷、封仓、"吃大户"。南雄县委见此，决定抓住这一时机，号召农民举行武装暴动。

鸳鸯围紧急会议，部署农民大暴动。

为了更好地组织、领导农民暴动，1928 年 2 月 1 日，中共南雄县委作了调整充实，曾昭秀任书记，陈召南、彭显模、周群标、周序龙、陈德贵、张功弼、卢世英、曾昭慈等为委员。

2 月 12 日，新组成的县委在珠玑灵潭鸳鸯围召开紧急会议。会议决定次日（2 月 13 日）晚上举行全县武装大暴动。出席灵潭鸳鸯围会议的有 4 位外地干部，他们是：前来协助南雄开展农民暴动的赣南特委梁明赤，以及参加南昌起义后随朱德、陈毅所率余部滞留信丰的女战士陈夷坚、张仁、吴志英。后三人原是武汉中央军事政治学校的女学员，汪精卫在武汉发动反革命政变后，武汉军校部分女学员便跟随叶挺、贺龙的部队来到南昌，参加了八一南昌起义，起义军南下时滞留信丰。她们听说南雄搞武装暴动，便在赣南特委梁明赤的带领下，来到南雄协助开展农民暴动。

县委书记曾昭秀在会上对武装暴动中各赤卫队的进攻任务作

了部署。据考证，除县委委员曾昭慈、张功弼的任务不详外，其余干部分工如下：

曾昭秀，湖口老墟人，28岁，中共南雄县委书记。农民暴动总负责人。

陈召南，湖口石坑人，21岁，县委委员。与县委委员欧阳哲（黄埔军校毕业生）一起，负责率笪过、园岭的农民赤卫队攻打水口区公所。

彭显模，油山上朔人，25岁，县委委员。负责率上朔赤卫队攻打新田税厂和新田乡公所。

周群标，珠玑街人，27岁，县委委员。负责率湖口、湖口石坑、黎口瑶坑赤卫队攻打大城门税厂。

周序龙，珠玑洋湖人，25岁，县委委员。负责率珠玑赤卫队攻打梅关税厂。

卢世英，邓坊和睦塘人，26岁，县委委员。负责率和睦塘赤卫队攻打夹河口税厂。

陈德贵，县城洙泗巷人，28岁，县委委员。与周群标一起率湖口、湖口石坑、黎口瑶坑赤卫队攻打大城门税厂。

钟蛟蟠，珠玑灵潭人，29岁，率珠玑赤卫队攻打梅关税厂。

李乐天，湖口新迳人，23岁，率湖口赤卫队攻打大城门税厂。

何新福，珠玑祇芜人，32岁，率祇芜赤卫队攻打中站税厂。

谢泰谦，乌迳下孔村人，20岁，率锦陂赤卫队攻打新田税厂。

叶修林，界址雷公坑人，24岁，率队攻打夹河口、黄地税厂。

曾彪，油山夹河口人，25岁，率上朔赤卫队攻打夹河口税厂。

叶明魁，乌迳水城人，26 岁，率队攻打新田税厂和新田乡公所。

2 月 13 日晚上，天气寒冷，按预定计划，全县各地赤卫队于当晚 8 时同时举行武装暴动。时间一到，受尽剥削和压迫的广大农民，纷纷拿起枪支、长矛、大刀、梭镖、土铳等武器，勇敢地投入战斗。湖口、坪地、石坑、瑶坑的农民赤卫队袭击南雄县城的大城门税厂；灵潭、祇芜的赤卫队攻打中站税厂；和睦塘、上朔的赤卫队攻打夹河口税厂；锦陵一带的农民自卫军攻打新田税厂和新田乡公所；箬过、园岭的农民自卫军攻打水口区公所；油山各村的赤卫队袭击黄地税厂。各处同时行动，革命烈火席卷南雄大地，人数最多时达 3 万多人。此次暴动，共摧毁 18 处税厂，歼灭顽抗的税厂人员 24 名、土豪劣绅 30 多名，缴枪 20 多支，取得了首战的胜利。

南雄县苏维埃政府在黄坑成立。

起义第五天后，暴动取得了决定性胜利。1928 年 2 月 18 日，县委在黄坑墟召开群众大会。这天正是墟日，黄坑附近各乡近万农民前来黄坑参加南雄县苏维埃政府成立大会。

县委书记曾昭秀主持大会。他宣告共产党的主张，撕毁国民党的青天白日旗。议决各乡同时举行暴动；歼灭反动地主土豪劣绅；摧毁国民党的反动区、乡政权。当曾昭秀以洪亮的声音宣布南雄县苏维埃政府成立时，全场立即响起了雷鸣般的掌声和欢呼声。"打倒帝国主义""打倒土豪劣绅""实行土地革命""一切权力归农会""拥护苏维埃政府"等革命口号响彻云霄。

大会推选曾昭秀为县苏维埃政府主席，宣布赤卫队为县苏维埃政府的武装部队，并决定成立四个区苏维埃政府和 120 多个乡苏维埃政府。选举陈召南、赖赓、卢世英、彭显模分别为第二、第三、第五、第六区苏维埃政府的常务委员。

之后，曾昭秀将南雄县苏维埃政府，设在革命力量比较强大、县委委员彭显模的家乡——油山上朔村。之后，领导全县农民，继续深入开展以"平仓""平田"为主要内容的土地革命运动，全县参加土地革命的人数达 5 万余人。

陈召南领导湖口、新迳一带的群众到当湄溪、赤岭、河坪、矿岭、赤溪湖等地查封了何谦隗、何友兰等豪绅地主的谷仓。

卢世英领导篛过、园岭一带群众到山坑、老井、泷下、水口一带查封了豪绅钟光伟、蓝寡婆的财物和 2 万多斤谷子。

周群标、周序龙领导珠玑一带群众到上嵩、新村查封了地主的谷仓。

彭显模、彭显伦领导上朔、夹河口的群众没收了大地主彭遵濂的大批谷物。

孔江一带的群众查封了赵家犹等土豪的谷仓。

乌迳一带群众到龙口、庙前没收了反动地主豪绅叶玉辉、赖南榕 6000 多斤谷子及赖海生的 1 万多斤谷子。

湖坑等地群众到坪田、樟岭一带没收了地主吴少辉 1000 多担谷子；同时，还焚烧了一批地主的田契和借约。

各地苏维埃政府把没收来的谷物、财物及时分给贫苦群众。数万农民分得胜利果实，对共产党和新生的苏维埃政府充满热爱。

南雄农民暴动开展得如火如荼，轰轰烈烈。南雄的民团、商团、警卫队等反动武装慑于农民暴动的强大威力，初时不敢出来抵抗，豪绅地主受到惊吓，连夜逃进南雄县城。

三、国民党派兵镇压，农民军奋起血战

农民暴动开展约一个月后，南雄反动官僚和土豪劣绅大为恐慌，却又无计可施。恰巧此时，有国民党军队陈学顺团路过南雄，时任南雄县长官师亮与地方豪绅们，出高价收买团长陈学顺，要

求他留在南雄"剿共"，陈学顺同意了。

保卫苏维埃政府，首战珠玑巷。

1928 年 3 月，陈学顺派一个营的兵力进驻珠玑巷，作为先锋队。其时，县苏维埃政府及各区、乡苏维埃政府组织 2 万多名群众，手拿长矛、大刀、锄头、木棍，配合赤卫队，浩浩荡荡前往珠玑，把敌人包围于祇芫十里岭予以痛击。在激战中，敌警卫队一小队 10 多人投降。珠玑巷之战，是南雄县苏维埃政府保卫战中的第一场战斗。

敌人进攻县苏维埃政府驻地——上朔村。

珠玑受挫后，陈学顺贼心不死，纠集谢伯英民团、黄乐之商团，国民党始兴县长黄燊也派来始兴民团前来支援，共有 2000 多人，于 3 月 13 日进攻县苏维埃政府驻地——上朔村。县苏维埃政府组织上朔及附近乡村的赤卫队，与敌人激战一天后不支而退走，上朔村被敌攻陷，40 多名革命群众壮烈牺牲，上千间房屋被烧毁。

赤卫队血战水口篛过村。

上朔村被敌攻陷后，3 月 14 日，曾昭秀率领县苏维埃政府人员和赤卫队员退出上朔，经锦陂、乌迳、朱黄塘，到达水口篛过村，发动群众据村拒敌。

篛过，是南雄著名村庄之一。欧阳氏族在此聚居已有七百多年历史。欧阳氏族祖居江西吉州，于南宋迁南雄篛溪开基，民国时全村人口上千人。1926 年 6 月，篛过成立了农会。8 月，成立农民自卫军，队长欧阳美清，队员有欧阳茂龙、欧阳石头古、欧阳川耳等 60 多人，加上抗暴队共有 100 多人。3 月 13 日，曾昭秀率县苏维埃政府与赤卫队撤至篛过时，首先在进村的四条巷口，各架起一门土炮和若干支土枪，其余 40 多支火枪对付敌人冲击；又在篛过村周围的道路上挖了许多陷坑，倒置铁齿耙。敌人追至篛过，包围了该村，发起一次又一次的进攻。赤卫队员坚守篛过，利用该村三面临水的有利地形，与敌人进行了浴血奋战，打退了敌人数十次冲锋，毙伤敌人30多名。

3月16日晚，考虑到敌强我弱，赤卫队孤军奋战，没有外援，弹药即将用尽，而敌人攻势不减，形势危急，于是，当晚趁洪水暴涨，敌人一时无法靠近之际，曾昭秀率赤卫队悄悄撤出篛过村。

17日，天亮后，敌人窜进村内，见赤卫队已撤走，恼羞成怒，大肆烧杀抢掠，抢走稻谷40多万斤，猪200多头及一大批财物。烧毁房屋2000余间。欧阳元等7名赤卫队员和革命群众被当场杀害，村民惊惶受吓，举家出逃，或逃往江西避难，或逃往南雄山区躲藏。次年春夏，当村民返村在残墙断壁旁支搭茅房居住时，国民党反动派又来"扫荡"，茅房被焚，人被捉，且勒索巨款。这一年又有塘江婆、欧阳尖当、欧阳红才等20多人被杀。

敌攻陷长庆围堡垒。

长庆围，又名福安围，位于湖口平原的中心。长庆围，是曾昭秀的家乡，是当时革命的中心堡垒。当地建筑为碉堡型的砖石建筑，筑有高大围墙，易守难攻。1928年4月，敌人攻占上朔、篛过以后，陈学顺派一营兵力把长庆围包围起来。据守在长庆围的是曾杉毛古、曾大胜、曾兰香、张祥娣等8人。他们拿起土枪土炮，跟敌人展开激烈斗争。击毙排长1人，士兵多人。经过两天两夜激战，8人最后弹尽粮绝，敌人用炸药炸崩围墙，8人全部牺牲。

至此，南雄农民暴动失败了，南雄陷于腥风血雨之中。敌人展开了疯狂的报复。大批革命群众被捕，敌人强迫他们交出亲人赤卫队员，交不出来就先杀近亲，再杀远亲，最后杀尽全家。200多名共产党员、赤卫队员和革命群众惨遭杀害，数千间房屋被烧毁。2 万多农民流离失所，无家可归，景况惨不忍睹。

南雄暴动历时一个多月，沉重地打击了国民党的反动统治，震撼了粤赣边地区。暴动唤醒了被压迫的南雄人民，加深了南雄人民对国民党反动派的仇恨和对革命的向往，为以后南雄革命武装斗争的深入发展，打下了深厚的群众基础。暴动考验了南雄县委，为后来以油山为中心的游击战争，在军事上、干部力量上做了准备。

第二节 中国工农红军在南雄

一、赤卫队奔赴油山，开辟油山根据地

1928 年 3 月 17 日，篛过村被敌人攻破，曾昭秀率县苏维埃政府成员突围出来后，先分散活动，之后齐集在江口乡桥背坑办公，继续领导南雄革命斗争。

敌人袭击桥背坑，县委被冲散。

1928 年 4 月中旬，中心堡垒湖口长庆围被敌攻破后，敌人腾出力量，四处打探县委下落，搜捕革命群众。桥背坑的秘密据点，亦被敌人探知。敌派兵袭击桥背坑，大部分人成功突围，只有曾昭恩被敌捉住。

曾昭恩是曾昭慈的胞妹。1926 年，18 岁的曾昭恩在广州知用中学读书期间，由堂哥曾昭秀介绍，加入中国共产党。后来，与姐姐曾昭慈一起，随堂哥曾昭秀一同回到南雄参加革命。曾昭恩被捕后，南雄地下党组织设法营救。1929 年初，南雄城乡盛传共产党武装又要打回南雄，国民党南雄当局出现矛盾和惊慌心理，地下党抓住这个机会，筹集了一批钱，委托有活动能力者，周旋于敌人内部，终把曾昭恩从牢房中保释出来。曾昭恩出来后，去了堂哥曾昭秀工作的江西安远县，1930 年在江西安远县牺牲。

县委分散隐蔽，曾昭秀转移到江西活动。

曾昭秀从桥背坑脱险后，四处隐蔽，躲避敌人的搜捕。为了

保存革命力量，分散敌人的注意力，他决定县委分散活动。县委书记曾昭秀转移到江西活动，县委委员陈召南、彭显模等留在南雄乡村开展革命工作。

江西的全南县社迳乡，位于广东南雄的西部，与南雄的南亩、坪田接壤，与南雄同属客家人，讲客家话。社迳乡的曾大屋下村，是以曾姓为主的村庄，因为同属曾氏宗亲，曾昭秀的家乡湖口老墟曾屋，与社迳乡的曾大屋下村曾族，长期有宗亲活动来往。1928 年 6 月，因敌人搜捕严密，在南雄隐蔽困难，曾昭秀利用曾姓宗亲关系，率堂妹曾昭慈、警卫员曾广信，转移到江西全南县社迳曾大屋下隐蔽，秘密进行革命活动，组建党支部，发展党员。

但是几个月后，又被敌人侦知。南雄国民党军警纠集社迳乡地方武装，"围剿"曾大屋下村。曾昭秀在此立足艰难，得知好友古柏已在寻邬县建立了游击根据地，便通过关系与古柏取得联系。古柏是江西寻邬县人，后去广东梅县读中学。1925 年夏，在梅县读书的古柏，被选为全梅学生运动领袖，出席广东省学生代表大会，声援省港大罢工，就此与曾昭秀相识。"四一二"反革命政变后，古柏回到家乡，领导寻邬农民暴动，建立了游击队和阳天嶂山游击革命根据地。全南与寻邬，中间隔着龙南、定南两个县。古柏得知曾昭秀的信息后，通过绿林好汉叶子斜的兄弟帮忙，经过化装后，用轿子把曾昭秀、曾昭慈等人抬接到了寻邬。曾昭秀先任寻邬县委书记。1930 年任安远、会昌、寻邬中心县委书记时，江西发生 AB 团事件，曾昭秀被诬为"AB 团"而错杀。

陈召南召集分散隐蔽的赤卫队员，上油山，打游击。

农民暴动失败后，南雄党组织遭到敌人的严重破坏和摧残，平原地区的党组织基本解体，广大党员分散隐蔽，县委处于瓦解状态。县委委员陈召南、彭显模等组成临时县委，领导开展游击斗争。

1928 年 8 月，从桥背坑脱险后，陈召南、彭显模、周群标、谢泰谦、刘子明等从各自的分散隐蔽地，聚在油山平林村，并联络各地 70 多名赤卫队员秘密奔赴油山平林集结。之后，根据北江特委的指示，重组了南雄县委。由陈召南任县委书记，彭显模、彭显伦、周群标、周序龙、卢世英、谢泰谦、何新福为县委委员。县委组成油山游击大队，以刘子明任大队长，进行武装斗争。油山根据地，是当时中国较早建立的红色根据地之一，为后来红军在赣南建立中央苏区起到了策应和配合作用。

创建油山根据地的主要负责人是陈召南。陈召南，湖口石坑村人。1921 年在雄中"同学潮"被开除后，转往广州的广东省立第一中学（广雅中学）读书，后入党。1926 年，被党组织派回南雄开展农民运动，任国民党县党部农民部长。后选任南雄县农民协会委员长。1927 年 2 月，他主持召开第二次农民代表大会，决议废除苛捐杂税，并举行示威游行，捣毁梅关税厂。1928 年 2 月，被选为县委委员，参与组织领导农民暴动，任县苏维埃政府委员兼第二区负责人，领导湖口、新迳一带农民开展"平仓""平田"斗争。同年 7 月，陈召南担任南雄临时县委负责人，率领赤卫队员上油山，开展游击战争。

油山游击大队队长刘子明，南雄黎口人，1927 年入党，1929 年在油山樟地背的战斗中牺牲，年仅 31 岁。

在领导游击武装斗争的过程中，县委首先加强自身建设，在游击区恢复了第二、第三、第五、第六区区委和 10 多个党支部。其次是发展党员，到 1929 年 7 月，全县党员约 550 余人。再次是加强对党员的教育工作，编印出版《红旗》刊物，作为党内学习资料，定期开会训练。县委还向全县党员提出了"党员要成为群众的领导者"的口号。1929 年 2 月，南雄县委又作出了向第一、第四、第七、第八、第九区非游击区和重要交通地点发展党组织的计划。

1929 年 4 月 1 日，南雄县委在油山召开全县党员代表大会，进一步充实了县委机构。书记陈召南、宣传委员周序龙、组织委员张功弼、军事科卢世英以及周群标、何新福、彭显模、谢泰谦、杨瞻颜、邓事谦等为委员。以上 10 人是建立油山根据地后的南雄县委领导。在残酷的革命斗争中，他们后来全部牺牲。但是，南雄的共产党人员和革命群众，没有被吓倒，他们拿起枪，继续战斗，前赴后继，巩固和坚守油山根据地，策应和配合了中央苏区的建立，为后来项英、陈毅以油山为中心，领导开展赣粤边南方红军三年游击战奠定了坚实的基础。

二、"朱毛红军"转战南雄，游击队送情报脱险

1929 年 1 月 21 日，从井冈山开拔的"朱毛红军"（红四军）顺利占领大庾县城。红四军二十八团、三十一团及直属特务营、独立营共 3600 余人，于 24 日拂晓遭敌三个团的围攻，仓卒应战，作战失利。这是红四军主力下山后遭受的一次重大失利，伤亡达 200 多人。

"朱毛红军"转战南雄，夜宿黄木岭，地下党急送情报助脱险。

为了保存力量，红四军兵分二路边打边往南雄油山方向转移。前委书记毛泽东率领的一支部队，向南雄邓坊的上、下杨梅往大塘方向转移。军长朱德率领另一支队伍，经南雄的广停坑、上兰田、下兰田到达寨下村宿营。

粤敌李振球获悉红四军已向油山转移，便率一团兵力抢占平田坳的大石埂，企图以一条旧壕沟为阵地，伏击红四军。25 日凌晨，朱德率领部队绕过过水坑，占领过水坑与平田坳之间的山头——白石埂，将敌军反包围，居高临下与敌激战，战至中午时

分，红军获胜，粤军溃退。

之后，朱德率领部队出夹河口，与毛泽东率领的部队会合。稍事休整，即经上朔，到达锦陂村，在禾场休息。当晚还在井湾村召开群众大会。次日，部队抵达乌迳黄木岭宿营。经过连续多天行军激战，疲惫的红军宿营在乌迳黄木岭村。

当晚，闻讯赶来的中共南雄县委与"朱毛红军"相见，并在黄木岭联合召开了群众大会。毛泽东、朱德在大会上讲了话，号召群众起来打土豪、分田地。毛泽东指示南雄县委书记陈召南，要大力发展游击队，建立根据地，并送给南雄县委10支五响步枪和几百发子弹。这是南雄县委首次与中央红军取得联系。

黄木岭，说是岭，其实也就是山坡地，周围地势平坦，无险可守。当疲惫不堪的红军战士进入梦乡时，粤军兵分二路向红四军驻地黄木岭逼近，李振球一个团从平田坳一路尾追红四军到此，另一路是专程从南雄城赶来的敌军，他们距离红四军驻地只有2.5公里，当他们准备对红四军进行合围时，情况被县委游击队侦察干部钟蛟蟠得知，他立即飞报红四军毛泽东、朱德。红军得悉情况，马上起床，经官门楼、界址向江西信丰转移。红四军转移二十多分钟后，敌人包围了黄木岭，但扑了空。

此事《朱德传》有载："到了乌迳，天也要黑了，都很疲倦了，就讲讲话，开开会，就都在平坝子上露营了。可是当时敌人却来了，正在晚上九点钟。我们丝毫不晓得，还（以）为敌人也十分疲乏，休息整理，准备进攻。就在这时，这里地方党支部派出去的侦探把这消息带来了。我们即刻惊起，出发，连号都没吹。因为是冬天露营，所以说走就走了。这一次红军的命运那是极端危险的了。如果没有地方党的支部，那一下就会被敌人搞垮了。"①

红军转移时，"老井冈"何挺颖牺牲在南雄。

红四军在黄木岭宿营时，为摆脱包围，当晚行走匆促，担架队走错路，遇敌牺牲了井冈山时期的军事领导人——何挺颖。何挺颖，是陕西汉中市南郑县人，出生于1905年5月，于1924年秋考入上海大同大学数学系，后加入中国共产党。1927年9月，何挺颖受党组织委派，任连党代表，在湘赣边协助毛泽东领导秋收起义。之后，随毛泽东上井冈山。在三湾村时，坚决支持和协助毛泽东进行三湾改编，是中国工农红军支部建在连上的最初倡议者。到井冈山后，何挺颖任红四军二十八团党代表兼团党委书记，牺牲时年仅24岁。得知何挺颖牺牲，毛泽东、朱德等领导深表哀痛。1965年毛泽东重上井冈山，在接见当地党政军领导时，曾深情回忆与何挺颖一起工作的情景。

何挺颖牺牲89年后，2018年5月11日，陕西省汉中市与广东省南雄市在南雄油山革命纪念园举行了何挺颖塑像安放仪式。塑像安放在园内的红军纪念亭旁。何挺颖亲属与陕西汉中、广东南雄市有关领导，出席了何挺颖烈士塑像安放仪式。塑像挽联为何家亲属所写："沪上学子，投笔从戎登井冈，端为国人争民主；天汉才俊，洒血捐躯眠岭南，旨在中华建共和。"

三、红五军奇袭雄州，南雄人民支援红军

彭德怀百里奔袭，攻占南雄城，南雄人民踊跃参军筹款。

红五军，是1928年7月，彭德怀、滕代远领导湖南平江起义

---

① 中共中央文献研究室编撰，金冲及主编：《朱德传》，人民出版社、中央文献出版社2006年，第186页。

的部队整编为"中国工农红军第五军"。1929年夏,红五军和王佐特务营共同行动,攻占仁化县的城口,缴商团枪械两百余支,筹款3万元。彭德怀占领仁化城口后,得悉南雄没有国民党的正规军,决定奔袭南雄。

红五军立即向南雄进发,途经扶溪、闻韶,进入南雄百顺。那时正值五六月,天气炎热,红军战士仍穿冬装,个个走得汗流浃背,全身衣服都湿透了,但仍然精神饱满,斗志昂扬。6月1日下午,红五军抵达南雄城郊,未经什么战斗,很快占领了南雄县城。得知红五军占领南雄城的消息,县委书记陈召南率油山游击队,立即赶到县城,与红五军相会。

红五军占领南雄城后,分别驻在上武庙(原八一路小学)、下武庙(今人民医院门诊部)等处,紧接着开展宣传工作。红五军在福音堂门口(今中医院)、孔圣庙门前(今市政府)等处召开群众大会,南雄县委委员周群标主持大会。红五军军长彭德怀、党代表滕代远在会上讲了话,宣传红军的政策,说明劳苦大众受剥削、受压迫的原因,号召劳苦大众团结起来,打倒帝国主义,打倒国民党反动派和官僚资本家、豪绅地主。

红五军纪律严明,所到之处秋毫无犯,买卖公平,红五军在五凤楼印刷厂印了很多标语、布告,还给了每个工人5个银元。各商店照常做生意,街上依然人来人往,热闹非凡,很得民心。但是,对那些骑在人民头上作威作福、欺压群众的官吏、土豪劣绅,红五军就坚决镇压。根据地下党提供的情况和群众要求,镇压了县警察所教训董芳辉、县政府总务科长梁绍恒和土豪劣绅钟荣伟、刘伯陶等4名反动人物,还没收了四家反动商号的财物(即同丰厚、王贵顺、兆丰米机厂、何永吉),分给广大劳苦大众。

红五军占领南雄城后,释放了大批被关押的"政治犯"和革命群众。其中，上朔村的革命群众就有 200 人。筹款 3 万余元，缴获商团枪械 300 多支，采购了一大批食盐、药品、布匹等，动员了一批青年参加红军，集中全城裁缝做了 2000 套军衣。红五军在南雄城驻扎 5 天，之后从容撤离，向江西崇义转移。

据当年参加彭德怀部队的老红军刘长生回忆，当时南雄共有 5 位青年参军，其中 3 人后来在反"围剿"作战中牺牲，他和瑶坑姓刘的因伤残不能参加长征，被疏散回到了南雄老家。刘长生，又名刘荣辉，1911 年出生于江西南康。15 岁随亲戚到广东南雄谋生，在永康路一家铁器厂学打铁。1929 年，彭德怀占领南雄期间，18 岁的刘长生报名参加了红军，随后参加了四次反"围剿"战斗，亲历了活捉张辉瓒、消灭刘和鼎等作战，前后三次中弹负伤。1934 年，刘长生在战斗中腿部受伤，造成粉碎性骨折，此后无法正常行走，领取瑞金苏区中央政府军人证和残疾证，在后方从事军工生产。红军长征前，作为伤残军人的刘长生被动员疏散回南雄老家隐蔽，从此脱离了红军部队。刘长生回到南雄城后，重操旧业，继续打铁。1958 年，成立钢铁公社的时候，安排在全安铁木社打铁，后在全安铁木制品厂退休，于 1987 年过世。

红五军虽然在南雄只有 5 天，但红军的纪律和爱护广大劳苦大众的行为，给南雄人民留下了深刻的印象。红四军、红五军先后来到南雄，对南雄党的建设和武装斗争作了具体指导，沉重打击了敌人，促进了南雄革命武装的发展，进一步巩固和发展了油山根据地。

红军火烧国民党县署。

1929 年的国民党县署，位于今人民医院后面的老住院部，县署门对由义街（今中山街），最早为唐朝设浈昌县时的治所（县署）。北宋皇祐年间，广西广源州侬智高叛乱，围广州，攻英德，进逼韶州，时任南雄知州肖渤在紧急情况下，动员军民修建城墙，保卫南雄，于是有了由义街、正南门等。

南雄州署隔由义街，与正南门遥遥相对，有上千年的历史，历经宋、元、明、清沿袭不变。民国废州后，州署改为县署，办公地点沿袭未变。1929年6月，红五军占领南雄县城时，红军烧毁了国民党南雄县署。红五军撤出南雄后，国民党县政府无地方办公，便将玄妙观（今雄州街道办事处）作为县署。1930年4月，毛泽东率红四军攻占了南雄县城，点火烧毁了位于玄妙观的国民党县署。红四军撤走后，国民党县政府无地办公，便以孔庙（今市政府）作为办公地点。1949年9月，南雄县人民政府成立后，县长张尚琼沿袭国民党县署作为县人民政府办公地，迄今未变。随着政治中心县署的变迁，南雄最繁华的商业街道，便由民国以前的由义街转移到从北门至玄妙观一带。在1992年大成街开通前，这里一直是南雄最繁华的商业地段。

四、国民党"围剿"游击区，疯狂屠杀革命群众

彭德怀攻占南雄城后，广东军阀余汉谋派国民革命军第一师一旅二团叶肇率部进驻南雄。为解决南雄的所谓"赤患"问题，国民党撤换县长方新，调黄埔军校政治教官、土生土长的南雄人王名烈为县长。

叶肇大举"清乡"，捕杀革命群众。

叶肇到达南雄后，在县城实行戒严，指挥反动军队进驻湖口、黄坑、邓坊、大塘、新田、乌迳、南亩、水口、珠玑、里东等十多个墟场，与县长王名烈狼狈为奸，纠集地主豪绅刘昌心、谢伯英、冯宠华、叶子汤，大举"围剿"游击区。

一是成立清乡委员会。委员18人，南雄分9个区，每区选两个最反动的豪绅充任。叶肇自任主席，王名烈任副主席，下设干事若干人，操生杀大权。处决人犯，无须上报审批，清乡委员签

字决定，就可立即执行。

二是建立地主武装。每乡设立警卫队，任务就是抓人、杀人。鼓励地主购买枪弹，充实反革命力量。

三是实行密告。叶肇为了斩尽杀绝革命人士，采取密告办法，县乡都设密告箱，白天张挂在市面上，让人把状纸秘密投入箱内，深夜将密告箱收拢，开箱按名拘捕治罪。或捕，或杀，立即行动。

四是十家联保。一个犯法，九家同坐。"济共"、"窝共"者，杀无赦。

五是悬赏通缉。赏金按革命者家属经济情况而定，最高的白银 1000 元，少的也要数百元。款项需要革命家属全额缴清，不能欠一分钱。

六是抓家属。儿女参加革命抓父亲，弟弟参加革命抓兄长，丈夫参加革命抓妻子。就这样以父代子、以兄代弟、以妻代夫，大行逮捕，监狱为之塞满。

捕人后，用酷刑审讯。如压杠子、灌辣椒水、放飞机、坐老虎凳等，大搞严刑逼供，把口供作为罪状。牵连大量无辜群众。[1]

进入 1929 年 7 月以后，叶肇"清乡"、捕杀革命群众进入高峰期。整个下半年，几乎天天抓人，天天杀人。

敌人大举"围剿"游击区，根据地人民损失惨重。

1929 年 6 月 16 日，游击队在邓坊墟驻扎时，突然遭到数百名敌人的三面包围攻击。游击队英勇奋战，突出了重围，但牺牲队员 3 人，失掉步枪 4 支、子弹千余发和多种军用品。自此战失利后，县委感到难于在平原游击区立足，只好率领游击队退入与

① 见中共南雄市委党史研究室编著：《南雄人民革命史》，广东人民出版社 1998 年，第 38 页。又见李笑梅编、李树华著：《风雨人生——李树华自传》，家庭内部编印，2014 年，第 120—122 页。

江西交界的油山和梅岭、大庾吉村一带活动，因而与中共广东省委和北江特委失去了联系。

7月，鉴于形势的严峻，县委决定，县委领导和游击队分散活动，避敌锋芒，伺机再起。县委书记陈召南带领一支游击队，在北山一带活动；县委委员彭显模带领一支游击队，在油山一带活动。

1929年8月7日，民团头子谢伯英率领1000多人的反动武装进攻油山根据地。县委委员彭显模、谢泰谦指挥50多名游击队员退守油山黄地土围，面对强敌，毫不畏惧，英勇抵抗，击毙敌人20多名，击伤敌人40多名。当天深夜，游击队用爆竹扎在点燃的线香上，使之不时发出响声，迷惑敌人，然后挖开土围后墙，用绳索吊下悬崖，悄悄地撤出黄地村。天亮后，敌人扑进村里，毫无所得，只好灰溜溜地撤走。之后，县委又率领游击队多次下山打击"围剿"油山的敌人。

在1929年10月攻打上朔村的战斗中，游击队打死民团头子彭成彰和团丁20多名，缴枪20多支。这些战斗的胜利，在一定程度上起到了打击敌人的作用。但由于敌我力量悬殊，未能改变游击队的整体被动局面。

在白色恐怖下，南雄人民又一次遭受血的洗礼。从1929年6月至12月的半年时间里，反动派血洗了84个村庄，数百名革命群众惨遭杀害。4200多间房屋被烧毁，园岭、上朔、大兰、黄地等革命村庄几乎变成废墟。

王名烈挥刀屠杀共产党，南雄革命斗争遭受重大挫折。

敌人的"清乡剿共"使革命力量遭受到严重损失。平原的党组织遭到很大破坏，基本停止了活动。县委和游击队的活动受到了很大限制。

8月，陈召南、周群标、周序龙、何新福率领一支游击队从油山转移到梅岭、大庾吉村等北山一带活动。10月下旬，因敌人搜捕，陈召南率队从北山转移到大庾县沙村的香菇棚里隐蔽。当时，有3人病倒了，加上缺衣缺粮，天气很冷，饥寒交迫，处境十分困难。于是派陈宝俚下山筹粮和了解敌情。陈宝俚下山后走到庆平（今全安陂头一带）三福地时，遇上敌警卫队，被认出捉走。他经受不住敌人的严刑拷打和威逼利诱，叛变投敌，供出陈召南住地，并领敌一个连前往捉拿。

陈宝俚下山一星期后，仍不见回来，陈召南感到情况有变，正准备转移。此时，叛徒陈宝俚已带敌人包围了住地。寡不敌众，无法冲出敌人包围，陈召南、周群标、周序龙、何新福全部被敌逮捕。

敌人将陈召南等人押回县城，进行严刑拷打和威逼利诱。国民党县长王名烈亲自审讯，反遭怒斥，他们宁死不屈服。1929年11月3日，敌人将陈召南等人押往城郊五里山刑场，沿途站满了围观群众。县委书记陈召南一路高唱山歌"哥哥革命闹得凶，不幸被捕下南雄，几多父老来相送，几多姐妹来送终"，令路人动容；还高呼"共产党是杀不绝的，我们是有出头之日的"等革命口号，从容就义。陈召南牺牲时年仅21岁。陈召南牺牲89年后，2018年4月4日，南雄举行了陈召南烈士遗骸安放仪式。烈士遗骸从家乡石坑村迁入烈士陵园内。

与陈召南一起牺牲的还有县委委员周群标、周序龙、何新福。

在陈召南等人就义后不久，南雄另一位革命领导人卢世英也遭到了不幸。

卢世英是中共南雄县委常委，负责军事工作。他是邓坊和睦塘村人，身材魁梧，体格健壮。1927年2月，时年25岁的他被中共南雄县特别支部书记傅恕选中，安排参加在韶关举办的北江农民自卫军军政学校第二期训练班学习。

　　"四一二"反革命政变后，卢世英回到南雄，在县委书记曾昭秀的安排下，在家乡和睦塘村秘密集训赤卫队，为农民暴动做准备。

　　1927年12月15日，卢世英指挥赤卫队诱杀县团防局局长卢焜。1928年2月13日，参与指挥农民武装暴动。2月18日被选为县苏维埃政府委员、第五区苏维埃负责人，领导农民开展"平仓""平田"斗争，指挥农民自卫军抵抗国民党军队的"清剿"。暴动失败后，卢世英上油山，任县委委员，负责军事，指挥南雄游击队开展武装斗争。1929年12月15日，隐蔽在外地的卢世英与县委失去了联系，独自一人秘密来到黄坑许村姨娘家中，看望待产妻子陈月英，被当地土豪告密，夫妇被民团捉住。17日，卢世英与妻子一起在黄坑国民党刑场英勇就义。

　　南雄城郊五里山，是1929年夏秋冬三季国民党大举屠杀共产党人的刑场。烈士的鲜血将五里山染红，这里也遗下了烈士的累累白骨。

　　中华人民共和国成立后，1950年，南雄县委书记兼县长张尚琼，组织人员将烈士遗骸收殓入土，在此修建了"南雄县烈士陵园"。陵园名为时任北江地委书记伍晋南亲笔题写。

第三节

南雄——中央苏区县

一、"朱毛红军"百里奔袭占南雄

1929 年 11 月，敌人向根据地大规模发起进攻，县委书记陈召南等人牺牲。在江西大庾、信丰一带活动的彭显模，与江西党组织取得联系，重组了南雄县委。由彭显模任县委书记，谢泰谦、陈夷坚、张功弼、李华生为委员。此后，南雄县委属赣西南特委领导。此时，红四军正在闽赣边创建中央苏区根据地。

一天两仗一百里，毛泽东顺利占领南雄城。

1930 年，中原大战爆发，赣南兵力空虚。在"思想建党、政治建军"为核心的古田会议结束 3 个月后，3 月中下旬，红四军挺进赣粤边，攻下大庾城。3 月 28 日，毛泽东在大庾主持召开南雄、大庾、信丰、南康、上犹、崇义六县党的活动分子会议，要求地方党组织配合红军作战，打土豪、分田地，成立苏维埃政府，建立根据地。会后，红四军将 100 多支枪分发给南雄、信丰、南康三县游击队。南雄分得 40 支枪、2000 发子弹。南雄县委书记彭显模参加了会议。

4 月 1 日凌晨，毛泽东、朱德率红四军离开大庾城，由南雄游击队中队长彭吉妹率领游击中队 38 人带路先行，越过梅关，向南雄进发。天刚亮，红四军与梅岭新路口敌营相遇，战斗打响。彭吉妹跃上敌人阵地，抢夺机枪，在激战中不幸中弹牺牲，当时年仅 25 岁。红军趁机发起冲锋，将敌人击溃。

吴文献听到驻在新路口的营队被包围的消息，急忙调守城的另一个营去支援。此时，红军已击溃新路口敌人，正乘胜追击，向南雄县城奔袭。敌增援部队在珠玑石子岭与红军相遇。红军猛打猛冲，很快将敌人打垮。

下午 5 时左右，红四军攻占了南雄县城。当时跟随毛泽东任红四军第一纵队参谋长的萧克，参加了这两场战斗。中华人民共和国成立后，萧克授上将，曾任全国政协副主席等职。1994 年 3 月 7 日，萧克到南雄视察时多次讲到"一天两仗一百里"，就是指 4 月 1 日那天在南雄新路口、石子岭打的两仗。

粤军吴文献团在南雄被打垮后退到始兴，收容残兵逃向韶关。

毛泽东在南雄孔庙讲话。

红四军占领南雄城后，军部设在上武庙（原八一路小学）。据群众回忆，毛泽东住在宾阳门外的"品丰"商店。红四军在孔庙（今市政府）门前开了三天群众大会。

红四军占领南雄后，部队文工团在大成殿周边插满了红旗。南雄老百姓久闻"朱毛"大名，听说"朱毛"来了，前来一探稀奇。毛泽东、朱德站在大成殿台阶前，向庙前广场站满的人群发表讲话，鼓舞穷人团结起来闹革命。

毛泽东说："大家经常讲朱毛，朱毛到底是一个人还是两个人呢？现在我告诉你们，朱毛是两个人，朱是朱德，毛是毛泽东，我就是毛泽东，朱德也来了，他就在这里！反动派将我们描绘成青面獠牙的恶魔，现在大家可以看到了。""我毛泽东也和大家一样，是穷人，朱毛红军是替穷人打天下的军队，我们穷人只要团结起来，就能将地方老爷洋财东打倒。"毛泽东接着谈到了共产党和红军的政策："万富准备钱，千富不相连，贫穷跟我去，每日一吊钱。"动员大家参加红军。①

毛泽东讲完话后，朱德也讲了话。之后又有文艺节目演出。红军连续三天晚上在孔庙门前演戏，其中有出戏是《王老三交粮支援红军》。

红军搜抄了附敌的"同丰厚"等 6 户反动官僚和豪绅的家，凑款 4 万元，烧毁了在玄妙观（今雄州街道办事处）的国民党县政府，打开监牢释放了被关押的政治犯，吸收他们参加红军，抓住一个引起民愤的警察游街示众并将其处决。

宣传活动结束后，彭显模陪毛泽东、朱德行走在条石铺就的南雄城街巷，城里到处贴着红军的安民告示。彭显模一边走，一边向毛泽东介绍南雄的情况，只见"平买平卖，公平交易""老百姓不要怕，大家开门营业""取消苛捐杂税""红军官兵待遇一致"的红军标语贴满大街小巷。

晚上吃饭时，饭馆端上了南雄传统辣椒菜时，喜欢吃辣椒的毛泽东幽默地说："南雄人民有革命的好传统，南雄人喜欢吃辣椒，吃了辣椒就容易激动，一激动就要造反，反动派最害怕我们这些吃辣椒的人。"② 此后，毛泽东吃辣椒的故事在南雄代代传扬。

红四军在南雄城活动七天，秋毫无犯。此后，南雄划为中央苏区。

二、苏区南雄交通线护送曾山、邓小平出境

南雄属中央交通线一环，曾护送曾山、邓小平出境。

---

① 肖锋：《毛泽东回到南雄》，许志新等主编《红色文化》，广州出版社 2011 年，第 230 页。

② 肖锋：《毛泽东回到南雄》，许志新等主编《红色文化》，广州出版社 2011 年，第 229 页。

1930 年 9 月，在上海的党中央为建立与赣南苏区之间的交通联系，在香港成立"华南交通总站"，开辟 4 条上海—赣南的交通线。其中，"上海—香港—广州—韶关—赣南"交通线经过南雄。

南雄交通线曾护送过党的领导人进出中央苏区，其中包括曾山、邓小平等。

曾山，又名曾如柏、曾宪璞，出生于 1899 年，是江西吉安人。1928 年，曾山领导吉安"四九农民暴动"后，任中共吉水县委书记。1930 年，毛泽东率红四军来到赣西，建立赣西南苏维埃政府，曾山任主席。之后，他随毛泽东的红四军打到广东南雄时，接到中共中央 5 月底在上海召开全国苏维埃区域代表大会的通知，曾山在南雄交通站的护送下，步行到韶关，再乘火车到广州，接着在广州登上去香港的轮船，再从香港乘轮船到达上海。新中国成立后，曾山曾任国务院内务部部长等职，1972 年逝世。

邓小平也曾启用过南雄交通线。据邓榕《我的父亲邓小平》一书披露，1931 年 3 月，邓小平、李明瑞等人率领红七军，从广西转战粤北，再到江西崇义，占领崇义县城后，从中共赣南特委负责人中得知，崇义与上海党中央有交通线。于是，邓小平产生了去上海找党中央汇报红七军情况的念头。3 月 11 日，他安顿好部队往信丰方向转战后，即利用崇义党组织的地下交通线动身去上海。他化装成买山货的商人，在交通员的带领下，步行几天，经大庾到达广东南雄。南雄城的宾阳门附近有地下交通站（今八一街），他在那里住了一夜。第二天，南雄交通站又另派一名交通员（古市人），护送他步行到韶关。邓小平在韶关乘火车到广州。在广州停了半天，当夜登上去香港的轮船，随后由香港到达上海。①

南雄交通线为中央苏区运送食盐。

1930 年 10 月，南雄县委根据中央苏区的指示，在油山平林恢复了南雄县苏维埃政府，由欧阳老四任县苏维埃政府主席。1931 年春夏，南雄县委又先后派出党员到江西大庾的青龙、池江等地开展革命活动，建立了中共留地支部等党的组织，组建了贫农团、赤卫队和游击小组，开辟了新的游击区。这样，南雄苏区除本县原有的第二、第三、第五、第六区外，又扩大到了江西大庾县的章河以南的青龙、黄龙、池江等山区。

1930 年冬，由于国民党军队的封锁，中央苏区出现食盐紧张，盐价每斤猛涨到一块多光洋。中央命令，开辟一条从南雄到中央苏区的食盐运输线。运输线从南雄乌迳墟起，经沧浪、铜锣湾、赵岭、井石，再过江西信丰的上坪、下坪、潭坑、坑口墟、长安墟、黄泥排、牛井到赣县，前往于都中央苏区。

南雄县苏维埃政府在孔江的铜锣湾、赵岭、井石等地搭起了棚子，设立了临时饭店、客栈和茶摊，为挑盐挑粮的群众提供食宿。那时，中坝的王恢舜、王国昌、刘燕礼等土豪，纠集了一批民团恶棍，经常拦路抢劫过往盐担，抢劫之后，造谣"共匪"抢劫。为了打击敌人的破坏，县苏维埃政府派出十几名赤卫队员，沿途巡逻，儿童团放哨，发现敌人，狠狠打击，保证了运输线畅通，运送食盐不下 500 万斤，维持时间达半年之久。

1931 年，时年 11 岁的儿童团的叶新民，是乌迳孔江兰垎人。成年后，他参加游击队，是解放战争时期五岭地委北二支干部，中华人民共和国成立后曾任江西信丰县检察院检察长。他在《叶

---

① 参考刘金田著：《邓小平：一个世纪的传奇》，湖南人民出版社 2014 年，第 34 页。

新民同志的回忆》一文①中，忆及儿童团放哨的往事："1931 年 2 月，我参加了孔江乡儿童团（儿童团是三〇年秋成立的），团长赵烂面子，副团长梁石头，执行委员董憔拐子，组织委员是杜屎桶古，团员还有黄长成、梁应旭等。三〇年至三四年这段时间，儿童团的主要任务是站岗、放哨、查路条、送信、送火屎炭、收铜板、收子弹壳等；还要做竹钉，并用信石（砒霜）炒过，钉在两叉水和冷水井两条路口的山坡上，用树叶遮盖，反动派一上山，就会刺破他们的脚；还要负责报信号，每一个哨所都放有双炮（座地炮）。那时候，赤卫队员一手拿武器，一手搞生产。敌人一来，我们立即鸣放双炮，给赤卫队员和群众报警。他们听到炮响，马上转移上山，隐蔽起来。敌人找不到我们，就毫无目标地胡乱放一阵枪，一无所获地溜走了。"

南雄县苏维埃政府的恢复，推动了油山根据地的建设。在县委的领导和信丰县的协助下，油山庙里设看守所，看管从各处抓来的地主、土豪；油山庙脚下的豪猪坑设有医院，医治负伤赤卫队员；豪猪坑还设修械所，修理步枪撞针、子弹钩，用土法翻造子弹，打制马刀、剑。从大塘找来了三四部衣车，在油山建服装厂、做军服。部队穿灰色军服，戴嵌有五角星的五角军帽，束精神带，戴值星袖章，人人精神振奋。到处都有妇女会、儿童团等组织活动，妇女们扬眉吐气，纷纷剪短发以示革命，根据地呈现出一片生机。

三、南雄游击队整体编入中央红军

1930 年 4 月，南雄游击队配合红四军攻克信丰县城，歼灭了在城内顽抗的信丰、南雄、安远等县的反动地主武装队伍近千人，

---

① 该文是叶新民在 20 世纪 80 年代提交给南雄市党史办的资料。

缴获各种枪支 500 多支和一批弹药。南雄、南康、信丰根据地连成一片，南雄游击队整体编入中央红军。

接到整编命令后，游击队中有些人因远离家乡而有思想顾虑。游击队干部钟蛟蟠，时年 31 岁，家中已有三子一女，最大的女儿才 11 岁。他身先士卒，带头报名，还耐心做游击队员的思想工作，讲述只有当红军打天下才有出路的道理。他的言行感动了许多游击队员，南雄游击队近 200 人顺利编入红军二十六纵队，成为中央红军。这批编入红军的南雄游击队，有 7 人后来成为营团以上干部：

张功弼，湖口张屋村人，大学文化，红军政工干部。1933 年在福建省作战时牺牲。

杨瞻颜，珠玑祇芫人，中学文化，曾在红十二军三十六师政治部工作，任谭政大将的秘书，1933 年牺牲。

叶修林，界址雷公坑人，中师毕业，红二十二师团长，1934 年在江西筠门岭战役中牺牲。

邓事谦，珠玑灵潭村人，中学文化，曾任中革军委一局作战参谋，长征前调二局从事情报工作。1949 年随军南下广东时失踪。

钟蛟蟠，珠玑灵潭村人，中学文化，长征到陕北后，任晋察冀军区政治部宣传部副部长，1939 年在延安遇敌机轰炸牺牲。

李乐天，湖口新迳村人，中学文化，曾任红二十二军政治部政治干事。1935 年任赣粤边特委书记，1936 年牺牲。

彭显伦，油山上朔村人，小学文化，曾任红四军政治部组织科科长。抗战时，曾任八路军一一五师供给部政委，解放战争时期任山东军区后勤部政委。1955 年授少将军衔。

四、独立团攻水口，奇袭延村水楼

南雄游击队编入红军后，县委书记彭显模将各区乡的赤卫队员，补充到游击队中，由谢泰谦任南雄油山游击大队队长。

北江红军独立团团长——谢泰谦。

谢泰谦，生于 1908 年，油山下孔村人。1926 年从南雄中学毕业后，加入中国共产党，到大塘、乌迳一带组建农会，开展减租、减息、反对苛捐杂税的斗争。"四一二"反革命政变后，他在油山秘密组建训练农民自卫军，之后领导油山赤卫队参加农民暴动。暴动失败后，率赤卫队上油山开展武装斗争，被选为中共南雄县委委员，负责军事。

1929 年 8 月 7 日，他和彭显模组织领导了油山黄地突围战。当时，民团头目谢伯英率民团上千人，"围剿"驻扎在黄地村的游击队。在敌我力量悬殊的情况下，他们率领数十名游击队员沉着应战，坚持三天三夜，歼敌六七十名，然后虚设战旗于黄地村围门口迷惑敌人，晚上又燃放爆竹虚张声势，安然突出重围。

谢泰谦军事素质优秀，战略战术灵活。他还曾指挥乌迳伏击战、突袭水口墟、智取延村水楼等经典战例。

1930 年 10 月，北江红军独立营成立，谢泰谦任政委。1931 年，赣西南特委成立北江红军独立团，谢泰谦任团长。后遭粤军重兵"围剿"，游击队受到损失，取消团的番号，谢泰谦任南雄游击大队政委。1932 年 11 月任油山游击队队长。12 月 8 日，在乌迳流塘村布置工作时，遭国民党余汉谋部丘桂馨团包围，在战斗中牺牲。

诱敌深入，伏击乌迳之敌。

乌迳墟是敌人进攻油山游击区的主要据点，由谢伯英等反动头子组织民团驻守。南雄游击队主力过去江西活动后，民团经常

到孔江、乌迳一带进行烧杀抢掠，游击区的群众深受其害。游击队决定打击这股敌人，为民除害。

1930 年 9 月的一天，孔江赤卫队员 10 多人乔装成游击队，到乌迳墟骚扰敌人。激战半小时后，赤卫队员假装败退，将敌人引至孔江秤砣岭、石堆俚一带。彭显模、谢泰谦率 100 多名游击队员早已预先埋伏在和尚寺岭（今周芳）。当民团追击进入伏击圈时，游击队突然出击，将包围圈中的敌人打个措手不及，死伤惨重。此后，乌迳之敌再也不敢轻举妄动。

突袭水口墟，活捉叶子汤。

水口墟由南五区"清剿"委员叶子汤带着 20 多名警卫队员把守。1931 年 2 月 22 日凌晨，谢泰谦率南雄独立营趁黑来到水口墟外围。营长彭禄山率两个连战士迅速解决了四道墟门的哨卡，封锁墟门。谢泰谦则带着一连战士直插乡公所警卫队的营房，从睡梦中惊醒的警卫队员来不及取枪就当了俘虏。

游击队从俘虏的口供中得知叶子汤在墟上"张伟利"店打麻将，一夜未归。队员们立即冲向张伟利店，结果只见撒满一桌的麻将牌，却不见一个人。于是，部队把周围的店铺包围起来搜查，最后在张伟利店铺后的牛栏里搜出了叶子汤，当时他正躲在牛粪堆里。一身牛粪的叶子汤被拖出来后，吓得面如土色，连呼"饶命"。

奇袭延村水楼，击毙冯宠华。

延村水楼，坐落在南雄县大塘延村边，水楼结构为麻石所砌，木制闸门装置半自动化。该楼上层四周设有望窗口和一排排的炮眼，战时可利用炮眼为射击掩护围墙，墙高 3.5 米左右。水楼外有口 2 亩多的池塘，水深约三四米，往来水楼唯有一条 90 厘米宽的通道。延村水楼是南雄颇有名的坚固炮楼之一。

1930 年，南雄县"清剿"委员冯宠华就守在这座水楼里，对上朔、锦陂、乌迳一带的游击区进行"清剿",双手沾满了人民的鲜血。为惩处这个血债累累的反动头子,游击队曾先后两次攻打这座楼,但因水楼坚固,冯宠华武器精良,游击队两次强攻都没攻破。在总结前两次经验的基础上,谢泰谦调整作战计划。

谢泰谦通过内应冯六妹摸清水楼内部情况后,制订了12名敢死队员攻坚、60多名游击队员作掩护的作战计划。

一天晚上,彭禄山苔领12名敢死队员潜进延村柴屋隐蔽,谢泰谦率主力进后龙山隐蔽。早晨,内应冯六妹以到水楼附近捡粪为掩护进行侦察,回来后,向彭禄山报告,水楼门开了,水楼里只有冯宠华兄弟俩及几个贴身管卫,可以行动。

彭禄山命令队员拿起木凳向水楼冲去,在离水楼十几步远的地方,被冯宠华发觉,就在他放下闸门之际,彭禄山几个箭步冲到门口,将木凳垂直放到门中间,然后往里冲,滑下来的闸门被木凳顶住,随后,敢死队员冲击水楼,朝敌人开枪射击,击毙了冯宠华,歼灭了水楼里的全部敌人。

这次战斗,缴获步枪40多支、短枪5支、鸦片100多两、银元2000多个。延村水楼之战,摧毁了南雄东部最坚固的反动堡垒。

五、游击队编入中央红军,叶修林重组县委

1931年冬天,国民党军队大举进攻油山根据地,形势吃紧,彭显模根据西河分委的挃示率南雄游击队100多人,转移到上犹县营前一带活动。1932年2月,游击队到上犹后,上犹中心县委即把南雄游击队整体编入河西独立四十三团,彭显模对此提出异议,被诬为"AB团"而立遭杀害。正在赣州作战的红军部队,闻听此讯,立即派人到上犹,纠正其错误做法,把南雄游击队编入红七军。这是南雄游击队第二次整体编入红军。

李文华身经百战，走完长征。

南雄游击队第二次整体编入红军的南雄子弟兵，后来均在战场上牺牲，只有李文华身经百战，走完长征，历经抗战、解放战争洗礼，活到了中华人民共和国成立后。

李文华，原名李相锦，乳名金茂生，出生于1914年，乌迳新田中心乾村人。他7岁丧父，13岁丧母。1928年，时年14岁的他在地主家做长工时，晚上常跟随地下党负责人到黄坑、乌迳宣传革命，发动群众。1929年11月，李文华在驻江西信丰的红三十五军地方干部训练团学习后，分配到南雄游击大队任司号员。在攻打延村水楼时，李文华是12名敢死队队员之一。由于他冲锋陷阵，作战英勇，于1932年2月被批准入党。

1932年李文华进入红军后，参加了第四、第五次反"围剿"和二万五千里长征。在贵州土城战役中，头部和腿部负伤，伤口化脓，视力模糊，仍顽强地爬过雪山、草地。1935年11月，因伤口复发，由军团政治部后卫收容队安置在甘肃武山县鸳鸯镇一个百姓家里治伤。伤愈后归队，在红四方面军三十军八十九师二六八团，职至师组织科科长。

1936年10月，李文华随西路军转战河西走廊。西路军失败后，被党组织安排在迪化（今乌鲁木齐）汽车装甲中队学习。抗战时在延安八路军总政治部工作。

解放战争时，李文华到东北工作，参加辽沈战役和平津战役。

中华人民共和国成立后，李文华调回广东工作。1973年任广东省储备物资管理局副局长、党组副书记。1987年病逝。

叶修林在油山重组南雄县委。

1932年2月，南雄县委书记彭显模被错杀后，接任南雄县委书记的王贵文，又因私放豪绅地主而被赣西南特委惩处，油山根据地党组织无形解体。正在组织围攻赣州城的中央红军得知南雄情况后，从红四军十一师中抽调干部叶修林回到南雄，整顿党组织和游击队。

1932 年 3 月，南雄县党员代表大会在油山大岭崃附近的山寮坑召开，选举叶修林为县委书记，恢复了县苏维埃政府，重组了南雄游击队。叶朗琪任游击大队队长，下设两个中队。油山地区的革命斗争重现生机。

叶修林，1904 年 5 月生，界址镇雷公坑村人。1923 年，考入江西赣州师范学校信丰分校就读，深受五四运动思想影响。师范毕业后，先在南雄新龙乡的五指坑村学校任教。次年秋转乌迳小学教书，并任校长职务。那时的乌迳小学，是共产党人活动的主要据点之一。叶修林在乌迳小学执教期间，与曾昭秀、彭显模、陈召南等人有来往，在他们的启发下，从事革命宣传，组织农会。

1928 年 2 月，农民暴动期间，叶修林带领赤卫队攻打夹河口、黄地等地税厂。暴动失败后，奔赴油山，参加油山游击队。1930 年 4 月，叶修林随南雄游击队编入红军，在红四军十一师工作，转战粤赣湘闽各地。1932 年 2 月，叶修林从部队调地方，后任南雄县委书记。不久，水口战役爆发，叶修林率领南雄游击队增援红军作战，给红军作战取胜以极大支持。

水口战役后，南雄县委书记由李乐天接任，叶修林率 300 多人的游击队编入粤赣军区第二十三军。1933 年 6 月，改编为红军二十二师，驻守筠门岭。1934 年 4 月，筠门岭失守，叶修林在作战中牺牲，年仅 30 岁。

第
四
节

水口战役——中央苏区保卫战

1932 年初，蒋介石任命陈济棠为赣粤闽湘边区"剿匪"副总司令，令粤军入赣"助剿"中央红军。之后，陈济棠派粤军第一军军长余汉谋率军出南雄，进入赣南。军部驻大庾县城，各师旅驻南雄、南康、信丰、赣州，呈环形之势，钳制中央苏区南翼。为此，中革军委决定，兵指南雄，抄敌后路，消灭粤军。

一、红军挥兵南下，水口战役阵前打响

中央红军沿赣江南下，进抵南雄。

1932 年 6 月，苏区中央局恢复红一方面军总部，朱德兼总司令，王稼祥兼任总政治部主任，叶剑英兼任总参谋长。毛泽东以政府主席身份随军"主持大计"。6 月底，红一、五军团及红十二军主力开进南雄县境，先后占领坪田、南亩、乌迳、邓坊、湖口一带。7 月 3 日，占领珠玑中站、里东等地，切断了梅关古道的交通。红一方面军设指挥部，毛泽东、朱德、王稼祥三人指挥红一、三、五军团及红十二军对敌战斗。

红一军团夺取要隘——梅关。

梅关是江西省大庾县与广东省南雄县交界处的分水岭，山高坡陡，梅岭上的梅关是由粤入赣的孔道，易守难攻，向为兵家必争之地。

1932 年 7 月 3 日，红一军团接到夺取梅关的命令后，立即组

织力量向梅关发起进攻，首先与据守梅关山巅和山坳的粤军展开激战，红军为了夺取梅关的制高点，几次向山巅守敌发起冲锋仰攻，敌人凭险顽抗，故一时难以攻下，于是红军分路迂回到粤军李团的左右翼山麓和后方，进行包抄，并向各处敌阵猛攻。粤军团长李崇纲见势不妙，立即命其第一营从山顶撤退下山麓。红军穷追猛打，战斗到下午5时，粤军支持不住，只好且战且退，并逐步将兵力收缩集中。当其退至北麓时，又被红军四面包围。李崇纲命令第三连冒死拼命突围。是时，粤军飞机也赶来助战，对红军进行轰炸扫射，李团才得以乘机冲出重围，夺路而逃，退回大庾城。

红一军团将粤军李团击溃后，控制了梅关要隘，红一、五军团主力集结在梅岭、中站、里东、邓坊一线，把大庾和南雄两地隔断，红军前锋占据南雄东门外的五里山，与守城的陈章旅对峙，保持攻城态势。此时，南雄城仅有陈章旅2个团和独三师邱桂馨团共3个团据守，兵力单薄，兼之城墙低矮，容易攻破。余汉谋担心，万一南雄城被红军攻占，非但大庾的孤军动摇，连归路也没有了。他接受军部参谋长杨幼敏的建议：放弃信丰，把据守信丰的第四师张枚新部调回南雄固守。张枚新接命令后，即于7月6日晚从信丰撤退回南雄，经过连夜行动，经九渡水，于次日上午抵达乌迳、新田等地。

红军虚张声势，佯攻南雄城。

7月4日、5日。红三军团连续攻打大庾城未下，便撤离到城外附近地区，牵制粤军。

7月6日上午，占领南雄城外高地的红五军团，向南雄城发起佯攻，双方互相开火、对峙。当晚，奉命从信丰撤离的张枚新师，已经到达九渡水、山下、迳口附近。这时，红一方面军探知大庾的守敌没有出动，而向南雄撤退的张枚新师已达雄信边界，便命红五军团迅速返回湖口待命。

7月7日凌晨，红军继续从城北和河南高地向南雄城发起攻击，牵制守敌，使其不敢出城接应张枚新师。是日，粤军张枚新师到达乌迳、新田等地。红一方面军便命令红一军团准备歼灭南雄出犯之敌，红五军团负责歼灭张枚新师于乌迳、新田一带。

7月8日凌晨，红五军团得知张枚新师已于零时许向水口墟方向逃窜，即取捷径，直奔水口截击敌人。下午1时，红五军团三十八师到达水口墟东北面的篛过村，隔河与敌打响。

粤军撤退至水口后，不再后撤。粤军第四师张枚新率部在水口据守，构筑工事，固守待援。红五军团进抵水口篛过村后，发现敌人已在浈水南岸沿线布防，敌师部设在水口墟。红五军团侦知敌情后，红五军团军团长董振堂将指挥部设在篛过村后山的密林中。部队在篛过村一带浈水北岸布防，与敌隔河相望。部队部署完毕后，董振堂爬上篛过村细禾场的一棵大荷树，用望远镜观察浈江南岸的敌情，部署作战方案。

篛过村，位于浈水北岸，背山望水。这一带原为红砂岭，在千万年来的浈江冲刷切割作用下，沿浈江两岸自东而西排列着五六座海拔几十米的小山丘，南北隔河相望。红军占据北岸的龙头寨、宝塔岭、寨顶山、马头岭等山丘，构建阵地，准备进攻。粤军则在南岸的黄牛拉磨、鹅眉岭、赤珠岗、木鱼形等山丘，挖掘战壕，据壕固守，与红军隔河对峙。

下午1时许，红军完成进攻路线、兵力和弹药准备后，向敌发起冲击。红五军团分左、右二路向敌人发起进攻。红军舟桥部队冒着敌人的炮火，在篛过村东的芦陂渡口，紧急架起了一座木浮桥。红十三军渡河向敌人右侧阵地黄牛拉磨、鹅眉岭、赤珠岗发起猛攻，准备歼灭这三座山上的敌人。敌则盘踞在山头上，居高临下，用机关枪封锁浈江上的浮桥，在敌人强大的火力扫射下，渡河的许多红军战士中弹牺牲在沙滩和江面上，一些等待渡河的红军战士，则滞停拥挤在开阔的北岸河滩上。

红军渡河作战受挫。红五军团调来迫击炮，炮击南岸敌军阵地，压制敌人的火力，支援红十三军渡河作战。

红十三军冒着敌人的枪林弹雨，冲过浈江浮桥，向敌阵地发起一波波的冲击，强攻黄牛拉磨、鹅眉岭、赤珠岗。

粤军则从据守的山上冲下来，向红军一次次发起反冲锋作战。双方在浈江河畔，反复争夺，相互厮杀，杀声震天，河滩上尸横遍野，堆满了双方阵亡者的尸体，鲜血把黄牛拉磨浈江的河段染红了。

红军不怕牺牲，不畏伤亡，一次又一次反复冲击敌阵地。在强大火力的支援下，红十三军最终一举攻克了黄牛拉磨、赤珠岗、鹅眉岭敌人阵地。粤军作战意志崩溃，整体溃逃。红十三军一鼓作气，从卧龙墟、茶棚岭、蛇嘴仂、里凤仂追敌至十华里外的黄坑村。

同时，红三军则从篛过村西大石桥，向敌人的左侧发起猛烈进攻。敌军则占据浈江南岸的木鱼形高地，凭借精良武器，一次次冲击红军大石桥防线，向红军寨顶山、宝塔岭、马头岭阵地发起进攻。

红军扼守大石桥，组成强大火力网，拦阻敌人的进攻。扼守大石桥的红军机枪手欧阳星是水口篛过村人，敌人向大石桥发起一波波进攻，欧阳星的机枪不断扫射，战斗激烈，机枪因射击过多而过热发红，紧急情况下无水冷却，战士们撒尿冷却机枪管，继续战斗压制敌人，阻敌进攻。

待敌进攻稍弱时，红军则越过大石桥，向敌盘踞的木鱼形高地发起进攻冲锋。见红军潮水般地冲过了大石桥，敌军士兵在指挥官的枪口督战下，从战壕中跳出，涌向大石桥，进行反冲锋。

敌我双方在大石桥上短兵相接，拼白刃战，杀声震天。大石桥下，敌人的尸体，把浈江河水都堵塞了，鲜血把浈河染红了。

整个下午，双方在大石桥上，进行了激烈的反复争夺的拉锯战。

英勇的红军将士，以敢死敢拼的必胜信心，以优良过硬的军事技术，通过反复多回合的冲锋与反冲锋，最终打退了敌人进攻。下午4时许，在红三军的猛烈打击下，敌人狼狈逃窜，退出了木鱼形阵地。红三军乘胜追击，将敌人从木鱼形的长圳，一直追到水口墟与五里山。

7月8日下午5时许，红十三军把敌军追至黄坑村后，返回篛过村的后龙山宿营，并在龙头寨、寨顶山、宝塔岭、马头岭阵地继续设防。

红三军从水口墟返回后，在浈江南岸的赤珠岗、卧龙墟、茶棚顶、老瀣形、木鱼形、鹁鸪林一带构筑工事，设立防线。

为防止敌人的反扑，红军在篛过村西的大石桥上，倒置200多把铁耙，上面覆盖稻草伪装。敌人一旦行在桥上，铁耙尖齿会戳伤脚底，可阻敌过桥进攻。

二、红军星夜增兵，水口决战取胜

水口战役首战告捷，红五军团取得第一阶段胜利。但是却低估了粤敌作战意图和决心，在没有完全弄清敌情下向总部误报"水口之敌已向南雄城方向逃跑"，使红军总部取消了原先决定由红一军团、红十二军增援水口的计划。

就在红军取消援兵时，敌人在当晚向水口大举增兵。余汉谋命水口之敌固守待援时，命李汉魂独立第三师和陈章独立第二旅，从南雄县城星夜兼程驰援水口，命韶关空军次日参加对水口的支援作战。

粤敌兵力大增，红军陷入苦战。

次日，7月9日上午10时许，18架敌机飞过篛过村，对浈江两岸的红三军赤珠岗、卧龙墟、茶棚岭顶、木鱼形、鹁鸪林一带红军阵地，以及北岸红十三军的龙头寨、寨顶山、宝塔岭、马头岭、后龙山矮岭头等阵地进行狂轰滥炸。

篛过村西寨顶红军阵地前，有一坵不足1亩的水田连中两枚炸弹，可见炸弹密度之大。这坵连中两枚炸弹的稻田，后被村民称为"炸弹坵"。篛过村茔仍的大榕树也被炸，弹坑犹存，可见战斗打得非常激烈。

上午12时许，敌援军赶到水口墟与张枚新师会合，完成兵力集结部署后，余汉谋命陈章旅从右翼进击南岸红军，李汉魂的独三师、张枚新师从左翼大部桥进攻北岸红军。于是，陈章旅即朝篛过村田寮下东边的赤珠岗、卧龙墟、茶棚岭顶，以及西南面的木鱼形、鹁鸪林红军阵地发起猛攻。与此同时，李汉魂独三师、张枚新师，则从大部桥方向向浈水北岸篛过村的红军阵地发起猛攻。

陈章旅以优势兵力向浈水南岸、水口墟东侧一带的红三军阵地猛扑，企图将失去的阵地夺回来。红三军占据有利地形，英勇顽强地抗击敌人，多次打退敌人的冲锋，阵地几易其手。敌人见未得手，又在赤珠岗、茶棚岭顶、木鱼形、鹁鸪林、横汾、长圳一带的红军阵地发起疯狂进攻。敌人攻势甚猛，眼看阵地就要丢失，红五军团总指挥董振堂大喝一声，把外衣脱掉，穿着白衬衣，走到阵地前沿，指挥数千名手持大刀的战士，分四路冲向敌阵，随着震耳欲聋的喊杀声，战士们手起刀落，敌人一片片倒下，尸横遍野。

敌人不甘心失败，反复进攻，战斗达到白热化的程度。随着激战持续，红三军战士伤亡很大，干部伤亡很多，预备队全部参战，弹药缺乏，敌人仍在增兵，眼看战局无法扭转，红三军只能固守阵地，无力出击。

敌人看出红军的弱势，继续派兵从左右两翼猛攻红三军阵地。红三军八师及十九团，因团、连干部牺牲过多，失去指挥中心，全线混乱，眼看就要崩溃。红三军军长徐彦刚、政委葛耀山、参谋长周子昆，以及八师师长刘畴西亲自上阵，维持队伍，才把阵脚稳住。

下午6时许，敌人还在猛烈进攻，红三军陷入困境。在千钧一发之际，陈毅率领的江西军区独立第三师、第六师赶来增援，终于打退了敌人的进攻，稳住了战场态势。

红军星夜驰援，决战水口取胜。

当天下午，方面军总部得知敌军增兵后，命令"一军团及十二军紧急开往水口增援五军团"。红一军团和红十二军在毛泽东的率领下，从中站、里东、邓坊等地出发，星夜奔驰，于10日拂晓赶到水口战场。

毛泽东与林彪、聂荣臻一起到设在水口桥北侧的红五军团指挥所，听取萧劲光、董振堂的汇报，了解敌我双方态势，并亲自观察了敌军阵地，随后向林彪、聂荣臻、董振堂、萧劲光部署战斗任务：红一军团增援在南岸作战的红三军，红十二军增援在北岸作战的红十三军，并命令各部马上出击，坚决消灭敌人。增援部队接到命令后，立即开赴指定位置，迅速冲向浈水南北岸开展战斗。

10日早晨，当敌我双方展开激战时，18架敌机再次飞临水口上空一带侦察、轰炸，给敌军助阵、壮胆。红军战士不顾敌机的威胁，继续向敌人展开进攻，红十二军、红三军和独立三师从水口东面向敌四师右翼进攻，敌军支持不住，狼狈溃退。红三军七、九师和红十二军特务团，衔尾猛追敌军至水口墟南面十余里的石背村才停止追击。

上午 10 时许，红十二军、红十三军、独立三师又乘胜向据守水口墟南北两岸负隅顽抗的张枚新师、李汉魂师的雇团展开猛烈进攻，红军以排山倒海之势冲向敌人，张枚新师支持不住抛下北岸的廖团，狼狈地向南雄方面溃逃。

下午 1 时，红军的进攻更加猛烈，敌人死伤枕藉。李汉魂见部队伤亡惨重，又闻报红军沿浈水下游向其后方抄击，怕归路被截断，令各部相机向南雄靠拢，奉命救驾的陈旅和张、杜、吴、骆各团，拼命向李汉魂靠拢，且战且退，拼死救出李汉魂后向南雄城溃退。

当天下午，彭德怀率红三军团主力从大庾游仙出邓坊赶到水口作战，红军力量大增。麇集于水口战场上的粤军 11 个团，在红军的强大攻势下，战至下午 4 时全线崩溃。红军乘胜追击，追到石塘、邕溪一带才收兵。至此，历时三天两夜的水口战役全面结束。

三、南雄人民参战支前，灵潭红军书留标语

南雄人民冒死参战，组织 900 副担架支援红军。

7 月初，当红一、五军团到达南雄后，南雄地下党和游击队立即发动和组织群众迎接红军的到来，给红军腾房子，筹集粮草，安排生活。水口战役打响后，又动员群众支援前线。当红五军团奔赴篛过村附近截击敌人时，篛过村男女老少踊跃支前，他们日夜为红军烧水、送饭、送信，救护伤员；晚上又把房屋腾出来给战士休息。

战斗越来越激烈。县委书记叶修林领导各乡苏维埃政府组织了 900 副担架队，及时地赶到前线抢救伤员。上朔出动几百人帮助红军挑子弹、行李，抬伤员。其中有 18 名伤员抬回上朔村医

治。南雄县委建立了水口至中央苏区后方的伤员运送线。由水口经乌迳，入孔江，上油山的畲箕窝，再转江西信丰、赣县直至于都。县委把这项艰苦任务交给孔江乡苏维埃政府。其主席赵世煌带领赤卫队，在石禾场、苗竹湾、桐子树下、兰垞、小大塘等村庄发动群众，挑选了40多名身强力壮的中青年组成救护队。他们负责接收从乌迳方面送来的伤员，然后抬着这些伤员翻山越岭，送到粤赣边的畲箕窝，交接给下一站人士运往苏区治疗。在战斗中，参加支前的革命群众，冒着枪林弹雨，在战场上来往奔走，南雄县几百人在支前战斗中牺牲，仅上朔村就伤亡了几十人。南雄游击队积极地配合红军主力作战，主动担负军事侦察、警戒、通讯、带路等重要任务，为水口战役的最后胜利作出了贡献。

红军和南雄人民情意重。

水口战役主要在水口镇篛过、大部、河坪村一带进行。水口人民对红军予以极大的支援。战争打响时，时值小暑，正是盛夏时节，战士们血汗交融，有时茶饭供应不上，只得喝田水、吃野菜。水口人民冒着生命危险为红军送茶、送饭，运送伤员。篛过村民帮助红军收殓烈士遗体，把烈士遗体抬到篛过村乱葬岗安葬。

战斗进行中，红军担心枪弹误伤群众，尽量保护老百姓。驻在篛过村里的红军，把篛过村的六个城门关闭，派战士站岗放哨，同时规劝村民不要到村外劳作，避免炮火、枪弹误伤。红军炊事班在篛过村做饭，把向村民购买做好的猪肉，分给村民吃用。篛过村的一位中年妇女，当时怀抱着婴儿，语言不通的红军炊事员，用手指一指盘中肉，又指一指她怀里的婴儿，示意用猪肉喂食孩子。

战斗结束后，红军把借用篛过村民的门板、水桶等物件，洗得干干净净，才全部归还给村民。红军撤离时，篛过村民依依不舍地把红军送到村外。有一个连在开拔时，一位十七八岁的小战士，从怀里摸出一枚约光洋大小的银质护身符（应是战士入伍时，其父母送给他的），送给了村中的一位小孩，并将它挂在小孩的脖子上（有"君子万年"字样），然后转身跑步追赶部队去了。

战役期间，红军宣传科科长钟蛟蟠在家乡灵潭书留标语。

水口战役期间，由于红十二军宣传科科长钟蛟蟠是南雄人，熟悉当地情况，军长罗炳辉让他随军部行动，参与战斗指挥。到达水口战役战场后，他向罗炳辉建议红军要尽快占领浈江南岸有利地形，并亲自带同乡战士欧阳汝芬和一个侦察排，冒着敌人炮火侦察出敌指挥部设在大坑打石湖。在朱德总司令和罗炳辉、董振堂等指挥下，红军集中兵力向敌指挥部发动猛烈攻击，终于摧毁了敌军指挥部，使敌军在打石湖留下四五百具尸体后狼狈逃窜。

7月4日，水口战役打响前，红军攻占梅岭后，钟蛟蟠所在的红十二军驻在珠玑中站、里东、灵潭一带，他利用部队回到南雄之机，返回家乡灵潭恒丰村，看望家人。他把罗炳辉等红军首长介绍给乡亲，向乡亲们宣传红军三次反"围剿"的伟大胜利，宣传中央苏区的情况，动员大家踊跃支前，帮助红军打好这一仗。灵潭恒丰村的乡亲斩鸡杀鸭，热情款待红军指战员。此时，钟蛟蟠已33岁，家有三子一女，最大的女儿已13岁。据灵潭村2017年编写的《灵潭故事》记载，他在晚餐席上，对家人说："我以革命为业，走上战斗生涯，对家庭之事就管不上了。我走后，你们要耕好田，无论如何要送子女读点书，不管有什么苦处，都要相信红军一定会胜利，革命一定会成功。"他还书写"耕读维家"四个字留在家里，作为对子女的家训。

这次回南雄期间，钟蛟蟠还在灵潭恒丰村的墙壁上，用巨大的扫笔，刷下了一行红色的标语——"欢迎白军士兵过来当红军"。因为灵潭恒丰村在水口战役期间，对红军提供了帮助，水口战役后，当红军撤回江西，国民党反动派组织保安团进驻灵潭，对灵潭恒丰村进行了疯狂的报复清算，将恒丰村八栋几百间房屋，从东、南、西、北四个方向，在瓦梁浇上煤油，企图点火焚烧了这座百年古村。幸运的是天降大雨，浇灭了这场火。恒丰村仅遭部分损毁。目前恒丰村祠堂厅仍可寻辨当年的火烧痕。

长征后，钟蛟蟠在八路军一一五师独立团政治部任宣传科科长，参加了平型关战斗。1939 年任晋察冀军区政治部宣传部副部长。1939 年 9 月，在延安汇报工作时遇日机轰炸，钟蛟蟠不幸牺牲。2015 年 8 月，民政部公布了第二批 600 名著名抗日英烈群体名录，钟蛟蟠位列其中。

四、水口战役的地位与评价

水口战役，是第二次国内革命战争时期的罕有大仗。

水口战役结束后，1932 年 7 月 29 日，时任中共苏区中央局书记、中央革命军事委员会副主席、中国工农红军总政委的周恩来在水口战役的总结报告《南雄水口战役的初步总结及组织问题》一文中说："总计缴械不满五百，敌死伤据说近三千。我伤兵有一千三四百，死亡四五百，以三军为多。三军团池江一役，坚守新城，但并未计划立即进行第二仗。因当时已顾虑到三军不整顿不能使用。"

1936 年 12 月，长征到达陕北后的毛泽东在《中国革命战争的战略问题》一文中指出水口战役"本来一般算作胜仗，而且还算作大胜仗，然而我们历来就不欢迎这种胜仗，在某种意义上简直还可以说它是败仗。因为没有缴获或缴获不超过消耗，在我们看来是很少意义的"。

水口战役虽以红军的胜利而结束，但这场战役是在敌强我弱、红军急需发展壮大的情况下，与强敌打成一场消耗战，因而在较长时间内被史学研究所忽略。改革开放后，史学界对水口战役有较多研究。一般认为，水口战役的胜利，保障了中央苏区南翼的安全，对中央苏区的发展壮大有积极意义。水口战役压倒了陈济棠"进剿"中央苏区的嚣张气焰，让他在以后很长一段时间未敢轻举妄动。陈济棠本与蒋介石有矛盾。此后为了保存实力，他避免同红军硬碰。在第五次"围剿"中，他主动派人与朱德联系，提出与红军合作抗日反蒋。

1934 年 10 月初，中共代表何长工、潘汉年，与陈济棠亲信杨幼敏在寻邬秘密谈判，达成了 5 项协议。其中第 5 条：必要时可互相借道，红军行动前将所经过之地点告陈，陈部后撤 40 里，让红军通过；红军只借道西行，保证不进入广东腹地。不久，红军长征过粤赣边时，陈济棠基本执行了"秘密协议"，给红军让出了通道，使红军未经较大战斗，就突破了三道封锁线，较顺利地西进到了广西境内。[①]

水口战役是红军在苏区时期进行的作战规模最大、参战人员级别最高的一场战役。许多老一辈无产阶级革命家参加了水口战役。其中部分参战将领名录详见附录四。

中华人民共和国成立后，曾有众多参加过水口战役的将军及后人重访水口战役旧战场。其中最近的是，2018 年 5 月 2 日，开国中将周贯五的女儿周甄励，为寻找父亲的战斗足迹，专程前来南雄水口战役遗址进行凭吊。

1999 年 4 月，刚从中央军委副主席职位离休、时年 85 岁的将军张震偕夫人，重访了水口战役遗址。他向陪同人员讲述了水口战役期间，他担任连指导员驻守梅关，严防江西大庾敌人进攻

① 参考魏炜、邱小云：《中央红军长征前夕与陈济棠"借道"谈判成功的经济基础探析》，《中共党史研究》2013 年第 7 期。

的经历。1999 年，张震重访战地南雄时，时任南雄市委书记丘隆基全程陪同。张震参观"水口战役"战场遗址，听完介绍后，特别交代南雄市委书记丘隆基他们，以后介绍水口战役时，一定要加上这样一句话：我党大部分老一辈无产阶级革命家参加了水口战役。

这句话，丘隆基一直记着。2005 年 11 月，时任韶关市副市长丘隆基，陪同当时的韶关市委书记覃卫东视察调研南雄市"老区学校"改造，在参观水口战役纪念公园时，丘隆基回忆了 1999 年张震重访"水口战役"旧战场时的情景，并特别指出张震当时交代他，以后介绍水口战役时，一定要加上这样一句话：我党大部分老一辈无产阶级革命家参加了水口战役。时任南雄市教育局办公室副主任的陈水勤参加了这次调研活动，有幸聆听到了丘隆基回忆的老红军张震对水口战役介绍的嘱托。

2002 年，南雄市政府修建水口战役纪念公园。红军雕像基座为张震亲笔题词："水口战役英勇牺牲的红军烈士永垂不朽。"

第五节 开辟游击新区　红军长征过南雄

一、李乐天开辟北山、南山游击新区

水口战役后，红军在南雄乌迳、界址、坪田等地休整，之后开往江西。红军离开南雄时，叶修林率南雄游击队整体编入红军部队。南雄籍的红军干部李乐天调任南雄县委书记。红军还给了南雄县委 10 多名干部和 150 条枪的支持。

李乐天，1905 年生，南雄湖口新迳村人。1921 年在南雄中学读书时，因参加学生运动被校方开除。父亲李时良将他送往江西大庾读书。1926 年，李乐天在大庾县省立第十四中学毕业后，回到南雄从事工农运动。农民暴动失败后，参与创建油山根据地，后随游击队编入红军。在红二十二军政治部任政治干事，从此与军长陈毅相识。1933 年 1 月，中共湘赣省委提出使大庾、崇义、桂东、汝城、南雄游击区连片，时任江西省军区司令员陈毅为推动目标落实，2 月 1 日经南雄前往湖南汝城开展工作，李乐天率游击队护送陈毅前往湖南。途经北山帽子峰时，见这里峰峦叠嶂，林海茫茫，地势险要，是打游击的好场所，陈毅指示，南雄游击队须向北山帽子峰发展，打通与湖南汝城、桂东，江西崇义、上犹苏区之间的联系。

完成护送任务后，李乐天回到油山立即部署开辟北山、南山游击区工作。1933 年 2 月，李乐天从油山游击队中抽派陈兴辉、刘甫源率领 80 多名游击队员开抵帽子峰，开辟以帽子峰为中心的北山游击区，打通了南雄与江西上犹、崇义苏区之间的联系。又抽调曹水清、赖水石率部分游击队员到南亩、坪田，开辟南山游击区，打通了与江西"三南"（龙南、全南、定南）的联系。从此，南雄游击队有油山、北山、南山三块革命根据地，有了更大的回旋空间。

二、能征善战的北山游击队

陈兴辉、刘甫源率游击队开抵北山帽子峰后，通过宣讲政策和革命理论，收编了当地的绿林武装杨木生部，成立了北山游击队。南雄的洞头、澜河、白云和仁化的长江，以及江西大庾的右源、河洞、沙村等地贫苦百姓，纷纷投奔北山游击队，队伍很快发展到 200 多人，成为战斗力很强的游击队。

拔除江西右源团防局。

右源，属江西大庾县吉村镇，位于帽子峰山北麓，有 100 多户人家，十几间商店，形成一个小墟场。右源村与南雄帽子峰镇洞头村隔着帽子峰山。右源盛产的石灰，是古法造纸的原料。清朝民国时，横水、澜河、白云造纸所用石灰，大部分从右源挑来。

右源，控制着广东南雄北山出江西的交通要道。国民党军在墟上设立了一个团防局，布防设点，防控游击队。为了打开局面，1934 年 4 月 17 日，陈兴辉、刘甫源率领 80 多名游击队员，化装成商人、挑夫、农民，身藏武装，挑着石灰箩，进入墟场休息。十几个人故意吵骂打架，扭扯去团防局"请求"评理。几个团丁见状，冲出来大声喝止。游击队员突然掏出手枪喝道：我们是游击队，缴枪不杀。团丁们吓呆了。站在前面的团丁刘延模猛然醒悟，荷枪逃窜，大腿当即挨了几颗子弹，躺在地上乞求饶命。从屋内冲出来的朱洪发，刚举枪企图顽抗，即被当场击毙。剩下的两个团丁跪在地上叩头求饶。随后，游击队抄了当地几户土豪、奸商的家，把粮食、衣物等分发给穷苦百姓，并在右源驻防了半个多月，组织农会，开展减租减息活动。

夜除江西河洞"铲共团"。

河洞墟，位于帽子峰西北山麓，属江西大庾县的墟集。原有当地土豪王宝山组织的一个自卫队盘踞，经常与游击队对抗。一次游击队突然袭击河洞墟，歼灭自卫队，王宝山却侥幸逃脱，游击队便通知他的家属，要他如期交50套衣服和100双鞋赎罪。当物件交到一半时，王宝山了解游击队情况后，不仅拒不赎交，还与奸商肖老仰勾结，以优厚俸饷雇请周文山的"铲共团"70人枪，由周文山的儿子亲自带队到河洞墟"驻剿"。

1934年4月，北山游击队侦察了敌人驻防情况后，从敌营中策动了一个班长和士兵起义相配合的计谋。一天夜晚，游击队100多人将墟场包围。分队长刘金燕带着10多个队员进入墟场，与起义的班长和士兵接上头后，迅速干掉两个哨兵打开墟门。游击队涌进墟内，冲进敌营房，那些正在打牌聚赌的团丁还没有明白过来，就稀里糊涂地当了俘虏。周文山儿子和一个排长等5人，妄图摸枪逃窜，被当场击毙。这次战斗，歼灭敌人两个排，缴枪70多支和一批子弹服装，作恶多端的王宝山、肖老仰被捉住就地处决。

三、张云逸北山养病，指导南雄游击战

张云逸在北山养病。

张云逸，广东省文昌县（今海南省文昌市）人，1892年生，早年加入同盟会，参加过黄花岗起义和北伐战争等。加入中国共产党后，1929年12月，与邓小平一起，领导了广西百色起义，创建红七军并任军长。后率红七军到中央苏区，曾任中央军委副

参谋长、粤赣军区司令员等。1934 年 6 月，张云逸奉命赴湘鄂西工作，拟任湘鄂赣西军区司令员。接中央命令后，张云逸带着中国工农红军大学高级班毕业学员在一个连的护送下，共 300 多人向湘鄂西挺进。在上犹与桂东交界处穿越敌军封锁线时，被敌人发现伏击。那时，张云逸突发大叶性肺炎，病情严重，头晕目眩，难于行走。红大学员刘俊秀背起张云逸奔跑逃离，才得以脱离险境。

突围时的激烈枪声，引起了在此活动的南雄游击队的注意。南雄县委书记兼红军独立营营长李乐天，通过侦察后得知，原来是张云逸所率 300 多人小分队在此突围。李乐天与张云逸会合后，张云逸决定突围出来的干部战士继续往湘鄂西挺进，而突围时受伤的 23 名红军伤病员，由南雄县委李乐天领导的红军独立营，护送到帽子峰北山红军医院休养治疗。

北山红军医院，是 1933 年 2 月初，陈毅经南雄往湖南汝城，途经北山帽子峰时，指示南雄县委书记李乐天建设起来的。接受命令后，同年 3 月，李乐天即派陈兴辉、刘甫源率游击队 100 多人开抵帽子峰，在开辟北山游击区的同时，创建了"北山红军后勤补给基地和红军医院"。医院建立起来后，当年 4 月即从江西于都接回首批 100 多名红军伤员进行治疗。

1934 年 6 月，张云逸被南雄游击队接到北山红军医院休养后，身体很快得到恢复，他随后指导了北山游击队对白云、游仙墟的拔点作战。10 月，红军长征过南雄时，伤病痊愈的张云逸一行 23 名红军干部战士，与过境南雄的红一军团二师会合，参加了二万五千里长征。抗战时，张云逸曾任新四军副军长。1955 年授大将军衔。

北山游击队突袭白云民团。

白云是位于澜河与百顺之间的沿线墟镇，扼守北山游击区南向进出门户，地理位置十分重要。白云是靖平乡公所驻地，有民团武装30多人驻守墟内。1934年6月，在帽子峰北山红军医院休养的张云逸，指导了南雄北山游击队突袭白云的战斗。6月的一天，北山游击队200多人从崇义聂都出发，急行军100多里，在没有损失一人的情况下，突袭了南雄百顺区白云墟的靖平乡公所，全歼民团，缴枪40多支。

北山游击队痛歼游仙墟民团和小股粤军。

游仙墟是江西大庾县西部的一个山区墟镇，是大庾县吉村、河洞、内良及崇义县聂都等处日用品和农产品的集散地，扼北山游击区的咽喉。有百十家各行各业店铺，周围有近千家农户。1934年2月，余汉谋派了一个连进驻游仙墟，其中一个加强排分守小梅关作为犄角，并有当地土豪组织的靖卫团，由土豪王人俊任团总。他们互相勾结，共同对付游击队。北山游击队为避敌锋芒，转移到离帽子峰驻地百里之外的崇义聂都山区休整，使敌人不见游击队的踪影，造成游击队已经被"剿灭"和"逃遁"的错觉。游仙靖卫团以正规军驻防撑腰，气焰疯狂，只要见生人，就诬为"土匪探子"或"通匪""济匪"，捉住就严刑拷打，投入监牢及勒索钱物，甚至杀害，造成当地人心惶惶。

张云逸具体指挥了游仙拔点作战。摸清敌人的武器装备、营地设防、哨兵位置和活动规律后，北山游击队200多人从聂都出发，急行军120多里，于黎明前赶到游仙墟，直奔敌人驻地，在夜色和雨声的掩护下，逼到敌人哨兵跟前却未被发觉，随即将敌哨兵刺死。红军游击队冲进敌人营房，大喊缴枪不杀，敌人惊惶失措，乱作一团，只用了十分钟就结束了战斗。敌人除逃掉20多人外，其余120多名全部做了俘虏，缴枪90多支、机枪2挺、光洋数千元，枪毙了民愤极大的靖卫团总王人俊。此战取得空前胜利，极大地震慑了敌人，粤军再也不敢来此驻防，靖卫团、"铲共团"也散了架。红军长征到陕北后，张云逸写有《聂都游击队的记述》的文章并载入《红军长征记》一书中，文内就讲述了南雄游击队从聂都出发，长途奔袭白云、游仙的拔点作战的故事。

在游击队的四处出击下，北山、南山游击区得到开辟巩固。此后成立了两山区委，刘甫源任北山区委书记，曹水清任南山区委书记。两个游击新区的开辟，为后来项英、陈毅在此领导艰苦卓绝的粤赣边红军三年游击战奠定了基础。

四、红军长征入粤第一仗——乌迳新田之战

1934 年 10 月，中央红军主力从江西的瑞金、于都出发，红军分左中右三路行进，经过南雄的是由红军一、九军军团组成的左路军。红一方面军先头部队，于 1934 年 10 月中旬，从于都出发，神速地前进，很快地粉碎了敌人设置在江西安远、信丰之间的第一道封锁线，进入到信丰境内的极富墟一带。

红一军团首先挺进广东境内。10 月 21 日，红一军团直属队离开信丰万隆，当晚挺进到广东南雄界址、乌迳境内宿营。闻听消息后，国民党粤军连夜从南雄城派兵赶到新田一带，构筑工事进行拦截，却未料红军行动如此神速。次日早上，粤军正在新田墟对面的山上构筑工事，红军发现敌情，先头部队立即冲了上去，战斗打响！粤军仓卒应战，红军猛打猛冲，歼敌 20 多名，是为红军入粤第一仗。

红一军团直属队击溃守敌后，进入新田村休整。为不惊扰村民，红军宿营在新田村祠堂里。新田村十多间祠堂成了红军的休整场所。当时，新田村刚好过完姓氏节（20 日为新田村姓氏节），家家都有酒肉、糍粑。他们拿出酒肉、糍粑、米饭、茶水慰问红军官兵。还把自家门板、稻草和棉被等，送给红军铺床。宿营新田村后，红一军团直属队再经锦陂、上朔、夹河口、平田坳、茶

田、山背、黄陂洞，转江西境内，沿梅岭北麓山地行进。越过小梅关后，走江西河洞内良、聂都进入湖南。

同一天，红军另一路经信丰九渡水、上下坪，入南雄境内的黄地、大兰，再转江西大庾县境内的兰村、凤凰城、青龙，贴靠梅岭北面山地前进。

10 月 24 日，红三军团第五师占领江口等地，前锋进至梅关、中站，保障了中央机关（代号"红星纵队"）过境南雄的安全。10 月 25 日下午 3 时，"红星纵队"在南雄游击队的引导下，离开江西信丰宿营地，经坪石、大塘埠，在沛东架浮桥过桃江，经九渡水、下坪进入广东南雄油山境内的黄地、大兰，再转大庾界子石、黄种。之后，为保障"红星纵队"安全过境江西游仙、吉村、内良，红一军团一部经浮江、洪水寨，进入广东南雄帽子峰境内。

10 月 28 日，红一、九军团大部队已经过乌迳、大塘、上朔、夹河口、坪田坳一线出大兰村，再转入江西境内。红军长征过南雄时，在沿途村庄做革命宣传，留下许多标语，有些至今犹存。

五、游击队协助红军长征过南雄

红军长征穿越赣粤边时，途经的地方恰好就在油山、北山游击区内。南雄游击队不仅熟悉当地地形，了解当地民情、敌军情况，对道路也很了解。南雄游击队为红军各部队过境南雄、大庾、崇义提供了极大的支持，多数红军伤病人员得到照顾。

得知红军突破敌人第一道封锁线，即将进入广东南雄的消息后，南雄县委对协助红军长征的工作作了具体分工：油山游击队刘符节、叶明魁、曾彪负责给各线红军带路，协助红军沿途筹集给养；北山游击队杨木生、刘甫源、欧阳芳负责尾随各路红军，沿线收容受伤、生病、掉队的红军，并将他们送到北山帽子峰红军医院等地治疗。

南雄油山游击队协助红军部队到达仁化城口、长江境内，突破敌人第二道封锁线后，完成了使命，重新回到游击区，参加收容红军掉队人员工作。北山游击队沿途收容掉队红军伤病人员近千人，为病员发放十三个光洋作为养伤费。在南雄游击队的大力支持协助下，红军长征经过南雄、大庾、崇义境内很是顺畅，付出的牺牲也很小，掉队的红军指战员也得到了较好的安置。

南雄油山籍红一军团二师战士沈世炎，在仁化境内突破第二道封锁线时受伤。之后，他被安置在仁化长江农民刘兆明家中养伤，伤好后留在长江定居。中华人民共和国成立后，沈世炎带着儿子沈家兰回故乡南雄油山时，赫然见到自己家门口挂着红军烈士牌时，不禁百感交集，泪如雨下。

在这支长征队伍中，红一军团一师有一位南雄籍干部彭显伦，于1934年10月26日过境他的家乡油山上朔村。时任一师供给部出纳科科长的彭显伦随部队途经家乡时，尽管家乡就在眼前，但他并没有离开部队回家看望母亲和妻儿，而是在依恋不舍的心情中踏上了长征万里路。

在土地革命战争时期，南雄至少有2000人参加了红军。而红军长征到达陕北后，只剩下邓事谦、彭显伦、钟蛟蟠、李文华四人。活到中华人民共和国成立的，只剩下彭显伦、李文华二人。

第六节 赣粤边——南方红军三年游击战中心

一、油山会师

1934 年 1 月，北山游击区开辟以后，赣粤边游击根据地打通了与湖南汝城、江西崇义之间的联系。中央决定成立赣粤边军政委员会，下辖北山、油山、南山三个游击区，由李乐天任军政委员会主席，属赣南省委管辖。

红军长征离开苏区后，赣南省委在于都县小溪村成立信康雄特委（即赣粤边特委）和军分区，任命李乐天为特委书记兼军分区司令员、政委。赣粤边军分区有 700 余人的兵力、2 挺重机枪，连以上干部有手枪。特委和军分区部队在于都小溪集训 20 多天后，于 1934 年 12 月下旬，从于都小溪出发，经赣县、南康、信丰，突围到广东南雄油山廖地村，与曾彪率领的油山游击队会合。

红军长征启程时，中央分局领导项英、陈毅指挥少数留守红军与敌周旋，策应红军战略转移。由于敌人不断进攻，根据地日益缩小。1935 年 3 月 9 日，项英、陈毅率中央机关突围时，队伍被打散，只剩下百余人。为缩小目标，决定化整为零，分散跳出敌人包围圈。项英、陈毅带少数警卫为一路，在曾纪财的带路下，化装成老百姓，夹在挑担赶墟的人群中，安全渡过桃江，抵达广东南雄油山廖地村，与李乐天的部队会合。不久，蔡会文、陈丕显率领赣南省委 300 余人，也突围至南雄油山。

三路人马会师共有 1200 余人，成为赣粤边游击区的主要武装力量。

二、大岭下会议——游击战的转折点

当时，从中央苏区突围到油山的部队思想混乱，存在三种情绪：一是盲目乐观。认为有 1000 多人的部队，可以大干一场。二是盲动主义。认为应和敌人拼个痛快，拼几个算几个。三是悲观失望。认为革命失败了，应当躲藏不露面，红军主力不回来，就不能和敌人作战。针对这种状况，项英、陈毅于 1935 年 3 月下旬在南雄油山的大岭下村，主持召开了连以上干部会议。

项英、陈毅传达了遵义会议后中央电报指示精神，提出要迅速转变斗争方式，以适应游击战争的需要。对如何开展游击战、如何分兵等问题进行了讨论。会议途中，前方传来了敌人进攻的情报。之后，部队转往西部北山游击区，到达相对安全的帽子峰北麓长岭村（属江西）继续开会。会议提出：以油山、北山、南山为主要根据地，以南岭山脉为依托，依靠群众，长期坚持在赣粤边进行游击战争。以保存有生力量为主，以领导群众斗争为主，反对游击主义，防止死打硬拼和消极隐蔽的倾向，学会在隐蔽条件下进行武装斗争。①

会议决定，建立秘密交通网，保持中央分局与各游击区的联系。会议调整了红军游击队的部署，将赣粤边划分为 5 个游击区。即北山区、上崇区、油山区、信康赣区、南山区。项英、陈毅与特委机关坐镇北山，领导赣粤边游击战争。

大岭下会议是赣粤边南方三年游击战争中的重要会议，为以

---

① 莫绵铨：《赣粤边三年游击战》，许志新等主编《红色文化》，广州出版社 2011 年，第 174—185 页。

后长期坚持游击战争制定了正确的斗争策略，成为三年游击战的重大转折点，为后来新四军的创建奠定了基础。

三、上里洞——赣粤边游击区指挥中心

敌人的"进剿"。

1935 年春夏之交，国民党军全部占领中央苏区后，广东军阀余汉谋率一个军的兵力，向赣粤边游击区大举"进剿"。加上地方保安团、"铲共团"、民团等地方武装，敌人总兵力达数万人。

他们把信丰、南康、大庾、南雄四县城之间的一块四方形地区，层层封锁，全面驻兵，妄图把游击队压到山区，与外界隔绝，一网打尽。

他们还在这块四方形地区周围布下三道封锁线：第一道是沿江封锁所有的渡口；第二道是沿公路驻兵，尤其是雄庾、雄信、信康三条公路，沿途所有墟镇和较大的村庄都驻了兵；第三道是沿山周围布防设点，筑碉堡，驻兵把守。

在南雄境内，敌人以一个连的兵力驻扎在梅关，控制南雄与大庾的交通；在乌迳、六塘、里东、邓坊、白云、上嵩等游击区外围的重要墟镇，敌人都驻以重兵，封锁坑口；在游击队经常活动的油山茶田、大兰、坪田坳、茶头背、益田、平林、黄坑等处都驻有重兵，并在上述各处架设电话线。

红军的反"进剿"。

敌人在"清剿"中注重对村庄的包围和袭击。1935 年 5 月，项英、陈毅在棚洞村宿营时遭到敌人突然袭击。此后，他们放弃房屋，改为在山林搭棚寄宿，并总结出搭棚三要素：一是要有群众基础。二是要有森林且复杂的山。三是要遵守一切秘密原则。提出了安全搭棚四原则：一是位置的选择必须要有好的退路，且能隐蔽地退。二是要有很好观察力的哨位。三是要有好的出进道

路，不至于暴露目标。四是要经常转移，不能久住一地。

为确保有效开展游击战，保存实力，打击敌人，项英、陈毅对赣粤边红军游击队提出了行军、保密原则。

行军原则五条：一是行军要精选时间，不能随便行动。二是走山路，最好走没有人走过的路，以免中敌埋伏。三是过山坳从旁山爬过，免遭埋伏。四是夜间行军要慢，以免失联络。五是行军距离要短，尖兵在 10 米开外。六是行军绝对禁止讲话。

保密原则四条：一是生火做饭不出烟。二是说话要小声。三是出进不留脚印。四是各机关无工作关系不准往来。[①]

上里洞——赣粤边游击区指挥中心。

为了便于指挥各地游击战，特别是便于与湘赣红军游击队取得联系，项英、陈毅率中央分局机关转移到北山活动，指挥中心就设在帽子峰芳坑的上里洞。

上里洞今属南雄帽子峰林场。芳坑街西部有一条由北向南注入凌江的支流小溪，从下向上游走，分别为里洞口、下里洞、中里洞、上里洞。这一带为原始森林，荒无人烟，野兽出没。小溪的尽头为上里洞，翻山过去，就进入江西境内。

当年，项英、陈毅就隐蔽在帽子峰的上里洞，通过地下交通，将一道道指示，传递到各游击区中，悄无声息地指挥着赣粤边红军游击战。

甑盖脑——北山红军医院。

北山红军医院，原是 1933 年南雄县委书记李乐天率领北山游击队（红军独立营）所建设起来的，具有红军后勤补给基地与红军医院两大功能。医院有大量军需物资囤积，可以疗养伤病人员，

---

① 参考项英：《三年来坚持的游击战》，中共中央党史研究室编《南方三年游击战争卷》（第 1 卷），中共党史出版社 2016 年，第 34—37 页。

开展医疗救治。院址设在甑盖脑（今属澜河白云村），位于上里洞西南 5 里处。

1935 年 5 月，项英、陈毅率中央分局和赣粤边特委到北山帽子峰后，为应对复杂的斗争形势，将红军医院确定为两大职能：一是医治红军游击队的伤病员。二是收容审查失散游击队员。失散人员一般须经 3 天时间甄别，确认无叛变行为后，才重新安排到红军游击队中。红军医院自建立后，一直运转良好，医治了大批红军伤病员，直到 1935 年 10 月北山事件发生遭到破坏才弃用。曾在此战斗过的陈丕显（全国人大常委会原副委员长），于 1990 年 5 月重访红军医院遗址时，向后人讲述了这段隐秘的历史。①

四、曾彪——智勇双全的游击队长

曾彪，又名曾广生，1903 年 11 月出生于广东南雄县油山河口村。1926 年，参加农民运动。1928 年 2 月，参加了南雄农民暴动。之后上山打游击，后任油山游击队大队长。

1933 年 6 月初，敌人对夹河口进行烧杀，曾彪家中房屋全部被烧毁，曾彪的父亲及祖母被杀。曾彪将亲人安葬后，毫不畏惧，决心与敌人斗争到底。

1934 年 5 月 28 日，曾彪率油山游击队化装奇袭大庾县游仙墟的反动派，将游仙墟的部分敌人消灭，缴枪 10 余支。

1935 年 6 月，曾彪率油山游击队员十余人，化装成工人和小贩，潜入江西省大庾县西华山钨矿局矿警队驻地附近埋伏。趁黄昏矿警队听队长训话的时机，曾彪从隐蔽处冲出来，连发两枪，把矿警队长击倒，游击队员一齐冲上，包围矿警队，命令他们投

---

① 来源于 1990 年陪同陈丕显到帽子峰红军医院的当事人、帽子峰林场场长黄履星的亲身访谈。

降，并将他们关押在一间房子里。这次缴步枪 10 余支、驳壳枪两支，游击队贴好标语之后，悄悄地撤走。这次袭击使余汉谋大为震惊，赶快把自己派去北山"清剿"的军队调回大庾县城，以安定军心。

1935 年冬，一天晚上，曾彪接到中共南雄县委的紧急情报，得知广东敌军有三辆装运军用物资的汽车开往大庾县。游击队连夜通过敌人的封锁线，埋伏在雄庾公路边（灵潭至角湾附近路边），第二天中午，敌人的汽车来了，游击队冲出来猛烈开火，将敌击溃，缴获了车上的物资，对汽车司机教育后释放。曾彪还经常带领游击队夜袭赣庾公路上的敌人据点，打了就走，对敌人威胁很大。

1936 年 8 月，曾彪带着游击队员雷金达外出筹粮、筹款，在大庾县黄陂洞与敌相遇，曾彪被打伤了脚，终因流血过多而牺牲。

第七节 北山事件与梅山事件

一、北山事件

北山事件，龚楚设奸计，诱杀红军游击队。

1934 年 10 月 22 日，主力红军长征后，时任赣南军区司令员的龚楚，被中央分局书记项英任命为中央军区参谋长，协助项英指挥两万多红军部队，保卫中央苏区，策应主力红军转移。次年春，龚楚率 200 多人的部队，从苏区突围出来后回到老家广东乐昌。1935 年 5 月 2 日晚，对革命丧失信心的龚楚，悄然离开部队，向国民党粤军余汉谋叛变投敌。龚楚投敌后，余汉谋封他为"剿共游击司令"，配备了一支 30 多人的"卫队"，命他去破坏游击队的指挥中枢。

1935 年 10 月中旬，龚楚把他的"卫队"伪装成"红军游击队"，在南雄百顺、白云一带，假装与周文山的地主武装打了一仗。龚楚"英勇"作战，周文山"溃败"而逃。龚楚的奸计，迷惑了活动在白云的北山游击队，后方主任何长林主动接洽龚楚。

龚楚骗取何长林信任后，何长林未向上级请示，即通知北山游击队到龙狮石开会。游击队到龙狮石后，龚楚的武装把会场包围起来了，然后撕下画皮，大放厥词，说西征的主力红军失败了，当共产党游击队死路一条，只有赶快投降"国军"，才是唯一出路。游击队知道中了敌人奸计，满腔怒火，举枪就打，边打边朝外冲。在敌人火力封锁下，六七十名红军游击队员当场牺牲。只有队长贺敏学、小队长"猛张飞"刘矮古（刘金燕）等六七位游击队员冲出会场，逃离虎口。是为震惊赣粤边游击区的北山事件。

龙狮石村，当年有 3 户陈姓人家居住。游击队员牺牲的地方，在龙狮石村东 200 米远的仙水地。事件发生后，陈姓人家受到惊吓，从此搬走，此地迄今无人居住。

2018 年 11 月，南雄市政府在此修建了"北山事件红军烈士纪念碑"，并举行了纪念碑落成揭幕仪式，悼念缅怀牺牲的烈士。这里现为南雄重要的红色景点。

贺敏学突出重围归队。

在北山事件中突围的贺敏学，是毛泽东妻子贺子珍的胞兄，出生于 1904 年，江西永新县人，时任北山游击队队长。他冲出重围时腿部受伤，在深山老林一度昏迷过去，幸得一位放香菇的老人发现救了下来。

贺敏学与部队失散后，曾流落在南雄北门外的庙里寓居，又到城郊地主家以看鱼塘为生。后来为了寻找部队的下落，他利用自己的篾匠手艺，做风筝、风车、蟋蟀笼，走村串户兜售，打听游击队的情况。1937 年秋，贺敏学听到国共合作的消息，且得知陈丕显正在南雄与国民党当局谈判，便扔下货郎担去找陈丕显，未遇。又赶到江西大庾池江，见到了正在负责组建新四军的项英，报告了失散经过。项英让南雄党组织调查实情。之后南雄县委、中共中央东南分局批准恢复贺敏学组织关系。贺敏学后在新四军苏浙军区司令部任参谋长。中华人民共和国成立后，曾任福建省副省长等职。1988 年逝世。

项英、陈毅在帽子峰脱险。

龙狮石与上里洞相距不远，但是按照秘密工作原则，游击队之间不发生横向联系。因此，北山事变后叛变的何长林并不知道项英、陈毅就驻在帽子峰的上里洞。但何长林知道项英、陈毅是通过地下交通联络指挥的。为此，何长林带领敌人首先破坏游击队的地下交通站。

10月20日下午两三点钟，到大梅坑挑粮食的一个班战士在回程路上，与何长林、龚楚所率武装分队不期而遇。走在全班最前面的尖兵（侦察员）是吴少华。何长林抓住吴少华后，将其驳壳枪缴去，并要吴少华带路找项英、陈毅。吴少华领敌靠近哨所时，脱离敌人控制，大喊"反动派来了！"哨兵闻讯，立即朝敌人开枪。敌人集中火力向哨兵射击、冲锋，吴少华向森林逃走了。项英、陈毅听到枪声，立即冲出棚内住处，跑到山上的森林中隐蔽起来。脱离险境后，陈毅遇到了吴少华。方知龚楚已叛变。

由于敌人连日不断搜捕，项英、陈毅藏在山坳上，缺粮缺水，连续三天粒米未进，连水也没有喝一口。项英和陈毅研究后认为，帽子峰一带虽然山高林密好藏身，但粮食是瓶颈。叛徒何长林知道游击队的交通线和粮食来源，会以围困的办法对付他们，于是决定转移到油山。

他们采取日伏夜行的办法，费了多日时间，忍饥挨饿，终于到达梅岭。当时敌人搜捕很严，梅关古道上设有封锁线。是晚，他们在关楼西侧数十米远的梅岭山顶上宿营，感受特别，为此陈毅吟咏了《偷渡梅关》："敌垒穿空雁阵开，连天衰草月迟来。攀藤附葛君须记，万载梅关著劫灰。"① 他们在梅岭潜伏了一天，于次日下午黄昏，采取分批屈身跃进的方法前进，顺利通过了梅关，到达了油山游击区。

---

① 肖锋：《梅岭三章——陈毅在南雄》，许志新等主编《红色文化》，广州出版社2011年，第249—250页。

二、整顿内部管理，重组北山游击队

龚楚叛变后，北山游击队受到重大损失。红军游击队内部也出现胡乱猜疑、思想混乱等问题。针对这种情况，项英、陈毅把思想政治和革命教育放在首位去做，加强政治工作，整顿内部管理，提出革命自觉，来去自由，区分对待。

一是，对不愿留下来的，先做思想工作，实在留不住，就发路费送出境，劝其站稳立场，不要叛变和危害革命。这叫以礼相待，好来好去。

二是，对已经离队，但有悔改表现要求归队的，表示欢迎，不歧视。这叫"浪子回头金不换"。

三是，对一般性变节行为，通过亲属好友做工作，争取其中立，不危害革命。对顽固不化、严重危害革命的叛徒，则坚决予以镇压。这叫善恶有分，区别对待。①

在进行思想教育和反叛徒斗争中，红军游击队认真执行区别对待的政策，使大家的思想更加一致，组织更加纯洁，亲密无间，生死与共，以更加坚定的信念，去迎接新的战斗和考验。

1936 年 4 月，项英、陈毅重返北山帽子峰，并将油山游击区（含信康赣）抽调出来的部分游击队员，与北山事件后剩余的北山游击队员合在一起，重组了北山游击队。大队长谢礼炳，副大队长刘矮古，下设 2 个中队 6 个分队。一中队长刘矮古：一分队长钟开生，二分队长广西人姓马的，三分队长姓何的；二中队长温峰山：四分队长曾水生，五分队长钟志阶，六分队长刘瑞龙。

北山游击队重组后，即以帽子峰为中心，积极开展游击战争，

---

① 参考刘建华著：《风雷激荡二十年：刘建华回忆录》，中央文献出版社 1999 年，第 187—189 页。

活动范围包括上嵩、下洞、横江、苔塘、澜河、白云、河洞、内良等地，主要进行了几次战斗。

一是打沙水。1936年6月，这天正逢沙水赶集。游击队隐蔽在一个姓华的小村里，由刘矮古带着10多名游击队员化装成赶墟的老百姓，掮着毛竹、扛着木头赶到沙水。乡公所就在墟旁，刘矮古一行将毛竹、木头堆放在乡公所门口。驻沙水的敌保安团听到有人捣乱，立即出来。刘矮古一行掏枪打了起来，隐蔽在村里的游击队，听到枪声立刻赶来支援。此次战斗，缴获敌人10多支枪。

二是打白云。白云墟打了两次。第一次因走漏了消息，敌人有防备而没有成功，游击队伤2人、牺牲3人。第二次是1936年10月的一天，天未黑下来，游击队从小流坑出发，走到白云后，天黑了下来。之后，游击队开始进攻，全歼敌保安队，缴获30多支枪。

三是打邓坑，主要目标是打江碧山。江碧山是梅岭的大地主，他住在邓坑的一个土围子里，有地主武装、保安团共200多人把守。游击队事先埋伏在山上，等土围子的门一开，游击队就冲进去，缴了六七条枪，捉住了江碧山的儿子、女儿、媳妇，江碧山却逃走了。后来他在江西被抓，被要求给游击队买衣服、药品、胶鞋、电筒等。

1937年春节期间，北山游击队还利用反动势力中的地主恶霸等人回家过年之机，先后处决地主恶霸、狗腿子、反动保长100多人。

1937年5月，北山游击队将一名越狱逃出的西北军士兵救回，不久又派他打进南雄里东的国民党保安队，让他伺机偷枪出来。一天，他偷了一挺机枪和两盘子弹奔向北山游击队驻地，敌人发现后立即追赶。接应的游击队与赶来的敌人接上了火。这个士兵先跑到山上的一个纸棚里，将机枪和子弹交给造纸工人收藏，然后逃到山上去了。造纸工人拿到机枪后，将枪埋在纸棚后面，等敌人走后才取出来。这挺机枪后来成为新四军的第一挺机枪。北山游击队是赣粤边游击区战斗力最强的部队。下山抗日后，北山游击队编为新四军的一个连，黄桥战役后编为营，抗战后期编为团，解放战争时整编为华野六纵。在孟良崮战役中，它抢占垛庄、攻上孟良崮，是歼灭张灵甫整编七十四师的关键进攻纵队。

三、梅山事件与《梅岭三章》

陈海被捕叛变，陈毅在梅山事件中脱险。

"西安事变"后，国际国内形势发生急剧变化。余汉谋为了执行蒋介石"攘外必先安内"的政策，进一步加强了对南方游击区的"清剿"，命令国民党四十六师向赣粤边游击区发动全面进攻。同时设下圈套，企图诱捕项英、陈毅。

1937年5月，在国民党四十六师做兵运工作的陈海被捕后叛变。陈海，原系湘鄂赣苏区派出做白军兵运工作的，被捕叛变后，供出了设在大庾县城的秘密联络站"广启安糖铺"。陈海与国民党军密谋设下圈套，向项英、陈毅谎称党中央已派人到了大庾城，企图以此诱捕项英、陈毅等领导人。陈毅渴望早日与中央取得联系，毅然冒险前往大庾城接头。他到达大庾城后发现情况有变，接头地点已被敌军包围，就立即返回梅山。

叛徒陈海不见项英、陈毅下山，便带领国民党军300多人把梅岭的斋坑包围，项英警卫员曾忠山正值岗哨，发现敌人从后山包抄过来，随即鸣枪报警。项英等闻声冲出棚子，钻入茅草丛中和河沟里，敌人到处搜查均未发现，最后只搜到女交通员陈妹子。幸亏她勇敢顽强，任凭敌人把她打成重伤，她一字不漏。敌人无计可施，只好纵火烧山，妄图烧死游击队领导人。正当万分危急时刻，天下了一场大雨，浇灭了熊熊大火。

陈毅离开大庾城后，即往山上走，遇到正在上山的国民党军，他自称是"教书先生"，借入厕"大便"之机溜掉了。当晚回到了斋坑驻地，与项英等会合，随后，便转移到了北山。敌人精心策划的阴谋破产了。国民党军四十六师派出 5 个营的兵力在梅岭山上搜索了 5 天，仍未找到项英、陈毅和特委领导的踪影，只得撤出梅岭。此即为梅山事件。

梅山事件与陈毅吟写《梅岭三章》。

梅山事件是赣粤边三年游击战期间，陈毅面临的又一次重大危险。他在这起惊心动魄的事件中，吟咏出著名的《梅岭三章》："断头今日意如何？创业艰难百战多。此去泉台招旧部，旌旗十万斩阎罗。""南国烽烟正十年，此头须向国门悬。后死诸君多努力，捷报飞来当纸钱。""投身革命即为家，血雨腥风应有涯。取义成仁今日事，人间遍种自由花。"

1942 年 6 月 21 日，陈毅在苏北抗日根据地党委机关报《盐阜报》，第一次公开发表了《梅岭三章》。其时，因皖南事变叶挺被捕、项英牺牲，中央重建新四军军部，陈毅被任命为新四军代军长，军部驻在江苏盐阜。

陈毅喜欢写诗，驻盐阜时他以诗会友，与当地士绅进行联谊。陈毅将《梅岭三章》寄给当地士绅杨芷江。杨芷江曾任吴佩孚的直鲁豫巡阅使驻北京办事处处长，抗战时任盐阜区参议会行政委员会委员。他收到《梅岭三章》后，高兴地写了《和陈毅的梅岭三章》，于 1942 年 7 月 21 日发表在《盐阜报》："诵君绝笔痛如何？国步于今难益多。只有睢阳堪比拟，鼠为掘尽雀为罗。""旌旗浩荡渡江年，共说为民解倒悬。今日彭咸当日树，万家争献犒军钱。""匈奴未灭敢言家，报国丹忱宁有涯。留取一腔新热血，与君共溉自由花。"

一唱一和，《梅岭三章》引起很多人注意。此诗后来被延安《解放日报》转载后，产生广泛影响，后入选中小学语文课本，更是名扬天下。

四、南雄人民送粮送情报支援红军

《赣南游击词》游击战争的写实史诗。

天将晓，队员醒来早。露侵衣被夏犹寒，树间唧唧鸣知了。满身沾野草。

天将午，饥肠响如鼓。粮食封锁已三月，囊中存米清可数。野菜和水煮。

日落西，集会议兵机。交通晨出无消息，屈指归来已误期。立即就迁居。

夜难行，淫雨苦兼旬。野营已自无篷帐，大树遮身待晓明。几番梦不成。

天放晴，对月设野营。拂拂清风催睡意，森森万树若云屯。梦中念敌情。

休玩笑，耳语声放低。林外难免无敌探，前回咳嗽泄军机。纠偏要心虚。

叹缺粮，三月肉不尝。夏吃杨梅冬剥笋，猎取野猪遍山忙。捉蛇二更长。

满山抄，草木变枯焦。敌人屠杀空前古，人民反抗气更高。再请把兵交。

讲战术，稳坐钓鱼台。敌人找我偏不打，他不防备我偏来。乖乖听安排。

靠人民，支援永不忘。他是重生亲父母，我是斗争好儿郎。革命强中强。

勤学习，落伍实堪悲。此日准备好身手，他年战场获锦归。前进心不灰。

莫怨嗟，稳脚度年华。贼子引狼输禹鼎，大军抗日渡金沙。铁树要开花。①

　　这是 1936 年陈毅写的《赣南游击词》。赣南，是指赣南省。赣南省，是 1934 年 7 月中央苏区新成立的省，范围在南雄与大庾、信丰、崇义、全南、定南一带的赣粤边。赣南省委书记是阮啸仙，赣南省军区司令员是蔡会文，他们均在游击战中牺牲了。共青团赣南省委书记陈丕显，身经百战后，活到了中华人民共和国成立，曾任中共上海市委第一书记、中共中央书记处书记、全国人大常委会副委员长。赣粤边特委属赣南省委领导。《赣南游击词》实际是写北山、泊山、南山游击区的战斗生活情况，它们属于赣南省域范围。

　　"靠人民，支援永不忘。他是重生亲父母，我是斗争好儿郎。革命强中强"。在红军游击队最困难的日子里，人民群众采取种种巧妙办法，冲破国民党的经济封锁，千方百计地支援、接济红军游击队。当国民党实行"移民并村"，赶群众出山之际，群众把自己的口粮、食盐等物资埋在地下，做好暗记留给红军游击队。当红军游击队处于粮缺断炊的危难之际，群众乘上山砍柴或下地种田之机，将定量配购的粮、油、盐等，想方设法送给红军游击队。在红军游击队活动的基本地区，只要是红军游击队一进坑，当地的青壮年便自觉组织起来，站岗放哨。如发现国民党军进山，即高喊"东边牛吃禾了""西边猪吃菜了"，暗示红军游击队隐

---

① 刘建华著：《风雷激荡二十年：刘建华回忆录》，中央文献出版社 1999 年，第 147 页。

蔽。红军游击队打土豪或袭击国民党军驻地时，群众先侦察敌情，后当向导，有的还和红军游击队一道参加战斗。为了支援和保护红军游击队，许多群众献出了宝贵的生命。

油山女交通员周篮。

周篮，小名三娣，1904 年出生，是赣粤边三年游击战时期的秘密交通员。她 3 岁就给油山彭坑农民刘彩秀的儿子刘汉光做童养媳。这对夫妇聪明能干，机智勇敢。1935 年冬，接连下了几场大雪。隐藏在彭坑附近石壁的几个游击队员，因彭坑、大兰都驻扎了国民党军，好几天不能下山取粮食。三娣内心焦急，就用干粮袋装了六七升大米，向邻居借了一口小锅，拣了一些碎木炭，偕同丈夫刘汉光于深夜避开国民党军哨兵，给游击队送去。游击队员们见三娣送来了米，又带来了木炭和锅，犹如雪中送炭，激动得异口同声地称赞他们是好哥嫂。

1936 年春，陈毅来到彭坑，秘密隐蔽在三娣家的后山上。端午节，天下大雨。周篮照常用竹篮盛满粽子，给陈毅和游击队送饭。陈毅说："大嫂天天给我们送饭，手里少不了一只篮子，我们就叫你周篮吧！"从此，周篮就成了她的正名，游击队员叫她周篮嫂。这年，由于国民党军的频繁"清剿""封山""并村"，山里游击队的给养极度困难。当时，周篮家有年老的婆妈和几个小龄儿女，劳力缺乏，生活并不宽裕。但她心系艰苦奋斗的游击队员，每天还是照常地提只篮子，以上山打猪草为名，把油、盐、菜饭给游击队送去。当遇上他们开会时，她就自动留在茅棚外装着割猪草，为游击队放哨。国民党军进坑来了，周篮就马上向棚里发暗号，游击队便从容、安全地转到深山里去。①

---

① 刘建华著：《风雷激荡二十年：刘建华回忆录》，中央文献出版社1999 年，第 149 页。

　　游击队有事常来找周篮夫妇商量，而国民党军又常来搜山。这样，游击队白天来会暴露目标；晚上来，周篮家那只狗又叫得厉害；再加上他家住房外还有道围墙，叫门很不方便，这使游击队很为难。后来周篮送东西去游击队时，特地带上家中这只老黄狗，让游击队员拿东西给它吃，熟悉以后，晚上游击队员来它就不再叫，她还告诉游击队员说，每天晚上我关门的时候，在围墙脚下放一条凳子，你们可以踩着凳子翻墙过来，就不惊动别人。从此联系工作就方便多了。

　　1936 年 8 月，陈毅的腿伤复发了。那是 1934 年兴国老营盘战斗中负的重伤。由于游击斗争的艰苦环境，陈毅的伤口时常复发。这次大腿肿得像个冬瓜，痛得十分厉害。因为山上草棚简陋又潮湿，陈毅搬到周篮家养伤。陈毅来后，周篮一家热情接待，把他隐藏在存放粮食和农具的楼上。当时，游击队缺医缺药，红汞、碘酒都不容易搞到，更谈不上使用抗菌素了。周篮就采取土办法，从山上采草药，熬大桶药水，为陈毅熏洗伤口，然后又用草药外敷。就这样，经过几次的治疗，腿肿渐渐地消了，伤口也愈合了。

　　在陈毅养伤期间，国民党军不时地进坑来"进剿"，为了保障陈毅的安全，周篮时刻都警惕地注视着周围的一切动静。一天傍晚，陈毅坐在屋后的一棵桐树下看书，警卫员小聋牯在旁边擦枪。此时周篮在房前圳沟里洗衣服，突然发现一群国民党兵已经快到家门口了，情况万分危急，怎么办呢？回到家去通知，已经来不及了。周篮见房前的一只猪，她急中生智，用石头打猪，边打边大声叱骂："你这只瘟猪仔，不赶快回家，这么多兵来了，会把你打死的。"陈毅等听了，连忙转移到深山里去了。国民党兵搜查了周篮的家，但什么也没捞着，就溜走了。

　　国民党采用移民、并村、封山、封坑、严密保甲、限买、连坐等狠毒手段，企图把红军游击队扼杀在深山里。面对这一情况，周篮每逢墟日，就早早地挑着柴上墟卖，买回游击队需要的东西。国民党军严格控制墟场，买卖限量，进行墟场检查，对多买者以"通匪"论处。周篮就机灵地采取分散购买的办法，东摊买一点，西铺买一点，凑买好了，就把东西放在篮里，上面盖上些青菜、薯藤等物。一天，陈毅要她设法多买点电池回来。周篮愉快地接受了这个任务。她按照当地老人的习惯，提着一只火笼去池江墟，一次就买回 15 对电池。她穿得破破烂烂，装着老老实实，一次次地混过检查，把东西送到了游击队。

中华人民共和国成立后，周篮所在的南雄油山彭坑村划给江西大庾县所辖，周篮当选为大庾县人大代表。中国人民革命军事博物馆后来收藏了周篮用过的旧竹篮。周篮于 1975 年病逝，终年70 岁。

林德凤临危冒死帮红军。

澜河小流坑村民林德凤，1900 年出生，19 岁嫁给洞底鱼地村周财选后，随夫迁到小流坑定居。小流坑连绵上千亩山岭，约有八十担谷洞田。三面环山，阳光充足，土地肥沃。林德凤和丈夫一直生活在这里。

1935 年春夏，小流坑来了二十多个外地口音的人，他们了解当地习俗，人口流动情况。一席交谈之后，说想在这住几天。林德凤热情接待了他们，看他们也是江湖人，没有坏心，又有礼貌，欣然答应让他们住在厅里。晚上把家里为数不多的食物全部煮了，并应他们的要求，次日去白云墟替他们买食盐等东西。当时的白云墟是北山有名的集墟，商业发达，商人大多来自广东兴宁、五华。为"围剿"红军，国民党对墟场进行登记管理。林德凤买到食盐、石膏等的东西出墟时，被把守墟门的守卫叫停。"林氏你买的是什么东西？昨天来赶集了，今天又来？"林德凤慌忙说：

"昨天没来呀！"这时他们翻开本子，清楚地记录了林德凤昨天下午出墟的情况。于是，他们二话不说，把守墟场的守卫即将林德凤押到上白云已废弃的旧当铺楼上关起来，一共关了四天三晚。当时，林德凤肩上背着两岁的幼儿，四天时间，无人来问话，也无人来送食。幸好林德凤身上带有几个自做的米粉饼干，靠这几块饼干，母子俩勉强活了下来。第四天一早，才放了林德凤，并恐吓不得再"通匪"了！

不久，又有八九个外地人到林德凤家，希望提供无人打扰的住处。林德凤安排他们住在墨砚厂（以前以松明制墨砚的地方）。几天后，林德凤去探望他们时，发现里面住了几个受伤的人，伤口红肿发炎躺在那里。其中，一个人称"大老刘"的，腿上的伤口化了脓，一男一女用一条长约一尺半的纱布，抹上万金油后，穿过腿上的洞口，为其消毒清理伤口。指挥他们的人，是一个叫老周的人。林德凤对他们说，我明天捣草药给你们敷，三天就能好。第二天，林德凤带上已捣烂的草药为"大老刘"敷上，每天早晚各换一次，几天后"大老刘"的伤口白白净净，再也未发脓了。后来她又拔了几把草药给他们，又几天后，这些人伤口更好一些，全部走了。这种草药，当地叫细角皮，是林德凤家的祖传药方。"大老刘"和老周是谁，林德凤一直不知道，直到1974年从地方党史专家钟祥胜口中才得知，"大老刘"是陈毅，老周是项英，当年他们正在南雄北山打游击。

1935年冬，小流坑来了几十个拿刀拿枪、高大勇猛的人，他们到小流坑后问林德凤有没有吃的？林德凤说大米没有了，还有很多南瓜和冬瓜。他们二话不回，一起动手，煮了一大盆南瓜、冬瓜来吃，吃完后，他们当晚离开了小流坑。第二天，林德凤打扫卫生时，发现原每个南瓜、冬瓜蒂上，均放了20毫的银币，一共12个。

1936 年夏天，林德凤坐在屋檐下为收割的苎麻剥皮（做绳用），有一个操外地口音的女人过来，一见林德凤就问大姐好，接着替林德凤剥粗麻皮。几番聊天后，她就在身上拿出一个旧袜子包的就像筒子样子的东西给林德凤，要她保管交给一个人。林德凤看是旧布袜，就说放在门角背里，她应声放好。接着又说，到日头照在这个石头上时就有人来拿，你就给他。等待的时间真长，林德凤几次站起来抬头远望，都没见来人。又怕另外有人来，坏了这事，林德凤内心很是焦急。就在她万分焦急时，突然有一个男人站在了林德凤身边，还说之前认识林德凤，见过林德凤。林德凤问他为什么知道日头照到石头，他说是十二点钟就是这样。林德凤随后就把那东西转交他。像这种为红军捎信、捎东西的事，林德凤是经常做。因林德凤对革命作出的贡献，1953 年秋，曾作为拥军支军模范出席广东省军区慰问表彰会，带回的证书和纪念章后在"大跃进"时期遗失。后来，林德凤家迁白云定居。1992 年，林德凤去世，享年 92 岁。

菇农王广急中生智救陈毅。

南雄帽子峰黄陂洞住着一个放香菇的老人，名叫王广，单家独户住在山高林密处，游击队常去他家。有一天，陈毅从梅岭回来，在王广家休息。一连反动派偷偷摸摸进来搜山，眼看敌人就快到王广家，情况十分危急，王广急中生智，大声骂道："你这懒鬼，还不去砍柴！"陈毅听到声音走出屋来，王广顺手抓起一条竹杠佯装要打陈毅的样子。陈毅回头一看，发现山上有敌人，他心里明白了，趁机往山里跑了。敌人上前问王广："刚才那个是谁？"王广理直气壮地说："我的儿子。"有个敌人说："这么大的儿子，你就不要打他嘛。"王广装作生气地说："不打不成器，昨天放牛丢了一头牛，今天叫他去砍柴他又不去。"敌人信以为真，不再追问。陈毅化险为夷。王广一直在帽子峰放香菇，掩护帮助了许多红军游击队员。王广在 20 世纪五六十年代过世。

油山女游击队员吴丙秀。

人民保护着红军，红军也保护着人民。南雄人民与红军游击队有着血肉深情。李乐天的爱人吴炳秀，就是为了不连累群众，而在突围中牺牲的。

吴炳秀，南雄县油山坪田坳人，出生于 1912 年。她 16 岁参加游击队，1934 年加入中国共产党，1935 年初，她和李乐天结婚，生有一女孩。1937 年 4 月的一个晚上，她与游击队员吕新洪、孔炳生、丁祖怡来到油山小汾秘密召开党员会议，传达和布置新的工作。深夜会议结束，4 个同志住在小汾屋后的菜园里。天未亮，从南雄过来的"铲共团"突然包围了村子，到处搜查，吊打群众。为了不连累群众，他们 4 人决定翻过菜园的高墙，往山上跑。由于她身上缠着一两百块光洋游击队的经费，很笨重，爬不上墙，在冲出菜园门往圧埂跑时，遭到敌人乱枪打死，光荣牺牲。

乌迳地下交通员肖妹子。

北山事件后，特委领导分散转移。共青团赣南省委书记陈丕显秘密转移到油山一带隐蔽。在中共油山区委书记肖星鹏的帮助下，将同情支持革命的乌迳肖妹子，吸收担任地下交通员。陈丕显化名阿丕，在油山隐蔽的一年多时间里，曾由肖妹子送粮送饭及担任地下交通员。肖妹子不知道阿丕是什么人，不知道他来自哪里，她什么也不问，就这样默默无闻地坚持完成党组织交给她的任务。

中华人民共和国成立后，陈丕显曾担任上海市委第一书记，肖妹子不知道当年她送粮送饭的阿丕，就是陈丕显。1990 年，时年 74 岁的陈丕显（1985 年任全国人大常委会副委员长）重访战地南雄时，找到这位已在抗战时落户到孔江，时已花甲的女交通员肖妹子。战火硝烟已过去 50 多年。战友重逢，分外激动，泪水洒湿了衣襟。

像肖妹子这样默默地为党工作，舍生忘死，勇敢地帮助红军游击队的交通员，在南雄还有很多很多。在革命胜利后，他们从未向组织伸手，也从不张扬自己对革命所作出的贡献。他们，是南雄人民为革命牺牲、为革命奉献的真实写照。

4

第四章

抗日战争时期

　　1937年，"卢沟桥事变"爆发后，陈毅、陈丕显下山相继与国民党江西大庾和广东南雄县当局进行军事谈判，共商抗日救国大计。1938年，广州沦陷后，国民党广东党政军机关，中共广东省委、八路军驻广州办事处相继北迁，韶关成为战时省会和广东的抗战中心。南雄开展了轰轰烈烈的抗日救亡运动，南雄人民在抗日救亡运动、支持中国军队展开粤北会战等方面，作出了巨大的贡献。

　　抗战后期，王震、王首道等遵照中共中央的指示，率领八路军三五九旅3800余人组成的南下支队，从延安挥师南下，计划创建五岭抗日根据地。东江纵队1200多人北上南雄迎接三五九旅南下支队。1945年8月26日，三五九旅南下支队到达广东南雄时，日本已宣布投降，形势发生变化。三天后，南下支队未及与东纵会师，即北返中原解放区。

南雄——新四军的发源地之一

一、抗战全面爆发，陈毅在钟鼓岩谈判①

"卢沟桥事变"爆发，国民党军停止对游击区的进攻，国共开始和谈。

1937 年 7 月 7 日，"卢沟桥事变"爆发，日本全面侵华。在中华民族危机之际，国共两党第二次合作，同仇敌忾，共御外侮，组成抗日民族统一战线。7 月 14 日，国民党军队突然停止了对南雄游击区的军事进攻。

为查清真相，在地下党员的帮助下，与党中央失去联系三年的项英、陈毅从南雄一所小学的校长处，得到了一本在香港出版的进步书籍，从中知悉毛泽东在延安所作的《关于争取千百万群众进入抗日民族统一战线而斗争》的讲话内容，从而得知抗战形势已发生了根本的变化。

为了配合中共中央促进南方抗日形势的发展，8 月 8 日，项英、陈毅以中共赣粤边特委和赣粤边红军游击队的名义，发表《赣粤边共产党游击队联合宣言》（又称《八八宣言》），指出，为了保卫华北、保卫中国，就要实行全国抗战；要求国民党政府

---

① 刘建华：《风雷激荡二十年：刘建华回忆录》，中央文献出版社 1999 年，第 232—242 页。

宣布实行抗战，国民党军应立即停止进攻红军游击队，准许抗日自由，采取最低限度安定民生等。同时表明愿与国民党地方政府谈判合作抗日。

8月中旬，中共代表周恩来、朱德、叶剑英在南京与国民党举行谈判后，达成国共合作、陕北中央红军改编为国民革命军第八路军（简称八路军）的协议。

这时，国民党江西省政府主席熊式辉指示在江西省内推进国共合作事宜。驻赣州的江西省第四行政督察区公署专员兼保安副司令马葆珩领会熊式辉的意图后，指令国民党大庾县县长彭育英设法与赣粤边红军游击队取得联系。与此同时，赣南国民党地方当局作出积极响应，国民党军队开始陆续从游击区撤走。

彭育英写了一封信，派人送给在油山的红军游击队，没有得到回信。之后，国民党赣州专署以大庾、信丰、南康、南雄四县县长和国民党第四十六师师长名义，联名发表了《告中共同志书》，邀请游击队下山谈判，共商北上抗日事宜，并约定商谈日期双方到南雄县的钟鼓岩谈判。这封信由大庾县县长秘书鲁炯雯亲自送到油山游击区，吩咐转交赣粤边特委收。到了约定的日期，彭育英派秘书鲁炯雯、民政科长王整刚两人乘坐大庾钨矿局的车来到钟鼓岩，他们等了整整一天，没有见到红军游击队的代表。

8月27日，彭育英亲书"感秘代电"专函，再派人送梅山游击区。信中再约相见日期，希望红军游击队派员前来洽谈国共合作事宜。项英收到信后，安排陈毅回信，并由陈毅警卫员潘聋古将回信送到彭育英手中。

潘聋古将信送到大庾县警察局，局长肖某看见信封上写着"彭育英县长亲收"的字样，将潘聋古带去见彭育英。彭见信后，面露欣色，吩咐好好招待送信人。第二天，还买好车票，让送信人乘车回南雄。

陈毅在回信中同意按照彭育英的约定日期，到南雄县的钟鼓岩接洽。陈毅还要求彭育英带报刊、文件来，以便了解时局。

陈毅下山，在南雄钟鼓岩与国民党大庾县县长谈判。

1937 年 9 月 6 日，是双方约定的钟鼓岩谈判接洽日。1986 年任赣州市政协副主席的赖志刚，曾在大庾县政府工作过，曾经参与陈毅钟鼓岩的接洽谈判。据赖志刚回忆文章记载，彭育英很重视这次接洽，提前几天遍知秘书室做好一切准备，特意交代要准备茶水、点心等。9 月 6 日一大早，借了大庾县钨矿局的车，由县长彭育英、秘书鲁炯雯、经征处主任王培恩、事务员赖志刚，还有一个公务员、一个勤务兵，一行六人乘车前往南雄县梅岭脚下的钟鼓岩。当时，钟鼓岩道观的道士俗名曾贯桃，是江西万安人，与彭育英同乡。他泡了茶招待来客。彭育英一行一边休息，一边等红军游击队的代表。

等了两个小时，大约上午 10 时许，见梅岭方向有人打着油纸伞下山，山顶有人走动。这是潘聋古下山探路，陈毅等人在山上观望动静。潘聋古下山后，手拿一把红色油纸伞，来到钟鼓岩。见彭育英一行坐在室内，他观察周边环境很安静，没有任何危险，便走出钟鼓岩外，将红色油纸伞张开，晃了几下，发出信号。不久，陈毅一行五人便下山来到钟鼓岩。

双方相见，自我介绍，之后进入一间厢房商谈。陈毅当时穿灰色学生服，脚穿布鞋套草鞋。双方围坐圆桌，一面协商谈判事宜，一面喝茶，气氛和睦。他们谈了几个小时，直到下午三时许，才告一段落。

双方离场时，陈毅说希望双方都做好准备。彭育英回答会立即向上级报告会谈情况。陈毅提及红军游击队下山的交通、给养等问题，彭拍胸膛说完全负责。

当天下午，彭育英回去后，立即向赣州当局报告接洽成功。

此后彭育英多次派人送报刊、物资到钟鼓岩的一个石灰窑中，由地下交通员取出转交给陈毅。彭育英，别号少武，1900 年 11 月出生于江西省万安县，18 岁东渡日本留学，在早稻田大学攻读政治经济。五年后学成归国在江西省政界工作，在多个地方担任过县长。抗战中期，彭育英转到银行部门工作。1950 年，处境艰难的彭育英到上海找陈毅，被安排在中国人民银行上海分行工作，任"提篮桥办事处第一副主任"，后转任上海市人民政府参事室参事等，1968 年病逝。

陈毅与彭育英在"钟鼓岩谈判"中达成 7 条共识：（一）由彭电请江西省第二、第四、第八行政区各县停止武装"清剿"；（二）释放各县被扣押的共产党人；（三）地方各界要化解对共产党的成见，以利统一抗日意志；（四）红军游击队的改编，视人枪多寡，编成正式国家部队调遣抗日，听候双方中央的指令；（五）红军游击队原有的政训和军事指挥人员得予保留；（六）湘鄂豫皖闽浙赣粤各省红军游击队的下山改编问题，由项英、陈毅负责联系、召集；（七）定于 9 月 11 日由彭育英陪同陈毅前往赣州与军政当局继续谈判，解决改编手续和与中共中央联系等问题。

钟鼓岩谈判，开启了南方红军游击队改编谈判的一扇大门，为新四军的成立奠定了基础。由于红军游击队下山改编涉及许多细节事宜，需双方作许多具体协商。钟鼓岩属广东，彭育英是江西县长，工作不便，为此彭育英约陈毅今后的工作接洽，在大庾池江进行，陈毅欣然同意。

二、陈丕显与国民党县长在南雄谈判

到了 10 月底，国共合作抗日事宜进展顺利。北山、油山游击队陆续下山集训，而南山游击队依旧杳无音讯。陈毅交代陈丕显负责联络南山游击队。

陈丕显接任务后，与中共南雄县乌迳区委书记肖星鹏、交通员游高连等，在国民党大庾县长秘书鲁炯雯的陪同下，于1937年11月5日来到南雄县城，住在岭南酒家，送交了署名"江西抗日义勇军"给国民党南雄县长曾绳点的介绍信，以及国民党大庾县政府公函，约曾绳点及南雄驻军师长谈判。

岭南酒家位于南雄县城老电影院对面（旧址所在系今苏宁电器对面的商住楼），是当时南雄最好的酒家，驻南雄军政要员及巨商经常出入。陈丕显（化名陈春芬）以江西抗日义勇军第一支队代表身份，要求国民党军政当局执行谈判协议，停止"剿共"，保证南山游击队安全到集中地点。经过交涉，曾绳点接受了陈的主张，并答应在寻找游击队时给予方便。

之后，陈丕显一行开始寻找南山游击队的下落。他们从乌迳墟出发，到新龙村时，肖星鹏发现驻在新龙村保安队的院子里，绑着一名妇女。肖问了附近商店的老板，得知是保安队绑了红军家属。肖星鹏回来报告，陈丕显立即找保安队长。保安队长蛮不讲理，不肯放人。陈丕显严正警告，扣押红军家属是违背国共合作协定的，并说要打电话给国民党师长追究责任。保安队长慌了，连忙换了一副笑脸，说立刻放人。当时，国民党地方当局扣押和杀害红军家属的事时有发生，特别是他们封锁消息，使很多人不知道国共停战、合作抗日的消息。针对这种情况，陈丕显一行在寻找南山游击队的过程中，沿途开展宣传工作，写了很多标语、传单到各墟镇张贴，宣传国共合作的主张。

陈丕显一行每天进入山村，打听消息，终于在南亩探得消息，说南山游击队已去了江西省全南县陂头一带。于是，他们星夜赶路，几经周折到达陂头，找到了游击队领导人张日清，终于与南山游击队接上了头。南山游击队主要在江西全南、定南、龙南一带活动，又称"三南游击队"。三南游击队在罗世珍、张日清的带领下，后来全部下山到江西大庾县池江集训。张日清，出生于1916 年，福建长汀人。1955 年授少将军衔，曾任北京军区副政委等。

三、游击队改编为新四军，赴前线抗日

在南雄及赣粤边活动的红军游击队有三支：北山游击队（南雄珠玑、全安、苍石、帽子峰、澜河、百顺及江西交界地区）、油山游击队（南雄邓坊、油山、乌迳、界址及江西大庾、信丰交界地区）、三南游击队（从南山游击队发展而来，主要活动在南雄界址、坪田、南亩及江西全南、龙南、定南一带）。这三支游击队，是粤赣边南方三年游击战时期的战斗核心。

1938 年 1 月下旬，项英从延安回来之后，传达了党中央关于建立抗日民族统一战线的指示精神，宣布南方八省游击队改编为国民革命军陆军新编第四军（简称新四军），叶挺任军长，项英任副军长兼政委，部队开赴抗日前线。

南雄游击队改编为新四军，开赴华中抗日前线。

赣粤边、湘鄂赣、湘赣边、湘粤赣、皖赣边五个地区的红军游击队合编为新四军第一支队，陈毅任支队司令员。"皖南事变"后，陈毅任新四军代军长，一支队改编为新四军第一师，师长兼政委是粟裕，副师长为叶飞。

赣粤边游击队编为新四军第一支队二团二营。其中，北山游击队编为四连，连长温凤山，指导员张日清；油山游击队编为五连，连长吴积德，指导员罗大内；南山（三南）游击队编为六连，连长刘金燕，指导员姓朱。在大庾池江集训期间，不断有新的战士加入，到最后发展到 700 多人，扩为两个营，为二营和三营。部队在池江过完春节后，1938 年 2 月 15 日，战士们高唱战歌，浩浩荡荡奔赴抗日前线，池江墟一带的群众列队欢送战士

北上。

部队开往赣州，是坐汽车去的。从赣州坐船到樟树，改坐火车到玉山，再从玉山走路抵浙江的化布、开化。到达开化时，天下大雪。又从开化到王杢、钱口。到钱口后，部队开始编为三战区的正规部队，穿上国民党军队的统一制服。然后，从钱口开到安徽太平县，再到泾县茂林地区，最后到达南陵。6 月 28 日，以赣粤边北山、油山、南山游击队为基础发展起来的新四军二团二营，在安徽镇江的竹子岗首次伏击日军一支车队得手，缴获一批物资，俘虏了第一个日军，打响了赣粤边游击队改编为新四军后的抗日第一枪，首战告捷！

最有战斗力的北山游击队，在下山抗日时，编为新四军一支队二团二营四连。到 1940 年黄桥战役后，改编为一师二旅四团二营。以后，从江北打回江南时，编为新四军六师十六旅四十八团。解放战争时，四十八团改编为第三野战军第六纵队（华野六纵），参加了孟良崮战役、淮海战役。抗美援朝后，部队编为北京卫戍区警卫第三师，继续担负着保卫人民安全的重任。

在抗日战争中，新四军的南雄籍战士，作战英勇，名垂史册。

刘金燕（刘矮古），1930 年参加油山游击队，任北山游击队小队长，作战勇猛，曾经历北山事件"信丰县小河乡突围"等。编入新四军后，任新四军一支队六连连长，屡立战功，后任二团二营副营长，在与日军作战中牺牲。

周霖，黄坑园岭村人，1930 年参加游击队，同年编入红军，后留赣粤边坚持游击战争，抗战后编入新四军一支队随军北上，曾任江苏省东台等县独立团团长。1945 年 12 月，他率两个连抄袭国民党顽军，被敌发觉，遭六路进攻，不幸被捕。1947 年 4 月牺牲。

廖正文，新四军三支队五团营长，1941 年皖南事变中被捕，

1942 年 4 月在上饶英勇就义。

在抗战牺牲的新四军南雄籍官兵还有：袁忠清（湖口人，营长）；袁华秀（湖口人，营长）；李德全（油山大塘人，连长）；何魁（珠玑人，指导员）；刘昌兴（湖口人，连长）；袁世明（湖口人，连长）；李君铭（珠玑人，排长）；陈亿其（湖口人，班长）；刘彬（珠玑人，副班长）；肖大宏（湖口人，侦察员）；叶庭标（乌迳人，战士）；刘道鲲（湖口人，战士）；邓程生（梅岭人，战士）；肖大龙（湖口人，战士）；王古石老（黎口人，战士）；彭保林（油山大塘人，战士）；郭汉章（梅岭人，战士）；曾东润生（油山大塘人，战士）；彭三龙（油山大塘人，战士）；彭遵林（油山大塘人，老红军，战士）；彭癸润生（油山大塘人，战士）；彭新生（油山大塘人，老红军，战士）等。

历经抗日战争、解放战争洗礼，迎来中华人民共和国成立的有：叶天才（乌迳人，老红军，曾任韶关市武装部长）；雷金达（黄坑人，曾任大余县物资局副局长）；邓功煌（乌迳人，老红军，离休干部）；叶树林（孔江人，老红军，曾任南雄县副县长）；胡金亮（全安人，离休干部）；张更生（湖口人，老红军，曾任宁波地区公路总段段长）；袁世杰（湖口人，老红军，离休干部），冯明山（油山人，离休干部）等。

赣粤边南方三年游击战在中国革命斗争史上占有重要地位。

赣粤边三年游击战争不仅挫败了国民党军的多次"清剿"，牵制了大量国民党军，配合了中央红军主力长征，而且造就和锻炼了一批忠于革命、英勇善战的干部，保存了一大批经过严峻考验的骨干，扩大了中国共产党在南方的政治影响，推动了抗日救亡运动的发展，成为中国人民抗战的一个重要战略支点，在中国革命斗争史上占有一定的地位。

1937 年 12 月 13 日，项英到延安向党中央汇报工作时，中共中央政治局作出了《关于南方游击区工作的决议》，高度评价了南方游击区的工作。

政治局听取了项英同志关于南方各游击区的报告之后认为：

项英同志及南方各游击区的同志在主力红军离开南方后，在极艰苦的条件下，长期坚持英勇的游击战争，基本上正确执行了党的路线，完成了党所交给他们的任务。能够保存各游击区，成为中国人民反日抗战的重要支点，使各游击队成为最好的抗日军队之一部。

项英同志及南方各游击区的主要领导同志以及在游击区长期艰苦斗争之各同志，他们的长期艰苦斗争的精神与坚决为解放中国人民而战斗的意志，是全党的模范。政治局号召全党同志学习这些同志的精神。

现在放在中国共产党面前的任务，是扩大与巩固以国共两党合作为基础的抗日民族统一战线，以战胜日寇。政治局相信南方过去各游击区的同志同样能够在中央及中央东南分局的领导之下，完成争取中华民族的独立解放的神圣任务。

赣粤边游击区的红军游击队，之所以能在三年艰苦卓绝的斗争中，摧不垮，打不烂，拖不散，取得最后胜利，主要是全体指战员不屈不挠、英勇善战的结果。项英和陈毅结合赣粤边游击区实际，制定了一套有效的游击战争战略战术、群众工作方式方法、思想政治工作原则、统一战线灵活策略，使赣粤边游击区在极其复杂和艰难的条件下得以生存和发展，为南方三年游击战争的胜利作出了重要贡献。

四、南雄县委重归广东省委所辖

特委干部留地方工作，南雄隶属赣南特委。

1938 年 2 月，粤赣边红军游击队编为新四军开赴华中抗日时，根据中央的指示，游击队战士编入新四军上前线，干部留在地方工作，巩固发展地方党组织，建立"抗日锄奸队"，保护赣粤边原游击区红军家属不受土豪、敌顽侵害。为此，将赣粤边特委改为赣南特委，一批游击队干部留在了赣南、粤北工作。担任领导职务的是：原赣粤边特委书记杨尚奎，改任赣南特委书记；原赣粤边少共特委书记刘建华，改任江西信丰县委书记；原赣粤边特委北山区区委书记袁达郊，改任广东南雄中心县委书记等。

南雄属赣南特委领导，特委书记杨尚奎除领导赣南各县党组织外，还领导南雄中心县委（辖南雄、始兴二县）。时任南雄中心县委书记袁达郊，领导南雄全县党员 100 多人，秘密开展党的工作。县委先驻珠玑里塘坪村，后迁湖口白木村，再迁湖口赤溪湖、古坑村。

赣南特委及辖属的南雄中心县委，划广东省委所辖。

1939 年秋，日寇侵占南昌，中共江西省委撤离省城，与中共赣南特委的联系发生困难，中央决定将赣南特委划归广东省委（粤北省委）领导。

赣南特委下辖的南雄中心县委从此脱离江西党组织隶属关系，回归广东管辖。南雄县委为江西党组织所辖，刚好经历了 10 年。1929 年冬，南雄县委与广东省委、北江特委失去联系，此后，南雄县委隶属江西党组织领导（赣西南特委），直到此时重归广东省委管辖。

广东省委明确，南雄中心县委承担联系赣南特委的任务。其时，南雄中心县委书记袁达郊失踪，下落不明，省委决定由罗世珍任南雄中心县委书记。中心县委秘驻湖口古坑村，有 5 个区委，全县共有 40 多个党支部，党员 400 多人。

由于赣南国民党军警特务的大力搜捕，1941 年 6 月，原有 30 多人的赣南特委机关只剩下 8 人，在赣南无法立足，组织部部长刘建华带领剩下的 8 人，秘密来到南雄中心县委驻地湖口古坑村隐蔽。以后，又从古坑转移到湖口，以帮人割禾插秧，打短工作掩护。不久，赣南特委交通员叛变，大庾会同南雄军警夜袭古坑村，幸好赣南特委和南雄中心县委提前几天撤离，躲过此劫。之后，南雄中心县委将他们送往韶关，由广东省委安排他们的工作，刘建华等人从此离开南雄去了韶关。

贺怡在南雄生女，女交通员何秀英受嘱，将其寄养在湖口白木村。

贺怡，出生于 1911 年，是毛泽东三弟毛泽覃之妻，是毛泽东妻子贺子珍的胞妹。红军长征后，贺怡和毛泽覃留在中央苏区。当时，贺怡第一次怀有身孕，在时任中央政府办事处主任陈毅的帮助下，于 1934 年 12 月在留守红军突围前化装成农妇，乘船抵达赣州，此后隐蔽在赣州城中。

1937 年 9 月，陈毅前往赣州与国民党江西省政府代表谈判，协商合作抗日时，住在赣州城内中华大旅社，贺怡听闻中共代表到赣州城后，在中华大旅社见到了阔别三年的陈毅。随后，贺怡被任命为新四军驻吉安统战部部长。1938 年中秋节前后，在南雄党组织的安排下，第二次身怀六甲的贺怡来到南雄湖口生小孩。在湖口女地下党交通员何秀英的帮助下，贺怡将出世三天的女儿贺海峰寄养在湖口白木村何新达、沈罗田麻夫妇家。之后，贺怡离开南雄，在韶关担任广东省委妇女部部长。以后，贺怡辗转抵达延安，在中共中央党校学习，结业后留中央机关工作。

贺海峰被寄养在何新达家中时，其妻沈罗田麻在 20 多天前生下男孩何腾修。以后，贺海峰与哥哥何腾修青梅竹马，一起长大。中华人民共和国成立后，1949 年 11 月，时任中共吉安地委组织部副部长的贺怡，来到南雄湖口白木村何新达家，找到女儿贺海峰，把她接回去。回程路上，在泰和县"丰塘桥"发生车祸，贺怡遇难，而贺海峰无恙。之后，贺海峰被带回上海姨妈贺子珍、舅舅贺敏学身边抚养成长。上世纪八九十年代，贺海峰曾多次回到广东南雄，看望抚养她成长的养父母。那时，她的哥哥何腾修在南雄县教育局任人事股股长。贺海峰时任上海市某区老干局副局长。

帮助贺怡找人寄养女儿的何秀英，是南雄湖口白木村人，出生于 1920 年。她 17 岁入党。19 岁时，与第一任丈夫刘建华结婚，此后育有两子。彼时刘建华投身革命，到处奔波，居无定所。1942 年，刘建华只身一人秘密去了东江纵队，从此杳无音讯。何秀英亦与党组织失去联系，在兵荒马乱的岁月，无依无靠的何秀英，改嫁了交通站的朱瑞民，从此落户英德。

中华人民共和国成立后，何秀英成为英德县桥头公社社员。改革开放后，落实政策，何秀英享受了红军失散人员待遇。2015年 9 月 3 日，何秀英作为抗战支前老兵，受邀参加纪念抗日战争胜利 70 周年大阅兵。她乘坐 120 人组成的"抗战支前方队"汽车驶过天安门城楼，接受了习近平总书记等国家领导人的检阅。

第二节 南雄——广东抗战的后方

一、抗战时的南雄，与战时县长莫雄

1938 年 10 月，日军为策应武汉战役，发动对广州的进攻。10 月 12 日，日军在大亚湾登陆，17 天后，日军占领广州。余汉谋撤退韶关，部队在翁源、英德一线布防。广州沦陷，致使中国外援海运港口被日军切断，中国失去了重要的国际物资补给线，影响全国战局。

广东抗战的后方南雄，因抗战军兴，人口暴增。

广州沦陷后，包括南雄在内的粤北，成为广东抗战的后方，许多军政机关、野战医院迁来南雄。据《南雄县志》记载，到 1941 年，陆续迁来南雄的国民党中央及省属军政机关达 50 个，电台 7 部。较重要的机关单位有军政部第二十三补训处（在黎口）、财政部粤东盐务管理局（在午田）、广东绥靖公署陆军总医院（在灵潭）、广东省儿童教养院第六分院（在修仁）。中共广东省委也迁来南雄瑶坑秘驻。

抗战军兴，人口暴增，军民协力抗战，南雄社会一时兴旺。广州沦陷后，大量广州难民涌入南雄。从 1937 年到 1942 年，南雄人口由 16.1 万人猛增到 21.2 万人。尽管广东省政府在修仁设立了儿童教养院第六分院，收养了大量因战争而无家可归的少年儿童，但仍有大量儿童特别是女童流落到南雄民间。1940 年前

后，无家可归而被南雄农村家庭所收养的广州女童约有数千人，几乎村村都有"广童"。这些"广童"后来大都在南雄结婚生子，因其来自广州，被人称为"广嬷"或"广州嬷"。她们中只有极少数幸运者，在战乱平息后找到了广州父母，实现了亲人团聚。

广东抗战后方的南雄，也有不少知识分子涌入，省立南雄中学吸收了部分省内优秀老师前来任教，如著名排球教练郑伯区、语文教师武跃枢等。难民增加，学校学生爆满，省立南雄中学在校学生达到500多人，为创校以来人数最高峰。由于省立南雄中学学位紧张，不能满足学生就学的需求，于是南雄县开办了第二所中学——南雄县立中学（该校于1950年与省立南雄中学合并，成为广东省南雄中学）。

太平洋战争爆发后，又有香港、澳门的难民涌入南雄，南雄中小学的学位更紧张。战时南雄，军民同心，大办国民教育，全县新增小学101所，既解决了青少年的读书问题，又为知识分子解决了就业问题。

为解决驻南雄军政单位家属子弟的就学问题，1939年，军政部第二十三补充兵训练处处长黄植楠在黎口乡窑背头创办植桢中学。植桢是黄植楠哥哥的名字。该校办到1946年后迁广州。

南雄人口增加，失业严重。南雄县政府为救济失业贫民，增加战时生产，从广东新生活运动会妇女工作生产团购回纺纱机30架，开办南雄县纺纱厂。同时，利用因战争英美烟卷进口受阻，国内烟草市场销量甚好的机会，南雄大力发展卷烟工业。1940年，南雄的卷烟厂家有抗建卷烟厂、中国顺风卷烟厂、岭南手工卷烟厂、中国南雄家庭卷烟厂、中国友联卷烟厂5家。

国际友人艾黎和斯诺为了支援中国人民抗日，筹款创办"中国工业合作协会"，资助各地组织工业合作社，开设简易工厂，生产人民生活的必需品。1939年秋，设在赣州的"中国工业合作协会东南区办事处"（简称"东南工合"），派邓信友到南雄筹办工业合作社。南雄中心县委积极支持这项工作，成立了"东南工合"南雄事务所，在水口建立了织袜厂、织毛巾厂和制造文具工场，在县城繁荣路开设了"东南工合"产品销售门市部，出售毛巾、袜子、肥皂、火柴、信纸、学习文具等生活必需品，物美价廉，受到欢迎。"东南工合"不仅解决了流民就业，且为党组织提供了部分活动经费。

为应对抗战新形势，国民党广东省政府在修仁村举办地方干部训练所，分期分批轮训乡基层干部。在修仁仓边村举办党政军训练团，训练县团级干部。中共广东省委也在全安里岗岭举办了县级党员训练班，为革命培养了一批干部。

战时南雄县县长——莫雄。

莫雄，字志昂，又名莫寅，出生于1891年，广东英德人。1907年，年仅16岁的莫雄加入了同盟会，后任连营长至保安司令等职。1927年，莫雄追随张发奎，任少将团长，驻守广州。1930年7月，张发奎反蒋失败后，莫雄出走上海闲居。其间，认识了中共上海地下党员项与年、华克之等人，并与周恩来、李克农建立了联系。莫雄几次提出入党，但未被接受。此后莫雄成为中共中央特科重点统战对象。

1938年7月，莫雄任广东二十三区游击司令兼南雄县县长。当时南雄监狱关押着几百名中共党员、红军战士以及进步人士，他们都是余汉谋部队在粤赣湘边"剿共"时所捕捉到后，押解到南雄来关押的。当时，八路军驻广州办事处主任云广英（后曾任广东省政协副主席）找莫雄，请求设法解救这批"犯人"，莫雄当即答应，三天后这批人全部获释。随后，莫雄又想方设法释放了关在秘密监狱已被判了刑的24名共产党重要干部。莫雄在武汉找到八路军驻武汉办事处，见到了叶剑英，当时叶剑英是武汉办事处军代表。叶剑英告知莫雄有关长征、西安事变等情况，然后送给他一本毛泽东写的《论持久战》，并告诉莫雄，看后可知中国必胜、日本必败的道理，莫看后深受鼓舞。莫雄回到南雄后将此书翻印了 3000 册，分发给部队官兵和亲友学习，他在对所属官兵讲话时，常常引用《论持久战》中论述的内容，结合当时粤北的抗战形势，说明持久抗战必能打败日寇的道理。1939 年初，莫雄任南雄县长期间，曾邀请古大存（时任中共广东省委统战部部长）在司令部担任上校参谋长。古大存经常用司令部的发报机与上级联系。

中华人民共和国成立后，莫雄曾任广东省参事室参事；1979年任广东省政协副主席。莫雄于 1980 年病逝。他的传奇经历在小说和电影《英雄无语》中出现过。

二、修建军用机场，开通香港航线

从西教场，到南雄军用机场。

教场，是古代地方政府用于操练和检阅军队的场地。南雄西教场，最早在明洪武年间，由驻军首领南雄千户王忠创建于羊角岭南部，长 116 丈，宽 30 丈。清朝南雄驻军均在此习武、操练、跑马、射箭。

1929 年 1 月，国民革命军第八路总指挥部航空处处长张惠长，奉命筹建南雄机场。经测定机场长 1800 英尺（约 548.64米），宽 500 英尺（约 152.4 米），占用民田 131 亩。其时，拆毁三枫古塔一座。1933 年，南雄将开县城马路的结余经费 4500 银元，用来建造飞机库。就此，南雄建起了简易军用机场。

1937 年全面抗战爆发后，国民政府航空委员会指令南雄县政府扩建南雄军用机场。南雄县政府调集大批工兵、民工对原机场进行紧急扩建。扩建后，机场东至甘露庵边，西至三枫村小河，

南至水西村农田到浈水白水滩河岸，北至富村坪。机场占地面积
1000 多亩。机场设置有硬底跑道，拥有完善的指挥系统，飞机起
降均由无线电导航，至此，南雄昔日的西教场，已成为颇具规模
的抗战军用飞机场，直隶第四十二航空站指挥。抗战期间，南雄
机场曾发挥着重要航空站的作用。当时南雄机场的机库里，主要
停放着 10 多架美制霍克式战斗机，用于战斗防空。在南雄上空，
进行过多次激烈空战。抗战爆发后，到 1941 年，中国空军在南雄
上空共击落日军飞机 13 架。抗战前期，苏联空军志愿队支援中
国，有一次配合中国空军去东海轰炸日军战船，返航后，曾在南
雄机场休整。

南雄军用飞机场，开通至香港航线。

1940 年秋，国民政府广东省主席李汉魂派人到香港，要求中
国航空公司开辟香港—南雄航空线。南雄位于战时广东省政府驻
地韶关东北 100 公里处，有雄韶公路可通，交通比较方便，远离
战区，也比较安全，且有现成的军用机场可用。

南雄机场是军用机场，设有空军站，站长李德。筹备就绪后，
于 1940 年 12 月下旬由美籍驾驶员夏浦（Sharp，1942 年后任中航
机航组主任）从香港驾机到南雄作第一次试航，取得成功。接
着，1941 年 1 月初，由中国驾驶员陈鸿恩（福建人，1949 年去了
台湾）作第二次试航，再获成功。之后，便开始了每周两班的定
期航班通航。当时使用的飞机，是美国 21 个座位的道格拉斯 DC2
型客机。开航后，不少旅客涌到南雄，广东各地特别是潮汕、梅
县一带，需经香港前往国外的人很多，飞机客票供不应求。

南雄—香港航线开通后，各地甚至邻省（湖南、江西）与香
港之间的客货往来行经这条航线，要比经过其他道路安全且方便
快捷，因南雄航线十分拥挤，经常需要增加大量飞行班次。

1941 年 3 月，中航向外商租借了四架美国神鹰式双引擎运输

机参加飞行。为避免日机袭击，采取夜航。每天下午六时后从香港起飞，来往 2 至 3 次，每天晚上有 10 架次以上的飞机来往，这样才基本满足航线运输需求。

南雄—香港航线一直维持到太平洋战争爆发为止，为时将近九个月，起飞、降落近 6000 架次。夜间飞行未发生过一起重大事故。美国政府秘密派出的赴华特使也经此线抵达中国。1941 年 3 月，美国政府特使、新闻记者出身的美国著名作家海明威和夫人，在香港警察局局长科恩的安排下，乘一架小飞机偷越日军占领区，穿过崇山峻岭，在南雄飞机场着陆，之后乘车到达韶关，再辗转到重庆，先后与国民党军政高层及中共领导人周恩来进行了会面。

三、南雄爆发激烈空战，两飞行员壮烈牺牲

南雄空战，陈其伟高空杀敌，壮怀激烈，牺牲在黎口。

1937 年 10 月，中国从英国订购的 32 架斗士 I 双翼战斗机到货，在广州中山大学天文台附近的竹树林中进行组装，然后推上公路起飞，飞到南雄训练。

1938 年 2 月 24 日上午 9 时，敌机 13 架由信丰方向向南雄进袭，中国空军中队长黄新瑞率 11 架战机从广州起飞，飞到南雄机场时，发现左前方有 17 架敌机，正向南雄机场俯冲、投弹。中国空军立即展开队形攻击。片刻后，只见 1 架敌机着火下坠，但数秒后火焰熄灭，敌机向南而逃。

飞行员李煜荣、周灵虚、范新民合力攻击 1 架敌机，敌机当即起火冒黑烟向低空逃窜。黄新瑞、黄能荣、黄广庆合击 1 架敌机，该机中弹无数，逃跑中汽油飞洒而出。黄队长又咬上 1 架敌机，一直追到韶关，开火 6 次，该机向东南方向逃窜。

此战，中国空军损失两架飞机。杨如桐的 2902 号机被击落，人殉机焚于始兴、马市间。陈其伟一心杀敌，脚伤未愈便参加空

战，在与敌机缠斗时，从 5000 米高空打到超低空，不意被敌机反咬开火，当即下坠，由于高度不足百米，连跳伞的机会都没有，与 2807 号机同殉于南雄黎口迳口。

陈其伟的父亲陈焕章，是外洋船海员，早年加入同盟会。陈其伟幼年在香港读书，后随父从香港迁回广州。1928 年，陈其伟与胞兄陈其光双双考入广东航空学校，毕业后进入空军服役。陈其伟殉国后，他的妹妹写的文章《哥哥的鲜血洒在南雄上空》发表在《中央日报》。2015 年 9 月，在纪念抗战胜利 70 周年之际，民政部公布了第二批 600 名抗日英烈名录，陈其伟是其中之一。

南雄空中大战，航空大队长吴汝鎏英勇牺牲。

1938 年夏，武汉保卫战打响，日军久攻武汉不下，于是轰炸中国对外运输大动脉粤汉铁路，以期切断中国海外物资援助。

8 月 29 日，航委会令 3 大队 32 中队全体随吴汝鎏大队长南下南雄。不料，下午刚到南雄，便遭汉奸报信，次日敌机飞临南雄。

上午 10 时许，吴汝鎏率机迎敌，展开空战。中国空军利用斗士 I 的性能优势，攻击敌机，正当双方展开激烈格斗时，又有 5 架敌机出现，中国空军咬住速度、爬升、火力均不如已的敌机猛攻，最后将多架敌机击落。

是役，中国空军击落敌机 6 架，击伤 4 架；自己损失飞机 5 架，阵亡 2 人。大队长吴汝鎏殉国。吴汝鎏是在指挥空战中被日机发现，加速拦腰撞去，吴机被撞成两截起火，吴壮烈殉国。吴汝鎏的牺牲，是中国空军的重大损失！

吴汝鎏，1907 年出兰，广东新会棠下人。1927 年考入广东航空学校，后进入空军任大队长。抗战时，他多次驾机指挥战斗，击落敌机 9 架、击伤敌机 6 架。曾击毙敌王牌空军中队长加藤健夫。

吴汝鎏阵亡后，南雄、广州各界人士举行追悼大会，悼念空战英雄吴汝鎏。吴妻撰挽联："杀敌自高空，固知人死留名，君独成仁余实苦；归宁曾几日，忍听娇啼索父，女犹在抱子才生。"挽联措词悲壮，深明大义，体现了捐躯沙场的烈士妻子的悲痛心情。

追悼会后，南雄县县长莫雄亲护吴汝鎏灵柩回故乡新会棠下天乡沙田村安葬。

为纪念吴汝鎏烈士，南雄机场命名为"汝鎏机场"。挽联提及"女犹在抱子才生"的儿子，后取名"吴汉雄"。雄，是取纪念父亲吴汝鎏在南雄殉国之意。

2015年9月，在纪念抗战胜利70周年之际，民政部公布了第二批600名抗日英烈名录，吴汝鎏是其中之一。

中美空军成功伏击日本空军中将中原盛孝。

太平洋战争爆发后，中美结成盟友，共同抵抗日本侵略者。盟军美国飞机进驻南雄机场。之后，中美空军在南雄机场成功伏击了日本空军中将中原盛孝。

1943年9月初，中美空军破译了日军密码，获悉数天后中原盛孝将从台湾飞广州的秘密行动计划，经磋商设计了南雄机场伏击中原盛孝的作战方案。

P-38战机是美军最优秀的战机，速度快，重装甲，火力强，日本飞行员对它又恨又怕。为实现伏击，南雄紧急动员数千军民，在三天内将一条飞机跑道迅速拓宽、加长。第四天，参加伏击的美军4架P-38战机，秘密转场进驻南雄机场待命。

9月9日清晨，中原盛孝的座机按计划从台湾准时起飞，6架零式战机从广州赶到台湾海峡护航，机群到达广州东郊黄埔上空时，进入日军地面防空保护网。6架护航机加速飞走，先后降落广州。落单的中原盛孝座机，距广州机场还有10公里，两三分钟路程，飞行减速，准备降落。就在此时，4架中美空军P-38飞机从云端冒出，出现在中原盛孝座机四周。中原盛孝的座机是运输机，无足够防卫火力。在中美空军的猛烈攻击下，座机空中起火爆炸，中原盛孝刹那间葬身火海。中原盛孝是日本资深飞行员，曾任华北空军飞行团团长，他是被中美空军击毙的日本最高军衔陆航军官。

中原盛孝毙命之后，中美空军逐渐掌握了华中、华南、华东地区的制空权，战场态势开始逆转。日军为挽转战场颓势，于1944年发起打通大陆交通线战役，出动50万精锐部队，重点进攻华中、华南、华东有飞机场的地方。国民党军队作战不力，丧师失地。1945年2月4日，南雄机场被日军占领、摧毁。

中华人民共和国成立后，1965年，对南雄飞机场进行修复后，在此创办了广东省滑翔学校，培养航空飞行人才。"文革"中后期，滑翔学校停办，飞机场荒废。2000年南雄修建凌江防洪工程时，征得军方同意，机场划归地方，现开发为"大福名城"等住宅小区。滑翔学校后成为南雄卫校、南雄党校、全安中学初中部、畜牧局白鸽养殖基地。2013年，改建为新全安中学。

广东陆军总医院在南雄

一、广东陆军总医院驻珠玑灵潭

广东陆军总医院，辗转迁南雄珠玑灵潭。

1931 年，陈济棠总揽了国民党广东党政军大权，形成半独立局面。陈济棠主粤期间，整军经武，发展经济，建工厂、港口、公路，广州百业繁荣。陈济棠暗中与红军做生意，将苏区钨矿砂倒卖到香港，大赚一笔。陈济棠手中有钱，猛扩军队。部队由 3 个师扩为 3 个军。空军扩为 4 个飞行大队，有军机 130 余架，在全省建十几个飞机场（含南雄）。为了配套军队医疗，1932 年，陈济棠创建了广东陆军总医院。

1937 年 7 月，日军全面侵华，抗战打响。根据国民政府指令，广东陆军总医院改名为"军政部第七十三后方医院"，但这个名称只在军队系统使用，医院内部及老百姓仍叫"广东陆军总医院"。

1938 年，日军进攻广东。在广州沦陷前，陆军总医院跟随余汉谋的第十二集团军，先后辗转广西梧州、桂林，湖南衡阳，1939 年迁到韶关。二次粤北会战期间，陆军总医院迁到战地前线，救护了大批受伤的抗日将士。此后，广州日军无力再犯粤北，陆军总医院离开前线翁源，迁到广东抗战大后方南雄，驻在珠玑灵潭村，接收前线对日作战受伤的官兵。

陆军总医院救将士，护民众，凛然大义，迄今珠水传声。

陆军总医院设在灵潭村，主要有三个原因的考虑：一是交通便利，南雄至大庾的公路，从灵潭经过，便于伤员的运送。二是距县城不远，地处农村，既有利于与县城的沟通联系，也保障了医院的安全，减少了日机轰炸所受到的伤害。三是灵潭村呈环形，周边有多个自然村分布，形成拱卫布局，沟通便利，山水相依，适合医院布局。

陆军总医院驻扎在灵潭村的时候，找当地老百姓割茅草，搭建医疗棚。陆军总医院的办公室设在前围榕树底下盖的茅房。食堂在中间，用石壁围起来，两边是宿舍，伤兵住在田兰村后面的茅棚里。刚开始时只有手术室、药房和少数病房，后来伤病员越来越多，灵潭村民主动腾出房子供医院用，后围、恒丰、黄屋、邓屋都成为医院的病房。战争时期的陆军总医院，全院医生护士有100多人，开设了内科、外科、眼科、皮肤科和为当地群众服务的门诊部。护士大多都是男的，要承担繁重的工作。

陆军总医院每天都帮伤员做手术，连江西的病人都会往这里送。陆军总医院医德很好，医术精湛，当地村民去看病不收钱。有村民家里如今还保留有医院当年用来装药品的医药桶、装器械的托盘。大桶直径有30厘米；高约45厘米，小的桶较矮，约有30厘米高。医药桶和托盘都是搪瓷做的，质地厚实。桶沿印有"陆军总医院"字样，桶底印有"广州家具厂制造"字样。

抗战时，每天都有伤兵送到灵潭医治。陆军总医院驻灵潭四年，有几千名前线受伤的战士得到有效治疗，后来重新走上了抗日战场。也有不少战士因伤重或失血过多等，最后不治于灵潭。这些牺牲的抗日官兵，由军队工兵将他们安葬在灵潭村后的山上，累计安葬有1000多人，可谓青山处处埋忠骨。

1945年1月，日军逼近南雄，陆军总医院离开灵潭，随余汉谋的战区司令部迁往江西龙南，后在寻邬遭日军攻击，供给中断，医护人员奔逃，医院解体。抗战胜利后，1946年国民党军政部在广州流花湖畔重组陆军总医院。广州解放后，人民解放军接管了医院，改为"广州军区广州军区总医院"（正师级）。现为军民两用医院，医护人员1万多人，年门诊量超过150万人次。

为不忘医院抗战艰辛历程，2015年5月，广州军区总医院将院史《广总赋》镶于院墙：旧时风雨如晦，喋血国难，院承时艰，几经分合，四处周旋。出桂林、转衡阳、走寻邬、下南雄，烽火征程三千里，云山见证；救将士、护民众、战敌寇、保家国，凛然大义八十载，珠水传声。

二、陆军总医院的医官和护士

陆军总医院驻灵潭期间，医护人员工作量极大，有时不眠不休，彻夜做手术。由于工作极为艰辛，加上后勤供应跟不上，医院以保障伤员营养为优先，一些医护人员先后累倒、病倒。其中，有一名叫曾奋元的少校医官病逝于灵潭。

少校医官曾奋元。

曾奋元，广东五华人，为少校军衔医官。曾奋元的妻子梁秀文，原来也是陆军总医院的一名护士。1940年，医院从翁源北撤南雄期间，时已怀孕的梁秀文未随医院到南雄，返回五华县老家待产。曾奋元在灵潭总医院抢救伤员，有时不分昼夜，工作强度非常大。其间他与五华家人一直保持通信。

后来，曾奋元积劳成疾，不幸于1941年春病逝。曾奋元是一名少校医官，他逝世后，陆军总医院为他举行了追悼送别仪式。当时国民党军政部对伤病不治的将士安葬，有一套明确的规定：普通士兵墓前立木板，以墨水书写姓名籍贯；低级军官，油漆书写；高级军政人员，用青石刻字。当年葬在南雄的国民党将士，包括曾奋元在内，有青石墓碑四个，后大部分毁于"文革"，唯曾奋元墓碑保存下来。

2014 年 5 月，曾奋元的墓碑被发现经媒体报道后，曾奋元的五华后人被找到。是年 7 月 25 日，曾奋元后代一行 15 人来到南雄市珠玑镇灵潭村祭拜先人曾奋元。据曾奋元的孙女曾小玲介绍，1941 年初，家里收到了曾奋元病逝的消息，怕梁秀文难过隐瞒了消息，抗战胜利后的 1945 年，才将情况告诉她。得知丈夫去世后，梁秀文从五华赶到广州，几经辗转来到南雄灵潭村。但她没有找到曾奋元的墓地，只带回一堆据说是曾奋元的衣物。2009 年 5 月，梁秀文 100 岁高龄离世，过世前一直喊着"南雄，南雄"。老人一直不忘为抗战牺牲在南雄的丈夫曾奋元。

院长郭燮和与医官曾宪文。

灵潭的陆军总医院院长郭燮和，国民党少将军衔。广东大埔人，出生于 1896 年。18 岁从潮州金山中学毕业后东渡日本学医，回国后在粤军第一师任军医。1932 年被陈济棠委任为广州陆军总医院院长，辗转抗日前线，领导陆军总医院救护战地受伤军人。中华人民共和国成立后，曾任广州联合诊所医师。1968 年病逝。

当时的陆军总医院里，有一位医术高超的医师曾宪文。他是广东龙川县人，出生于 1900 年。1932 年中山大学医学院毕业后留校。1935 年赴德国留学，次年回国后任国民党中央军校副校长兼正教官。1937 年抗战全面爆发后，任广东陆军总医院内科副主任、主任，抢救过许多伤员。

台湾护士蒋碧玉与黄素贞。

陆军总医院驻灵潭村期间，有 3 位来自台湾的医护人员，19 岁的女护士蒋碧玉、20 岁的女护士黄素贞及其丈夫萧道应医生。1940 年，他们不满日本侵略中国，相约结伴回大陆参加抗战。

蒋碧玉的丈夫钟浩东懂日文，被安排在广东惠阳做对敌心战工作，后受东江纵队影响，秘密加入中国共产党。抗战胜利回台后任中共基隆市委书记，在台湾秘密从事党的宣传工作。1949年9月，因叛徒出卖，钟浩东、蒋碧玉被捕。次年钟浩东被杀。就义前钟浩东留下遗书，叮嘱妻子蒋碧玉有机会返大陆时，把1941年5月在南雄灵潭村所生的儿子找回来。

1990年，时年69岁的蒋碧玉在台盟广东省委郑晶莹女士及韶关、南雄台办的协助下，重访广东南雄寻找灵潭陆军总医院旧址。她与村民进行了叙旧，并在始兴找到了当年送给肖姓人家抚养、已失散49年的儿子。

1995年，由台湾作家蓝博洲创作、侯孝贤执导，讲述蒋碧玉赴大陆参加抗战的电影故事《好男好女》公映。其中，有一组镜头介绍了蒋碧玉在灵潭陆军总医院做护士的情景。

晚年的黄素贞曾写《我和老萧的抗战岁月》一文，于1993年在台湾发表。文章忆及陆军总医院伙食不好，营养不足，她和蒋碧玉在灵潭附近的田野捉泥鳅、黄鳝、田鸡，用以滋补身体的沧桑往事。

第四节 中共广东省委在南雄

一、南雄的抗日救亡运动

广东省委青委书记邱萃藻，回家乡南雄组织开展抗日救亡运动。

邱萃藻，南雄全安廓公岭村人，出生于 1914 年。因为从事秘密工作，他用过很多名字：郁文、马超、麦蒲费、柏舒等。青年时期，他先后就读于广州市立师范学校、市立第一中学、勷勤大学、国立广东法科学院，之后，他考入国立中山大学法学院政治系。1936 年 7 月加入中国共产党，后任中共广东省委青委书记。1935 年 "一二·九" 运动期间，邱萃藻在广州三次指挥抗日示威游行。抗战爆发后，1937 年时任中共广州外县工委负责人的邱萃藻，受省委派遣回家乡南雄开展抗日救亡运动。

邱萃藻回到南雄后，先在县城学生中成立 "读书会"，让加入读书会的青年，阅读有关抗日救亡的书刊和进步书籍，启发他们的思想政治觉悟。邱萃藻首批吸收了徐道昌、李宏华、李偕贤、李方正、邱峻平、温桂麟、李宏文 7 名进步青年入会。后来，这 7 名青年大部分加入了中国共产党。解放战争时，徐道昌和李宏华成为南雄党组织的得力干部。

南雄青年抗日先锋队曾发展到 500 多人。1939 年冬，邱萃藻任中共南雄县委组织部部长，协助省委在全安里岗岭举办县级以上党员干部训练班。1940 年 4 月，协助东南工业合作办事处在廓公岭英明中学举办"工合"干部技术训练班。1940 年 12 月，邱萃藻因感染肺结核，英年早逝。

邓勋芳利用社会关系，成立抗日救亡工作团。

邓勋芳是珠玑叟里园人，1915 年生。自幼聪慧好学，后赴广州求学。在广州求学期间，结识了张尚琼、邱萃藻、吴书芳、张佳兴等南雄籍同学，在时任中共广东省委青年部部长的邱萃藻（中大学生）的介绍下，参加中国共产党。抗战爆发，广州沦陷后，邓勋芳以借读的名义，回到南雄中学就读，秘密担任中共南雄县支部书记，在校园内外发展知识分子入党，利用彭兰春的同窗关系为党做工作。

彭兰春是邓坊人。抗战爆发前，在广州读大学，与讲白话的女孩李少芬恋爱结婚。广州沦陷后，他们夫妇回到了南雄。根据党的指示，邓勋芳利用彭兰春家人是开明绅士，家里有钱、有地位，社会号召力和影响力大的背景，叫他出面成立"南雄县抗日救亡工作团"。彭兰春夫妇亦有爱国之心。经过彭兰春的努力，南雄县政府同意成立"南雄县抗日救亡工作团"。南雄县的许多中上层家庭出身的青年，也参加了这个组织。该组织的实际领导者是邓勋芳，救亡工作团的行动方案、人员组织等，都由邓勋芳决定，彭兰春只是挂名负责。

后来，邓勋芳将"救亡工作团"的积极分子，介绍进邱萃藻的"读书会"。于是读书会新增成员曾文玉、曾昭苏、张功振、江学勤、张功佩、徐淑诚、李贤光、刘友聪、李树华、吴述廉、胡辉瑞、罗垂明、李宏义、郭显亲、欧阳汝森、彭兰春、吴书芳、邓德汉等。这些人大部分入了党，其中部分人去了延安。

救亡工作团走出社会，在县城街道向群众宣传日军的暴行，宣传只有抗日才能挽救民族的危亡。除口头演讲外，还演出文艺节目。如唱《流亡三部曲》《毕业歌》等，演出街头剧《放下你的鞭子》等。深入农村，到珠玑、湖口、黄坑、乌迳等大墟镇，利用逢墟日人多的时候开展宣传工作，收到良好效果。

救亡工作团的女青年，如李晋昭、李宏华、李宏文等，先找熟人上门向妇女姐妹做宣传；宣传妇女是国民的一分子，有责任参加抗日救亡活动；宣传妇女必须争取合法地位；宣传只有抗日才能求得民族解放，有了民族的解放，才谈得上妇女解放。1938年"三八"妇女节，组织了大规模的纪念集会，宣传"三八"妇女节的历史，动员妇女参加抗日救亡活动，争取妇女解放。晚上举行盛大的火炬游行，使参加活动的妇女姐妹们受到进步思想的教育。

1938年4月，中共南雄县中心支部书记邓勋芳因组织反贪污示威大游行，身份暴露，遭到国民党南雄县当局追查。党组织安排他转移到赣南特委隐蔽。次年春，安排他化名张石仁，到江西赣州国际友人路易·艾黎举办的"工业合作组织"工作，后回到广东和平县组建"工业合作组织"，创办了造纸社、印刷社等50多个基层生产社，为我党筹措抗日物资和活动经费发挥了重要作用。1942年春，邓勋芳因肺结核病加重，由妻子李宏华（地下党，南雄城人）护送回南雄治疗，同年8月病逝。

广东抗日先锋队在南雄开展抗日救亡活动。

1938年1月，广东省委成立了"广东青年抗日先锋队"。同年10月，南雄县委随之成立了"广东青年抗日先锋队南雄县队"（简称"南雄抗先队"），队长董天锡，队部设在上武庙的南雄县立第四初级小学。南雄抗先队成立后，全县许多中小学校相继成立了抗先中队，不到半年时间，抗先队员发展到500多人。

南雄抗先队成立后，南雄县委以此公开合法的活动平台，与全县社会各界进行广泛联系，动员社会各阶层参加抗日救亡，做到有钱出钱，有力出力。县委把"抗先队"分成几个宣传组，到城乡做抗日宣传，演出街头戏，如《放下你的鞭子》《兄妹开荒》等，大唱抗日救亡歌曲，如《义勇军进行曲》《松花江上》等。抗先队经常到珠玑、湖口、黄坑、乌迳大墟镇做宣传演出；到一些大村庄如全安、瑶坑、叟里元、矿岭、聪背、古市、修仁等地去宣传。

南雄抗先队队长董天锡，是南雄乌迳水松人，出生于1913年。董天锡15岁就读于全安廓公岭村的私立英明中学初中，后考入广州大学附中念高中，1934年考入广州大学社会系，得到董族公堂资助完成学业。在广州读书期间，接受革命思想。抗战爆发后，他随邱萃藻回到南雄，加入了中国共产党，并在邱萃藻病重后，担任抗先队队长，领导南雄的抗日救亡运动。抗战期间，他利用自身的影响组织了南雄县抗日后备队第十四队和龙溪乡自卫中队两支抗日武装。虽然武装后来被解散了，但解放战争时，这些队员大部分跟董天锡上山参加了游击队。1948年3月，董天锡任解放总队政工队长期间，在孔江老虎佛村遇敌战斗牺牲。

抗战初期，中共党组织在南雄有两个系统：一是赣南特委领导下的南雄中心县委，县委书记袁达郊，以"抗日救亡工作团"的名义，活动在湖口、珠玑、黄坑、乌迳、油山等农村。二是中共广州市外县工委领导的中共南雄县中心支部，邓勋芳任支书，主要在县城及中小学校活动。为有利于党的工作，1938年8月，中共广东省委派巡视员张尚琼到南雄，代表省委将南雄县中心支部移交给南雄中心县委，使两个系统的党组织统一起来。

1939年4月，赣南特委与江西省委联系困难后，中央指示，赣南特委归中共广东省委领导。赣南特委下面的南雄中心县委，从此也归属广东省委领导。

二、南雄知识青年奔赴延安

革命圣地延安，没有官僚作风，没有萎靡不振，有理想，有信仰，有民族的希望，吸引着众多中国青年。奔赴延安，是当时许多中国知识青年向往的梦想。据任弼时 1943 年 12 月在中共中央书记处工作会议透露，抗战时到延安的知识分子共有 4 万余人。其中，初中以上文化占 71%。这些奔赴延安的青年，大都家境殷实，有着良好的教育背景，有些甚至是大家闺秀和豪门公子。

抗战时，南雄有十几位知识青年奔赴延安。他们是张向明、李晋昭、曾华、曾文玉、张功佩、江学勤、徐淑诚、吴书芳、何德谦等。

南雄青年张向明奔赴延安，后成长为西藏区党委领导。

张向明，原名张佳兴，1919 年 10 月出生于广东省南雄县，老家是福建永定县人，祖父辈来到南雄经商，全家住在南雄县城。1929 年 12 月，时年 10 岁的张向明在南雄县城上小学时，在宾阳门街上亲眼目睹一大群武装人员，押解着五花大绑的陈召南、周群标、周序龙、何新福四名中共南雄县委委员，前往五里山处决。布告上写着陈召南等人的名字，打上大红交叉，让他久久难忘。小学毕业后，张向明考入南雄中学。1935 年初中毕业时，他姐姐已出嫁，父母亦已双亡。幸得叔叔怜悯抚恤资助，他考取了广州私立番禺八桂中学，完成高中三年学业。

他在广州读书期间，加入了"南雄留省同学会"，在会长张尚琼的推荐下，成为《浈凌潮》的编辑，之后加入秘密组织"十月读书会"，读了许多马列主义进步书籍，特别是苏联小说，如《夏伯阳》等；还读了斯诺的《西行漫记》、马克思的《共产党宣言》，以及斯大林传记《从一个人看一个新世界》等书。在读书会期间，他深受革命思想的影响。1938 年 3 月，由南雄同学张尚琼、吴书芳介绍，加入了中国共产党。之后，在广东省委巡视员张尚琼及党组织的安排下，1938 年 7 月 9 日，张向明到达延安陕北公学分校学习。由于出发时把组织介绍信弄丢了，张向明于1938 年 12 月在陕北公学分校重新入党。陕北公学分校结束后，调中央青训班速记班和中央组训班学习。之后分配到豫皖苏边区新四军第六支队工作，历任夏邑县《夏声报》编辑、豫皖苏边区夏永砀中心县五区区委书记等职；抗战中后期，任新四军四师锄奸部秘书科科长。抗战胜利后，任豫皖苏八分区宿西县公安局局长。1948 年后，任豫皖苏军区保卫部科长、副部长。1949 年，解放大西南后，任四川省自贡市公安局局长等。1950 年进军西藏后，历任西藏工委社会部副部长等职。

改革开放后，张向明任西藏自治区党委副书记、政法委书记、中共西藏自治区顾问委员会主任等职，曾与时任西藏自治区党委书记胡锦涛共事多年。张向明离休后，于 2002 年将回忆录《张向明在西藏工作》赠给母校南雄中学。2007 年 9 月，张向明在成都病逝。病重时和去世后，胡锦涛等中央领导以不同方式，对他表示慰问和哀悼。

曾昭秀的胞弟曾文玉、表弟张功佩，奔赴延安，先后为国牺牲。

曾文玉，又名曾昭熙，字友珊，是曾昭秀的胞弟，在家中排行第五，生于 1918 年。出生一个多月即丧母，由大嫂张元金（曾昭秀妻子）抚养长大。小时候，文玉与大嫂相依为命。

曾文玉于 1938 年在南雄中学初中毕业后，经广东省委巡视员张尚琼及中共南雄县委介绍，与堂妹曾华（曾昭慈胞妹）、老表张功佩一起秘密前往延安。途经武汉八路军办事处时，见到了叶剑英同志，问起大哥曾昭秀的情况，叶剑英把曾昭秀于 1930 年因AB 团事件而被错杀在安远的情况告诉了曾文玉。三人不禁失声痛哭，并相互勉励。曾文玉到延安后，进入抗日军政大学学习日语。毕业后，分配在一二〇师政治处工作。不久，调中央军委电台工作。文玉在延安写信给大嫂，称大嫂张元金为"嫂母"，不忘大嫂的养育之恩。

曾文玉在抗日军政大学读书时，与同班同学刘锦章相爱。抗战胜利后，经组织批准结婚，并一同在中央军委二局作战部电台工作。内战爆发时，国民党胡宗南进攻延安，中央军委转移。行军途中文玉染上肺炎，因缺医少药，不幸于1947年1月病故。文玉过世后，妻子刘锦章终身未再嫁，于1957年收养了一位女孩。1971年冬，在安徽省轻工业厅工作的她，写信到南雄县政府寻找曾文玉的亲人，之后与曾家取得联系。后来，刘锦章回南雄探亲两次。她的女儿长大结婚后，育有一位男孩，取名曾金玉，系取继承曾家血脉和纪念祖父曾文玉之意。

张功佩，是曾昭秀妻子张元金的弟弟，南雄湖口人。张功佩从小深受姐夫曾昭秀参加革命的影响。他在南雄中学毕业后，考入广州读大学。其间，由张尚琼介绍，加入中国共产党。1938年赴延安。在抗日军政大学毕业后，分配到晋察冀根据地工作。1942年，张功佩在太行山抗日根据地的反"扫荡"中作战牺牲。

曾华有四姐妹。大姐曾昭慈在中央苏区时曾任毛泽东秘书。二姐曾昭恩，1930年与堂哥曾昭秀在江西安远县时，被诬AB团错杀。抗战时，曾昭慈在韶关担任中共地下交通联络员，与武汉单线联系，转送比较重要的情报。大姐曾昭慈鼓励妹妹去延安，于是曾华与堂弟曾文玉、表兄张功佩一起结伴去了延安。曾华从抗大毕业后，分配到延安财经部门工作。1942年，曾任陕甘宁边区禁烟督察处办公室文书，与时任督察处办公室主任石英共事，之后两人恋爱、结婚。新中国成立后，曾华在北京工作。

抗战时，赴延安的南雄知识青年还有吴书芳、李晋昭、江学勤、徐淑诚、何德谦等人。

吴书芳，又名方舒，珠玑叟里元村人，1910 年出生。1937 年 9 月加入中国共产党，1938 年去延安时，改名方舒。到延安后，进入中央党校学习，结业后留中央党校任教。中华人民共和国成立后，曾任中共北海市委副书记、中共南宁市委副书记等职。1963 年在广西南宁病逝。

李晋昭，广东梅县人，生于 1915 年。抗战爆发后，父亲任南始曲守备司令，司令部设在南雄。李晋昭与母亲离开老家梅县，迁南雄县城居住，并在南雄县立女子小学任教。1937 年加入邓勋芳组织的读书会后，李晋昭感到只有中国共产党才能领导民族解放，于是要求去延安。李晋昭于 1938 年到延安后，先后在抗日军政大学、中国女子大学、延安大学学习，后到晋绥抗日根据地参加土改等。新中国成立后在陕西从事妇女工作。1981 年任陕西省妇联主任。1985 年李晋昭写有《抗日战争初期南雄县青年运动和妇女运动情况片段》的党史文章。

江学勤，南雄人。1938 年在南雄中学简易师范班读书期间，参加党组织秘密举办的读书会后，深受革命思想影响而入党，同年赴延安抗大学习。中华人民共和国成立后，曾任四川省化学工业厅政治处主任等。

三、中共广东省委秘驻瑶坑

大量发展党员，建立农村区党委。

1938 年，中共中央《关于大量发展党员的决议》和长江局《猛烈地十倍百倍地发展党组织》的文件，经广东省委转南雄贯彻后，县委将发展党员作为重要工作来抓，要求各条战线上的党员，无论在城市或农村，无论搞统战工作或搞武装工作，都要认真做好党建工作，按照党员条件，成熟一个发展一个。之后，吸收了刘友聪（瑶坑乡长）、李贤光（均平乡长）等一批人入党。

1939年春，中共南雄县委改为中心县委，划归中共广东省委领导。中心县委书记罗世珍，委员吴伯坚、邱萃藻等。中心县委下设六个区委：古坑区委，书记陈尚文、袁有利（后），领导赤溪湖、白木、马头石、矿岭、筲箕窝、尖岭下、里和等8个支部；湖口区委，书记罗垂明，领导瑶坑、湖口、水口等地的支部和单线联系的党员；乌迳区委，书记董法程、赖超雄（后），领导河东（黄泥洞一带）支部、河西（溯水一带）支部和新龙、孔江、乌迳等地单线联系的党员；城区区委，由县委委员邱萃藻、夏冰负责，领导南雄中学支部、驻南雄的广东省银行乡村服务团党支部和县城机关团体及小学的党小组，以及全安、古市、始兴县马市等地单线联系的党员；珠玑区委，由县委书记罗世珍负责，领导灵潭、祇芫、里塘坪等地的支部及单线联系的党员；北山区委，书记吴汉财，领导谢地等支部及北山区分散的党员。

到1940年初，全县党员达到300多名，党支部和党小组40多个。这是抗战时期南雄党组织发展的全盛时期。

中共广东省委，秘密迁驻南雄瑶坑。

1938年10月，广州沦陷后，广东国民党军政要员往各个方向仓皇撤退。广东省政府迁至韶关，第四战区余汉谋长官司令部等众多省军政单位、大中专院校也北迁，韶关成为广东战时省会。10月18日，在广州沦陷前夕，中共广东省委决定将省委机关迁往韶关，以适应国民党省政府北迁和进行斗争的需要。

当时，在中共广东省委中有两名南雄籍干部：邱萃藻（省青委委员，全安人）、张尚琼（广东省委巡视员，湖口人）。南雄于1926年建立党组织，群众基础扎实深厚，经过了长达10年的土地革命战争洗礼，武装斗争经验丰富。抗战爆发后，成立了南雄县抗日救亡工作团、广东青年抗日先锋队南雄县队、抗日同志会、妇女会等，抗日救亡运动搞得有声有色。其时，南雄的党组织既有赣南特委领导、由红军干部组成的中共南雄县委（书记袁达郊），又有广州外县工委领导、由青年学生和知识分子组成的以邓勋芳为党支书的中共南雄县中心支部。后来，中心支部与南雄县委合并后，党在南雄的资源得到整合，领导力量得到加强。

1939 年冬，国民党掀起反共高潮，加上日军进逼韶关，为安全着想，中共广东省委决定，省委机关迁往南雄。接到任务后，中共南雄中心县委精心选择了党组织健全、群众基础好、离县城不远的承庆乡第六保瑶坑村，作为中共广东省委机关的秘密驻地。

当时，承庆乡乡长刘友聪及第六保（瑶坑）保长刘烈任都是中共地下党员。乡公所和保公所，都为地下党所掌握的两面政权。加上瑶坑村还有十分健全的地下党支部，地下党在瑶坑办了夜校、妇女识字班，组织了"妇女会"，宣传抗日救亡，群众觉悟大大提高。所以，瑶坑村是省委机关进驻的理想基地。

首先到瑶坑的是平姐，全名叫梁维平，是新兴县仓夏村人，出生于 1904 年。梁维平结婚后，随丈夫到香港布厂当织布工人，成为中共地下交通员，1925 年加入中国共产党。广州起义后，夫妇俩一起在中共广东省委机关当交通员。其间，多次被捕，但坚贞不屈，使敌人一无所获。抗战爆发后，梁维平再次出狱，仍在省委机关任交通员。1940 年 8 月，平姐以逃难者的身份来到瑶坑居住。她身体瘦弱，生活很苦，但她待人和气，并有裁剪衣服的技能，肯帮助人，很快就取得了群众的信任，群众把她当作自己人看待。在生活上碰到的一些困难，群众主动地帮助她解决，建立了良好的群众关系。

平姐在瑶坑住下不久，省委书记张文彬夫妻来了。那时张文彬的爱人临产，生了一个男孩。由于当时复杂的斗争环境，不能把孩子带在身边抚养，小孩出生后，由刘烈球抱着新生的婴儿放到离瑶坑村三华里远的地方——透气圳的大路边，偷偷地看着被人抱走后才回家（中华人民共和国成立后找过这个孩子的下落，但没有找到）。产妇由平姐和刘烈球等照顾。从此之后，省委领导经常来来往往，都以平姐的亲戚身份来瑶坑住一段时间再走。瑶坑交通站从此建立起来，有交通员三四个，交通员中有党员也有非党员。

1942年3月省委机关迁走后，仍在瑶坑保留一个交通站，由平姐负责。她一直"驻"到1946年8月，才由上级党组织调走。由于瑶坑仍是联络站，有来来往往的接待任务，平姐生活艰难，瑶坑党员用米作党费，交给南雄党组织，以解决平姐她们的生活问题。平姐以妇女会的名义，组织妇女集体开荒，种花生、种水稻，养母鸭，收获的产品，大部分用来解决革命同志的生活困难和妇女会的经费。内战爆发后，瑶坑妇女会员支持自己的亲属参加游击队的有22人之多。南雄地下党对瑶坑、平姐的掩护做得非常出色，当地群众始终认为她是一个"逃难"的女人，不知道这是中共广东省委的交通联络站。新中国成立后，平姐在翁源工作，曾任翁源县卫生科副科长等职。1975年12月，平姐在南雄病逝。

瑶坑交通站最终于1948年2月被国民党发现。敌人派军队包围瑶坑村，大批村民和时在村里的五岭地委干部梁志渊、张清泉被逮捕，瑶坑交通站遭到了严重破坏。一个月后，梁志渊、张清泉、刘显香等六人，被国民党军警拉到南雄城郊黄泥塘枪杀。在白色恐怖笼罩南雄最严重的时期，瑶坑妇女会成员冒着被抓去枪毙的危险，以巧妙的方法藏好购买的生活物资，扮作打柴人，送给游击队。瑶坑，不愧为南雄革命的坚强堡垒！

省委在全安里岗岭炮楼，秘密举办党训班。

为培养党的干部人才，中共广东省委在南雄举办了一期县级党员干部培训班。南雄中心县委将培训班安排到民主人士邱拔熊（省青委书记邱萃藻的叔叔）家的里岗岭围楼里举办。参加这期党训班的学员，主要是在原工作地区难以立足的县级以上党员干部，共30多人。学习内容有马列主义基础、政治经济学、形势与任务、党的建设、游击战争、战略与策略、统战工作、群众工作、妇女工作等。省委书记张文彬、省委组织部部长李大林等都来讲课，讲形势与任务、党的建设、统战工作、群众工作等课程。

省委党训班班主任苏曼，1914年8月出生，广西苍梧县人。1936年在日本留学时加入中国共产党。抗战爆发后，毅然回国。之后，到延安中央党校学习。1939年春，分配回广东从事党训班工作。在南雄做党训工作期间，他一个人负责党训班，既抓管理，又抓教育，还要负担一门课程。他把整个班的思想、政治、组织、学习、日常生活，乃至文娱活动，都搞得井井有条，忙而不乱。他平易近人，才华横溢，讲课生动，有条理，易于记录。他讲革命故事，如"雪山草地行军记""运输队长拾到一只烂草鞋""西安事变"等，讲得非常生动，绘声绘色，使人听了感到既有趣又振奋。苏曼在南雄完成党训工作后，回广西任省工委副书记。1941年7月，由于叛徒出卖，苏曼与爱人罗文坤（省工委妇女部部长、桂林市委书记）在桂林被敌杀害，时年27岁。

里岗岭距县城只有十里路，稍有不慎，党训班是很容易被国民党发现的。但由于有社会人士掩护，南雄地下党又很注意国民党的动向，班主任和学员们也保持着高度的警惕，使党训班办得善始善终。

党训班历时四个多月，从1940年1月至5月初顺利结束。之后，30多名学员奔赴新的战斗岗位。他们后来大部分成长为党的中高级干部，如五岭地委书记张华、五岭地委副书记刘建华、北二支政治部主任张尚琼、郁南工委书记黎百松等，在解放战争中发挥了重要的领导作用。

中共广东省委在南雄瑶坑。

1940 年，中共广东省委在南雄期间，省委书记张文彬、省委组织部部长李大林、省委宣传部部长涂振农等秘密迁驻瑶坑。

省委书记张文彬，1910 年出生，湖南省平江县人。1927 年入党，曾任红七军政委等。长征后，在毛泽东身边当秘书。1938 年4 月，张文彬到广东任省委书记。1939 年冬，张文彬秘驻瑶坑，次年春，省委在全安里岗岭炮楼举办县级干部党训班时，张文彬为大家讲过课。三年后，在南方工委事件中，因叛徒出卖，张文彬遭敌逮捕，后病逝于狱中。

省委组织部部长李大林，出生于 1906 年，广东梅县人。1929年在上海大陆大学读书期间，加入中国共产党。后到中共江苏省委工作，曾任江苏省委巡视员，后被国民党特务逮捕关押。抗战爆发后，李大林作为政治犯被释放，任中共广东省委组织部部长。离开瑶坑三年后，在南方工委事件中，时任粤北省委书记的李大林又遭敌逮捕，他在狱中坚贞不屈。抗战胜利后，国共和谈，作为政治犯的李大林被再次释放。1946 年，李大林随东江纵队北撤山东烟台，任鲁南行署民政处副处长。中华人民共和国成立后，曾任内蒙古工学院院长等。

省委宣传部部长涂振农，出生于 1896 年，江西奉新县人。他曾在奉新任国民小学校长兼教员，后考入江西农业专门学校学习，毕业后曾任奉新县县长等。1928 年入党后，曾任中共左江特委书记、红十军政委等。抗战爆发后，任中共东南分局组织部部长。1938 年 10 月，任中共广东省委宣传部部长，负责赣粤边特委工作。1942 年在南方工委事件中，因叛徒出卖，涂振农遭敌逮捕，后叛变任国民党中统特务。中华人民共和国成立后，涂振农在南昌自首。1951 年，在北京被处决。

中共广东省委机关驻南雄期间，还带来一部电台，这是与党中央联络的唯一通讯工具。省委机关转移到始兴以后，省委电台还留在南雄一年多的时间。起初电台设在南雄城北的莲塘村，由于房子太矮，天线架设在室外，易被人发觉，于是转移到全安谢地村地下党员何某家里。

过了三个月，省委电台遭到国民党电台的多次侦察，电台长赖仰高向张文彬汇报后，省委决定将电台迁往始兴。1941年7月，就在赖仰高撤离南雄的前一夜，住在旅店的他被国民党保长作为壮丁抓走。突发此况，县委组织部部长黎百松找国民党南雄县党部秘书廖劲苏（地下党）出面向保长讲情，把赖仰高放了出来。赖仰高，江西石城人，1916年出生，1931年参加红军。长征到陕北后，1936年入军委通信学校学习电台，先后在太原、武汉、桂林八路军办事处任报务员。1938年12月，调任广东省委电台长。粤北省委事件后，赖仰高到东江纵队司令部任电台训练班教员。"文革"后，曾任江西省民政厅副厅长，1984年逝世。

黎百松在粤北省委事件后到郁南县隐蔽。1948年，组织郁南武装起义，建立游击根据地。新中国成立后，曾任中国海员工会广东省分会副主席等。

四、古坑事件

1938年2月，陈毅率红军游击队改编为新四军开赴前线抗日时，给南雄县委留下200多支枪，其中有30多支枪分别保存在湖口白木、赤溪湖等支部。

南雄中心县委驻湖口古坑。

1941年，在国民党发动反共高潮后，考虑到省委在南雄，斗争复杂，任务艰巨，省委书记张文彬决定再次将地下工作经验丰富的魏南金，调任南雄中心县委书记。魏南金赴任南雄时，只身一人，从韶关乘汽车，秘密来到南雄县城。按事前约定，出宾阳门向左拐，到省委交通站，找到站长朱明。同时，也见到了住在这里的黎百松夫妇（黎任南雄县委组织部部长）。之后，到达古坑。

古坑村，今属南雄湖口新迳村委会，位于今湖口长市往邓坊的公路中新湖小学西1.2公里处，是一个只有十几户人家的小村。古坑村都是贫农，生活十分困难，除个别户外，大部分人家连蚊帐都没有。村内有红军的家属和烈属，是苏维埃老区。村民警惕性很高，大人小孩都热爱共产党，能掩护地下党。村里有党支部，支部在群众中有很高的威信。

古坑是相对独立的村庄，村后有树林，有几间空房，还有烟寮，能作为县委驻地和开会场所。该村对外通道多在村背后。县委干部进出村，多从村后走，不易暴露。开会时，需要派人站岗放哨，由村党支部负责。

县委在古坑开会，应对日益严重的反共局势。

当时南雄中心县委书记陈英和妻子黄惠珍（县妇女委员），在里东墟开杂货店作掩护。魏南金到南雄后，在古坑召开县委会，研究应对对策——

一是整顿巩固原有的党组织。当时全县有党员200多名，区委9个。但组织不平衡，50%以上的党员在湖口区，尤其是分布在老苏区；在成分上，农民占90%，文盲多，知识分子少，不利于培养干部。老苏区的农村党员对村外能注意保密工作，但对内则不注意，有些支部党员会议，群众积极分子可随便参加，这不利于长期隐蔽斗争。为此县委每天晚上分别到附近村庄的烟寮房，召开支部会议，或与党员谈话。经过努力，全县党组织基本稳定下来，知道注意隐蔽，也懂得了利用合法斗争的形式。

二是恢复在南雄中学的党组织阵地。省委非常重视南雄中学的师生工作。雄中学生李卓光、梁女娜被捕后，根据当时的情况，在雄中学生中发展党员有困难。于是，决定从现有党员中以复学、借读的方式打入学校开展工作。经过商量，决定先派邓事新、刘烈泉两同志进去。邓事新同志原是南雄中学高中学生，未毕业就调到国民党县政府任督导员，经同他谈话后，他同意暑假过后回南雄中学复学。刘烈泉是瑶坑党支部的青年党员，经支部动员，他于暑假后期考入南雄中学。

三是加强统战，稳住国民党机关内阵地。县委决定，在国民党机关内部工作的，除个别暴露身份需要转移外，要稳住原有的阵地，并适当发展。之后，县委先后与打入敌人内部的地下党员郭显亲（南雄县第九区区署民政自治佐理员）、吴述濂（南雄县抗日自卫队第十二中队长）等进行谈话，让他们设法多到山区，如百顺等地去工作，以避锋芒。在国民党县党部工作的廖劲荪没有暴露，承庆乡乡长（地下党员）刘友聪可以坚持（1942年撤到曲江），除乌迳龙溪乡乡长董书缨要考虑转移外，其他一批保长、小学校长、教师可以不动。要利用合法形式开展斗争，以保护自己的阵地，防止突袭事件发生。

四是检查掩护省委机关的安全。驻瑶坑村的省委机关领导曾在这里住过，当时已离开了，留下平姐（梁维平）看守，此时没有出现不安全的迹象。驻宾阳门处的省委交通站暂时也无问题。在全安谢地的省委电台，周边是竹林，当地保长是地下党，也比较安全。在电台工作的三人（赖仰高夫妇、区家驹）住在何保长家的小楼，带有一支左轮枪和一支曲尺手枪。他们打扮成工人，白天到附近纸厂做工，生活比较简单。

联系赣南特委，中心县委驻地古坑暴露。

广东省委与赣南特委的联系，由南雄中心县委负责。所谓联系，主要是指两方面：一是交通联系，古坑为赣南特委交通站。

赣南特委的秘密交通员按约定时间，来古坑村领取省委给的党内文件和情报，并将赣南的情况报告给省委。二是赣南特委领导要见广东省委领导，由县委联系安排；干部来往，由县委接送。

到1940年，由于赣州国民党社会管控严密，赣南特委连遭袭击，致党员外逃，群众惊恐。特委被迫上山隐蔽，生活十分困难，无法在江西立脚。8月初，赣南特委书记严重、组织部部长刘建华带领特委机关干部10人左右，从江西省信丰撤退到南雄古坑。古坑成为赣南特委的临时指挥中心，不断有干部和交通员进出。时任南雄中心县委书记的魏南金，看到这种情况，感到不安全，万一特务来袭击，特委和县委就可能被一网打尽。为此，魏南金决定尽快撤离古坑。

有一天，魏南全看到交通员王际廷把省委文件藏在竹做的水烟筒里，大摇大摆回赣南时，愈发感到不安全，于是即安排县委和特委马上撤离古坑。

赣南特委转移到湖口地下党刘必荣（中华人民共和国成立初期曾任南雄县政府科长）家里，其他特委干部分散到附近农民家里，化装成雇来收割水稻的散工。严重调任广东省委秘书长。县委转到地下党徐道昌家乡湖口矿岭隐蔽。之后，安排刘建华夫妇去韶关省委。为避开特务跟踪，县委先派人买好车票上车，等汽车开到古市后，再替换刘建华夫妇上车，使他们安全抵达韶关。

古坑事件爆发，南雄改为特派员制。

送走刘建华夫妇两天后，县委书记魏南金接到地下交通报告：昨夜国民党武装特务围抄古坑村，并抓走了3人。为此，魏南金派组织部部长欧新到古坑安慰家属，弄清情况。

原来那天晚上12时过后，古坑村民已入睡。叛徒王际廷带领武装特务上百人，包围了古坑。女共产党员高田麻（丈夫参加新四军，她经常给地下党做饭）听到狗叫声，立即起床出后门，见情况不妙，从后山逃走了。特务进村后，首先到地下党员陈万联家抓人。陈万联不在家，抓住了陈的妻子，后来又抓到陈万胜和陈万联。然后将全村村民赶到屋前的禾坪上，对全村进行了大搜查。未见特委、县委机关人员，敌人很失望，一再追问群众，都说村里没有外来人，也没有共产党。正在此时，地下交通员陈万炎在禾田里被特务发现，也被抓住了。此时，天快亮了，特务将陈万联、陈万胜，陈万炎三人抓走，到南雄县城去了。这一事件，被南雄党史称为古坑事件。

为了进一步弄清情况，并设法营救被捕人员，县委书记魏南金进城，找到在国民党县党部任职的廖劲荪（地下党员）了解情况。廖劲荪说：这次行动，是赣南专署专员蒋经国，邀请广东省特务机关联合行动的，预约在南雄城集合，纠集了近 100 人，趁夜到湖口乡公所，稍事休息补充向导，分路直奔古坑。他们从叛徒交通员王际廷口中得知，赣南特委和南雄县委机关都在古坑村，企图一网打尽。但只抓到 3 个农民，他们不愿放过，立即在县监狱审问，企图打开缺口，寻找线索突破，但他们表现沉着，拒不承认。特务无计可施，将三人留在广东处理。

古坑事件，国民党企图一网打尽特委和县委的阴谋失败了。但他们不甘心，表面撤退武装人员，实际上化装成便衣，监视南雄汽车站和交通要道。

鉴于南雄成为粤赣特务高度关注的目标，为安全着想，省委决定撤销南雄中心县委，设特派员，由省委直接领导，改为粤北特委领导。南雄县委特派员由魏南金担任，副特派员为陈中夫。不久，魏南金调粤北特委，陈中夫接任特派员。魏南金，是广东龙川人，1914 年出生。中华人民共和国成立后，曾任广东省对外经济工作委员会主任等，副省级离休，2001 年逝世。

南方工委事件发生，南雄暂停党组织活动。

1942 年，因江西省委交通员李铁拐秘密叛变，导致与江西省委有联系的南方工委遭到破坏（南方工委是南方局的派出机关，领导江西、广东、广西等地党组织）。

1942 年 5 月，南方工委组织部部长郭潜被国民党特务逮捕后，当晚叛变，随后带领特务抓捕了八路军驻香港办事处主任廖承志（当时住在乐昌）、南方工委副书记张文彬、粤北省委书记李大林等大批中共高级领导干部，是为南方工委事件。

事件发生后，广东各地党组织处于十分危险的境地。中共中央南方局向辖属党组织发出紧急指示：国民党统治区的党组织一律暂停活动。党员隐蔽埋伏，上下级不发生组织关系，不发指示，不开会，不收党费。1942 年 11 月，粤北特委魏南金来到南雄，传达关于停止组织活动的指示。

此后，南雄党组织停止活动两年多，直到 1945 年 2 月下旬，南雄党组织才接到上级关于恢复党组织活动的决定。

日军入侵南雄 军民奋力抵抗

一、打响南雄保卫战

日军 32 次轰炸南雄，欠下南雄人民累累血债。

1985 年南雄修志时，史志人员查阅各类档案资料，挖掘整理出抗战时日军飞机轰炸南雄的翔实历史资料。从 1937 年 7 月抗战全面打响，到 1941 年 12 月太平洋战争爆发的四年半时间里，日军出动飞机 145 架次，空袭南雄城乡 32 次，投弹 414 枚，炸毁民房 275 栋，烧毁民房 280 栋，占县城当时民房的三分之一。

这是日本军国主义对南雄人民犯下的滔天罪行！为不忘民族苦难，现将日军轰炸情况辑录如下：

1937 年 12 月 27 日下午 2 时，敌机 22 架，在南雄机场投弹 18枚。

1938 年 2 月 25 日上午 9 时，敌机 12 架飞临南雄县城上空，投弹 20 枚，机库略有损失。

3 月 28 日下午 1 时 20 分，敌机 28 架，由新丰、翁源一带，分两批飞到南雄，在大成街投弹 2 枚，塌店 2 间，伤 4 人。旋在飞机场及附近投弹 30 枚，用机枪扫射避难民众。

6 月 2 日上午 7 时 50 分，日机 9 架由江西龙南来袭，从东南方侵入南雄县城，在机场、西门街、中山公园、兵房等地投弹数十枚。这次空袭，毁民房数十间，被毁小学 1 间，震坏民房 20

间；炸死民众 30 余人，伤数十人。其中，在机场内投弹 6 枚，机场周围投弹 10 余枚，富村坪投弹 6 枚，被毁民房 10 余间。

8 月 7 日上午 8 时许，从厦门上空发现敌机 9 架，经江西信丰向南雄县来袭。10 时 5 分，又从东南方侵入南雄县上空，连续在机场投弹 40 余枚，机场中弹 28 枚，伤乡民 1 人。

8 月 30 日上午 10 时 50 分，敌机 17 架，经始兴方面来袭。中国空军 9 架闻报起飞，当敌机到达机场上空，投下炸弹 7 枚，即被中国空军从高空痛击。空战 30 分钟，敌机被击落两架。事后查明，古市三角岭坠落敌机 1 架，全部焚毁，死敌机师 1 人。古塘村坠落敌机 1 架，日军死 3 人。

10 月 5 日上午 9 时，敌机 9 架一批，7 架一批，共 16 架，先后经翁源、始兴来袭，从西南角侵入南雄县上空，投弹 100 余枚、燃烧弹 2 枚。炸死 20 余人，重伤 16 人，轻伤 60 余人。倒屋 40 余栋，烧去第三市场全座。

10 月 25 日上午 9 时许，敌机 6 架，由始兴澄江方面来袭，东飞到南雄县上空，在里东墟附近投弹 10 余枚。9 时 15 分，该批敌机复由东向南，返南雄县城上空，盘旋三周，向机场投弹 11 枚。

1939 年 6 月 23 日下午 1 时 50 分，敌机 8 架分批由曲江方向飞抵南雄县。第二批 3 架，在县城上空盘旋十几分钟后，投弹 30 余枚，共毁民房 29 间，炸死民众 19 人，伤 17 人。

1941 年 10 月 25 日上午 8 时 30 分，敌轻轰炸机一批 3 架，由曲江大坑口经翁源坝子掠过南雄县上空，向北飞抵大庾后，折回南雄县空盘旋。8 时 49 分，向机场投弹 5 枚，经守军高炮射击，仓皇逃遁。事后查明，弹落旷地，人物无损。

11 月 15 日上午 9 时，敌机一批 9 架，由曲江经始兴飞抵南雄县上空，猛向机场投弹约 30 枚，震毁机场"欧亚航空公司"休息棚一座，轻伤男女各 1 人。

11 月 28 日，南雄县城被敌机轰炸。投弹 19 枚，炸毁民房 26 栋，炸死民众 39 人，炸伤 36 人。县政府 1 间礼堂被炸，炸死职员 1 人，2 位学员受伤。

12 月 12 日上午 12 时许，敌机二批驱逐机 3 架，由翁源、始兴方面来袭，以机枪扫射地面，守军以高射炮还击，被毁民航机 1 架。

抗战时，南雄三影塔顶，放置一面大铁钟，敌机来袭时，敲大钟为空袭警报。机场制高点（今全安中学）设置对空高射炮阵地，兵房（今人民医院留医部）等处设机枪、步枪对空射击点，使敌机不敢低飞，减少损失。

日军空袭南雄四年半，中国空军处于劣势。1941 年 12 月，太平洋战争爆发，日本空军主力调往太平洋战场作战。之后中美结为盟友，美国空军进驻南雄机场。中美空军联合作战，逐渐掌握空战主导权，日军空袭南雄的机会大大减少。但是，到了 1944 年，日军发起"打通大陆交通线战役"，国民党军队抵抗不力，丧失华南大片河山，南雄被日军占领 170 天。

五六〇团布防苍石，阻击日军。

1945 年 1 月中旬，粤北战役打响之后，日军进犯韶关，同时从西路进逼南雄。2 月 1 日，日寇第四十师团二三四联队，又叫"井上联队"分支 500 多人，从湖南汝城出发，与盘踞在仁化县的另一支号称"和平军"的日军 1000 余人会合。2 月 2 日，两股日军由大汉奸唐新明带路，取道闻韶进入百顺，日军先头部队途经层峦叠嶂的苍石九头墙时，遭到中国守军五六〇团前哨部队的迎头痛击，日军狼狈败退。片刻，日军大队人马驰援，敌众我寡，守军被逼撤退。

随后，日军长驱直入苍石，受到严阵以待在东端 216 高地及西北面的守军五六〇团第一营阻击，激战三个多小时，日军纷纷溃退。但日军诡计多端，调集火炮向我方炮击，守军伤亡大，被逼撤退，216高地失守。与此同时，另一股日军在炮火的掩护下，向莲塘良西端的五六〇团阵地发起疯狂进攻，中国守军占据有利地形，集中优势火力压制敌人，日军连续多次反扑，都被守军打退。

2月3日1时许，为消灭日军有生力量，中国军队五六〇团胡国华团长率部兵分三路，以一个连坚守阵地，以第三营为主力，取道虎头山挺进苍石西南面包围日军，令第一营从216高地北侧向日军出击。这场围歼战达四个多小时，打得日军焦头烂额，狼狈不堪，伤亡甚大，尸横遍野。正当全歼这股日军时，另一股日军600多人赶来参战，这时，敌我双方陷入混战状态。到上午9时左右，又一股日军经九曲岭绕到暖水塘附近，另一股日军取道龙头山绕到莲塘良西南端高地，对中国守军实行反包围。其时，日军派来空军助战，敌机对守军狂轰滥炸。在敌众我寡的情况下，中国守军陷于险境，幸得南始曲守备部队李震分支从旁解围。五六〇团奋勇与日军厮杀和格斗，直到下午5时，终于杀开一条突围的血路，转移到长岭头和琵琶岭一带高地，天黑之后，守军才摆脱日军的尾追，沿着江头方向往江西龙南县龙虾墟转移。

中国守军在古市阻击日军。

2月3日上午8时，日军1000多人从始兴马市渡江沿浈江北犯，之后先以400人的兵力，猛扑中国守军213高地，主力则向大水洞进犯。

8时许，日军主力渡过修仁，向长坑坝、湖罗丘等地进犯，在园墩顶附近与守军五五九团第一营展开激战。战至下午3时，日军不支向河边撤退。同日晨，沿浈江岸及公路向古录进犯的日军，其先头部队约600人，带炮4门，由1架飞机作掩护，向庙背岭阵地展开猛烈进攻。守军六五一团第二营将士英勇顽强进行抵抗，毙日军数十名，日军不支溃退后，又转向观音岭第三营阵地进攻，三营将士竭力抵抗，日军未能得逞。

在第一营阵地上，300多名日军向黄竹塘、潭爷地发起进攻。一营将士奋起抵抗，击毙日军10多名。此后，日军溃退转向河岭，迂回于中国守军右侧，守军坚守阵地，待日军靠近时突然集中火力，毙日军数十名。

下午2时左右，日军约700名再次进犯庙背岭、观音岭，另有200余名日军从古录向中国守军侧翼逼近。

中国守军因两面受敌，只好向南转移，至此，古录陷落。

南雄保卫战打响，河南桥被炸毁。

2月3日上午8时，中国守军五五七团开进南雄城，沿凌江左岸布防。下午4时，数十名日军进至水西桥，与中国守军教导团开火交战，日军受阻撤退。不久，日军300余人沿凌江右岸向天笔水前进，中国守军用机枪火力阻击，打死日军多名，日军占领江边堤岸，与中国守军隔江对峙。

正当守军调整作战部署准备反击日军时，据报沿雄韶公路来犯的日军7000多名，带炮兵一个大队已到达始兴，随时可能进犯南雄。百顺方向进犯苍石的日军已增至4000多名，其中一支日军已突破苍石防线，正向南雄县城疾进。下午6时许，中国守军预感腹背受敌，再战不利，乃放弃阵地，向江头方向撤退。

至此，南雄县城沦陷。为阻止日军前进，守备司令李震下令将河南桥炸毁。

在南雄保卫战中，中国军队英勇顽强地抵抗日军，战斗进行得十分激烈。中国军队以阵亡742人、伤103人的代价，毙伤日军数百名，缴获弹药、军用品一批。

抗战胜利后，1946年，南雄县政府分别在中山纪念林场（今市一中）、古录墟公路桥头南山顶上建"抗战纪念碑"和"抗日纪念亭"，纪念抗战中牺牲的爱国将士。

二、日军烧杀劫掠，百姓惊恐逃难

日军杀进南雄城，大肆烧杀劫掠，天后宫伤兵被活活烧死。

面对来势凶猛的日军，1945 年 1 月 13 日，驻守广东的第七战区司令长官余汉谋电令迁驻粤北各军政单位："日寇部署打通粤汉路，我军为保存实力，长期抗战，转令各县疏散。"于是，广东省政府及各军政单位、机关团体着手疏散到江西及广东新丰等地。眼看国民党驻南雄军政单位纷纷迁走，南雄百姓惊慌失措。

2 月 2 日，日军先头部队井上联队，从仁化突入南雄百顺，并进犯至苍石，与中国守军发生激战。战至次日下午，日军占领苍石。守备司令李震退至南雄城后，下令焚烧汝鎏机场仓库、招待所，炸毁河南桥。

2 月 3 日下午 6 时许，时已黄昏，日军迫临县城。一股日军企图从水西桥猛攻回澜门（勾澜门）。中国守军占据城墙制高点，以五六挺轻重机枪扫射进攻水西桥的日军，打退敌人三次进攻。此时，日军进逼的炮声隆隆，爆炸声四起，滚滚浓烟笼罩着南雄县城。守备司令李震下令撤退。之后，李震部撤至江西龙南县，云振中的南雄县政府机关撤至江头长潭尾村。

日军水西进攻受挫后，分三路围攻南雄城。一路从羊角岭经莲塘村，直上五里山（原卷烟厂处），窜入宾阳门；一路破拱极门（今环城东路红绿灯处），窜入秋千街、上洪山寺；另一路在水西村以重炮轰击城垣和六角亭后，炸开回澜门，从水西村窜入利民路。

三路日军在德政街（即原爱民路）会合后，一路杀人放火，深入街巷、民居，大肆烧杀劫掠。之后，放火焚烧了南街民房百余间。德政街一带县城最繁华的广东省银行、南雄县银行、粤北茶楼、丽华金铺、雄华书店、保行钟表店、元亨利布店等皆被劫一空，付之一炬，南雄满城烽火，大火烧了一夜，染红了天空。

2 月 4 日，犯雄日军 100 多人，从龙尊阁窜出通济水门，过浮桥到水南村。在天后宫（今建设局门外河边公园），将军政部七十三后方医院（陆军总医院）水南分院的重伤兵包围起来，向宫内建筑泼上煤油放火焚烧，几十名手无寸铁的重伤兵被大火活活烧死。有十几名冲出门外与日军拼搏的伤兵，被日军用刺刀刺死。

日军搜掠全城，扫荡郊区。未及逃者凡男人，无论年纪多大皆拉入军中作挑夫，凡女人悉被奸污，对看不顺眼的便用刺刀刺死。令人发指的是，日军对乡村逃难人群用机枪扫射。雄城内外，街口路旁，到处尸体横陈。

南雄失守，大雪寒冬，百姓逃难。

2 月 2 日，日军进犯至苍石，与守军发生激战的消息传到县城后，城中气氛骤然紧张。眼看日军就要杀到，居民开始疏散。城里百姓慌忙蜂拥出城，向外地逃难。

这天是腊月二十日，离小年只有 4 天，距春节只有 11 天。其时，南雄恰遇百年一遇的寒潮袭来，连续降雪多天，积雪 8 厘米厚，漫山遍野一片雪白，南雄人民承受了极寒天气和日军侵略的双重打击。

1945 年 2 月，南雄县城通往乡村的泥泞路上，挤满了逃难的老百姓。饥寒交迫而倒毙于路旁的无以数计。广东陆军总医院在县城的水南分院，有数百名伤兵，因伤势严重行走困难，跟不上逃难的人群，流落于荒郊野岭，饿冻毙于路间。

曾任南雄市政协宣传科干部的刘兴洲在《主田大坌岭村避难记》一文中忆及"走日本"情形：

1945 年 1 月 30 日，听说日军要来了，家住县城的刘兴洲一家，徒步去 15 公里外的主田大坋岭避难。那时，天降雨雪，寒风刺骨，道路泥泞。老百姓逃难，有的挑东西，有的提箱带笼。一路上有丢弃的东西。常见带病老人走不动，停在路边。婴儿哭叫不停，童妇跌跤打滚，个个一身雨雪和泥浆。许多人双脚磨出血痕，痛之悲绝。远听枪炮时密时疏，逃难者一路绵延不绝。中午时分，终于抵达大坋岭村，住进该村石围。那晚，逃难者大部分一夜未合眼。逃难到此十天后，到了 2 月 10 日（腊月二十八日），突然有一股日军窜到主田各村，挨家挨户抢劫，烧杀奸掠，无所不为。财物尽劫一空。那些天，寒流滚滚，北风萧萧，天降大雪。山上大雪茫茫，积雪 10 多厘米。在这种恶劣的天气下，老人小孩体质虚弱，尤为难受。又不敢生火取暖，怕烟火暴露目标，引来日军，真是度日如年。2 月 13 日，是大年除夕，人多粮少，逃难者煮薯粥充饥。①

原南雄中学教师李树华曾对这段经历有记述：

县城沦陷后，平原上的居民纷纷逃往山区。李树华暂住的叟里园村，暂时免遭战火蹂躏。谁知 2 月 10 日（腊月二十八日）下午五时左右，一队日兵突然蹿进叟里园，村里数千男女老幼仓皇失措地向高山逃跑。日军鸣枪追击，大声狂笑。整个山野哀鸿遍地，啼哭声、叫喊声震动天地。那时，祸不单行，雨雪大作，寒气逼人。男女老幼全身淋透，冻得全身发抖。李树华的女儿秋龄，当晚冻死在水岭上。

经过这次骚扰后，村里惊惶不安，怕再遭日军荼毒，都搬到山里住。山里的下洞、中洞、上嵩，王岑、蛤蟆等村，村庄很小，

---

① 见刘兴洲著，南雄市政协文史资料委员会编印：《雄郡史话撷萃》，《南雄文史资料》第 36 辑，内部资料出版物，2009 年，第 140—141 页。

房屋不多，到处都住满了人。连柴房、草棚、牛栏、猪栏都住人。人多到处大小便，臭气熏天。偏巧天天朔风凛冽，雨雪下个不停，满山遍野都堆满积雪。连日雨雪纷飞，柴火也找不到，连生活都成问题。雨雪使道路泥泞，行走困难，回家取运粮食物资又不便。日军虽然穷凶极恶，但夜间不敢出来。因此老百姓的一切活动，都在夜间进行。

行走不便的老弱被日军抓去当挑夫。天寒地冻，饥寒交迫，挑担走不动，就被日军活活砍死，公路旁死尸随处可见。长迳的古榕茂、刘南斗、满福、星古等人，都因捉去挑担而被杀死。叟里园村的水木生，长迳的胜九生等人，是在逃难时被日军追击时用枪打死的。

日军在南雄的暴行，罄竹难书。到1945年3月中旬以后，日军龟缩在县城内，很少出村抢掠。农民才得以回乡生产，播种五谷。①

三、军民抗击日军，南雄得到光复

十二中队打击日本侵略者。

全面抗战爆发后，中共南雄县委贯彻中共中央抗日民族统一战线政策，动员社会各界人士，有钱出钱，有力出力，同仇敌忾，共赴国难。早在1939年3月，莫雄任南雄县县长期间，中共南雄县委利用同莫雄的社会关系，成立了南雄县壮丁常备队第三中队，队长和队员由中共县委安排，枪支弹药和给养由国民党补充，有120多人。中队长刘邦华是老红军，原三南游击队的负责人；三个分队长和小队长也是地下党员。莫雄离开南雄后，国民党掀起第一次反共高潮，1940年5月，该中队被国民党解散。

---

① 见《风雨人生——李树华自传》，2014年编印。

1941 年夏，地下党在乌迳地区动员地方士绅，发动群众购买步枪 100 余支、鸟枪 90 多支、驳壳枪 6 支，组织了群众自卫队七八个，队员在 300 人以上。之后，地下党员吴述濂、刘友聪掌握了珠玑、承庆乡抗日自卫队。

1945 年 2 月下旬，恢复党组织活动后，此时南雄沦陷。撤退到龙口的国民党县政府，拟整编南雄抗日自卫大队。中共南雄县委得悉此情况后，派打入国民党县党部的地下党员郭显亲、吴述濂、胡辉瑞做工作，争得十二中队编制。于是将珠玑、承庆乡的抗日自卫队，改编为南雄县抗日自卫队十二中队，即由乡级升为县级自卫武装队，由县政府给军需配备。中共党员吴述濂任中队长，下设三个分队，有 100 余人。中共南雄县委特派员陈中夫，化名王文祥，担任了十二中队的参谋，领导并掌握了这支武装部队。十二中队活跃于珠玑、里东及附近的村庄，抗击日军，维护人民群众的生命财产安全。先后在矿岭、石坑、石子岭等地与日军作战十多次。

十二中队派兵维持珠玑治安秩序。均平、里东两大墟场墟日，派出武装人员把守墟门，警戒日军进墟骚扰，维持墟内正常贸易。1945 年初，有一次日军到叟里元抢掠。十二中队的干部和战士迅速通知群众疏散，另以少量武装人员袭扰日军。

检查供敌物资，断敌供给。1945 年初，南雄县城沦陷后，有人从外地输入货物，到南雄县城出售。十二中队有一次拦截了十多担煤油，另一次拦截了一批冬菇，警告货主不要助敌。

1945 年 2 月 14 日（年初二），日军二十多人抢劫下黄岭村，十二中队组织伏击，吓得日军弃物而逃。在矿岭、石坑也搞了伏击，使日军不敢进村。

1945 年四五月间的一天，十二中队在珠玑乡石子岭附近伏击日军车辆。可惜投了十多个失效的手榴弹，日军车辆通过时尚未炸响，车辆过后才炸响一两个，没有达到伏击的目的。

1945 年五六月间，十二中队以一星期时间，连续每晚在晚饭后出发，到南雄城郊林场（今市一中）附近，向日军盘踞的宾阳门射击。每次都是打了就走，骚扰敌人，使敌人疲于应付。

1945 年 6 月的一天，日军出动一个排到矿岭抢东西，十二中队开枪阻击，直到敌人发出较强大的火力时，十二中队才安全撤退。

1945 年 7 月，十二中队一个分队，配合国民党军队一个营攻打南雄县城北门的日军。十二中队对日军射击，但是，国民党军队没有发起攻击就撤退了。十二中队在石坑缴获日军的军马一匹。1945 年 9 月，东江纵队挺进到南雄后，十二中在帽子峰洞头河背村杀了这匹军马，慰劳东江纵队将士。

在此期间，十二中队还经常派出战士到全安、珠玑、承庆等乡的村庄，发动群众起来杀敌保家乡。有不少地方的群众都自觉地行动起来，拿起武器同前来抢掠的日军进行战斗。

南雄人民拿起武装，狠狠打击侵略者，抗日烽火被点燃。

日军侵占南雄后，南雄人民被日军的暴行所激怒，纷纷拿起武器，自发地参加对日斗争。珠玑里东南山背村民曾昭模、曾昭怀等 10 多人，曾两次潜入日军驻地偷袭敌人。一次在万籁无声的夜晚，乘日军熟睡时，他们各持菜刀，摸入驻灵潭石街的日军营房，爬墙跳进后园，牵走被掠的耕牛，夺走三八式步枪 6 支，手枪 2 支，子弹 200 发。另一次乘黑夜摸入驻里东墟的日军马房，夺走大炮架等军用物品。

1945 年 7 月间，驻在拱桥的日军有 10 多名先到洋汾村骚扰后，又到下湖村抢掠和拉妇女。其中一名日军走散迷路，这名日军抓来一个农民带路。待中午的时候，瑶坑村农民刘烈琰、刘烈瑞等六七个人正在透气圳的茶棚里喝茶乘凉，见这个日军走来，就商量干掉他。只见这个日本兵越走越近，带路的向刘烈琰他们暗示，这日本兵除了手上一支长矛并没有其他武器。于是他们径直向这个日本兵冲去。日本兵见势不妙，向荆江方向跑，并一路呱呱嚎叫。刘烈琰等人手拿石块紧追，在荆江村，将这个日本兵包围起来，并用石块击中他的脑壳。日本兵的长矛掉落地，刘烈琰捡起长矛，猛力向鬼子腹部捅去，其他人则用石块猛击其头部，将日本兵打死在水田中。

据统计，全安、珠玑、洋汾、上坪源、荆岗等地的群众，经常有组织地起来抗击日军的侵略行为，先后杀死日军20余名。

日军侵占南雄期间，不断遭驻军一八七师五六〇团和地方抗日武装的打击干扰，坐卧不安，终于在占领南雄170天后，于1945年7月23日夜晚，趁中国军队不备之机，偷偷摸摸地突然溜出县城，迅速逃往始兴，南雄获得光复。

日军入侵，在南雄犯下滔天罪行。据国民党南雄县政府统计，日军入侵南雄期间，共造成南雄人口伤亡1477人，县城房屋损失1800余间，掠去粮食20万市石，破坏雄信公路上大小石桥多座。各公立、私立中小学以及民众教育馆、卫生院等遭到不同程度破坏。近十万民众一度背井离乡，逃往深山避难。

八路军三五九旅南下支队到南雄

一、三五九旅南下支队万里远征到南雄

古大存提出创建"粤北抗日根据地"的构想，被中央采纳。

1944 年 4 月，日军发起打通大陆交通线战役后，于 6 月 19 日攻克长沙，战局开始恶化。7 月，随着衡阳保卫战失败，国民党军队已无力防卫粤北了。一直关注战役进展，在延安中央党校任教的中共广东高级干部古大存，于 7 月 8 日向中共中央递交了《关于开展南方游击战争的意见》，建议华南敌后抗日武装（指东江纵队）不要局限于平原地区，应乘敌移动之机，派出一部向粤北推进，创建粤北抗日根据地。此建议，得到了毛泽东的高度重视与首肯。之后，毛泽东与卫戍陕甘宁边区的三五九旅旅长王震进行多次磋商谈话，得到了三五九旅的大力支持。

9 月 1 日，中央作出三五九旅挺进华南，建立抗日根据地的方针。然后，在中央党校对南征干部进行培训，学习党的城市和农村政策。

10 月 30 日，中央军委发布训令：南征部队正式授命为"国民革命军第十八集团军独立第一游击支队"（简称"南下支队"）；王震任司令员，王首道任政治委员，王恩茂任副政治委员；朱早观任参谋长，苏鳌、邹毕兆任副参谋长；刘型任政治部主任，李立任副主任。部队经费由任弼时与陕北财经办事处商定解决。三五九旅还

留下 5000 多人，由副旅长苏进、参谋长刘转连领导，继续担负保卫边区和从事生产运动，准备作为南征第二梯队，待机南下。

11 月 1 日，南下支队在延安机场誓师出征。王震率部队在延安机场接受了毛泽东、朱德的检阅。新华社记者拍摄了检阅的珍贵历史照片。

1944 年 11 月 10 日，八路军三五九旅南下第一支队 3800 余人，在王震的率领下，离开延安，踏上万里远征路。他们经过 289 天的艰苦行军、征战，于 1945 年 8 月 26 日到达广东南雄。八路军三五九旅挺进到南雄这一重大事件，深刻地影响了以南雄为中心的粤赣湘边历史进程。

二、南雄人民帮助三五九旅南下支队

1945 年 8 月 26 日，八路军三五九旅南下支队在王震的率领下，离开江西右源村，向南翻越帽子峰后，抵达南雄洞头境内。部队当晚分散夜宿洞头黄石街、坎头下、洞头墟、高升村、伴源、崧头、大村、桥头、河背 9 村。洞头群众为官兵提供粮食、蔬菜和柴火，提供门板、稻草让官兵宿营在村庄祠堂。

当晚，王震向中央发电：我们二十六日到达南雄北乡，南雄驻顽一八七师及一八六师一部，顽第四军仍在尾追我们。我们取不得一天休息，无草鞋，甚疲劳，拟直奔罗浮山与林平会合。

这里出现一个地名记录失误。部队进入洞头后，参谋干部问这里叫什么地方，老百姓回答"北山"，结果被听成"北乡"。

次日早，部队扫干净祠堂，离开洞头后，往西南开进，于 8 月 27 日下午抵达澜河上矽并宿营，王震原计划次日继续在此休息。司令部设在上矽东享社村的炮楼里。南下支队三千多官兵，分散驻扎上矽各自然村：九盏岗、毛坪、上矽墟（有 10 多间商店）、刘屋、黄岸、零段偭等。

部队驻扎在上矿后，立即分头派人到百顺墟、白云墟市场购买粮食，同时向当地群众宣传共产党的政策，宣传部队就是当年的"朱毛红军"，是毛泽东、朱德领导的工农子弟兵，是为穷苦人打天下的。当地群众获知这支部队就是当年的红军时，大家热情地拉着战士的手，问长问短，亲密无间。

部队驻毛坪的一个营，该村李秀田的奶奶黄玉英把仅有的两担谷砻成米后送给军队。部队给了一张收据，并写明"今后解放了，可到区人民政府领回钱"。中华人民共和国成立后，黄玉英到区人民政府兑取旧币12万元（即12元）。当时部队给养困难，黄玉英又给了部队一头80多斤的猪，部队立即兑现80万元全国券，同时告诉李家要放藏好，否则恐遭国民党搜括。李秀田父亲李俊昌立即把这笔钱埋于坟墓里。

三、三五九旅南下支队将领的南雄行军日记

时任八路军三五九旅南下支队政治部副主任的李立有写日记的习惯，1956年他将部队南征时所写的日记取名《四十八天》出版，引起轰动，被称为"战士日记"。改革开放后，李立曾任河南省、贵州省委书记。《四十八天》记述了三五九旅南下支队在南雄行军宿营的情况。①

1945年8月26日：

雨。80里。已经七点过了，命令尚未到。通讯员从另外的房子里找了一位老头子出来，他说从后山上帽子峰，过去便是广东了。我们高兴地猜想，可能明天就走这条路。忽然通讯员在门外喊："报告！"叫进来一看，命令到了。我们果然猜对啦。老百姓

① 李立：《四十八天》，作家出版社1954年，第38—45页。

说，这座山上下七十里，没有人烟。

早雨还是不停，前面几个北方同志半玩笑半气恼地说着："南方有三大：雨大，山大，路大。"另一个同志说："可不是，这都用不着花钱的。"大家笑了起来。山越往上越高，同志们冒着雾气在大雨中爬出浑身大汗；另外也有一些没有雨具的同志们在雨中冷得要命。但是他们抱着高度的革命热情，不停地往上爬。这支身经百战、爬山最强的队伍，从充满云雾的峻岭上翻过去了，又沿着悬崖上的小道一直走了下去。没有眼镜不能走路的刘主任，在烂湿的黄泥道上，连跌带爬地滚了下去。好危险，有几次几乎滚到深坑里。下了山谢天谢地，看看自己，浑身都是黄泥巴。

我们又走到广东南雄的土地上来了。各村庄里男的女的戴着斗笠，打着雨伞，站在门前或大路旁边，在看从未见过的人民军队。他们自言自语地说："这个队伍几和气呀，几文明呀。"后面尾追我们的九十师，继续跟来，但被我们的后卫部队困在警戒线外的七十里无人烟的大山上了，冻死他，饿死他！

1945 年 8 月 27 日：

雨。80 里。我们已经与东江纵队取得了联络，司令部召集各支队首长会议。王胡子和王政委说：我们已胜利地进入了湘粤赣边的五岭山，要争取一星期内与东江纵队会合；但是反动派一定不让我们会合，情况依然紧张。我们要采取英勇果敢的行动，粉碎反动派的企图，实现我们两军在华南的大会合。

东江纵队是人民自己的武装。自从日本人占领广州后，他们便武装起来，反对日本侵略者。他们是在共产党领导下的、坚持华南抗日游击战争的一支坚强部队。他们在敌伪的合围"扫荡"下，不但没有被消灭，反而愈打愈强，已经发展到一万五千人了。日本无条件投降后，东江纵队为了华南的和平民主，要和我们这支部队在五岭山上会合。先头部队已进入到始兴以南，南雄以西了。

在蒙蒙的梅雨中，从澜河的山沟里翻了几座不大不小的山，到达了上矿。司令部住在一座雄伟的三层楼的乡长住的碉堡上。这里的粮食很困难。弄了一些谷子尚未舂出米来，先弄几个南瓜吃了再说吧。

1945年8月28日：

雨。70里。今天预备在这里休息一天，同志们弄了一些箬和干壳叶子，和破布掺杂着，打起草鞋来了。有的同志将近二十天没有换洗过衣服，已经脱下在锅里煮虱子了。我们将洗了的衣服，贴在旁边的造纸厂炕纸的墙上，一会儿就干了，比太阳晒快得多。有病的同志，也到卫生部上药去了。中共中央接到我们进入五岭山脉的报告后，马上回了一个急电，庆贺和鼓舞我们的胜利，并指示了今后的工作。我们看了，非常兴奋，一向的焦急已得到了安慰。

长得又高又胖的朱早观参谋长很起劲地说，这些地方，他在大革命时代就到过，对广东的情形，相当熟悉。他说这些山里过去是老藏土匪的，因此老百姓为了自己的安全，大小村庄都建筑有坚固的甚至用麻石条或火砖修成三四层楼的碉堡。村子里四通八达，一旦发生意外的事，全村大小就都进碉堡里去。

如果这些地方农村的统一战线工作没有做好的话，要活动那是困难得多了。

四、三五九旅南下支队遭敌包围，辗转突围出广东

南下支队拟在上矿休息，下午敌人包抄而来，战斗打响。

1945年8月28日，三五九旅南下支队没有离开宿营地澜河上矿，打算继续在此休息一天。然而，敌人追来了！

当天下午，从江西一直尾追的顽九十师，亦跟着三五九旅南下支队的行军路线，进入广东南雄境内，并于8月28日下午2时

许，进占澜河的牛矶、上社、白云村一带，从东面、东北面、北面包抄了南下支队。之后，与后卫第二、第五支队警戒部队发生接触，战斗打响，越打越激烈！

五支队副队长金忠藩急忙往警戒线上跑，不料发现警戒连已经撤下来了。金忠藩命令警戒连长，返去夺回警戒阵地。他自己带人冲过去，将敌人压下，夺回了原来在牛矶设立的前沿阵地。

王震获悉战斗打响后，于是日下午3时，命令二支队贺盛桂（陈宗尧在湖南牺牲后由贺任队长）向西部的百顺方向转移，五支队苏鳌率部朝东南古市方向前进，由陈外欧一支队留在上矶村，担任阻顽九十师的任务，命令他们抗击到天黑以后，再向百顺方向跟进，并相机在百顺附近宿营。

贺盛桂二支队从上矶撤退后，旋向西部的汾水、芒东迳方向前进，在路上与从始兴方面开来的第七战区顽军遭遇。部队当即停止前进，占领有利地形，准备阻击敌人。

苏鳌五支队奉命向东南古市方向前进，他们派出侦察部队，前进不远，发现顽一八七师正从南雄、古市方向迎面而来。途中，在苍石往百顺的路上，侦察队捉获一个从南雄往百顺的邮差，从他身上搜出一封密信说："从南雄至始兴一线，国军已周密布置就绪，待王震部来，即全歼之。"这信要乡公所筹备粮食，后头的尾追部队，明天就可以到达。

情报迅速反馈到司令部以后，王震得知敌人有备而来，部队已处于国民党顽军的三面包围中，部队处境危急。在上矶炮楼的司令部，司令员王震、政委王首道、副政委王恩茂最后议定，为保存力量，部队还是避开敌人，走小路上山。接着，三人又全面分析了敌情，发现西北方向还没有被敌人封锁。之后，王震亲自找到上矶村的老农民李俊兴，询问西北方向的道路情况，得知这个方向有路上山后，王震决定部队从西北方向突围。

下午 5 时，王震一声令下，部队以澜河村民李俊兴为向导，在黑夜茫茫中向百顺方向突围。当时，各支队正与前堵后追的敌人周旋，一时难以撤离。为使战斗部队减轻压力，王震决定部队机关和直属警卫队、参训队和通讯队首先突围。

那时，山风四起，电闪雷鸣，瓢泼的大雨愈下愈大，指战员被大雨淋透了衣服。突围部队在陡山峭壁的泥泞路上行走。高营长一部掩护大部队，走在后面。他用望远镜观察到敌军从上社方面赶来，就到对面山上部署阻挡，予以反击，打了三个多小时的遭遇战。部队为保存实力，边打边撤。五湖山地势险要，扼住制高点，便能控制三方面来的敌人。高营长带领一连人反击后才尾随部队撤离。

李俊兴带着部队往百顺方向走，带到百顺的鱼林，侦察连长打开地图看了看后，告诉李俊兴，不能到百顺墟，要走小路，通麦营、百竹、沙坑，往江西崇义的方向才正确。于是，李俊兴带着部队到达百顺汾水村后，往北走，转往去沙坑村的路。部队跟随李俊兴从未被敌人封锁的西北方向，找到了突围的小路，向粤赣边境进发。之后，部队沿着这条小路上山，很快进入茂密山林，将敌人甩在了后面。在暴雨的黑夜中，大家手牵手地走着，行走在百顺陡峭泥泞的山道中，最艰苦的是通讯队和机枪手，他们肩扛几十斤重的电台和机枪，和大家一样在悬崖边溜滑的山路上急走着，如稍不小心，就会失足跌下深谷。

部队在漆黑的夜里艰难地走了一夜，在天色微明之时，走了二十五里路，到达沙坑村，终于跳出了敌人的包围圈。之后，各支队接到了司令部命令，按二支队（贺盛桂）、五支队（苏鳌）、一支队（陈外欧）的顺序，尾随在直属队之后前行。

南下支队在百顺沙坑开军政会议，惜别广东，北返中原。

8 月 29 日上午，部队全部抵达百顺沙坑村（今属朱安村委会）。沙坑，是一个只有十几户人家的小山村，依山傍水，掩映在一片苍翠的丛林中。由于村小，人少，房子不多，整个村的房屋，都住满了部队。路边、门前、屋檐下、柴堆上，到处都睡着饥饿疲惫的战士。

是继续南进呢，还是调头北返？这是一个重大问题。王震决定召开南下支队军政委员会议，听听大家的意见。

部队南征前，中央成立了南下支队军政委员会，由王震、王首道、贺炳炎、廖汉生、王恩茂、文建武、张成台、刘型 8 人组成，议决重大军政事项。现在贺、廖、文、张留在湖北而未到广东。王震在沙坑召开军政委员会，书记王震，委员王首道、王恩茂、刘型，共同讨论了部队的"南进北返"问题。

王震说，电台收到消息，毛泽东在周恩来、王若飞陪同下，飞抵重庆，准备同蒋介石谈判，争取国内和平，防止内战爆发。接着，会议分析、讨论了当前的敌情。根据侦察，现在我方部队从南雄到始兴一线，已查明有余汉谋两个军的番号，后面湖南薛岳的部队也紧追上来，左翼江西方面也发现敌人正在逼进，周围已有五个军的兵力正向我部队合围。仅南雄至始兴公路两侧地区内，敌人就集中配置了第七战区的一六七、一八六、一八七等四个师的兵力，其中有的已和我军靠得很近。整个军事形势对我军极为不利，情况十分紧急。①

与会者认为，从整个形势分析，日本投降后，时局已发生根本变化，过去我军可以利用日伪军与国民党顽军之间的矛盾，已不复存在，国民党顽军现在可以肆无忌惮地集中优势兵力，全力对付我军。而我军则由于连续行军作战，粮食供给困难，指战员们极度饥饿疲惫，哪怕是短暂的休整亦不可得。在迫不得已的情

---

① 王首道：《忆南征》，人民出版社 1981 年，第 155—156 页。

况下，只能以疲惫之师抗击几倍甚至十几倍于我之强敌。反之，我军如毅然北返，避开顽军优势兵力，避免内战，配合我党和全国人民争取和平、民主斗争，这样就能变不利为有利，化被动为主动，迅速摆脱当前极端不利的局面。

为此，南下支队军政委员会一致决议：立即北返中原，与新四军五师会合！会后，马上起草电文报请中央。电文当天发出，全文如下：①

毛主席并中央：

一、我入湘、粤、赣以来，连续跋山、涉水、战斗、露营、受饿，忍受种种痛苦，一致为达到与我粤军会师。惟此境是顽七、九战区之后方，敌为实现其"剿共"目的，所有村、镇、乡电话网和特务组织十分严密，使我们行动极为困难。日本投降后，形势根本变化，我在广东五岭建立根据地已不可能。

二、昨（二十八日）顽九十师、一六七师各一部及地方武装三路合击我于始兴、百顺，我被迫北返。

三、我们对会合广东力量的中央指示，是抱极高热情和决心去执行的，但是一切客观情况对我极为不利。故我们集中意见，一致建议北上，靠拢李先念，预计二十天行程可达湘鄂边。

四、群众被迫上碉，部队无粮，所携款项即将用完。我如上山搜粮将脱离群众，而我不能给群众实际利益以争取群众。

五、根据我们经验，我广东部队将被迫不能北上，在华南基础地区保存力量，或转入秘密，较为有利。

所呈请示即复。

王王

---

① 王首道：《忆南征》，人民出版社 1981 年，第 151—152 页。

为摆脱顽军围堵，立即对部队做北返政治动员，提出"走到五师根据地就是胜利"的口号。之后，王震命令部队彻底轻装：砸毁缴获的没有子弹的重机枪和多余的电台，全体指战员只穿一件外衣。

沙坑是个小山村，平时粮食就很困难，现在要解决这么多人部队的吃饭问题，就更困难了。为了不增加当地群众的负担，部队用钱买了少量粮食，合着南瓜、野菜煮熟，分给大家聊以充饥。8月29日下午四点多钟，部队动身出发，从此惜别广东，踏上了北返的征程。

五、远征到南雄的三五九旅指战员

延安，是八路军三五九旅万里远征的起点；南雄，是八路军三五九旅万里远征的终点。八路军三五九旅南下支队的指战员，在南征途中，用他们的双脚，把陕北延安和广东南雄，紧紧地串联在一起。这支英雄劲旅，不畏艰险，以英勇不屈的革命意志，书写了可歌可泣、惊天动地的斗争故事，永远值得后人景仰！

据史料记载，1945年8月，八路军三五九旅南下支队挺进到广东南雄的战斗序列和团以上干部为：[1]

司　令　员　王　震

政　　　委　王首道

副　司　令　员　郭　鹏

副　政　委　王恩茂

参　谋　长　朱早观

---

[1]　参考王首道著：《忆南征》，人民出版社1981年，第8—9页；石新刚：《三五九旅　将星璀璨》，《新疆地方志》2003年第3期，第53—64页。

副 参 谋 长　邹毕兆

政 治 部 主 任　刘　型

政治部副主任　李　立

第一支队：

支 队 长　陈外欧

政　　　委　李　铨

副 支 队 长　刘国桢

副 政 委　肖元礼　叶显棠

参 谋 长　王满跃

政治部主任　贺振新

第二支队：

支 队 长　贺盛桂

政　　　委　罗　章

副 支 队 长　龙江云

副 政 委　江勇为

参 谋 长　尹保仁

政治部主任　刘发秀

第三支队：

支 队 长　张仲瀚

政　　　委　曾　涤

副 支 队 长　幸元林

参 谋 长　赖春风　刘　鹏

政治部主任　肖友明　田　冲

第五支队：

支 队 长　苏　鳌

政　　　委　龙炳初

副 支 队 长　金忠藩

副 政 委　熊　晃

参 谋 长　刘　仁

政治部主任　张云善

其他：

供给部部长　何维忠

供给部政委　左　齐

卫生部部长　潘世征

一大队二营营长　何家产

原延安《解放日报》副刊部副部长周立波，担任南下支队司令部秘书，参加了三五九旅的南征，到达广东南雄。返回中原后，他去了东北参加土改。其间出版《南征散记》记述这次远征。小说《暴风骤雨》是他的著名小说。

南下支队第二大队连长栗政通，是来自三五九旅平山团的战斗英雄。1947年他随部队回到陕北后，写了家书给妹妹栗政华，信中提到他和部队到达江南之后，经过30天的行军作战，到达广东省的南雄县。日本宣布投降，国内情况变化，马上奉令北返。栗政通于1949年在陕西作战中牺牲。这封家书是2001年栗战书同志在陕西工作期间所写的文章《寸心的表白——缅怀叔父栗政通烈士》所披露的。①

———————

① 文章后发表在2005年6月22日《河北日报》。

5

第五章

解放战争时期

    1945 年 8 月中旬，东江纵队派出第一批挺进粤北部队，从博罗誓师出发，开赴南雄，准备接应八路军三五九旅南下支队。9 月上旬到达南雄后，因抗战胜利，形势发生变化，南下支队已奉令北返。为此，东纵粤北挺进部队便以南雄为中心在粤赣湘边山区实施战略展开。1946 年国共和谈后，东纵主力北撤山东烟台，留下 200 名精干武装，在帽子峰山脉丛林中绝密隐蔽下来。内战爆发后，隐蔽部队出山活动。1947 年春，中共中央香港分局在南雄成立中共五岭地委，组建粤赣湘边人民解放总队，打击敌人，创建粤赣湘边根据地。经过三年艰苦曲折的武装斗争，最终迎来了大军南下，南雄解放。

第一节 东江纵队在南雄

一、中央电令东纵北上南雄接应三五九旅南下支队

中共中央电令东纵北上南雄接应王震部队。

早在 1942 年 6 月，在南方工委事件、粤北省委事件中，粤北省委、南方工委遭国民党破坏。1943 年 1 月，中共广东临时省委（后称广东区委）在东江纵队成立，东纵政委尹林平任省委书记。

东江纵队，是抗日战争时期中共省委领导创建的抗日武装，全称为广东人民抗日游击队东江纵队。在司令员曾生、政委尹林平、参谋长王作尧、政治部主任杨康华等领导下，到抗战后期，部队发展到近万人。

1945 年 6 月 16 日，中共中央发给广东区委电文《中共中央关于华南战略方针和工作部署给广东区党委的指示》："华南战略根据地……应以湘、粤、赣边区为中心"，"为实现此战略方针，你们应即派遣大的有力部队，由负责同志率领，随带大批干部，迅向北江地区发展，直至坪石、南雄之线，扩大游击根据地，以便在数月后和王震、文年生各部打成一片，并接收干部。"① 当时，广东区委与东江纵队为党军政一体化。广东区委书记尹林平

---

① 广东省地方史志编纂委员会编：《广东省志·军事志》，广东人民出版社 1999 年，第 979 页。

收到中央电报后，广东区委和东江纵队立即部署落实。

8 月 15 日，第一批 1200 多人从博罗县横河誓师出发。由林锵云（珠江纵队司令员）、王作尧（东纵副司令员兼参谋长）、杨康华（东纵政治部主任）率领。因为要创根据地，需要大批干部，故而东江抗日军政干部学校、鲁迅艺术宣传队、拖拉机文艺宣传队等也参与北上。

北上期间，受到国民党顽军的重重堵截。8 月 26 日，东纵抵达始兴县清化时，王震所率八路军部队到达南雄帽子峰境内。后来得知国内形势发生变化，毛泽东在重庆谈判、王震部队已北返后，东纵取消了第二、三批的北上行动。

东纵在小流坑成立党军政委员会，在粤赣湘边实施战略展开。

东江纵队北上部队挺进始兴时，经历了与国民党军队的艰难苦战，最后摆脱纠缠，经仁化县扶溪，于 9 月 9 日进抵南雄白云的小流坑。9 月 10 日，部队接广东区党委及转中央指示来电："因形势变化，南下支队奉命北返，北上部队留粤北山区独立作战，坚持斗争。"① 就此，东纵北上部队就地留下实施战略开展。

林锵云所率领的珠江纵队，是较早到达小流坑的部队。对这段往事，原小流坑村民林德凤后人写有回忆文章：②

游击队每次来时，都会安排人在社官门口和屋背岭上站岗放哨。他们有时从小抚过来，有时从大流坑过来，有时从金丝水过来，有时从虎鞋过来，从来不暴露自己的真实姓名和职位。记忆

---

① 蔡伟强主编：《抗日战争中的东江纵队》，广东人民出版社 2015 年，第 88 页。

② 出自《我祖父母支持革命活动若干回忆》一文口述：林德凤；回忆：周凤娇、周凤英、周欠兰、周玉娇、周凤山；整理：周凤山。写于 2018 年 11 月。

犹新（在）1945年10月前后，来了一二十个游击队员，当头的他身材高、稍瘦、精干，眼睛炯炯有神，还有一两个女同志，告诉我祖母说要在这歇脚，要了盏煤油灯，晚上在大厅里开会。我祖母到藤婆茶水（一种性质较为暖和的茶）给他们喝，看见有个女的将纸铺在右膝盖上，右手不停地记录，看上去非常有文化，他们也不忌讳我祖母在场。

这个当头的一口外地口音，说话非常有文化，对我祖母也非常尊敬。到了晚九点多，我祖母一边煮猪食，他围着灶台，一边与我祖母聊天，谈家常，谈国事，谈打日本，谈当地民众生活。谈话间，他露出了他也姓林，就坚决要认我祖母为姐姐。我祖母喜欢他的个性，欣然接受，认了这个林姓弟弟。过了一段时间，有一天他们说要走，我祖母将几双近期纳给我祖父和我父亲穿的布鞋，和一斤多山茶叶打包给他，他乐意接受，顺手给身边人拿着，握着我祖母的手，久久不放。嘴里还不断地说，下次还会来麻烦姐姐，叫林姐家保重身体，最主要为他们保密！此次离开，我祖母流下了热泪。

之后为统一粤北部队和地方党的领导，他们成立了临时粤北党军政委员会。委员会书记杨康华负责党的工作，林锵云、王作尧负责军事指挥。任命张华为粤北特派员，负责粤北的地方工作；任命刘建华为赣南特派员，负责赣南方面的工作。

11月8日，杨康华在小流坑向广东区委书记兼东纵政委尹林平发电："我部已在北山初步展开，西北支队、北江支队、南三大队亦抵始兴。我部虽经挫折，被顽军一八七师、一六〇师一部进攻，但坚决执行中央路线及广东区党委决定，努力开创赣粤边。"

此后，粤北党军政委员会统领辖下部队1000多人，在粤赣湘边 10 多个县（含仁化、南雄、始兴、和平、连平和江西省大庾、全南、龙南、定南及湖南省汝城等）展开战斗，牵制了国民党两个军的兵力，减轻了东江解放区的压力，为后来创建粤赣湘边纵队打下了基础。

二、东纵接管南雄党组织，实行党军政一体化

军地干部互换，金阳任南雄县委特派员。

1945 年 9 月下旬，东纵部队到达南雄后，南雄地下党组织即归粤北党军政委员会领导。为了使地下党的工作和部队工作更加协调，杨康华决定军地干部互换，将时任南雄县委特派员陈中夫调入部队，另派金阳接任中共南雄县委特派员，任命地下党员欧阳汝森（小学老师，水口篛过人）为副特派员。

陈中夫，1917 年出生，是广西防城县人。幼年时期在防城上学，1935 年随父母到广州上中学，父亲在布店当店员，母亲在市郊农场做工人。抗战爆发后，他参加了当时的青年进步组织，如广州艺术工作者协会戏剧组、抗日先锋队等。在街头宣传抗日，演出《放下你的鞭子》等现代话剧。1938 年初，他和另外两个爱国青年一道北上到延安找党组织，到达陕北安吴堡时，被留下参加安吴堡青训班学习，并加入了中国共产党。同年秋天结业后，由党组织派回华南，开展青运工作。1941 年秋，他按上级党组织的指示，到南雄县瑶坑村，以乡村小学教师的身份作掩护，承接前任县委书记魏南金的工作，秘密担任中共南雄县委副特派员、特派员。粤北省委事件发生后，及时传达暂停党组织活动指示，使南雄党组织未遭到任何破坏。

1945 年 2 月，他按上级指示恢复南雄党组织活动。先后恢复李贤光、刘友聪、董书缨、欧阳汝森、徐高佬的党员身份把党组织建立起来，再审查恢复了吴述濂、董天锡、赖超雄、李宏华、

郭显亲、胡辉瑞等同志的组织关系。这些人都是知识分子，分布在南雄县城、乡公所或中小学校工作，在当地群众中有一定威望。陈中夫利用这些有利条件，掌握了南雄县抗日自卫军十二中队，化名王文祥，任十二中队参谋，幕后指挥这支部队。

1945年9月，国民党南雄县政府以抗战胜利为由解散十二中队，陈中夫表面同意，暗留一手，将一般战士解散回家，战斗骨干转任珠玑乡自卫队。东纵到南雄后，他带领这批战士进帽子峰找东纵部队，在洞头村遇到了刘建华率领的东纵南雄武工队。陈中夫与刘建华在抗战时就相识，大家多年未见，畅谈一番。陈中夫在洞头河背村宰杀了日本军马，慰劳东江纵队。随后到小流坑，见到了党军政委员会领导杨康华、王作尧、林锵云等。

东纵到南雄后，实行党军政一体化管理，军地干部互调，陈中夫调部队工作。十二中队与珠纵南三大队合并为"东江纵队粤北大队南雄支队"，戴耀任大队长，陈中夫任政委。解放战争中，陈中夫曾任粤赣湘边人民解放总队政治部主任、北二支队六团政委等。参加解放广州作战后，任广州公安总队副政委等。1965年，任武汉第二炮兵干部学校副政委。1971年12月逝世。

东纵五支队政治处主任金阳，调任南雄县委特派员。东纵到南雄后，面临很多困难，人生地不熟，衣衫单薄，给养困难，常受国民党军队追赶。原为创建抗日根据地而派来的大量干部，不适应部队行军作战，需要疏散。当时，南雄党组织的任务紧，工作繁重，主要有：搜集国民党"进剿"游击队的军事情况；购买部队的军需用品；安排部队干部疏散到地方；保护部队与上级沟通人员在南雄过境的安全。

在南雄地下党组织的大力协助下，金阳较好地完成了任务。金阳原姓温，1919年1月出生于江苏昆山。在上海中法工学院附中读书时，参加"一二·九"学生运动被捕释放，后进入中共南委机关，后在北江特委工作。1944 年在东纵五支队任政治处主任。解放战争期间，曾任湘赣工委书记，负责开拓湘南根据地，参与赣南根据地的创建。中华人民共和国成立后，曾任广东省环保局局长。

南雄党组织协助东纵开展斗争。

南雄党组织通过合法斗争，掌握少数国民党基层政权。珠玑乡乡长徐道昌，湖口矿石村人，是中共地下党员，时任南雄县委宣传部部长。1944 年秋，他参与创办珠玑中学，并在珠玑中学任教。后在党的指示下，出任珠玑乡乡长，他利用这个合法身份，秘密帮助党开展工作。

1946 年 4 月清明节前，南雄武工队小队长陈仲舒带领队员在珠玑钟屋背后的公路上，拦截了国民党军的一车军衣，虽然把东西弄走了，但是陈仲舒等游击队队员还在均平墟上闲聊。徐道昌考虑到当天是均平墟日，国民党特务经常出来活动。为了掩人耳目，徐道昌派自卫班徐学联（原十二中队队员）去征得陈仲舒同志的同意，让他们马上撤走；徐道昌又命乡公所的自卫班假装放枪追击。

同时徐道昌又向南雄县府和驻里东保安队报告说：珠玑有游击队拦车，请他们马上派兵到珠玑来。南雄和里东的保安队立即开到珠玑会合，结果扑了一个空。

这时游击队早已转到珠玑和里东之间的石子岭埋伏，当里东保安队大摇大摆地走到石子岭时，游击队突然出现袭击他们，弄得他们蒙头转向，狼狈不堪。

1946 年 3 月的一天，徐道昌带了几个自卫班队员去处理沙水钟屋与外浆李屋的水利纠纷，走到公路边的茶棚时，碰上国民党县联防大队到珠玑来。他马上改变主意，招呼他们到茶庄喝茶，派人准备酒肉招待他们吃饭，先稳住他们。然后，暗嘱下属去长塘尾坐着，如遇见游击队出来，告诉他们有情况，不要往外跑。刚好那天陈中夫出来找吴述濂，得知情况后，马上撤走，避免了一场事故。

徐道昌利用乡长的身份，收集国民党军活动的情报。1945 年冬，国民党驻军和县政府召开乡长会议，准备发动部队"进剿"在下洞、大水山、帽子峰一带活动的东江纵队。开完会后，他马上到瑶坑向张华（北江特委书记）汇报。等国民党军队开到时，游击队早已远走高飞。又有一天晚上，国民党军队突然来叫徐道昌派人带路"进剿"游击队，他叫户籍员陈景升带他们在山里兜圈子，直到天亮才到达目的地，此时游击队早已闻讯转移，让国民党军空跑一夜山路。

徐道昌还利用乡长身份，经常把共产党印发的传单带进县城，分送到各单位，使国民党军看了寝食不安。

南雄党组织疏散部队非战斗人员，隐蔽东纵干部。

东纵和珠纵部队北上时，曾带来了一批文艺宣传队、医务人员、干校教员等非战斗人员，对于进行山地游击战来说，这些人员都是部队最大的负担。因此，粤北指挥部决定把他们疏散出去，由南雄县地下党负责帮助部队迅速疏散非战斗人员。除珠玑乡以外，当时，南雄党组织还掌握了承庆（瑶坑）乡政权，中共党员刘友聪任承庆乡乡长。刘友聪利用乡长权力，开具合法通行证，疏散安排了一批东纵干部。如，东纵干部蔡端还在乡公所"工作"（休整）了一个月才走。当时，南雄党组织完全掌握的学校有珠玑中学（校长邓事型是党员）、县立女子小学（校长李宏华是党员）、承庆小学（校长郭显亲是党员）、湖口小学（校长也是党员），南雄党组织在这些学校中，安排了不少东纵干部入学教书。潘廉、李茵、王湜安排在女子小学教书；崔倩仪（崔碧）安排在承庆小学教书；胡军安排在湖口小学教书。党组织部分掌握的学校有植桢中学（教导主任李康寿是党员）、南雄中学（教导主任云昌遇是党员），为此，也有部分干部到此两所学校任教。其中，胡德成、何勉予（即何勉思，1995年霍英东铭源基金创建人）被安排进植桢中学。黄友涯被安排进南雄中学教英语。

当时，南雄县委设立的地下交通站有：珠玑陈公庙交通站，设在朱德美家里；湖口矿岭交通站，由邓国麟任交通员；湖口乡公所，有党员刘必荣任交通员；湖口小学，有党员胡辉瑞任交通员。国民党南雄县党部有地下党员郭显亲、邓事新；县妇女会有地下党员李宏华、温流；县税务所有地下党员吴昌琳；广仁小学有地下党员叶坚；县立南雄中学有地下党员郑彦文；省立南雄中学有地下党员教师云昌遇，还有地下党员学生张建勋、梁惠、李宏义、刘烈泉、刘烈馨；植桢中学有地下党员李康寿、李秀琼兄妹；乌迳有地下党员董天锡、董书缨、赖超雄。

为了方便与地下党取得联系，更好地开展工作，县委将地下交通站及联系点直接告诉徐道昌，由他利用珠玑乡公所，向东江纵队的疏散干部派发身份证，然后根据各人具体情况进行安排：有的送去广州、香港；有的就地安置，文化高的去教书，懂医术的去行医。卫生员朱依群、何平则安排到珠玑乡医疗所当医生，为群众治病。

除外，南雄地下党也为粤北部队做了大量的支援和掩护工作。冬季即将到来时，东纵部队指战员缺御寒衣物，南雄地下党通过各种渠道，采购了大量棉衣、胶鞋等御寒物品及药品、电池等，秘密运进山区，支援部队。

南雄地下党还利用党的基层组织和党员，通过各种渠道了解国民党军的行动计划，为部队提供情报。同时，派出人员与设在香港的南方局取得联系，互通消息，并负责接送从香港回来的工作人员，为他们的安全做好各项掩护工作。

粤北部队经过精简疏散一批非战斗人员之后，部队的战斗能力和机动性有了很大提高。

三、武工队公路收税，首战邬锡金为三五九旅报仇

成立武工队在南雄收税，解决部队给养问题。

1945年10月，在南雄地下党的配合和协助下，东纵疏散了一大批非战斗人员以后，还留下战斗人员800余人，部队给养是一个亟待解决的问题。东纵粤北指挥部决定组织一支"雄庾信武工队"，队长高固，政委刘建华，由南雄北山转到油山。武工队派张定和陈芳带了5名队员，配上4支长枪和3支短枪，到雄信公路上设收税点：乌迳至九渡水段，设在石迳墟；松木塘至信丰的庙下，设在火烧桥。

两个点的武装人员向来往客商收税，一连几个月没有中断，每隔三五天就派人将收到的税款送交指挥部。游击队在收税过程中，也偶遭国民党军袭击，由于他们警觉性高，未受到什么损失。

1945年12月间，粤北党军政委员会派刘黑仔（刘锦进）率手枪队与张定、陈芳会合，组成有21人的手枪队，由刘黑仔任队长，加强雄信公路线的活动。除原来建立的两个税站外，还控制了南雄大坊、界址、坪田、新龙、江口、老龙等七个墟场的税收。每逢墟日就三五人一组，进墟收税。虽然税收有所增加，但还难以解决部队的给养问题。

一天，刘黑仔接到上级指示，要速缴40万元法币给指挥部，以应急需要。由于时间短、任务急，刘黑仔决定袭击国民党乌迳税务所。夜幕降临后，刘黑仔带领10多名队员，从孔江上窑背出发，晚上10点赶到乌迳税务所。发现税务所人员正在那里打牌。手枪队突然冲进去，刘黑仔命令税务所人员将收到的税款立刻全部交出来，他们只好照办。手枪队得款后，立即离开乌迳，返回

驻地。经过清点钞票，共 40 万元法币有余，超额完成了指挥部交给的任务。

手枪队除了负责收税工作之外，还要做宣传群众的工作，每到一个地方和进入墟场，都带上传单，分散发给群众，使群众了解游击队是为穷人求解放的。收税工作一直坚持到 1946 年 5 月。

首战邬锡金，为牺牲的八路军战士报仇。

邬锡金，是南雄县百顺区区长，兼国民党县党部委员、县副参议长。邬锡金的老家在澜河白云的官田村。邬锡金占有大片田土山林，在县区任职掌权，权势炽人，平日横行乡里，搜刮民财，鱼肉百姓，在南雄称霸一方。

1945 年 8 月 29 日，王震率三五九旅南下支队离开南雄百顺区时，曾有六七名掉队的伤病员，被百顺区长邬锡金辖下民团捕捉后杀害。东纵到达南雄后，他也经常带队偷袭游击队。指挥部得悉邬锡金杀害八路军掉队人员后，决定袭击官田村，狠狠教训邬锡金，打开北山斗争局面。

1945 年 12 月的一天，刘培支队和叶昌大队，从帽子峰出发，于凌晨 2 时赶到官田。之后把村子和炮楼包围起来。民团兵吓得龟缩在炮楼里，不敢开枪。这时，部队对敌发动政治攻势，向炮楼里的敌人喊话：你们被包围了，要认清形势，立即放下武器，向人民投降，否则，只有死路一条！

在游击队强大的军事力量威慑下，民团兵挂出白旗，举手投降。天亮后，部队打开邬锡金的粮仓，没收这些粮食充作军粮。这次战斗，歼灭了邬锡金的自卫中队 50 多人，缴获枪支弹药一批。邬锡金在前一天跑往县城，侥幸逃脱。1949 年 8 月，邬锡金在南雄解放前夕逃到澳门，病死在 20 世纪 80 年代。

四、红色的珠玑中学，东纵文艺战士在南雄

地下党协助创办珠玑中学，珠中是东纵的秘密据点。

1944 年 7 月，日本在"打通大陆交通线战役"中攻下衡阳后，距衡阳只有 250 公里的韶关，变得人心惶惶。抗战时撤到粤北韶关、乐昌、坪石的广东各大学，计划撤离粤北，迁江西河源等地。当时在这些大学读书的南雄大学生曾宪辉、邓事新、李贤光、朱德美、钟行惠、邓事型和徐道昌等，先后疏散回到南雄，他们同先来南雄的文理学院学生郑彦文、李秋英、骆毓怪等一起研究，开展抗日宣传，首先要有个阵地。于是，这批人中的共产党员邓事新、李贤光、徐道昌决心推动落实。先在珠玑乡小学（营盘庵）办了一个暑期升中班，凡是愿意来的青年都接收，结果共收三十多人，他们一边补习，一边开展抗日宣传工作。补习班结束后，时任南雄县委特派员陈中夫认为，补习班可以办下去。于是，动员地方绅士邓述炽（邓事型父亲，珠玑聪背人）出面组织，把补习班办成了珠玑中学。1944 年 9 月后，珠玑中学成功创办。县委派党员欧阳汝森、邓事新、徐道昌去珠玑中学任教。共产党员邓事型（公开身份是国民党南雄县参议员）担任校长，珠玑中学为中共所掌控。

1945 年秋，东纵部队到达南雄后，因创建华南抗日根据地的计划有变，部队受到国民党军队的围追，为建根据地准备的大量干部不适合从事武装斗争，指挥部决定疏散非战斗人员。其中，有 10 多名东纵干部被安排到学校教书。他们是徐梓材（教导主任）、陈希行、刘志祥、胡德成、李茵（女）、潘韵韶（女）、胡军（女）、李朝霞（女）、李昭（美术教师）等。

其中，1945 年 10 月，东纵文艺战士李昭被安排到珠玑中学教美术，工薪是每月三担谷子。李昭在珠玑中学教"闲科"，主

要是教授图画、音乐等。闲是闲，但课较多。三个班，天天有课。她上课比较灵活，如上图画课，南雄人喜欢种烟。她就带学生到大自然里，去画树、画山、画水、画烟花等。她还教学生唱歌，唱抗战歌、客家山歌、民间小调……由于她热情高，经验不足，一不留神，把游击队的歌也教给学生去唱，结果身份被暴露，引起国民党特务注意，准备派军警前来捉拿她。得知此情况后，党组织立即通知她转移。李昭回到帽子峰小流坑指挥部，重新到文工团从事宣传工作。后来，李昭参加了北撤。

女子小学是东纵在南雄城的地下据点和情报站。

女子小学校长李宏华，又名李剑华，出生于 1918 年南雄城的书香家庭，自小聪慧好学。1936 年在雄中读书期间，参加抗日救亡运动。1938 年加入中国共产党。李宏华是南雄第一位女高中生，是南雄县妇女解放运动的先锋，在南雄教育界，尤其是南雄上层妇女中，有较高的声誉和地位。抗战胜利初，1945 年 9 月，国民党调兵遣将，企图消灭东纵粤北部队，在严峻的形势下，南雄地下党工作非常艰巨。

在此情形下，李宏华坚决执行"地方党要服务于部队为首要任务"的指示，出色地完成了部队交代的任务。除将部队干部李茵、王湜安排教书，照顾她们的衣食住行外，还把冯祖铭安排到广仁小学当总务主任，李光华（李鼎）安排到保定镇中心学校当教员，协助黄云耀（黄煊）、王磊、陈坤仪等从南雄（过境）撤离到广州。

东纵女干部李茵、王湜到女小后，女小成立党支部，李宏华任支书，受南雄县委特派员金阳单线领导。1946 年春，胡军（东纵女干部）从湖口中心小学调女小任教；以后又安排潘濂（东纵女干部）到女小工作。

为进一步扩大党的阵地，根据党的指示，李宏华兼任广仁小学教导主任，胡军继任女小党支部书记。女小党支部要求党员先把书教好，赢得师生好感，并通过谈心、家访、交友等方式，把大部分老师团结在一起。之后，再通过个别接触和访谈，及进行工作考察（如散发传单）等，把符合党员条件的林修、赵箐吸收入党。

1946 年 1 月，政治协商会议在重庆召开以后，为宣传党的方针、政策和团结广大妇女，李宏华根据党组织的要求，打入妇委会总干事（主任是县长太太侯德云），李洁、赵箐、王湜等先后兼任妇委会干事。这样，女小党支部实际控制了南雄县妇委会的领导权。之后，在党的指示下，1946 年 2、3 月，李宏华在教育界参加南雄县参议员的竞选，由于李宏华在南雄教育界有很高的威信，同时党内布置党员支持，结果李宏华获得票数最多，击败竞争对手王耀镛（时任南雄县中学校长），当选为南雄县参议员。

1946 年，为揭露国民党假和平、真内战的面目，女小地下党党员王湜、潘濂、胡军，把新入党的林修、李洁、赵箐教员组织起来，两人或三人一组，将东纵粤北部队印发的《前进报》和各种传单，乘黑夜分头把传单散发出去，发的面很广，不但发到学校、戏院、团体，还巧妙地把传单散发到国民党县政府的办公室、警察局、县党部、法院及河南桥看守城门卫兵的脚下。为避免敌人怀疑，还把传单放在女小门口。有一次，趁下雨的黑夜，她们从河边到广仁小学沿途一带张贴传单，天亮后，国民党县政府恐惧万分，全城紧急戒严，搜查过路行人，女小据点搞得南雄国民党反动派惶惶不安。

内战爆发后，五岭烽火重燃。1947 年春，留在女小的地下党教员除未暴露的林修以外，其余全部进山参加游击队。其中，李洁（李宏义）、赵箐（麦秀琼）在五岭地委机关电台部工作，林修则以女小为掩护，为五岭地委领导的部队收集情报，为南雄的解放作出了贡献。而担任女子小学校长的李宏华，于 1946 年 8 月暴露了身份，遭国民党追捕。在敌人下手前，李宏华转移至广州第五十八小学教书，继续地下工作。1947 年夏，再转移至香港。中华人民共和国成立后，李宏华曾在广东省公安厅四处、中共华南分局社会部、广东省化工厅、两广盐务局、湛江水产学院等单位工作。1978 年，调湛江师范学院教古典文学。1983 年离休。2014 年病逝。

东纵文艺战士在北山、油山村庄演戏，做革命宣传工作。

1945 年 8 月，随东纵战斗部队挺进粤北的有"鲁迅艺术宣传队"。这支文艺宣传队，是由原来东江根据地"拖拉机""铁流""海燕""星火"等政工队合编而成，队长是李门（李昭的哥哥）。部队北上时，遇国民党军重重围堵，一部分牺牲，一部分被打散，只有十几人辗转到达南雄，他们是：李门、游波、乔毅、韦丘、何光、张芬、叶惠斌、邓长珠、崔克、欧巾雄、梁咏儿、李莱、李昭等。因为人数少，鲁迅艺术宣传队被解散，文艺战士分散到各武工队中。

东纵刚到南雄时，立脚未稳，国民党军队苦苦穷追，稍大一些的墟场、村庄都被敌人用"填空格"的战术填满了。当时，游击队能活动的地方，只是一些荒无人烟的山区，或只有几户人家的小村。部队除了要打仗，还做群众工作，以收税来保证部队给养。

在新区，群众不了解游击队性质，不敢接近游击队，尤其不欢迎官兵去串门。游击队就利用宣传队，演出各种舞剧，以此吸引群众聚拢，从而拉近部队与群众之间的距离。当时，部队把演出戏剧，当作重要的宣传手段。

因为国民党军队经常围追，部队每天都在转移。在北山和油山地区，只要后面没有敌人追来，一住下来，部队就开晚会，向老百姓宣传。哪怕是三五家的小村落，也在草坪上点起一堆篝火，演起戏来。如果是较大的村落，武工队（连队）的四个班，就派一个班去放哨警戒，一个班去砍松照明，一个班在祠堂用门板桌子搭舞台，另一个班逐家逐户进行宣传，动员老百姓来看戏。

当松明点起时，就开始打鼓，化妆，进入演出状态。演出的节目，主要是宣传部队是人民的军队，宣传三大纪律八项注意；号召群众反对国民党抓壮丁抢粮，反苛捐杂税，揭露蒋介石打内战的阴谋等。

由于部队纪律严明，所到之处，买卖公平，经过一段时间的宣传，新区群众逐渐了解了部队，感情拉近了。不愿卖粮食给部队的，开始愿意卖了；自己的苦难，也愿意讲给武工队听了；部队需要购物，他们也愿意去平原墟场代为购买了。群众还把哪有国民党军队，有多少人，枪支配备情况等重要情报告知武工队。

武工队根据情报，多次躲开国民党军队的奔袭，出其不意地打击国民党军队，要求参加部队的年轻人也越来越多了。到了1946年春节，在武工队活动的几十个村庄，武工队到了哪个村，哪个村就杀猪杀鸡来慰劳部队，把南雄人酿制的糯米酒给他们喝。

武工队在山区扎下根后，就逐步向山区以外的平原墟镇展开。

1946年春节后的一天，部队得到群众情报，国民党驻军撤离了大塘墟。于是，文艺战士李昭所在的武工队，当天早上就开到大塘墟，在墟镇上搭起戏台演戏。演出结束后，群众围着文工团问这问那，与群众的小型座谈会就这样展开了。正当文工团战士与群众谈得起劲时，远处传来枪声。文工团于是立即疏散群众，收拾起东西，从容撤出大塘墟，朝山区撤退。

过了几天，油山一带的老百姓中出现这样的传说：大塘墟来了几百红军，打败了国民党一个营，还在大塘墟搭台唱戏，故事越传越广，传到南雄城、大庾城……国民党的县长和保安团吓得惊慌失措，城内到处戒严，如临大敌。

1946年6月，东纵北撤时，文工团全部撤出南雄。至此，东纵文工团在南雄的工作终于落幕。而当年一起在文工团工作的李昭和韦丘，在南雄产生战地恋情。中华人民共和国成立后，两人结婚并分别成长为广东知名文化人士。李昭绘画好，曾任岭南美术出版社副社长；韦丘写作好，曾任广东省作家协会副主席。20世纪90年代，韦丘的战友何铭思获香港富商霍英东赠送1亿元工作酬金后，何铭思据此设立"铭源基金会"，并委托亲密战友韦丘管理，用于资助东纵战斗过的粤赣湘边地区（即韶关、赣州、郴州之间的区域，简称"红三角"）的经济和社会发展。因对南雄有特殊感情，韦丘和李昭曾多次重返战地南雄。李昭于1996年病逝后，铭源基金会捐建平林小学（油山）、密下水小学（北山）教学楼，在李昭任教过的珠玑中学捐资百万元建"铭源楼"。

五、主力撤山东，精干武装隐蔽南雄

抗战胜利后，国共进行和谈。但是，在双方达成的国共和谈停战期间，国民党南雄县驻军违背停战令，设计诱杀了东江纵队著名战斗英雄刘黑仔。

东纵英雄刘黑仔牺牲在南雄界址。

刘黑仔，原名锦进。1920年出生于广东省宝安县。1939年，加入中国共产党。入党后，先在下村小学以教书为掩护，从事地下工作；1939年12月，到惠阳坪山参加曾生领导的惠（阳）宝（安）人民抗日游击队。1941年，刘黑仔任广东人民抗日游击队惠阳大队短枪队小组长，主要任务是保证部队供给，侦察敌情，打击日伪汉奸特务。同时配合主力部队，完成突袭敌军任务。后

任港九大队短枪队副队长、队长。他常常使用一支法制 20 响驳壳枪，在战斗中练就了一手好枪法，百发百中，被誉为神枪手，使鬼子和汉奸闻风丧胆。

1945 年 8 月，东江纵队奉党中央的命令开赴粤北南雄。到达南雄后，刘黑仔任东纵粤北支队手枪队队长，主要任务是解决部队的给养经费。他带领队员先在雄信公路线的石迳墟、火烧桥两个税站收取公路过路税，之后，逐步控制了南雄大坊、界址、坪田、新龙、江口、老龙等七个墟场税收，在一定程度上解决了部队的给养经费问题。

1946 年 5 月 1 日，在国共和谈的停战期间，国民党南雄县驻军违背停战令，设"解决民事纠纷调解计"诱杀刘黑仔。当刘黑仔带着手枪队员 7 人进入界址墟，准备调解民事纠纷时，突遭国民党军队数十人包围。在突围中，刘黑仔 2 名战友战死，1 人受伤，刘黑仔右腿中弹，冲出包围圈后，因失血过多而昏迷，倒在一条水圳边，被一过路的农民发现，急速报东江纵队。部队派人带着卫生员把刘黑仔抬到一个小村抢救，但由于流血过多，伤口又感染了破伤风菌，加上当时医疗条件差，在受伤的第三天，刘黑仔在被抬着送往指挥部的途中，因抢救无效而不幸牺牲。刘黑仔牺牲后，战友将他掩埋在江西省全南县正和乡鹤子坑村，墓碑用红砖刻"东江纵队英雄刘黑仔烈士之墓"。20 世纪 80 年代，刘黑仔骸骨迁回故乡深圳市龙岗区大鹏镇烈士陵园，墓碑刻字"抗日英雄刘黑仔"。

东纵主力北撤山东烟台。

1945 年 10 月，毛泽东在重庆谈判，国共双方签订了《双十协定》。按条约规定，南方 8 块根据地的中共武装部队调往北方。次年 5 月，廖承志、方方、曾生与国民党广东省政府主席张发奎谈判，双方达成了中共广东武装部队北撤山东烟台的具体协议。

1946 年 6 月 3 日,杨康华(粤北党军政委员会主席)与国民党代表黎国熹中校、美国代表纳尔逊上尉,在南雄县城岭南酒家谈判,达成了具体的撤军协议。

之后,东江纵队在南雄的部队遵照协议,开往英德龙口集中。6 月 30 日,从深圳大鹏湾登上美国军舰北撤,于 7 月 5 日安全到达山东烟台解放区。部队到达山东后,改编为两广纵队,参加了淮海战役及解放广东诸战役。中华人民共和国成立后,两广纵队整编为广东军区珠江军分区。杨康华曾任广东省副省长,于 1991 年逝世。两广纵队副政治委员林锵云曾任广东省副省长,于 1970 年逝世。两广纵队副司令员王作尧曾任广东省人大常委会副主任,于 1990 年逝世。

东纵秘留精干武装隐蔽在南雄。

为了应对国民党随时发动内战的可能,东纵北撤时,秘密留下 200 名精干武装,由黄业、刘建华、陈中夫三人组成的中共五岭临时工委领导,分散隐蔽在以帽子峰为中心的粤赣边大山深处。东纵粤北部队把最好的驳壳枪、轻机枪留给了他们。

1946 年 6 月 3 日,部队分头进入以下五个隐蔽地点:

黄业、刘建华率领部队五六十人,代号"山海关",在帽子峰南麓的锅坑隐蔽;戴耀带领 44 人,代号"过山虎",在帽子峰脚下的芳坑隐蔽;叶昌带领 33 人,代号"雄狮队",在三省交界江西崇义县洛洞乡石浪村隐蔽;邓文礼带领 20 多人,在始兴南山澄江隐蔽;吴伯仲带领 39 人,在始兴北山的武岗隐蔽。

后来,帽子峰隐蔽点因人数过多,目标大,粮食供应困难,易暴露,工委决定一分为三:由陈中夫、戴耀带领 40 多人到珠玑的三将军山去;由陈子扬、邱才带领手枪队 20 余人到油山去;其余人员留在原地隐蔽。

隐蔽部队的任务是:一是保存干部和武装力量,等待时机;

二是依靠群众，建立隐蔽基地；三是声援复员军人；四是保卫和领导当地的地下党组织。

为了北撤人员的安全，不留给国民党军队任何口实，部队需在三个月内绝对掩蔽，不做任何活动，不公开与群众接触，不以共产党队伍面目出现。要使国民党当局感到，中共在广东的武装部队已全部北撤了，找不到滋事的借口。

同时，要求隐蔽部队暂时不与上级党委联系，待以后时机成熟时，上级会派人来寻找。当北撤最后一批人员在帽子峰洞头集中准备南下时，容康、林克、罗荣、朱基四位电台人员和一部收报机被留了下来。

部队进入隐蔽地点后，过着与外界隔绝的艰苦生活。生活过得非常艰苦，由于粮食供应困难，每人每天只吃几两米，指战员们很难吃上一顿饱饭，经常摘野菜野果充饥。住的是简陋的竹棚或茅寮，遇到晚上下雨刮风，衣被被雨淋湿，就难以安睡了。但是久经战斗锻炼的战士们面对艰苦的生活，毫无怨言。白天无事，各队组织学文化学军事，提高战士们的文化水平和军事素质。有时也搞些文艺活动，如讲故事、小声唱歌等，苦中作乐。领导和共产党员带头吃苦，关心群众，官兵一致，同甘共苦，使部队始终保持着团结战斗的革命精神。战士们虽苦犹乐，在隐蔽期间，没有发生过士兵逃跑事件。

自从主力部队撤走之后，国民党立即派兵进驻东纵粤北留守部队活动过的地方，在乡保政权的配合下进行"清乡"、搜山，搞"自新"运动、五家连保等，要挟和威吓群众。隐蔽人员自觉遵守隐蔽规定，小心警惕，同时得到地下党和当地群众的支持和掩护，始终没有暴露目标。电台台长容康，将损坏的收报机修好，改装成无线电收讯台，每天收听新华社发出的明码电讯。这样，中共五岭临时工委书记黄业，虽身居大山深处，也略知外界发生的大事。7月9日，收到延安新华社播发的电讯，东纵北撤部队安全到达山东烟台，登岸时受到烟台解放区部队和群众的热烈欢迎，隐蔽部队非常兴奋，大家受到极大鼓舞，更加增强了斗志。

第二节 中共五岭地委在南雄

一、内战爆发，黄业率隐蔽武装出山

内战爆发后，东纵隐蔽部队收听领会延安社论精神，谋划应对策略。

1946 年 6 月 30 日，蒋介石以 22 万兵力包围进攻中原解放区。包括三五九旅在内的中原解放区各部队，在强敌包围下，顽强进行了中原突围。以中原突围为标志，内战全面爆发。8 月 19 日，延安《解放日报》发表社论《全解放区人民动员起来，粉碎蒋介石的进攻!》，严厉谴责国民党军队大举进攻解放区的罪行：

蒋介石调来进攻各解放区的军队，已达其全部兵力百分之八十五。西至新疆，东至大海，南至广东，北至长江，这一个广大地区中，蒋介石只留下百分之十五的兵力。蒋介石的空军都用来进行内战，并轰炸了延安。从兵力的部署上看，蒋介石是用尽了最后一滴力量来孤注一掷。谁也不能否认，中国人民已被蒋介石再一次抛入全面内战，规模之大，是数十年来所未有的。正因为此次内战规模巨大，而且蒋介石又有美国反动派继续援助，因此，中国人民决不能轻视此次蒋介石的进攻，必须团结起来，努力奋斗，将这次进攻，予以粉碎。①

社论号召解放区军民，团结一致，粉碎敌人的进攻：

只有全解放区军民一致动员，进行紧张的艰苦的奋斗，才能
粉碎反动派的进攻。我们的奋斗是正义的，我们的胜利是全国人
民所寄托的，我们是得道多助，蒋介石是失道寡助，我们的前途
是光明的，我们一定要胜利。②

黄业隐蔽在澜河锅坑收听到社论后认为，为了配合全国解放
区的自卫战争，部队应考虑结束隐蔽生活，恢复武装斗争活动。
接着，不断地从电台获得消息：国民党军队正大规模向苏皖和中
原解放区进攻，解放区军民英勇进行自卫还击。

鉴于此，临时工委决定结束隐蔽生活，开始小规模活动。

黄业在帽子峰开会，研讨对策，率隐蔽部队出山活动。

五岭武装队伍恢复活动以后，引起国民党反动派的注意。国
民党派正规军进驻山区，在地方团队配合下，四处搜山。1946 年
11 月，驻粤北的国民党六十三师被调往北方作战，各县只有保安
团和联防队，兵力不足，不敢进山搜索。

12 月，中共五岭临时工委书记黄业在帽子峰芳坑召开各队负
责人团级会议。会议开了三天，此称"帽子峰会议"。参加会议
的有黄业、刘建华，以及始兴的陈中夫、吴伯仲、邓文礼，仁化

① 《中国共产党党史学习参考资料》第 5 辑，四川人民出版社 1995
年，第 35 页。
② 《中国共产党党史学习参考资料》第 5 辑，四川人民出版社 1995
年，第 35 页。

的叶昌，油山的戴耀、陈子扬等。会议认为，内战已经打响，隐蔽阶段应该全面结束，配合各解放区战场的战斗。在未与上级党组织取得联系的情况下，武装队伍以群众起义的灰色面孔出现，公开活动于粤赣湘边地区，进行武装斗争，一边行动，一边主动寻找上级党组织。

叶昌队打出"崇仁汝人民反征救命团"的旗号，在粤赣湘边的江西崇义洛洞、湖南汝城热水和广东仁化长江一带进行武装活动。

戴耀队打出"雄庾信人民义勇大队"的旗号，以南雄的油山为基础，向大塘、邓坊、乌迳等平原地区进军，从山区伸出平原。

陈子扬、邱才等带领的"满天飞"短枪队出没在雄庾、雄信公路上，伺机袭击敌人。

邓文礼、吴伯仲率领的"始兴人民反征自救团""始兴人民反征大队"，活动在始兴地区。

部队活动采取的行动方针是：一是在军事上避免大打，寻找小打，伏击敌人的进山部队，打击便衣队，袭击反动的地方团队，肃清活动区内的反动分子；二是联系群众，特别做好山区纸厂、香菇厂和小村庄的群众工作；三是与地方中间人士建立联系；四是散发传单，扩大政治影响，并进行分化敌人的工作。①

武工队奇袭镇平乡公所，缴机枪一把。

位于油山南面的邓坊墟，设有南雄县镇平乡公所。女乡长李少芬为了"清乡"的需要，除了收集乡里的民枪之外，又筹款购买了一挺轻机枪，还组织起一支 15 人的自卫队，在邓坊墟和里源设哨，经常盘查山区出来赶墟的群众，限制他们购买粮食、食盐、

---

① 中共韶关市委党史研究室编：《五岭人民武装斗争史》，广东人民出版社 1996 年，第 8—9 页。

布匹、毛巾、电池等日用品进山,以达到封锁游击队的目的。为了肃清游击区内的反动分子,临时工委首先选择了镇平乡公所为袭击目标。

1946年12月3日晚上,刘建华率领戴耀队和陈子扬手枪队,潜入邓坊墟内,用炸药包炸开镇平乡公所的大门,队员们趁势冲进所内,当场俘虏自卫队员15名,缴获步枪23支,短枪3支。乡长李少芬因躲在附近的炮楼里虽未被擒,但慑于游击队的威力,主动要求与游击队领导接触。刘建华答应了她的要求,谈判结果是她自愿把一挺轻机枪交给游击队,并向游击队作出了几项秘密保证。游击队则允许她继续当乡长,不再打击她。

这次袭击战,是五岭部队结束隐蔽生活后旗开得胜的第一仗,它既扩大了五岭部队的影响,震撼了南雄、大庾、信丰各县反动派。

二、中共五岭地委驻帽子峰乾村

中共中央香港分局在南雄成立五岭地委,开展武装斗争。

内战爆发后,广东区委迁香港,改为中共中央香港分局。1947年3月,中共中央香港分局决定,成立中共五岭地委,组建和扩大武装队伍。

4月初,北江特委书记张华到南雄,传达中共中央香港分局指示,在百顺凌溪村(现属仁化)的云影庵,宣布成立中共五岭地委。由张华任书记,黄业、刘建华任副书记,陈中夫、金阳等为委员。

之后,中共五岭地委在云影庵召开首次会议,决定以南雄、始兴为基地,坐南朝北,积极准备条件,向赣南、湘南发展,扩大游击区,建立根据地;依靠山区,逐步向平原发展;整编队伍,亮出旗帜,放手打出去,准备由小搞到大搞。

中共五岭地委成立后，张华通知南雄地下党组织，党员进山参加武装部队。

南雄中学数学老师云昌遇，是中共党员。接到通知后，他借口身体不适，向校长黄继植辞职，秘密进山参加部队。云昌遇是海南文昌县人，1938年入党，后任西江特委委员，曾任国民党英德县政府教育科长、英德中学校长，做党的地下工作。1945年秋，为协助东纵在南雄战略展开，党组织叫他利用同乡家族云振中任南雄县长的关系，转到南雄中学工作，并担任教导处主任。进部队后，云昌遇曾任中共信庾康雄边工委书记、解放总队三支队政委等。中华人民共和国成立后，云昌遇任中共清远县委书记兼县长，后调武汉中南局宣传部工作，曾任湖北中医学院副院长，1987年逝世。

南雄中学英语教师黄友涯，是广东三水县人，时任南雄县委特派员。张华安排陈克接任县委特派员，通知黄友涯进山。黄友涯接到通知后，假借家里有事，向学校提出辞呈后，登上开往韶关的班车。他的学生不明真相，都到南雄车站与他告别，黄友涯依依不舍地与学生们离别。车到古市后，黄友涯即叫司机停车，然后悄然下车，进山参加部队。因为抗战时黄友涯在珠江纵队领兵与日军打过仗，有指挥作战经验，进山后任解放总队五支队政委。中华人民共和国成立后，曾任广东省设计院院长等，2009年逝世。

南雄地下党员进山参加部队的还有：国民党县政府秘书郭显亲、国民党乌迳巡警赖超雄；南雄妇女会的李宏华、温流；南雄县税务所的吴昌琳；南雄中学学生张建勋、梁惠、李宏义、刘烈琅、刘烈馨；植桢中学教师李康寿、李秀琼；广仁小学教师叶坚；珠玑乡乡长徐道昌；承庆乡乡长刘友聪；湖口乡公所职员刘必荣；珠玑中学校长邓事型；珠玑中学教师欧阳汝森；珠玑中学学生周才平、吴述滨、雷际尧等。乌迳墟卷烟杂货老板董天锡、董书缨。

在其他行业工作的地下党员：李贤光、徐高佬、胡辉瑞、张英裘、张祥龙、曾友贤、刘烈琼、刘烈任、吴述濂、朱德美、林志强、杨铭谱、杨泽禧、刘烈义、李偕贤等接通知后，纷纷进山参加部队。董书缨进山时，还带了10多个农民兄弟参加部队。

组建武装部队，成立粤赣湘边人民解放总队。

五岭地委决定，亮出党的旗帜，打出部队番号，部队整编为"粤赣湘边人民解放总队"（简称"解放总队"）。东纵北撤时，曾在南雄留下了几百支枪，五岭地委利用这批枪，很快就把队伍扩大。一个月后，部队一下子就扩大到600多人，而且以党员、有觉悟的青年为主，战斗力很强。

黄业任总队长，张华任政治委员，刘建华任副总队长，陈中夫任政治部主任。总队以下设四个支队（团级），一个独立大队（营级），二个地方大队（营级）。

第一支队，支队长叶昌，政委黄业（兼）。该支队主要活动在南雄的北山和崇义、仁化、大庾交界地区。

第三支队，支队长吴伯仲，政委云昌遇。该支队主要活动在南雄百顺、苍石及始兴北山一带。

第五支队，支队长邓文礼，政委黄友涯。该支队主要活动在南雄主田、始兴南山及与江西全南交界地区。

第六支队，支队长戴耀，政委刘建华（兼）。该支队主要活动在南雄的油山、邓坊、大塘、孔江、乌迳和南雄与江西大庾、信丰的交界地区。

独立大队，大队长邱才，政委陈子扬，主要活动在南雄的雄庾公路沿线地区。

南雄大队，大队长徐道昌，活动在雄庾公路南雄路段以西地区。

神勇大队，大队长郭显亲，活动在南雄的主田和古市的小坑、三角岭一带。

总队成立后，公开打出旗号，走出山区，挺进平原，向敌人发动新的进攻。从此，南雄革命走上一个新的高潮。

帽子峰是粤赣湘边武装斗争的中心。

为了更好地领导开展粤赣湘边武装斗争，1947年4月中旬，五岭地委将指挥机关从百顺凌溪，迁往横水（今帽子峰镇）乾村。从此，帽子峰（横水）的乾村成为中共五岭地委、粤赣湘边区人民解放总队驻地。

乾村建于北宋乾德年间，以年号而名，迄今有一千多年的历史。20世纪40年代的乾村人口有200多人，在当年的南雄山区，算得上是一个大村庄。粤赣湘边区人民解放总队机关，从百顺凌溪迁往帽子峰乾村，主要出于三个原因的考虑：一是，帽子峰比百顺离南雄城更近，与上级联系更方便安全。重新开展武装斗争后，中共广东区委撤到香港隐蔽，更名为"中共中央香港分局"。由于战争开始，部队与上级（香港分局）联系频繁，干部调动，人员、物资往来都较多。从香港到南雄后，下乡只能步行，步行到百顺要两天，步行到帽子峰要半天。两天才能到达，路途食宿及安全都没有保障，所以总部从百顺迁到帽子峰。二是，帽子峰西可入湖南，东可出江西，位置优越。帽子峰位于粤赣交界山南侧。翻越界山往北，即踏进江西省境。再往北可进抵江西崇义，往西可进入湖南省境。往东可进大庾、信丰、南康等地。沿粤赣界山往东，则可到梅岭，进入油山境内。这一带，都是红军和三年游击战时期的老根据地，群众觉悟高，基础好。三是乾村地势险要，易守难攻。乾村坐北朝南，地势险要。地势由北向南缓缓下降，视野开阔，村前即可俯瞰前方2公里情况。村庄三面环山拱卫，只有正南方一条道路进出。村前一里远路口，有林木密布的高地，设机枪哨所扼守，可有效防止敌人偷袭和袭击，保障指挥机关安全。而且，乾村是一个有着 200 多人的大村庄，房屋较多，能较好地满足机关用房。当时乾村除老百姓的私人住宅外，还有两个石围（乾村石围、大田石围）、三个祠堂（乾村祠堂、大田祠堂、偷狗坑祠堂）属公共建筑。公共建筑面积超过二千平方米，能较好地满足部队的驻营所需。

为了有效组建部队，中共中央香港分局从香港和广东各地调派了大批干部配备到部队中。据原五岭地委书记张华 1986 年 7 月 27 日在韶关召开的五岭武装斗争史座谈会上透露：内战打响后，香港分局重点配备五岭地区的领导干部，前后配备过来的委（师）级领导干部有 12 名，部队有大学文化程度的知识分子 100 多人（不含高初中生），加上大量原东纵的复员军人归队，部队得到迅速扩充。

1947 年 4 月中旬，五岭地委和解放总队迁入乾村后，发展到 600 多人枪。以后，队伍发展到 1000 多人，设立了支队、大队、中队、小队建制。各级配备政治工作人员，支队有政治委员，大队有教导员，中队有指导员，小队有服务员。

五岭地委在帽子峰设"山海关"电台，办《人民报》。

1947 年 4 月，五岭地委在乾村创办了地委机关报《人民报》，主编杨平。报纸 4 开 2 版，利用土纸油印出版。《人民报》继承东江纵队《前进报》的优良传统，用钢板刻写，字体工整，一如铅印，很受读者欢迎。

报纸主要刊登延安新华社播发的全国解放战争的胜利消息，延安《解放日报》的社论、文章，党中央和人民解放军颁布的各项政策法令，以及五岭地区军民同国民党反动派作斗争的情况，等等。报纸主要发给根据地军民阅读，使广大部队指战员和革命群众及时了解全国解放战争形势，坚定革命决心和胜利信心。

《人民报》不仅成为部队的政治教材，而且还通过各种渠道散发到国民党统治中心，如韶关、赣州、广州，甚至传到香港，使各阶层人民、国民党军政人员从中了解五岭地区游击战争胜利发展的信息，吸引了韶关、赣州、广州等地的大、中学生，纷纷前来五岭地区参加游击队，1947 年秋共有 300 多人前来参加。同时，在争取人民群众对革命斗争的支持和分化瓦解敌人也起到了一定的作用。

五岭地委在乾村设有电台，代号"山海关"。电台部除北撤时留下原有的工作人员和设备外，还增加了新设备和工作人员，培训了一批技术骨干。因此，五岭地委与中共中央香港分局，及其他兄弟地区的通讯联络得到了加强。

五岭地委部队分散在粤北、赣南和湘南三个地区，自上而下的指示和自下而上的请示汇报，主要靠交通人员来往奔走递送。司令部和各支队都设有交通站，各站配有多名年轻的交通员。这些"小鬼"机智勇敢，不怕艰险，练就一双"铁脚板"，跋山涉水，行动敏捷。他们往往带着机密信件，或口头联络任务，或背着大袋的报纸宣传品，不管白天黑夜，独自一人在大山林里奔走，有时还要穿过敌人的封锁线，但是大都能胜利完成任务。

其中，总队交通员许庆龙，有一次接受黄业交给的紧急任务，从帽子峰出发到百顺去联络部队。当他走到锅坑附近一个纸厂时，遇国民党军带警犬搜山，因躲避不及，落在国民党军手里。他临急编造说是龙头村的看牛仔，国民党军不信，逼他在前头带路，前往龙头村查问。许庆龙带着国民党军在山间小道转来转去，走到一条隘路时，趁着他们走得又苦又累，稍不留意，许庆龙纵身跳下山坑深处的灌木丛里逃走了。

五岭地委设有后勤机关和卫生队。

乾村设有后勤总队机关，负责筹集和掌管部队的经济开支和生活供给。敌情紧张战斗频繁时，后勤人员要千方百计解决部队的吃饭问题。朱赞珍、李绪龙负责管理总队经费给养，他们是三年游击战时留下的老红军，熟悉当地的情况，发扬红军艰苦奋斗作风，成为五岭部队后勤工作的表率。

总队机关还设有卫生队。起初总队只有 13 名医务人员，经过1947 年部队大发展以后，在南雄、始兴吸收了一大批女青年入伍，主要担任卫生员。医务人员最多时，达到了 100 余人。

总队机关卫生队长麦雅贞是广东顺德人，1920 年出生，原是香港广华医院的护士，1942 年 1 月参加东江纵队，后在司令部任卫生队长。东纵北上南雄后，她留在南雄坚持武装斗争。她最初带着六七个卫生员，在医疗条件极差的情况下，为重伤病员治病。没有药品，她就同卫生员上山采草药；没有粮食，她就找群众要吃的。在她们的精心护理下，一批批伤病员康复后重返战斗岗位。麦医生还经常为群众治病，分文不取，帽子峰的老百姓称之为观音娘娘。她每到一处，乡亲们纷纷上门求医，拉近了军民关系。1947 年 9 月，麦雅贞与主力团团长叶昌结婚。中华人民共和国成立后，麦雅贞曾任广东省卫生厅人事处处长，1998 年逝世。

部队女医生朱依群，随东纵北上到南雄后，组织上安排她在珠玑乡开医务所。她以行医为掩护，做党的秘密联络工作。她医术高明，医德高尚，遏止了当地的天花流行，使她一举名扬四乡，珠玑人民称她为"神医"。朱依群返回部队后，和麦雅贞共同负责总队的医务工作。在治疗重伤病员的工作上做出了很大的贡献，而且培养出一批部队医务人员。

三、攻新田夺白云，五岭地委在南雄土改

黄业率解放总队主力攻占新田，五岭地委控制了南雄东部平原地区。

1947 年 4 月，解放总队开进横水（帽子峰）后，先后拔除了

横水及周边地区的几处国民党军据点，镇压了专与共产党作对的洞头保长谭章明、上龙保长聂邦道，消灭了 100 多名乡自卫队，也教育了一批反动分子，促使国民党军内部分化。除了少数区长、乡长仍坚持反动立场外，大部分保持中立，有的还暗中投向游击队，如珠玑、邓坊、里东、龙溪、古禄等乡的乡长，主动与游击队联系，建立两面政权。

至此，解放总队发展到 1000 多人。五岭地委根据中共中央香港分局关于"开展游击战，建立根据地"的指示，军事斗争准备由"小搞到大搞"。为实现这一计划，解放总队在扫清山区国民党军据点后，即从山区开到平原，放手大搞。

进入 6 月以后，副总队长刘建华与支队长戴耀率领六支队，先后扫除了黄坑、大塘、水口、南亩、坪田、龙口、江口等地的乡公所和自卫队。这样，南雄东部平原地区只剩下乌迳和新田两个国民党军据点。新田是个住有几百户人家的大村，位于南雄东部平原中心，处于浈江水运与雄信公路连接点上，军事上有重要的战略地位，经济上也是南雄东部地区商品贸易集散地。墟上驻扎着新田乡一个自卫中队，黄坑乡的自卫中队也到那里驻扎。在新田墟东 3 里远的乌迳墟，驻扎着一个县的警卫中队，与新田乡的自卫队遥相呼应。附近好几个乡的反动土豪都麇集在新田墟，企图躲避游击队的打击。

为了扫除这个据点，总队长黄业决定集中数倍于敌人的兵力，全歼该敌。黄业，广东惠阳澳头小桂村人，出生于 1919 年，原名黄业成，1936 年参加抗日救亡运动时，改名黄业。1938 年加入东江纵队，从事武装斗争，他能征善战，军政素质高，多次率领部队打胜仗，后任东江纵队支队政委。1945 年 8 月，东纵北上南雄接应三五九旅时，东纵司令员曾生安排他率第一批部队出发。东纵北撤山东烟台后，他受命留下，率精干分队隐蔽在南雄。内战爆发后，在与上级失去联系的情况下，他精准判明时局变化，果断率领部队结束隐蔽，打击国民党基层政权，建立游击根据地。五岭地委成立后，他任五岭地委副书记、粤赣湘边区人民解放总队总队长。解放战争期间，黄业率部队在南雄指挥作战，对南雄和南雄人民感情深厚。20世纪八九十年代，他曾多次回到南雄，看望老战友叙谈话旧，进行战史座谈等。1973年前后，黄业任广东省军区副司令员。1997年逝世。

为了扫除南雄东部平原敌人据点，1947年9月26日，在黄业一声令下，叶昌率一支队，戴耀率六支队，共700多人开往新田。当晚，攻击部队到达新田后把全村包围起来，攻打新田的战斗很快就要展开。

新田村东、北、西三面都离浈江河很近，南面山冈起伏，村的四周排列着密集的民房，形成一道"围墙"。村内筑有炮楼和临时碉堡，控制着河面，村外四周是开阔地。黄业分析了当时的敌情，认为攻击部队声势浩大，南雄城的敌人应该不敢出来增援，但为防万一，令陈子扬队据守雄信公路，警戒南雄城来援之敌并进行阻击。黄业决定在白天对新田发起强攻，消灭新田村的国民党军。

天亮后，黄业下令发起猛攻，敌人依据炮楼负隅顽抗，战斗从早晨打到中午，进攻部队分别用炸药，从各个方向对敌炮楼进行爆破。眼看炮楼被炸崩，援军也没见踪影，加上游击队的强大政治攻势，新田村的敌人只好举起白旗，出来投降。这次战斗，俘敌100多人，缴获轻机枪两挺，长短枪60余支。

新田战斗打响后，南雄县长闻讯十分惊慌，急忙派保安营长陈进才率队前来增援，走到半路听老百姓说，共产党游击队集中了一万多人打新田，还配有大炮，吓得他不敢前进，赶紧缩回县城。驻乌迳的敌人，被杨奉璋的游击队在烂城俚阻击，为了免遭灭亡的命运，慌忙逃回乌迳，不敢再出来增援。

战斗结束后，五岭地委在新田召开群众大会，号召人民反"三征"（征兵、征粮、征税），打倒国民党反动派。同时，警告乡长、保长和地主豪绅，今后不得与人民为敌，要认清形势，选择光明前途，站到人民的一边来。

新田之战后，戴耀率领六支队乘胜袭击了里东、珠玑等乡的国民党军据点。这样，南雄以北山、油山为中心的五岭根据地，扩展到了整个南雄东部平原地区。

叶昌率主力团攻占白云，游击队控制了南雄整个北山地区。

北山，泛指珠玑、全安、帽子峰、澜河、百顺一带的山区。当时，整个北山地区只剩下靖平乡被敌所占。靖平乡公所设在白云墟，在帽子峰的西面，与五岭地委总部机关乾村相距只有20公里。靖平乡敌人不时出来捕捉五岭地委派往仁化、湖南的交通员，袭击根据地的民运人员、后方干部，对根据地威胁甚大。

1947年9月，外号"北山虎"的南雄县副参议长邬锡金，趁第一、六支队主力开到平原活动的时机，指使其得力爪牙钟怀德，搜罗了一批散兵游勇，组成百顺区自卫大队。自卫大队拥有三挺机枪、数十支步枪，由钟怀德任自卫队大队长兼靖平乡乡长。为了巩固北山游击根据地，队长黄业、政委张华决定拔除这颗"钉子"，消灭这股敌人，此任务交给了第一支队。

一支队是能征善战、作战勇猛的主力部队，人称"叶昌主力团"。支队长叶昌，是广东惠阳县淡水镇沙田村人，于1919年2月出生，1938年加入广东惠宝人民抗日游击队，后在东纵第五支队任大队长（营级）。1945年9月，东纵北上粤北时，叶昌率部队到达南雄。东纵北撤山东时，他留在当地隐蔽（隐蔽在江西崇义）。内战打响后，任解放总队第一支队长。中华人民共和国成立后，叶昌曾任韶关军分区副参谋长，转业后曾任广东省农业机械研究所党委书记兼所长。2000 年病逝。叶昌著有回忆录《战斗在粤赣湘边》，对五岭地区军事斗争进行回忆。

1947 年 11 月 26 日，时年 28 岁的叶昌接到总部命令后，即率一支队和湘边队（五岭地委辖下郭名善任队长、李康寿任政委，在湖南发展起来的部队）的部分队员共 200 多人，于当晚进入白云墟东面的竹山背村隐蔽，伺机消灭钟怀德的武装。27 日凌晨，敌人前来偷袭竹山背村，企图捕捉五岭地委民运人员，被游击队发现。一支队很快占领有利地形，用机枪猛射钟怀德的自卫队。钟怀德一听枪声，知道碰上了游击队的主力，反击了一阵，见势不妙，掉头就跑。一支队猛打猛冲，将钟怀德的自卫队打散。钟带领残部，抄小路越过五斗岭后，往下矽方向逃窜，最后躲进了下矽村的炮楼里，负隅顽抗。

叶昌率领一支队紧追不舍，追到下矽村后，得知钟怀德带着自卫队躲进炮楼，立即把炮楼包围起来。天黑后发起攻击，战斗持续到 28 日凌晨，钟怀德仍不投降。天快亮时，叶昌命张发带领突击班，背上炸药包，在机枪的掩护下，乘天黑掩护，接近炮楼，连续两次爆破，终于将炮楼门炸开，当场炸死炸伤自卫队 10 余名。钟怀德支持不住，打出白旗，举手投降。这次战斗共俘敌 40 多名，缴获机枪一挺，长短枪 60 余支，子弹一批。

随后，解放总队在帽子峰洞头村召开军民庆祝大会。解放总队干部战士、北山民兵常备队及北山群众代表都出席了大会。黄业嘉奖了作战有功人员，对一支队进行了表彰，对钟怀德进行了宣判、镇压，其余俘虏经过教育全部释放回家。

消灭钟怀德的自卫队以后，游击队控制了南雄北山地区。南雄北山游击区和始兴北山游击区连成一片。至此，国民党只能控制县城及城郊附近四五里远的地方，其余广大农村地区基本上为游击队所控制。

张华率五岭地委在南雄土改分田。

随着南雄斗争形势的发展和根据地的不断扩大，五岭地区的革命斗争威震粤赣湘边区。各地党组织把有文化有知识的地下党员，一批批地输送到游击队来，部队的干部力量和素质都得到增强，南雄农村青年参加游击队和壮丁常备队非常踊跃，部队迅速扩大。到1947年12月，粤赣湘边解放总队发展到4000多人，南雄各地壮丁常备队（脱产民兵）约3000人。当时，南雄县建立了六个区政权：横水区（今帽子峰），区长陈仲舒；白云区，区长陈瑞明（又叫陈明，女）；乌迳区，区长赖超雄；大塘区，区长刘南文；宝江区（今水口），区长郭显亲；珠玑区，区长徐道昌。

1947年秋，五岭地委电台收到新华社播发华北、华中解放区实行"土改"的经验报道后，地委书记张华在帽子峰乾村召开会议，决定学习华北经验，在南雄搞土改。之后，在乾村举办训练班，培训了土改干部，即以横水为中心，先试点，然后铺开。不久就扩展到白云、密下水、油山、乌迳、龙溪、南亩、水口、大塘、湖口、珠玑、主田和古市的三角岭等群众基础较好的地区。以后又在其他新区展开土改。这次土改，条件其实并不成熟。五岭地委武装部队只有4000多人，实力不强大，且超过一半是刚刚入伍的新兵，训练不足，甚至不少人连枪也没有。1948年2月，敌野战军"隆昌部队"进攻南雄时，根据地军民准备不足，防守薄弱，根据地很快沦陷。

张华，广西来宾市人，原名刘鸿祯，乳名亚福，出生于1911年。1935年广西师专毕业后入党。后在广东省省委做党内交通接待工作，人称"所长"，抗战后期任始兴县委书记、北江特委特派员等。1947年3月，任五岭地委书记、粤赣湘边人民解放总队政委。张华作风民主，善于总结经验。半年后，五岭地委开始扭转战局并取得最后的胜利。中华人民共和国成立后，张华曾任梧州市委书记兼市长。1980 年任广西区政协副主席。20 世纪 80 年代，张华多次回粤北及南雄看望战友，并为受冤假错案的战友奔走呼吁。他重视粤北党军史及《五岭地区人民武装斗争史资料》的编写，先后七次参与史稿讨论。于 1990 年逝世。

四、敌人疯狂进攻，根据地艰苦抵抗

敌人疯狂"清剿"，五岭根据地沦陷。

随着粤赣湘边根据地的不断扩大，五岭革命斗争武装力量越来越强大，国民党在广东的统治地位摇摇欲坠。为挽救崩溃的危机，1947 年 9 月，蒋介石派宋子文到广东，任国民政府军事委员会广州行辕主任兼广东省政府主席和广东保安司令。宋子文到广东后，立即扩编反动武装，召开"清剿"会议，制定"清剿"计划，展开对根据地的"清剿"。五岭革命根据地是敌人发动"清剿"的重点，宋子文将全部美式装备的正规军六十九师（代号"隆昌部队"）调到粤北，设立"粤赣湘边区'清剿'联防指挥部"，任命反共干将叶肇为总指挥，指挥部设在曲江，限令叶肇在 1948 年 4 月 15 日前"肃清"三省（粤赣湘）边区的共产党游击队。

1948 年 2 月，叶肇集中一万余人的兵力，穷凶极恶地向南雄、始兴扑来，妄图一口吃掉粤赣湘边区的游击队。南雄是五岭根据地的中心，为五岭地委和解放总队领导机关所在地，也是解放总队主力活动的地区。

国民党隆昌部队以 4000 多人的兵力，向南雄根据地发动进攻。敌人首先进攻驻在主田塘山一带的郭显亲的神勇大队，在黄土伦展开激战。由于游击队仓促应战，加上敌强我弱，游击队未能取得胜利，游击队的反击也未能取得胜利，于是转移。其后，敌人相继攻占了珠玑、湖口、黄坑、乌迳等大片平原地区。

接着，又对密下水一带进行"清剿"，妄图扑灭五岭地区的革命烈火，消灭南雄人民武装。南雄游击队与民兵常备队一起，英勇抗击了敌人的疯狂进攻，同敌人战斗了六七天后才退入山区。随后敌人又以正规军为主，与地方团队配合，向五岭地委和解放总队领导机关驻地——横水进攻。为了不让敌人长驱直入，以便争取时间，掩护领导机关转移，六支队支队长戴耀率领周来主力大队200多人，在牛岭山麓同敌人隆昌部队一个营奋战了一整天，达到了阻止敌人前进，掩护了地委和总队领导机关安全转移的目的。

国民党军队对游击区进行大"清剿"，疯狂地镇压游击队员家属和革命群众。其中，永和乡遭受严重摧残。永和乡包括全安密下水、杨沥，以及今帽子峰全镇，澜河镇澜河、上澜、葛坪等村，是五岭地委机关的中心驻地。敌人占领永和乡后，对永和乡进行了疯狂的报复。1948年4月，曾在上龙黄姜埂一次性用机关枪屠杀36人。杀人最多的是在承庆乡公所，一天多则杀五六人，少则杀一两人。在苍石大坪的和望乡，曾一次杀掉游击队员和革命群众30多人。敌人在湖口下地山"清剿"时，一次性烧毁民房74间。还有一些极端反动的乡公所私设公堂，随意杀人。敌人的残酷屠杀，使游击队家属不敢回家，致使田地荒芜，房屋倒塌，景象凄惨。

敌人除对游击根据地实行残酷"清剿"外，还进行移民并村，把山区的村民强迫搬到平原的大村去。对山区实行严密的封锁，以断绝人民群众与游击队的联系，企图把游击队困死、饿死在山里，以达到他们消灭游击队的目的。

在敌人的残酷"清剿"下，五岭地委和解放总队机关从平原撤回帽子峰山区，活动范围大大地缩小了，近千人的队伍聚集在方圆二三十里人烟稀少的山沟里，处境十分困难。首先碰到的问题是粮食非常紧缺，每天晚上要派武装小分队和政工人员到平原去找粮食。由于粮食缺乏，战士经常吃稀粥拌野菜，有时甚至以竹笋和野果充饥。时值春初，气候寒冷，战士们衣着单薄，有的没有棉衣、棉被，晚上难以入睡，只好烤火取暖，度过寒夜。由于敌人连续一个多月的"清剿"，他们所到之处，实行"三光"政策，革命受到严重摧残，革命进入了低潮。

但是，南雄各根据地的军民没有被敌人的疯狂"清剿"所吓倒，游击队也没有被困死、饿死。他们发扬了不怕困难、不怕牺牲的精神，坚决反击敌人的"清剿"，与敌人浴血奋战，歼灭了不少敌人，打击了敌人的嚣张气焰。同时，还想出各种办法打破敌人的围困封锁，使之妄图消灭游击队的阴谋未能得逞。

壮怀激烈、可歌可泣的反"清剿"斗争。

在反"清剿"的斗争中，出现了许多可歌可泣的英雄人物。为了打破敌人的封锁，解决部队的给养，1948年3月，六支队派出小队长张玉带领12名战士，从油山潜出平原税站去取钱和侦察敌情，破坏敌人的电话线。当他们完成任务回来时，在古城迳与一个营的敌人遭遇，被敌人层层包围在山坡上。张玉和战士们沉着应战，从早上打到中午，毙伤敌人三四十人。张玉小队12人，除一人藏在石洞里、一人负伤卧在尸体中未被发现外，其余10人在战斗中英勇牺牲。张玉战斗到最后一刻，眼看没有生还的希望，就把从税站带回的款项全部扔进战火中烧掉，把剩下的一粒子弹射向敌人，自己也壮烈牺牲了。

政工队员张长莲，是湖口高石街村人。1947年，年仅16岁的张长莲跟父亲上山打游击，在部队做卫生员，后经短期学习，被分在政工队工作。1948年3月初，部队在南雄县里东乡横江山顶龙凤庵宿营时，被国民党政府军队包围，张长莲等人被捕，虽遭严刑逼供，仍保持革命气节，后被押解到南雄监狱。一个叛徒劝张长莲写信给她父亲，带款来赎人。张长莲不予理睬，再次遭受酷刑。1948年3月5日，张长莲写了一封信，设法托人送给她父亲，信中写道："我被反动派捉到坐监房，你不要难过，请吃饱茶饭，保重身体，做好工作，只要大家齐心合力，把蒋介石和一切反动派打倒了，我死也甘心。你的爱女长莲在南雄监房写。"3月7日，张长莲与被俘的游击队员一起，被枪杀于南雄县城东郊五里山下。[①]

1948年3月23日，六支队第三大队政工队队长董天锡带领三四名游击队员，从油山前往乌迳平原。他们途经孔江乡老虎佛屋场时，在附近的岩洞里夜宿。由于坏人的告密，他们被敌人包围。董天锡带领队员突围，冲出洞口，跳进河里，他不幸被敌人的机枪击中，身负重伤。但是他还顽强地爬上河岸，继续与敌人战斗，最后英勇牺牲。游击队员龚绍进也同时牺牲。

在反击敌人的"清剿"中，广大民兵常备队员和革命群众，也表现得十分英勇顽强，坚贞不屈。乌迳的民兵常备队员董嗣宽和白毛偌在反"清剿"中被敌人捉住，敌人要他们供出游击队的情况并交出枪来。他们坚决拒绝了，表现得非常顽强。敌人用残酷的手段，在他们身上钉"梅花钉"，活活把他们俩折磨死。百顺朱安塘的民兵常备队60多人，在村里英勇抗击敌人的进攻。党支书麦丙连、队长麦太阳保、分队长麦雪古、司务长麦土地都在战斗中英勇牺牲了。民兵常备队员还与敌人打了两天，才从村里撤出，转移深山，坚持斗争。朱安塘的农会主席麦洪盛被敌人捉

---

① 南雄县政协文史资料研究委员会、中共南雄县委党史办公室编：《南雄人民革命史料选编（下）》，《南雄文史资料》（第10辑），南雄文史资料编辑部1990年，第173页。

住，敌人要他"自新"，他坚决拒绝，被敌人当众杀害。住在孔江乡穆公寨壮布山上一个姓张的老斋公，平时经常帮助游击队买粮购物、了解敌情。在"清剿"时，敌人捉住他，对他进行严刑拷打，把他的骨头都打断了，他也不说出游击队的去向和任何情况，保护了游击队。

敌人对游击队的"清剿"，除了进行军事行动外，还实行政治攻势和经济封锁。南雄县区、乡都成立了"戡乱救国委员会"，各级反动政权配合行动，实行五家联保，不准"当匪"、"窝匪"、"通匪"、"济匪"。一家违反，五家受罪。

敌人还利用各种手段，威逼游击队员家属，限期要其子女回家"自新"，否则就要扣押家属，监禁亲人，没收财产。由于国民党反动派的威胁，一些游击队员家属被迫进山或写信，动员亲人回家"自新"，导致个别意志薄弱者离队，向敌人"自新"。但是，大多数游击队员家属意志坚强，不为所吓。如，敌人企图捕捉神勇大队大队长郭显亲，就把他的父亲捉到乡公所，进行严刑拷打，要他交出儿子来。老人坚贞不屈，敌人毫无办法，最后只好把老人关入牢房，直到南雄解放才将其放出。

在经济方面，敌人派兵严密控制公路、河流，企图捕捉游击队的税收人员，截断税源，以断绝游击队的经济供给。

尽管敌人对游击队进行残酷"清剿"和严密封锁，但是，南雄人民群众没有忘记仍在山上坚持斗争的游击队，而是想尽千方百计来支援他们，经常把粮食、食盐和日用品偷偷送进山。

有的农民进山做工时，把粮食放在箩底下，在上面盖上草木灰或其他肥料，瞒过敌人，送给游击队。有的农民进山劳动时，多带些中午吃的米饭，把米饭放在田边，待游击队员来取。也有的进山砍柴时，把食盐放进竹杠里，回来时另找竹杠子挑柴，把有食盐的竹杠放在路边，待到晚上由游击队员下山取走。

五岭地委在帽子峰开会，总结经验教训。[①]

虽然游击队和革命群众对敌人进行了英勇斗争，但由于敌强我弱，力量对比悬殊，敌人的"清剿"使游击队受到很大的挫折。4000多人的武装部队在反"清剿"斗争中，折损一半。在这种严峻的形势下，1948年5月中旬，五岭地委在南雄帽子峰山脚下的芳坑召开了一次扩大会议（简称"帽子峰会议"），参加会议的有张华、黄业、刘建华、袁鉴文、陈中夫、金阳、张尚琼、叶昌、戴耀、吴伯仲、陈子扬等。会议认真总结了一年来的工作，认为工作成绩主要是：抗击和牵制了部分敌人正规军的兵力；消灭了大量反动武装，培养了大批干部，党组织也发展了，党和部队在群众中的威信提高了。

会议也对一年来的工作进行了反思总结：一是1947年夏提出"打下南雄城"的口号，是不够清醒的。对于敌人可能集中兵力对五岭地区进行大规模的"围剿"没有足够的估计，缺乏思想上和行动上的准备。二是工作部署操之过急。如在根据地尚未巩固起来，群众没有充分觉悟和迫切要求的情况下，急于在一部分地区实行土改，把大批干部和领导的精力放在土改分田的工作上，忽视了建立一支全区性主力部队，加强新建部队的政治军事训练，以及充分做好粮食、武器、弹药等物资准备工作，以便随时反击敌人的进攻。三是这次反"清剿"斗争遭受较大损失，敌我力量悬殊是主因，盲目轻敌、军事缺乏不足也是重要原因。由于过早土改，及土改中有"左"的政策，侵犯了中农和墟镇工商业者的利益，拙伤了开明地主和倾向共产党的乡保长积极性，打击面过宽，使一些过去同情革命的开明士绅和地主富农，不再积极支持

---

① 中共韶关市委党史研究室编：《五岭人民武装斗争史》，广东人民出版社1996年，第50—54页。

游击队，有的甚至站到敌人那边，增加了反"清剿"斗争的困难。四是在军事指导上有失误，没有及时集中力量，抓住有利战机打击敌人。尤其是在敌人进攻锋芒过后，没有集中兵力，把握好战机，机动灵活地歼灭敌人。兵力集中不起来，形成不了拳头打击敌人，耽误了战机。如邓坊、珠玑战斗，只将来犯的敌人打退，未能将其消灭。

同时，总结出在斗争中暴露了很大的缺点，就是对敌情报工作没有做好，主要靠韶关地下党设立的一个情报联络站，没有建立全区的情报网。更没有派出可靠人员打入敌人指挥机关和要害部门，致使耳目不灵，在敌人进攻时，得不到可靠的军事情报，这也是造成军事斗争被动的一个主要原因。

最后会议决定：一是暂时停止土改。二是主力部队转移到新区，跳出外线作战，减少南雄游击队的压力，变被动为主动。三是坚持老区斗争，把原属南雄的地方游击队和地下党员留下来坚持斗争，继续打击敌人。四是加强地方党的建设，整顿民兵常备队，协助游击队开展斗争。五是严格区分两类不同性质的矛盾，调整好各阶层之间的关系，团结一切可以团结的力量，共同对付敌人。

改变打法，主动出击，扭转被动局面。

帽子峰会议后，解放总队留下一部分力量坚持山地和平原游击战争，主力转移到敌人力量薄弱的湘南、赣南去开辟新区。于是，张华、黄业、刘建华率领主力部队到邻近的湘南、赣南去开辟新区，留下郭显亲率领一支队伍在南雄帽子峰坚持斗争；赖超雄、董书缨率领一支队伍在乌迳、孔江、老龙一带坚持斗争；何高率领一支队伍在南雄油山坚持斗争。留在老区的各支队伍，开始主动地向敌人进攻，经常派小分队打冷枪、剪电线，偷袭和干扰敌人，使敌人不得安宁。

1948 年夏，神勇大队长兼路西工委副书记郭显亲，率领神勇大队由横水转到油山地区活动。同年秋天，又从油山回到南雄北山的上嵩、下洞、横水一带活动。他带领几十名武工队员到各地活动，他注意做地方势力派的工作，争取团结分化他们，宣传发动群众，为部队解决给养。武工队里的刘烈瑽、刘烈任等在承庆乡一带活动；胡辉瑞、杨铭谱等在邓坊、中站、祇芫、下汾等地活动；朱德美、林志祥等在珠玑一带活动；张英裘、张祥龙、曾友贤等在湖口、水口一带活动。

徐道昌率领南雄大队到雄北山帽子峰一带坚持斗争。有一天徐道昌率领 50 多人在大水山与敌人激战了大半天，打退了敌人的进攻。游击队打得英勇顽强，到处打击、干扰敌人，使敌人不得安宁。

为了恢复南雄平原的斗争局面，总队长黄业率领机关和部队于 1948 年 8 月从湘南回到了帽子峰，同时派出陈子扬和邱才率领短枪队，到南雄的雄庾线上活动，开展群众工作，保护雄庾公路来往客商，并向来往运输车辆合理收税。这样，既解决了部队的给养问题，又牵制了敌人，还扩大了政治影响，增强了群众的斗争信心。11 月，六支队派周来、戴甦率领 50 余人袭击了驻在南雄江口墟的县保安警察中队，用了不到 20 分钟就结束了战斗。这次共俘敌 30 余名，缴获轻机枪一挺、步枪 32 支、子弹 1200 多发和电话机一部。这是敌人"清剿"以来，游击队克复的第一个平原据点，也是解放总队在南雄地区由防御转为进攻的开始。

解放总队打破敌人的"清剿"后，又从外线回到油山根据地，训练队伍，加强根据地建设。1948 年 12 月，解放总队第一、六支队主力集中在油山附近，捕捉战机。有一次地方党组织送来情报：大庾和南雄的保安团近几天来调动频繁，有联合进攻油山的企图。刘建华、叶昌和戴耀得知情况后，进行了认真研究，决定趁敌人尚未发现总队主力集结油山的有利时机，伏击进山"搜剿"的敌人，给敌人一次沉重的打击。

于是，他们选择了邓坊乡上杨梅龙头山为伏击地点。这里有一条油山与平原相接的大路，是雄庾山区之间往来的要道。两边山高路险，草深林密，有一条狭长的山谷，谷底溪深流急，是打伏击战的好地方。12 月 17 日深夜，分散驻扎在油山各地的 400 多名指战员，遵照总队的命令，依时开赴伏击地点埋伏，等待敌人的到来。直到 19 日下午 3 时，敌人一个营的兵力，才从大庾方向开来。当敌人先头连队全部进入伏击圈后，总队立即发起攻击，轻重武器齐发，子弹像雨点般射向敌人，一下子把敌人打得晕头转向，四处逃窜，敌人的先头连队很快就被消灭了。这一仗共毙伤敌排长 2 名，士兵 22 名，俘敌连长以下官兵 24 名，缴获轻机枪一挺，长短枪 27 支，炮架一副，子弹 1000 多发，军用物资 10 余担及文件一箱。游击队员伤亡 4 人。这一仗是解放总队由分散活动转为集中主力部队歼敌的第一次胜利，对整个五岭地区影响很大，鼓舞了南雄各根据地军民的斗志。这是解放总队在反"清剿"斗争中，由被动变为主动的转折点。

第三节　战略进攻　解放南雄

一、解放总队整编北二支，组建主力团

1948 年秋，随着解放军在各个战场不断取得胜利，中国人民解放军的力量日益壮大，各战略区、各野战军之间的协同作战越来越频繁。各部队组织编制、番号不统一等问题，越来越妨碍大兵团之间的协同作战。为此，中央军委颁布了《关于统一全军组织及部队番号的规定》：全军今后一律冠以"中国人民解放军"的称号，分野战部队、地方部队和游击队。① 1949 年春，全国各解放区的部队先后按中央军委决定整编。

1949 年 2 月，中共中央香港分局成立粤赣湘边纵队。将"粤赣湘边人民解放总队"作为广东地方部队进行重点建设，整编为"中国人民解放军粤赣湘边纵队北江第二支队"（简称北二支）。

以后，又在北二支部队中抽出力量，组建了"中国人民解放军粤赣湘边纵队湘南支队和赣南支队"（简称湘南支队）。北二支、湘南支队、赣南支队及湘南地委、赣南工委均属五岭地委统一领导。北二支司令员黄业，政治委员张华，副司令员刘建华，政治部主任陈中夫。原解放总队所属各支队，改为团的建制，团

---

① 金冲及主编，中共中央文献研究室编：《周恩来传》第二卷，中央文献出版社 2011 年，第 821 页。

以下设营。

同时，为贯彻中共中央香港分局用"全副精力去建立主力"的指示，五岭地委决定建立北二支主力团。1949 年 5 月，以叶昌的一支队为基础，加上邱才独立大队，编为主力一团。团长叶昌（兼），政治委员吴伯仲，政治处主任陈子扬。陈子扬，广东梅县人。参加东纵北上到南雄后，奉命隐蔽坚守。他个子比较高，人称"高子扬"。部队恢复武装斗争后，陈子扬任手枪队队长，代号"满天飞"，负责在雄庾公路，主要在珠玑、梅岭段对来往车辆收税，以保障部队供给。他的妻子陈瑞明（陈明），是五岭根据地白云乡女乡长。中华人民共和国成立后，陈子扬曾任广州中山医学院党委副书记等职。

主力一团下设三个营：第一营营长刘裕安，副营长卢志光，教导员劳火；第二营营长周来，副营长杨奉璋，教导员戴甄；第三营营长邱才，教导员梁超。全团 600 人。

在三、五、六支队的基础上，建主力二团，团长戴耀（兼），政治委员袁鉴文（兼），政治处主任谭颂华，参谋长杨泰湖。袁鉴文，广东东莞人，原名袁教民，中山大学毕业后赴延安抗日军政大学学习，后回广东任中共东莞中心县委组织部部长等职。1948 年任五岭地委副书记兼解放总队副政委。中华人民共和国成立后，袁鉴文曾任武汉教育学院院长。2007 年病逝。

主力二团下设两个营：第一营营长唐胜标，教导员欧阳汝森，副教导员范兰胜；第二营营长黄康，教导员张艺，副教导员李循作。主力团主要担负全区性的较大规模的作战任务。

以后，又组建了五团、六团。至此，北二支有 4 个团，总兵力超过 6000 人。

二、北二支进攻作战，三战三捷

1948 年秋，敌战斗力较强的六十九师（隆昌部队）北调后，国民党在南雄周边地区的力量只剩下五六千人，战斗力不强。南雄、始兴有六个护路中队，赣南和湘南各有一个保安团，各县有一个保安营或自卫大队，还有一些联防队。

1949 年 1 月，刘栋材的国民党六十三军军部和所辖一八七师调来南雄驻防。一八七师虽是正规军，但经过解放军的沉重打击，剩下的都是些残兵败将，新兵战斗力很差，士气十分低落。此时，敌我力量发生变化，五岭地区解放军在数量和战斗素质上开始超越敌人。同时，随着淮海战役的胜利，全国解放战争形势大好。五岭地区反"清剿"斗争的胜利，极大地鼓舞了南雄军民的斗志，南雄开始进入战略进攻阶段。

1949 年 3 月，五岭地委在南雄油山畚箕窝召开了扩大会议。会议决定抓住有利时机，乘敌人混乱惊慌之际，集中主力部队，向南雄平原地区发动攻势，尽快地恢复和扩大五岭根据地，迎接南下大军，解放粤赣湘边区。

之后，北二支抽调主力团，在南雄精心组织了几次较大的战斗，打击盘踞南雄之敌，三战三捷，取得辉煌的胜利。

一战樟树下，伏击敌人。

1949 年，5 月上旬，敌粤赣湘边区水陆交通自卫队（护路队）第五中队和驻大塘乡坪田坳分队 100 多人，在自卫大队长陶宗伯的指挥下，联合"进剿"油山游击队。北江第二支队领导获得这一情报后，立即将叶昌、戴耀两部 400 多名主力部队集中起来，于 5 月 10 日凌晨开到油山夹河口附近的樟树下，布下了伏击圈。

上午 8 时，游击队前方监视哨报告，发现 100 多名敌人从夹河口方向大摇大摆地向樟树下走来，妄图进入油山"清剿"游击队。来犯敌人是叶肇"剿总"的直属队护路中队，全部美械装备，气焰嚣张。不一会，敌人全部进入伏击圈。指挥员一声令下，顿时机枪、步枪从四面八方向敌人开火。敌人突然遭到袭击，惊慌失措，乱作一团，四处逃窜。经过 10 多分钟的战斗，敌人死的死，伤的伤，敌中队长翁永年受伤，失去指挥和抵抗的能力，敌人纷纷缴械投降。不到半小时就结束了战斗。此战共毙伤敌人 40 多人，俘敌少校中队长翁永年以下官兵 80 多人，缴获轻机枪 3 挺，冲锋枪 6 支，掷弹筒 3 个，长短枪 70 多支，子弹和物资一批。北江第二支队方面，只有 4 人受伤。

樟树下伏击战，是继上杨梅伏击战之后的又一胜利，震惊雄庾两县敌人。此战的胜利，成为北二支转入了全面进攻阶段。

二战龙口据点，全歼守敌。

距离水松村 10 余里的龙口村，是国民党龙溪乡公所驻地，驻扎着敌人一个联防中队。该中队是叶肇在重点进攻时，在南雄东部安下的一个"钉子"。联防中队成员多数是兵痞流氓，平时仗着叶肇的势力，欺压人民。该中队拥有较好的武器，据守在一座四面环水的水楼里（当地人叫水城），只有一条路与外面相通，并筑有坚固的工事，易守难攻。

这个据点，被北二支定为向平原发展的首要打击目标。

1949 年 6 月 6 日上午，驻在龙口村的龙溪乡联防中队派一个班到水松村催粮。得知这个情报后，黄业决定在该村设伏。当敌人进入水松村时，这个班的敌人就全被俘获。经教育后，这些俘虏表示痛改前非，愿立功赎罪。

黄业决定将计就计，利用这个机会，奇袭龙溪乡公所，拔掉这个"钉子"。于是便由中队长邹裕光、叶梅带领一批战士，乔装打扮成送粮的农民，每人挑着箩筐，身上藏着武器，由联防队员搎着取掉撞针的步枪，"押着"挑箩筐的"农民"，向龙口村走去。黄业和叶昌率领主力团随后跟进。

当送粮"农民"接近水城时，守门敌人以为是他们的人押着农民挑粮回来了。当敌人拉起闸门，游击队员快要接近城门时，炮楼上的敌人识破伪装，立即放下闸门，向游击队开枪。

邹裕光、叶梅指挥队伍马上散开，占据有利地形进行反击。后面部队听到枪声，估计前面出了问题，立即跑步前进。

待主力团赶到后，黄业、叶昌看了地形，决定强攻，立即命令突击队和爆破组，迫近水城大门，进行爆破。一声巨响，炸开了大门。突击队员一拥而上，冲进水城，击毙了敌人的机枪手。其余敌人见势不妙，不敢抵抗，纷纷举手投降。

这次战斗，俘敌龙溪乡乡长叶香山和联防中队长叶温荣以下官兵40多人。毙敌数名，缴获机枪1挺，步枪30多支，短枪3支，子弹及物资一批。

龙口据点被捣毁，龙溪乡一带平原地区重获解放。

三战南亩，遭遇奸敌。

龙口战斗胜利后，主力一团乘胜进攻坪田，坪田敌人闻风而逃。接着，主力一团挥师转向南亩。驻南亩的南雄县保安团一个营，为避免遭到打击，亦在前一天晚上，撤回南雄县城。主力一团进驻南亩墟。

南雄国民党军遭到几次歼灭性打击之后，不甘心自己的失败，还要作垂死挣扎。他们集中残兵，对南亩进行反扑，要与主力一团决一死战。黄业得知这一情报后，除主力一团外，还调集戴耀主力团和始兴部分部队集结南亩，准备歼敌。

1949年6月13日，敌保安团一个营和交通总队一个中队及六十三军的炮兵排共400余人，从南雄出发向南亩扑来。北二支在水口通往南亩的大路两旁埋伏，准备诱敌深入然后歼之。不料敌人走了黄坑至南亩的一条小路，刚好与在此警戒的北二支叶福中队相遇。

敌人发觉后，即以一部分兵力抢占山头，但被北二支包围，一个排被歼灭了。另一部分敌人向南亩墟扑来，也被北二支歼灭。其余敌人见北二支人多，形势对他们不利，急忙率领残部狼狈逃回南雄城。

南亩战斗共毙伤敌人连长以下官兵 40 多名，俘敌排班长各一名，缴获轻机枪一挺，枪榴弹筒一个，长短枪和弹药及军用物资一批。北二支伤亡 10 余人，中队长叶福在战斗中英勇牺牲。

龙口、坪田、南亩解放后，新田、水口等地敌人惊恐万状，纷纷放弃据点，逃进南雄县城。

三、北二支恢复根据地，加强政治攻势

根据地全面恢复，南雄重设县委。

1949 年 3 月，五岭地委成立中共南雄县工作委员会，全县党员 200 多人。这是自 1942 年南雄撤销中心县委，实行特派员制以来，首次恢复县委制。南雄县工委书记吴新民，是始兴人，出生于 1910 年，原为始兴抗日风度大队长，后编入东纵并北撤山东烟台。任两广纵队后梯队政治工作队队长等。1949 年 1 月，奉命到西柏坡中共中央统战部（城工部）培训，学习解放区政策、城市政策。之后吴新民化装南下，从山东坐船到香港分局报到，再经香港到南雄，任南雄县工委书记。中华人民共和国成立后，吴新民曾任广州市园林局党委书记、局长等职。

中共南雄县工委成立之际，成立了南雄县人民政府，吴新民兼任县长；成立了五个区政权，一区区长杨铭谱，二区区长刘烈琼，三区区长赖超雄，四区区长张祥龙，五区区长朱德美。南雄县工委、南雄县政府机关设在珠玑乡苔塘村的长窝俚。

8 月下旬，南下大军解放了江西全省，准备向广东进军。与江西接壤的南雄县，是由赣入粤的主要通道。为确保南雄县能做好迎接大军南下、支援前线的工作，8 月 21 日，五岭地委对南雄县工委进行改组。南雄县工委改为南雄县委，由北二支政治部主任张尚琼出任中共南雄县委书记兼县长。

张尚琼，原名张英莹，1914 年出生于湖口张屋村。张尚琼的姑姑张元金，是曾昭秀的妻子。张尚琼从小深受姑父曾昭秀革命思想的影响，1929 年 1 月，在省立南雄中学读书时，便加入中国共产党。后因入党介绍人、监誓人去世，与党组织失去联系，1937 年张尚琼在国立中山大学社会系读书时，经邱萃藻介绍，重新加入中国共产党，任中大总支书。1938 年毕业离校后，被省委任命为巡视员，活动于粤北。1942 年 5 月粤北省委事件后，张尚琼隐蔽于广西省灵川县中学任教员。1945 年日本投降前夕，到重庆与中共地下党取得联系，任《唯民周刊》编辑。之后，调香港分局工作。1947 年，进入游击区，任中共五岭地委委员、北二支政治部主任等。张尚琼是中华人民共和国成立后南雄的首任县委书记兼县长，他为建立地方政权、维持社会治安、恢复发展生产、支援南下大军作出了贡献。张尚琼后在广东省劳动局等单位工作。1978 年病逝。

加大政治攻势，稳定社会人心，动员青年参军。

1949 年 1 月，五岭地委为了加强城市工作，派中共党员彭克礽到南雄县城开展地下工作。他到南雄县城后，经党组织批准，将中山大学学生、爱国民主协会成员庄诗椿、郭隆钰分别调到赣州市和南雄县城从事城市地下工作。与此同时，他们还建立了南雄地下团，团员有 3 人，在县城经常进行革命活动。后来彭克礽和六支队四大队政委邝哲民到赣州开辟党的地下工作，建立青年工作委员会，为国民党撤退后赣州的社会局势稳定作出了贡献。

郭隆钰回到南雄县城后，动员了一些进步同学参加革命工作，建立了从南雄县城通往游击区的联络站，工作人员有 4 人，他们经常组织一些物资送往游击区，支援了游击队的斗争。中华人民共和国成立后，郭隆钰曾任南雄县人大常委会副主任，著有《古瓷考略》一书。

8 月，南下大军解放江西全境，南雄的国民党军政要员纷纷出逃台湾、香港、澳门，南雄县城的工商业主人心浮动。

8 月 7 日，北二支写了《致南雄工商业主的信》，并印成大张布告，通过地下党悄悄送进城，张贴在南雄县城大小各街道上。信中说："所有烟行、纸行、米行、百货行，总之一切商行不论资本多少，不论业主是地主、富农，还是民族资本家，人权、财权我们均一律坚决保护。我们所要没收的，只是与四大家族有密切关系的官僚资本和怙恶不悛的反革命罪犯的财产。对于官僚资本与民间资本合办的生意，我们亦只没收官僚资本的股份，其中民间资本股份，我们亦坚决保护"。[1] 公开信张贴出来后，对广大工商业主浮动的人心起到了较好的安定作用。

8 月 15 日，原省立南雄中学、南雄县立中学学生，在那时成为解放军北二支战士的邓事坛、曾昭港、吴庆辉等 29 人，又联合写了《致南雄省中、县中校友同学的信》："亲爱的校友们，同学们：别来好久了，……我们是青年学生，我们应该继承和发扬'五四'、'一二·九'青年学生的优良传统和革命精神，为国家与人民的利益而奋斗。南雄的反动派霎眼间就要灭亡，南雄的老百姓霎眼间就要当家做主人。"公开信呼吁："校友们！同学们！来，参加到人民解放军中来，在实际斗争中锻炼一日，胜在反动

---

① 钟祥胜主编，中共南雄市委党史研究室编：《南雄人民革命史》（增订本），广东人民出版社 2011 年，第 286—287 页。

学校中读书一年呢!"①

公开信经地下党送进城后,在雄中学生中秘密传阅,产生强烈反响,大批学生上山参加解放军。有些班基本走空,只剩下几个人,乃至于一个月后,南雄解放时,省中、县中因在校学生人数过少,合并为联合中学。

四、会师梅岭,南雄解放

第二野战军与北二支会师梅岭。

1949年七八月间,人民解放军在湖南、江西、福建发动了强大攻势,步步向南推进,中共中央军委发出了向广东进军的命令。根据中央指示,中共中央华南分局要求五岭地区发动广大军民做好迎军支前的准备工作。

北二支在南雄举办了支前工作、接管城市、接管政权机关等工作训练,参加训练的是由各部队选送来的干部战士,共100多人。学员结业后,主要分配到县军管会和区乡人民政府工作。

赣州解放后,9月11日至20日,叶剑英在赣州主持召开中共中央华南分局扩大会议。五岭地委书记张华奉命到赣州接受任务,在赣州成立"北江第二支前司令部",由张华任司令员兼政委,袁鉴文任副政委。

张华从赣州回到大庾之后,即派叶昌主力团开往南雄县梅岭、邓坊一带活动,配合南雄地方游击队和地下党组织,发动群众,筹备粮草,搜集敌方情报,准备迎接中国人民解放军进军广东。

进军广东的军事指挥,除了有叶剑英外,还有二野四兵团司令员兼政治委员陈赓。负责解放南雄的是二野四兵团十五军,部

---

① 钟祥胜主编,中共南雄市委党史研究室编:《南雄人民革命史》(增订本),广东人民出版社2011年,第292—293页。

队起源于太行军区及独立旅，抗战后整编为中原野战军第九纵队，解放战争时编为十五军，军长秦基伟。

担任对南雄突击进攻的是十五军的四十五师。四十五师是一支英雄的部队，在三年后的抗美援朝中，打赢了举世闻名的上甘岭战役，诞生黄继光、邱少云等战斗英雄，彪炳史册。四十五师师长崔建功，河北省魏县人，1955 年获授少将军衔，曾任昆明军区参谋长等职。副政委王银山，四川江油人，1955 年获授少将军衔，曾任云南省军区参谋长等职。参谋长张蕴玉，河北省赞皇县人，1955 年获授少将军衔。20 世纪 60 年代，负责中国核武器基地试验，组织指挥了我国第一颗原子弹、第一颗氢弹爆炸等试验任务。

为迎接大军解放南雄，9 月 23 日上午，张华、叶昌率领北二支队刘裕安营抵达梅关，列队等候迎接南下大军。

当天下午，第二野战军第四兵团第十五军四十五师先头部队的指战员，浩浩荡荡地进入广东南雄县境内，通过了梅岭"南粤雄关"关楼，与北二支胜利会师，互相拥抱，热烈欢呼。长春电影制片厂随军摄影记者，把这场面拍成电影胶片，记载了当时历史转折的瞬间。

四十五师攻占雄州，南雄解放。

南雄是江西进入广东的主要通道，历来是兵家必争之地。国民党军为了防止解放军南下，以南雄、始兴为广东的第一道防线，由六十三军一八六师五五八团驻守南雄城，并沿雄庾公路布防，兵力延伸到梅岭脚下。

梅岭会师后，十五军四十五师及各团指挥员，立即作好战斗部署：一三五团迂回到梅岭脚下的敌军防御工事侧背，截断敌人退路。一三三团从左翼直插浈水南岸的雄始公路上警戒，一方面防止南雄城的敌人南逃；另一方面阻击始兴来援之敌。一三四团在北江第二支队的配合下，直取南雄县城。

一三四团和北江第二支队接到任务后，沿着崎岖的山路和湿滑的田埂跑步前进，行动神速，于9月24日凌晨3时许，到达南雄城北郊。当时国民党军还在睡梦之中，一三四团就将驻在二塘的一个保安营歼灭了。接着，该团的一部和北江第二支队在南雄城西北的琵琶岭歼灭和俘虏逃敌300余人。

十五军直属侦察分队也在城南一河相隔的河南街歼灭逃敌300多名。

凌晨4时，城内敌人得知城外敌人被歼的消息，惊恐万状，准备逃跑。这时，解放大军和北江第二支队已兵临城下，从东面、南面和北面发起攻击。一三四团一营首先攻破东门（宾阳门），与守城的敌一八六师五五八团交火约半小时后，占领了国民党南雄县政府。

三营和北江第二支队从北门攻入城内，三营疾步奔向城南的河南桥边，见敌军正在放火烧桥。解放军战士冒着烟火冲过桥去，消灭桥上守敌，立即扑灭桥上大火，保护了这座100多米长的木石结构的大桥，使解放军大部队顺利通过。

到了拂晓，城内的敌人已全部歼灭。只有国民党南雄县县长华文治见势不妙，带领几个亲信，从西门溜出城外，往全安飞机场的方向逃跑。

解放南雄城的战斗，仅历几个小时，共歼灭敌人1300余人。

十五军军长秦基伟，在南雄县城庆祝新中国成立。

南雄解放后，十五军军长秦基伟率军部进驻南雄城。10月1日下午3时，秦基伟在南雄城学宫射圃（原灯光球场），与数万军民一起，通过收音机，收听了"中华人民共和国成立大典"实况直播，秦基伟与南雄人民一起，隆重庆祝中华人民共和国成立。

秦基伟是湖北红安县人，抗美援朝期间，他指挥十五军以坑道战坚守上甘岭，以炮火大量杀伤美军，一度传说歼灭了美军一八七空降团。为此，1961 年中央军委组建空降兵时，把十五军改编为中国人民解放军空降兵第十五军。秦基伟于 1955 年获授中将军衔，1988 年任国防部部长，1997 年逝世。

秦基伟部下四十五师教导营干部孙侃，亲历了南雄"开国大典"庆祝会。曾任湖北省当阳市政协文史委副主任的孙侃，写有《在南雄城郊听开国大典广播》一文回忆当时情况："9 月 24 日，南雄县城解放。我部奉命暂时在县城驻下来休整"，为防敌机轰炸，"我当时所在的四十五师教导营搬至城北三公里多路的一个农村里"。"10 月 1 日上午，我们接到营部的通知，在一个有天井的大院内集合。一坐下来，三个连队就开始竞相拉歌，歌声此起彼落。"之后，接师部通知说，今天要听重要广播。下午，营文化干事将收音机打开，实况收听了开国大典情况。中午和晚上"会餐，每个班是两盆烧肉，一盆冬瓜，一盆粉条，两盅白酒。晚上还在老百姓晒谷场上开了文娱晚会，热烈庆祝中华人民共和国成立"。①

---

① 南雄县政协文史资料研究委员会：《南雄文史资料》第 8 辑，南雄县人民印刷厂印刷，1989 年，第 10 页。

6

第六章
社会主义过渡时期

　　中华人民共和国成立初期，南雄县人民在中共南雄县委的领导下，完成了土地制度改革，发展新民主主义经济，为开展社会主义经济建设和社会主义改造准备了条件。

　　1953 年，南雄老区人民以过渡时期党的总路线为指针，开始实行有计划的经济建设和对生产资料所有制的社会主义改造。1956 年南雄县执行第一个五年计划进展顺利，对农业、手工业和资本主义工商业的社会主义改造基本完成，这是南雄历史上最深刻的社会变革。新民主主义革命的胜利，社会主义基本制度的建立，为南雄老区的发展进步奠定了根本政治前提和制度基础。

第一节 解放伊始　为民执政

　　1949 年 10 月 1 日，中华人民共和国成立。中国共产党成为执政党，标志着中国历史由此进入了新纪元，掀开了中国新民主主义革命的新篇章。南雄解放之初，各项事业百废待兴，为建立和巩固新生的人民民主政权，完成向社会主义过渡的历史使命，中共南雄县委按照中央与华南分局及粤北地委的部署，带领全县人民克服各种困难，开展了稳定社会秩序、实行生产救灾和恢复发展生产工作；动员和组织全县人民成功召开了各界人民代表会议，调动各方面的社会力量，致力于恢复和发展国民经济，进行了民主政治建设；开展了支前剿匪、镇压反革命、抗美援朝、土地改革、"三反""五反"与互助合作化运动，完成了对农业、手工业和资本主义工商业的三大改造等。南雄解放伊始，在中共南雄县委强有力的领导下，全县的社会秩序趋向稳定，城乡经济得到恢复和发展，人民生活有了一定程度的提高，民心向党，社会比较安定，经济逐步恢复，全县基本实现了从新民主主义向社会主义的过渡。

一、健全县委，建立政权

中共南雄县地方组织的建立。

　　南雄解放初期，中共南雄县工委于 1949 年 9 月改为中共南雄县委员会，由张尚琼续任县委书记，并由张尚琼、于亚农、郭显亲等组成新的南雄县委，其中于亚农续任县委副书记，郭显亲为县委秘书。解放初到 1951 年，属于广东省北江临时人民行政委员会管辖，次年 3 月，由中共北江地方委员会管辖。1952 年 12 月省委撤销北江地委，南雄由新成立的中共粤北委员会管辖。

随着南雄的解放，中共南雄县委从农村移驻县城，并着手逐步建立县委工作部门。1949 年 10 月至 1953 年，县委的工作部门设有组织部、宣传部。1952 年 6 月至 12 月，为加强对土改工作的领导，经华南分局决定，南雄、始兴县委合署办公，由江伯良任第一书记，涂锡朋任第二书记。根据土地改革开展的需要，1951 年还设立中共南雄县委土地改革委员会办公室，1954 年取消。

1952 年，县纪律检查委员会开始筹备，在未筹备成立前由县委书记涂锡朋和县委组织部兼行其职能，并启用"中国共产党南雄县委员会纪律检查委员会"的印章。次年 4 月 14 日，正式成立中共南雄县委员会纪律检查委员会，委员 7 人，副书记 1 人，后配备专职副书记 1 人。1956 年，易名为中共南雄县委监察委员会。

中华人民共和国初期，南雄全县分为 7 个行政区和城关区，即：一区（珠玑）、二区（黄坑）、三区（乌迳）、四区（水口）、五区（主田）、六区（全安）、七区（百顺），各区设有区党委会，各区委在所辖乡建立了党支部，加强和巩固了基层党组织。①

南雄县建立各级人民民主政权。

随着人民解放战争在全国取得节节胜利，国民党反动政权在大陆的统治已被推翻，人民民主政权逐步建立。

1949 年春，南雄革命形势大大好转，是年 3 月，南雄县人民

---

① 　南雄市史志办公室编著：《中国共产党南雄历史》第二卷，中共党史出版社 2015 年，第 5 页。

政府随着中共南雄县工委的成立而同时成立。县长吴新民（任职时间：1949.3—1949.8）、张尚琼（任职时间：1949.8—1949.9），县人民政府驻地珠玑镇横江苔塘。南雄县人民政府管辖五个区政府，分别是第一区政府，辖湖口、珠玑、梅岭等地，区长杨铭谱；第二区政府，辖黄坑、大塘、油山、邓坊等地，区长刘烈琼；第三区政府，辖乌迳、新龙、孔江、界址等地，区长赖超雄；第四区政府，辖水口、南亩、坪田等地，区长张祥龙；第五区政府，辖黎口、北山（今百顺、澜河、帽子峰、全安、古市）等地，区长朱德美。1949 年 8 月，南雄县人民政府作了一次调整，县长张尚琼、副县长华云，同时建立 7 个区人民政府，第一至第四区区长不变，第五区区长徐道金，第六区区长张建勋，第七区区长朱德美。

9 月 24 日，南雄解放，县人民政府随即进驻县城，接管国民党政权，废除国民党政权的保甲制度，建立基层人民政权。中共南雄县委在加强党的组织建设的同时，调整与设置了各级政府机构。

中华人民共和国成立初期，南雄县行政管理基本是区、乡并存，大体按县辖区、区辖乡、乡辖行政村、行政村辖若干个自然村的分级管理体制。

1949 年，全县划为 8 个行政区、25 个乡和 7 条街。一区辖珠玑乡、永正乡、长平乡、承庆乡，区政府驻沙角村；二区辖黄平乡、镇平乡、大塘乡，区政府驻黄坑墟；三区辖乌迳乡、新田乡、崇大乡、江口乡、龙溪乡，区政府驻乌迳墟；四区辖水平乡、宝江乡、南亩乡、公田乡，区政府驻水口墟；五区辖广平乡、太怀乡、安平乡，区政府先驻佛岭头，后迁大凤村；六区辖全安乡、永和乡、保吉乡，区政府驻郭公岭；七区辖百顺乡、和望乡、靖平乡，区政府驻百顺墟；八区即城关区辖八一街、胜利街、民主街、解放街、建国街、和平街、幸福街，区政府驻民主街。

1950 年，南雄县人民政府建立初期的工作机构，仅设秘书室、民政科、建设科、文教科、工商科、财粮科和公安局、南雄县人民临时法庭，同年 5 月成立南雄县人民法院。全县设 8 区 64 乡，1951 年又改为 8 区 124 个乡。除第八区即城关区的建制 7 条街不变外，其他 7 区所辖乡皆有较大幅度的调整。

中华人民共和国成立初期即土地改革时期，南雄县各区建立人民政府，设正副区长各 1 人，民政干事、财粮干事、文教卫生干事、公安干事各 1 人，文书、统计各 1 人，勤杂员 2~3 人。乡建立农民协会，设农会主席 1 人，乡长 1 人，文书 1 人。乡农民协会代行乡政府职权。①

二、清匪反霸，巩固政权

中华人民共和国成立之时，人民解放战争尚未完全结束，国民党反动派残敌尚有上百万武装在华南、西南一带负隅顽抗，大批特务、土匪到处破坏，直接威胁人民政权。

南雄解放初期，残留在南雄境内的土匪、恶霸、特务、反动党团骨干分子和反动会道门头子等反动势力与盘踞台湾的国民党反动派遥相呼应，妄图颠覆新生的人民政权，复辟其反动统治。他们或潜伏深山密林组成股匪，进行抢劫、放火、暗杀干部群众，或隐瞒身份潜入政府机关团体内部进行破坏捣乱，阶级斗争仍然十分尖锐复杂。

1949 年 9 月 24 日，南雄县全境解放。当时，有些国民党政府要员逃往外地，部分军、警、地方团队潜逃本县农村，与原伪乡

---

① 南雄市史志办公室编著：《中国共产党南雄历史》第二卷，中共党史出版社 2015 年，第 6 页。

村自卫队、流氓地痞相勾结，自立番号上山为匪，妄图负隅顽抗，颠覆新生的人民民主政权。在全县范围内，土匪骚扰破坏频繁，有张传一、黄馀冬、赵棣华、侯辅仁、黄哲权、陈振昌、李爱群、丘常贵、严政道等为首的"北江反共救国青年自卫大队""反共救国军第六支队""反共救国军北江纵队南雄大队""乌矿队"（即暗杀队）等反革命武装土匪15股，约1300人。这些土匪公然对抗人民政府，游散活动于全县，经常进行杀人放火、抢劫，武装袭击水口、宝江、南亩、公田、崇化、靖平、坪田等区、乡人民政府事件多起，杀害干部群众10余名，烧毁房屋57间，抢去枪支32支、公粮200多担。清除匪霸的骚扰破坏，是人民民主专政刻不容缓的任务。

为稳定社会治安秩序，南雄县人民政府加强了枪支管理。从1949年10月起，至1951年12月止，在全县开展收缴民间枪支弹药的工作，在县城收缴了重机枪2挺，自动步枪、冲锋枪、手提机枪各1支，步枪1749支，各种手枪101支，子弹3456发，手榴弹8枚，土枪314支，土炮6门。在农村各区、乡追缴自卫队、民团、地主的各种枪支500余支。此后，县公安机关在剿匪中缴获土匪机枪5挺，步枪、手枪948支，子弹2万发，手榴弹13枚。根据1951年6月21日公安部《枪支管理暂行办法》，县公安局对全县非军事系统的枪支佩带、配置范围和枪支的安全管理作出了明确的规定：公安、检察、法院、银行、大型厂矿保卫干部，县委、县政府等有必要佩带枪支的人员，要经县公安局批准后方可佩带。民兵和单位的公用枪弹由持枪单位指定专人管理，枪弹分开存放，确保安全。

为根除匪患，从1949年10月开始，南雄县公安局与中国人民解放军驻南雄部队密切配合，采取武装清剿与政治瓦解相结合的办法，在全县开展了清匪反霸运动，为土地改革、建立基层人民政权扫清道路。

1949年10月中旬，剿匪部队进剿宝江丘常贵股匪，至11月初，将该股匪全部瓦解，生擒匪首，使多数匪徒弃暗投明，登记自新。我军缴获各种枪支200余支。11月，土匪苏兴鸿、谢崇庭、朱海澄等，与国民党特务李加宏在县城青云路浈江河边抢劫商船，张贴反动标语，被公安机关查获，匪徒全部就擒。

1950年3月12日，匪首严政道趁工作队开展征粮工作之机，率土匪100多人，袭击在孔班村（今界址镇崇化村）的征粮工作队，杀害工作人员赖丙昆、王冬丙、李鸿生，抢走公粮一批，还袭击坪田乡人民政府。乡长朱德元率领民兵与土匪激战一昼夜，坚持到县大队、县公安队支援队伍赶到，将土匪击溃。3月14日，新兴的人民政府在县城公审处决恶霸刘达义、卢文健。6月，在县城召开万人大会，公审处决了国民党南雄县长王名烈。

1950年上半年，剿匪部队对全县武装土匪展开全面攻势，剿匪斗争取得了决定性胜利。4—5月，消灭土匪878人，缴获机枪2挺、步枪533支、手枪59支、子弹15232发。7月，公田乡刘观音妹、叶灿辉、叶英温等135名土匪投降自新，交出步枪7支、左轮手枪7支、子弹32发。是月，又剿灭了陈礼富武装土匪"粤赣湘边区反共救国军第六中队"。8月7—8日，剿灭黄哲权等匪首13人（其中女性1人），缴获手枪13支、冲锋枪1支、步枪2支。是月中旬，剿灭"粤赣湘边区反共救国军"股匪，自封为总司令兼南雄县长的匪首黄馀冬脱逃。1951年1月16日，黄匪在追捕中负隅顽抗，在六区永和乡密下水黄泥岭埂处被民兵击毙。接着，匪首侯辅仁也落入法网。

从1949年10月至1950年底，除匪首李西石脱逃外（后于1967年10月21日被捕归案，1970年3月因其为首组织反革命集团罪被判处死刑，立即执行），全县境内有组织的武装土匪均受到毁灭性的打击，共剿灭土匪 15 股共 1367 人，其中击毙 91 人，击伤 57 人，俘获 215 人，其余 1004 人缴械投降，或登记自新；共缴获机枪 5 挺、步枪 696 支、手枪 97 支、手榴弹 13 枚、子弹 19000 余发，以及电话机 1 部、军用物资一批。① 至此，基本上肃清了南雄境内的土匪、恶霸、特务等。南雄地方党委和政权得到巩固，人民生活趋于稳定。

三、土地运动，耕者有田

中华人民共和国成立前，南雄的土地制度是封建地主阶级剥削土地制度，80% 的耕地被地主、公堂占有，构成了封建剥削制度的基础。1943 年 6 月，广东省银行经济研究室的《广东省各县经济调查报告》称：南雄县农民现有 3 万户，约 15 万人，其中自耕农占 12%，半耕农占 28%。全县耕地有水田 526670 亩、旱地 138527 亩，自耕农占耕地二成，余均为地主所有。其地租每亩每年约 100 元，亦有将租地产量计分者，地主约占四成或五成。农民无田耕者则打长工或短工。长工价银以能种烟烤烟者为最贵，每年 30 元（值稻谷 1000 斤或花生油 150 斤）。普通能耕田者每年只值 20 元。短工忙时日值二毫半，闲时一毫。妇女应短工者，忙时每日最多值一毫，闲时半毫。

在中国几千年的封建制度统治下，土地等生产资料基本上都掌握在地主富农手上。土地改革前，据不完全统计，南雄全县地主富农只占人口的 10.57%，却占有耕地面积 52% 以上，贫下中农占人口的 80% 以上，却只占耕地面积的 46% 左右。南雄县土地改革前农村总户数 47676 户，耕地总面积 56.69 万余亩。耕地占

---

① 南雄市史志办公室编著：《中国共产党南雄历史》第二卷，中共党史出版社 2015 年，第 17 页。

有情况：地主 2270 户，占有耕地 15.2 万亩，户均 67 亩；富农1858 户，占有耕地 63508 亩，户均 34.2 亩；其他阶级（包括小土地出租者、中农、贫农、雇农、公堂等）共 43548 户，占有耕地 351398 亩，户均 8.07 亩（除公堂土地 71895 亩由地主恶霸控制外，实际户均 6.42 亩）。

　　土地改革运动是一场激烈的阶级斗争。党为了领导好这场土地改革运动，在建立各级人民政权后，发动群众开展清匪反霸、镇压反革命和退租退押，从而巩固各级基层政权，同时在全县建立民兵、妇女、农民协会等组织，培养一批农民积极分子，为进行土地改革作好准备。1950 年，根据中央颁布的《中华人民共和国土地改革法》，中共华南分局指示要做好土改的准备工作。1951 年 3 月起，中共华南分局在开展土改试点的基础上铺开各地的土改工作。

　　南雄县的土改运动是在华南分局和粤北地委的统一部署下进行的。1951 年 5 月 23 日至 29 日，南雄县土地改革干部会议召开，参加会议的大军干部（中国人民解放军参加地方土改的干部）和县区乡干部共 900 多人，会议成立南雄县土地改革委员会及其办公室，李帆、林英先后任办公室主任。会议对南雄土改工作进行了全面部署。会后，全县迅速开展土地改革运动，县土改委员会组织 15 个工作队共 388 人，分赴全县各乡村开展土地改革。

　　南雄的土地改革运动分批进行。1951 年 12 月 2 日至 4 日，中共南雄县委召开扩大会议，出席会议的有各区委及县直各部门党员负责同志共 30 多人。中心议题是部署全县的土地改革运动。会议提出，南雄的土地改革运动分两批进行，第一批 80 个小乡，于1952 年 5 月完成，接着铺开第二批 48 个小乡，当年 11 月结束。1953 年 1 月进行土改复查，也是分两批进行，于当年 4 月结束。

　　在整个运动中，土改工作队员坚持与贫雇农同吃、同住、同劳动，建立和健全农民协会组织和民兵组织，发动广大贫雇农同地主阶级作斗争。为确保土改运动的顺利进行，县委土改办搬到县委书记张尚琼的蹲点地办公。土改运动期间，县委发扬民主作风，认真做好统战对象的联系工作，出台一系列的亲民政策。县委书记张尚琼指示设立土改运动意见箱，每个星期接待来访群众，积极吸取党员干部和群众对土改运动工作的意见和建议。与此同时，结合清匪反霸和镇压反革命运动，没收和征收地主、富农的土地，全部解放了童工和婢女。①

南雄县的土地改革运动，从 1951 年 5 月开始至 1953 年 4 月全面结束，全县 8 个区 128 个乡全面完成了土地改革运动。在土地改革运动中，中共南雄县委贯彻中央"依靠贫雇农，团结中农，中立富农，有步骤地、有分别地消灭封建剥削制度，发展农业生产"的路线方针政策，取得了明显的政治成果和经济成果。全县 10 多万农民无偿地获得土地和生产资料、生活资料。

土改运动彻底推翻了封建地主阶级的土地制度，解放了生产力，促进了生产的发展。南雄粮食种植面积从 1950 年的 389331 亩发展到 1953 年的 438926 亩，增加了 49595 亩，对比增长 13%；粮食总产从 1950 年的 57618 吨增加到 1953 年的 71623 吨，增加了 14005 吨，对比增长 24%；黄烟总产从 1950 年的 1514 吨增加到 1953 年的 3659.9 吨，增加了 2145.9 吨，对比增长 1.4 倍。

1953 年 6 月，经土改复查后，全县统一颁发了《土地房产所有证》。至此，土改运动宣告结束。土地改革是南雄县历史上规模最大、涉及面最广的一次群众性运动之一。土地改革的胜利完成，从根本上改革了生产关系，解放了农村生产力，并为农业合

---

① 南雄市史志办公室编著：《中国共产党南雄历史》第二卷，中共党史出版社 2015 年，第 28 页。

作化、发展社会主义农业铺平了道路。其重大意义在于彻底推翻了封建制度的基础即地主阶级的土地所有制，挖掉了贫困落后的根子，解放了农村生产力，极大地调动了农民的积极性，促进了农村经济的恢复与发展，进一步巩固了工农联盟和人民民主专政，为国家工业化和农业的社会主义改造创造了有利条件。①

---

① 南雄市史志办公室编著：《中国共产党南雄历史》第二卷，中共党史出版社 2015 年，第 29 页。

第二节 农业合作　农村变革

农业合作化，是指在中国共产党领导下，通过各种互助合作的形式，把以生产资料私有制为基础的个体农业经济，改造为以生产资料公有制为基础的农业合作经济的过程。这一社会变革过程，亦称农业集体化。南雄的农业合作化进程是与全国各地的农业合作化同步进行的。

一、互助合作，组织生产

随着土改和抗美援朝运动的开展，全县广大农民的政治觉悟日益提高，积极缴纳爱国公粮，支援国家社会主义建设。当时各村农民先后组织了临时送粮小组，大家合作，肩挑车运，很快完成了交粮任务。县委立即抓住这个时机，依照毛泽东"组织起来，发展农业生产"的指示，在以往农民临时换工调工进行生产劳动的基础上，因势利导宣传只有组织起来，才能克服在农业生产中劳力、工具的不足，宣传只有按照毛泽东的指示，在生产中互助合作才能真正解决土改后广大农民在生产中出现的困难。

南雄土改复查结束后，南雄县委根据中共中央关于新解放区要有领导地大量地发展临时性季节性的简单的劳动互助组，在有初步互助运动基础的地区，必须有领导地逐步地推广常年互助组，在群众有较丰富的互助经验，又有较强的领导骨干地区，应当有领导有重点地发展土地入股的农业生产合作社的指示，积极开展互助合作运动。在农村大力发展临时的、季节性的互助组，以解决生产资料不足的困难。在有条件的地方重点试办常年互助组。1953 年八九月，县委要求全县各区要结合整顿互助组，在生产重点乡培养一个常年互助组。

临时互助组是户与户之间在春耕春种、夏收夏种、秋收秋种等农忙季节临时组织起来、共同劳动以完成农事任务的互助组织形式，农闲季节各户单独活动。互助组由农户自由组合、自愿互利。一个季节农忙完成后要进行清工结账，少出工的户要付出工资，工资多少由组内民主商定。一般三至五户组成，民主选举组长，报所在的乡党支部备案。常年互助组是从年头到年尾都共同进行农事活动的劳动组织。建立常年互助组都有一定骨干，由党团员或乡委员任组长，有简单的清工结账制度。各户之间的土地、劳力相差不多，工日结算易兑现，以利长年互助互利。当时，南雄的互助合作运动稳步健康发展，促进了农业生产。到 1955 年 4 月，全县互助组发展到 3328 个共 23232 户，其中常年互助组 1553 个 13081 户。在常年互助组中有联组 337 个 7477 户。加上入社农户 4046 户，全县参加互助组合作的农户总数达到 28278 户，占可组织面的 56.4%。①

二、合作办社，健康发展

1953 年 11 月、12 月，中共南雄县委派出两个工作组前往县委的农业生产重点乡一区承平乡（烟区）和六区全安乡（粮区）开展试办农业社的工作。试点办社人员有县委副书记连金恒及县区干部卢章严、李扬名、杨庆显（以上负责承平乡洋汾社），李

---

① 南雄市史志办公室编著：《中国共产党南雄历史》第二卷，中共党史出版社 2015 年，第 64 页。

英奎、刘福安、朱定兰、廖金兰（以上负责全安区三枫社）。

1954年1月11日，一区承平乡的洋汾社农业社首获县委批准，宣告成立，谢泰颐当选为社主任，为南雄第一个合作社。另一个试点社六区全安乡的三枫农业社于2月22日宣告成立，钟履贵当选为社主任。在这两个试点社取得办社初步经验后，县委决定每区试办一个农业社，县委生产重点承平乡再办一个社。县区办社干部35人，于3月21日至26日在县城集训，接着，各区集训重点乡干部和拟办社的互助组组长、党团员。这批农业社共有8个：一区承平乡龙川水社、均平乡社角社，二区邓坊乡邓坊社，三区新田乡溯水社，四区水口乡水口社，五区修仁乡修仁社，六区庆平乡莲塘社，七区百顺乡顺民社，分别于1954年5月9日至31日被县委批准宣告成立。

当时建立的农业生产合作社，是以土地入股，统一经营，劳动力统一使用，收益统一分配，以劳为主，兼顾土地报酬的半社会主义性质的劳动生产组织。土地按评定的入股产量参加分配，所得红利不能超过劳动所得。分配总额中，一般土地报酬占40%—45%，劳动报酬占55%—60%，且土地报酬为死租制，固定按入社时评定的土地产量计酬，以后加工加肥获得的增产以及副业方面所得的收入，全部归劳动力分配，以调动劳动力的积极性。办社强调阶级路线，保证贫农、下中农的阶级优势。入社农户中，贫农占多数，中农占少数。农业社领导干部，以贫农为主，主任（正）一定要贫农担任。入社强调"入社自愿，退社自由"的自愿原则，并按照公平合理原则搞好"三评"，即评劳动力等级、评土地入股产量和耕牛农具评价评租。

南雄办社分四个步骤进行。第一步，训练干部，参加人员包括县、区抽调下乡办社的干部、乡党支部干部和拟参加组建农业社的互助组组长等。第二步，召开各种类型人员会议，在会上宣传办社的政策、方法，解答群众提出的疑问，同时报名入社，成立筹备委员会。第三步，进行"三评"，在会上评劳动力等级、评土地入股产量和耕牛农具评价评租。第四步，召开入社社员大会，通过农业生产合作社章程，选举农业生产合作社正副主任，最后宣告农业生产合作社正式成立。

1954 年南雄建立的 10 个基础较好的农业生产合作社。在当年的秋收前，10 个社经批准吸收了 346 户入社，入社户数由原来的 145 户扩大到 491 户，增长两倍多；入社总人口由原来的 746 人增加到 1636 人。统一经营的耕地由原来的 1683 亩增加到 5616 亩，增长 2.3 倍。

在这 10 个农业生产合作社的影响和带动下，全县出现了办农业生产合作社的大好形势。到 1955 年，统一经营的 136 个农业生产合作社中，增产增收的有 133 个，其中增产 1 倍以上的有 2 个，保产保收的有 1 个，减产减收的有 2 个。

1955 年，全县农业生产合作社年终分配到户的结果是：比上年增收的社员有 3083 户，占入社农户总数的 76.2%，不增不减的有 270 户，占入社农户总数的 6.7%，比上年减收的社员有 693 户，占入社农户总数的 17.1%。①

三、高级合作，完成改造

1955 年 9 月 15 日，粤北区党委发出了《关于做好农业合作化全面规划工作的指示》。中共南雄县委于 9 月 22 日作出了农业合作化全面规划：1955 年，要在 136 个农业生产合作社的基础上，新建 710 个社（秋前 230 个、秋后 480 个）16045 户，合作

---

① 南雄市史志办公室编著：《中国共产党南雄历史》第二卷，中共党史出版社 2015 年，第 67 页。

面占总户数的 40.5%；1956 年，新建 430 个社 8689 户，老社扩至 22772 户，合作面占总户数的 62.8%；1957 年秋冬，新建 46 个社 920 户，老社扩至 36648 户，合作面占总户数的 73%；1958 年秋冬，扩社至 43203 户，占总户数的 85.2%。

中共南雄县委于 1956 年 1 月 1 日对合作化规划作了修改。修改的内容是，在原计划 1955 年春耕前办 1007 个社 28700 户的基础上，增办 243 个社，入社农户要达到 38901 户，占总户数的 76.7%。同时规划在春耕前办 11 个高级农业生产合作社（六区 4 个，一区 2 个，其余 5 区各 1 个）1269 户，平均每社 116 户。1957 年春耕前再办 150 个高级社，1958 年春耕前实现高级农业合作化。高级农业生产合作社就是取消土地报酬，全部实行按劳分配的完全社会主义性质的农业生产组织。

规划之后，全县立即掀起了一个办社、转社（转高级社）的高潮。仅仅一个月的时间，到 1 月 31 日，所有规划应办的农业生产合作社，全部办了起来。转高级社也突破了规划，许多上半年办的初级社，下半年就转为了高级社。到 1956 年，全县实现了完全社会主义性质的农业生产合作化。至此，全县共建立了 365 个高级农业生产合作社，入社农户 47586 户，占全县农户总户数的 97.9%。

南雄县从 1953 年开始至 1957 年，经过历时 4 年的时间，基本完成了对农业的社会主义改造任务。[1]

---

① 南雄市史志办公室编著：《中国共产党南雄历史》第二卷，中共党史出版社 2015 年，第 68 页。

私营工商　改造发展

　　中华人民共和国后，南雄县手工业的发展，对支援农业，满足城乡人民需要，补充大工业不足发挥了很大作用。但从其生产方式及发展现状而言，它是分散的，而且技术落后，又不便于采用新技术，如果不通过经济改造，将古老的生产方式改造为近代生产方式，个体手工业将会在同机器工业竞争中日渐衰落，个体手工业抗衡经济风险能力弱，甚至会面临破产危险。因此党和政府必须对个体手工业进行改造，引导手工业劳动者走社会主义道路。

一、个体改造，经济改组

　　1953 年 11 月，全国供销合作总社在北京召开第三次全国手工业生产合作会议，对手工业社会主义改造的方针政策和方法步骤作出了决议。会议制定了"统筹兼顾、全面安排、积极领导、稳步前进"的改造方针，要求从供销入手，按照从低级到高级，从小到大的步骤逐步把个体手工业者组织起来，实现手工业的社会主义改造。基于此，南雄开始了对手工业、私营工商业实行社会主义改造。

　　1953 年 8 月 9 日，华南分局要求广东省在 9 月份以前建立手工业管理机构。省成立了手工业管理局，县亦相应成立手工业工作科。手工业领导机构成立后，即着手对个体手工业的社会主义改造进行了全面部署。①

与此同时，农业互助合作化运动的发展和粮食统购统销政策的实行，直接推动私营工商业社会主义改造加快了步伐。1953 年 6 月，中央两次召开政治局扩大会议进行讨论，确定实行经过国家资本主义改造资本主义工业的方针。随后又决定对私营工商业不采取单纯"排挤"的办法，而采取购买政策。开始时实行加工订货、统购包销、经销代销等初级国家资本主义形式，至 1954 年起，逐步发展为企业公私合营的高级国家资本主义形式。

二、私营工商，合作改造

中华人民共和国成立初期，广大农民所需要的生产资料和生活资料，几乎全是手工业产品。但是分散的个体手工业经营形式，限制了生产规模和技术改造创新，致使劳动效率不高，工艺落后，生产和销售都有许多困难。因此，对个体手工业进行社会主义改造，引导手工业者走合作化道路是十分必要的。

1953 年，党中央实行了过渡时期总路线，为手工业社会主义改造指明了方向。南雄县对私营工业的社会主义改造始于 1952 年。当年利记米机厂转为国营，1953 年同丰米机厂转为国营，农工米机厂公私合营。

1953 年 8 月 9 日，南雄县成立了工业、手工业管理机构。1954 年，成立南雄县委城工部，1955 年改为县委工业部。工业、手工业领导机构成立后，即着手对全县个体手工业的社会主义改造进行了全面部署。

1954 年，南雄县开始对手工业实行社会主义改造。县木器行

① 南雄市史志办公室编著：《中国共产党南雄历史》第二卷，中共党史出版社 2015 年，第 72 页。

业首先成立手工业生产合作社（以下简称"手工业社"）。1956
年，社会主义改造进入高潮，全县组织起来的手工业社有 65 个，
入社社员 1501 人，占手工业总人数的 78.9%。属于生产迷信品
和产品无销路而淘汰、转产的手工业有 814 户，共 1037 人。

　　手工业社员入社自愿，退社自由。入社社员须缴纳股金（生
产资料折价缴纳，约为本人一个月工资）和入社费。社内实行生
产资料集体所有，共同劳动（集中或分散），民主管理，按劳分
配。50 人以上较大的手工业社设脱产主任 1 人，会计、出纳各 1
人，30 人以下较小的手工业社只设脱产主任 1 人，会计 1 人。
1953 年，全县手工业总产值为 128.1 万元，1957 年增加到 184.3
万元，增长 44%。

　　在对私营工业和手工业实行社会主义改造的同时，全县建立
了 11 个国营工业企业。1957 年，国营工业产值已占工业总产值
的 62%。

　　南雄县对手工业的社会主义改造，基本上伴随着党的过渡时
期总路线的学习宣传过程而进行，在改造中较好地贯彻了自愿互
利的原则，采用从供销入手、由小到大、由低到高、典型带头、
稳步发展的步骤，因此，运动的发展总体上是健康、积极和稳妥
的。加入手工业生产合作社以后，绝大多数手工业者的收入都有
了不同程度的提高，受到了广大手工业者的拥护。①

三、公私合营，深刻变革

　　中央在过渡时期总路线中提出了"逐步实现国家对农业、对
手工业和对资本主义工商业的社会主义改造"的方针。1953 年 5

---

　　①　南雄市史志办公室编著：《中国共产党南雄历史》第二卷，中共党
史出版社 2015 年，第 73 页。

月，中共中央统战部部长李维汉提出公私合营是改造资本主义企业的好办法，得到中央认可。

国家对资本主义工商业改造的政策是和平赎买，改造步骤是从委托加工、计划订货、委托经销代销、统购包销、公私合营等低级形式国家资本主义，发展到全行业公私合营的高级形式国家资本主义，最后实行赎买，完成社会主义改造。

中华人民共和国成立初期，南雄县人民政府于1950年至1951年开展对全县的工商业进行普查登记，除私营金铺全部歇业、封建迷信品行业和娼妓业等被淘汰外，保留了原有的批发商、坐商等，还增加了一些经营日用百货、土特产品、饮食服务等商户。登记结果是：全县有私营商店2386户，从业人员5032人，其中，商业2087户，饮食业148户，服务业151户。1953年"五反"运动（即反行贿、反偷税漏税、反盗窃国家财产、反偷工减料、反盗窃国家经济情报）以后，随着对私营商业的社会主义改造的深入开展，商业经营额公私比重不断变化，私营营业额比例逐年下降，1953年为75.99%，1954年为32.42%，1955年为26.78%，1956年下降至11.4%。批发额也从1953年的34.1%下降到1956年的1.4%，基本上被国营合作商业所取代。

南雄对私营商业的社会主义改造，是从1953年开始的。1953年12月和1954年9月，中共南雄县委先后对粮食、棉布实行统购统销，私营粮商、棉布商大多都转业或停业。接着，县委对其他有关国计民生的主要商品也实行了统购统销、统购包销和统一收购政策，私营商业批发商被逐步退出批发领域。

1954年7月，南雄县工商联合会组织工商界学习中华人民共和国第一部宪法中规定的"国家通过国家行政机关的管理、国营经济的领导和工人阶级的监督，利用资本主义工商业的有利于国计民生的积极作用，限制它们的不利于国计民生的消极作用，鼓励和指导它们转变为各种不同形式的国家资本主义经济，逐步以全民所有制代替资本主义所有制"的原则，使私营工商界认清了社会主义全民所有制代替资本主义所有制是大势所趋、人心所向的时代潮流。南雄当时改造私营工商业在具体步骤上是采取先批发商、后零售商，先重点行业、后一般行业的做法。在全县农业合作化高潮和北京首先实现全行业公私合营的推动下，南雄迅速掀起了对私营资本主义工商业的社会主义改造。

1956 年 1 月 1 日，县城的棉布行业率先实行了全行业的公私合营。其后，杂货、百货等行业，也开始进行改造。到 1956 年 1 月末，各行业全部实行了公私合营。接着，全县的小商小贩也分行业成立合作商店、合作小组，县委、县人委会对合作商店、合作小组实行归口领导。合作商店实行按资金入股的形式，按股分红，独立核算，自负盈亏；合作小组是自筹资金、经济互助、自负盈亏。对公私合营企业（称为国家资本主义）和私营企业，对其利润实行按国家所得税、企业公积金、职工福利奖金和资本家的股息红利四个方面进行分配（即所谓的"四马分肥"）。1956 年私营商业全行业实行公私合营后，按资本家的所有资本（包括固定资产和流动资金）折价入股，发给股票，按照年息 5% 发给股息。同时，还在 13 家较大的公私合营企业、杂货、百货、棉布、国药、烟酒、咸什等配备专职的代表 15 人。

在改造的过程中，按照党中央"大部不动，少部调整，便利群众购销，有利扩大商品流转，适合经济核算和今后建设，保持商业区特点"的精神，县委、县政府对全县商业网点进行了统一调整。对改组为公私合营的商家，县委派公方代表进驻，并逐步取代私方人员担任主要负责人。对合营时私方的商品、资产、资金，认真清账核资，折价入账。遵照国务院颁发的《公私合营企业中推行定息办法的规定》，按股金年付息 5%，实行赎买政策，股息当年兑现。对私方人员的安排，根据党中央"把原来企业的一切在职人员包下来"的方针和"量才使用，辅以必要照顾"的原则，全部予以安排，充分运用其经商的才能和经验，发挥他们的作用，调动他们的积极性。同时，一方面加强对他们的团结，一方面加强对他们的思想改造和教育。社会主义改造基本完成后，根据不同情况，对少数私营商户也进行了适当安排，发给营业许可证，允许其继续从事个体经营，但经营的商品全部由供销社批发进货，或采用代购代销的形式，获取批零之间的差额利润和国家规定的手续费。改造后的南雄县个体商户均在市场管理部门和供销社统一管理指导下经营，成为农村社会主义商业的补充。

南雄县在向社会主义过渡中，按照党的过渡时期总路线的要求，完成了对农业、手工业和资本主义工商业的社会主义改造，基本实现了生产资料所有制的深刻社会变革，农民、手工业者的个人所有制基本上转变为劳动群众集体所有制，资本主义的私有制企业，在领取定息期满之后，转变为全民所有制。①

---

① 南雄市史志办公室编著：《中国共产党南雄历史》第二卷，中共党史出版社 2015 年，第 76 页。

7

第七章

社会主义建设探索与十年"文革"时期

八大以后，在中共南雄县委领导下，全县人民开始转入大规模的社会主义建设，这一时期的头十年虽然受到严重挫折，仍然取得了很大的成就，初步建设起进行现代化建设所必需的物质技术基础，培养了经济文化建设等方面的骨干力量，积累了社会主义建设的重要经验。

十年"文革"时期，南雄老区人民在曲折中发展，在中共南雄县委的领导下，排除干扰，在水利、水电、农田基本建设、交通建设，医疗卫生事业等方面取得了新的成就和新的变化。

第一节 扫除文盲 发展教育

中华人民共和国成立后，南雄历届县委、县政府高度重视教育，教育行政部门与县级相关部门密切配合，各校领导教职工同标同向，齐心协力，城乡教育发生了巨大变化，南雄教育事业在以下几个方面取得了喜人的变化。

一、大办夜校，扫除文盲

南雄从中华人民共和国成立后的 20 多年来，扫除文盲工作取得了很大成绩，不少生产队、公社和工厂基本上扫除了少年青年壮年文盲，为老区广大群众进一步学习政治、文化和科学技术创造了有利条件，为培养干部和各种技术力量，巩固、发展农业合作化和人民公社集体经济，促进工农业生产的发展，起了积极的作用。

1951 年全县办农民业余学校 514 间，学员 24185 人，教习识字作文、写信。1952 年成立县扫盲工作队，编制 8 人，隶属文教科，每区有 1 名扫盲工作队员。全县办起夜校 386 所，学员 8877 人，教员 573 人，其中专职 38 人，其余均由小学教员兼任。1956 年成立南雄扫盲协会。1958 年 5 月 23 日，中共南雄县委、县人民委员会发出《关于开展扫盲和普及小学教育大跃进的联合指示》（以下简称《联合指示》）（雄联字第 001 号），提出要在全县开展一个声势浩大的扫盲和普及小学教育的"大跃进"，并明确全县的教育改革就在县委宣传文教办公室的领导和指导下进行。

1958 年，南雄县工农业生产，继续发展。与此同时，扫盲和小学教育也和其他各项事业一样，掀起了一个"万人教，全民学"的学习文化高潮，据截至是年 5 月 10 日的统计，全县已组织了 11000 多名青壮年文盲和半文盲入学，吸收了 500 多名适龄儿童参加民校学习，搞得较好、运动较迅速的是城关镇，全镇 1500 多名青壮年文盲和半文盲已全部入了学，并普及了小学教育。但县委认为全县的扫盲和普及小学教育运动进展还很迟慢，远赶不上形势发展的需要，为使扫盲和普及小学教育能与各项事业发展相适应，《联合指示》提出了争取在 1958 年内扫除全县 63000 多名青壮年文盲，实现无盲县的目标，为此，开展了一场声势浩大的扫盲运动和普及小学教育"大跃进"。

1959 年成立南雄县工农业余教育委员会，统一领导扫盲工作。至 1980 年，全县 24 个公社（镇）的 208 个生产大队中有 202 个生产大队完成了扫盲任务。1980 年 12 月统计，全县总人口 387708 人，12 周岁至 40 周岁少青壮年人数为 136422 人，其中小学文化 39793 人，初中以上文化 32810 人，在校学生 39481 人，合计 112084 人，占少青壮年人数的 82.16%，经省、地验收核定南雄县为"少青壮年无文盲县"。

二、恢复整顿，教育跃进

恢复整顿小学教育，大力发展中学教育。

1949 年下半年全县只有完全小学 24 所，初小教学点 89 所，私塾 8 所，在校学生 6895 人，教职员 239 人，在校学生占学龄儿童总数的 30% 多。1950 年学校增加到 246 所，学生 9756 人。1952 年随着土地改革的开展，废除私塾，发展民办小学，统筹乡村小学经费，调整小学布局，实行定班、定额、定员、定薪、定经费。是年小学有 200 所，在校学生 14542 人，教职工 513 人。各区均设立中心小学。1953 年又对小学进行一次整顿，着重培训师资，建立正常教学秩序，提高教学质量。1955 年，小学教育发展小学生 16222 人，比 1954 年的 13182 人增长 23%。至 1957 年全县有小学 274 所，在校学生 23136 人，教职工 721 人。

1949 年 10 月，全县仅有原省立南雄中学与南雄县立中学合并的联合中学 1 所，1950 年改名南雄中学，学生 288 人，教师 30 人。1955 年中学教育进一步得到发展，中学生 766 人，比 1954 年增长 12%。1956 年增设黄坑初级中学，并在修仁小学、百顺小学附设初中班。1957 年在校中学生 1997 人，教师 95 人。1958 年全县增办普通中学 17 所，学生 3007 人，而教师仅 95 人，且不少仅有高中、初中文化程度。

1958 年，还兴办 11 间半耕半读的农业中学，学生 720 人。1962 年整顿教育时全部停办。1964 年贯彻"两种劳动制度，两种教育制度"，又复办 10 所农业中学。一些群众视农业中学为"不正规"，加上师资少，办学困难越来越大。1970 年全部并入普通中学。

"文化大革命"前期，学校基本停课。1969 年，学制由 6 年改为 4 年（高中 2 年，初中 2 年）。盲目提出"初中不出大队，高中不出公社"，不顾客观条件，个个公社都办完全中学，并在完全小学附设初中班 105 个，聘用一批不合格的民办教师。片面强调"开门办学"。1970 年 3 月，南雄中学一分为三，迁校到农村。1970 年 11 月至 1972 年 2 月，全部高中学生停课，参加水利工地劳动。1974 年"学习屯昌，大办农场"，停课开荒办农场。加上从 1965 年起实行开卷考试，1972 年大专院校招生由考试改为推荐。

1978 年中共十一届三中全会以后，拨乱反正，整顿教学秩序，调整中学布局，改革中等教育结构，恢复高中初中各 3 年的学制，全部撤去完全小学附设的初中班，逐步缩减完全中学，发展农村职业中学。

教育"大跃进"。

1958 年 4 月 14 日，全县宣传、文教、卫生战线举行"跃进"誓师大会，中共南雄县委宣传部长魏振发在大会上作《鼓起干劲，多快好省，力争上游，迅速开展一个声势浩大的宣传文教卫生工作"大跃进"、大竞赛运动，为实现一个有文化讲卫生的社会主义新南雄而奋斗》的动员报告，提出实现宣传、文教、卫生工作"大跃进"的任务与时间要求。

其中，文化教育工作要求是：苦战一年，实现乡乡有中学、社社有完小、村村有初小，14—40 岁的文盲皆扫除，三年内达到五个乡有一所完全中学。上半年发展俱乐部 400 个，达到社社有俱乐部，社社有业余剧团，队队有文娱小组。

1958 年 5 月 23 日，《联合指示》对开展教育"大跃进"工作进行了部署。要求各级必须坚决克服运动中的右倾保守思想，认真加强对扫盲和普及小学教育的领导，做到书记挂帅，全党动员，逐级负责，层层包干，中心突出，全面开花。同时迅速组织力量，开展宣传，扫除保守，打掉五气。要求各地必须组织一支千军万马的宣传队伍，运用标语、宣传画、黑板报、大字报、土广播、山歌、采茶剧、识字等向群众开展全民性的扫盲和普及小学教育的宣传，南雄报、广播站、电影院、俱乐部应大力配合宣传扫盲和普及小学教育，做到边宣传边发动，边辩论，边准备，边报名，边入学，边扩大，边巩固。此外，运用多种多样的学习组织形式，广泛动员和组织群众入学，做到先学习，后开会，先学习，后开工，先学习，后记工分。

《联合指示》发出后，全县的教育"大跃进"正式拉开了序幕。

坚持教育与生产劳动相结合。学校大搞生产劳动就是教育革命，从而普遍推行学生集中住校劳动，把学生当作劳动力使用。1958年秋，全县中小学生投入"大搞勤工俭学、大炼钢铁"运动中去，师生实行"四集体"（即集体学习、集体劳动、集体吃饭和集体住宿），中小学校忙于社会活动和生产劳动，教育质量严重下降。

全县形成群众办学高潮。

继1958年、1959年之后，1960年全县又开展教育改革，掀起了一个"学制要缩短""教育要革命"的高潮。

教育"大跃进"和教育改革，虽然出现了一些问题，但通过运动和劳动，广大师生从中得到了提高，教育事业也得到了发展，并为广大师生接触社会，接触实际，参与实践起到了一定的作用。

1958年教育"大跃进"，小学由原来274所发展到419所，在校学生28278人。其中民办小学117所，学生4685人。普通中小学生在校人数由1957年的25133人猛增到32005人；普通中小学教师也由795人增加到1446人，1959年更增加到1704人。此外，还再办了11所农业中学，1所师范学校，6所各类专业教育学校。教育的超前发展，造成校舍、师资均有困难，正规师范院校毕业的师资不够用，就大量从农村中抽调有中学乃至小学毕业文化的人作为民办教师任教。科技、文艺部门也不同程度地发生了脱离实际的"跃进"要求和"跃进"做法。1962年贯彻"调整、巩固、充实、提高"的方针，把办学条件差的34间公办初小改为民办，压缩公办小学33个班，942人；精简不合格的教师226人，动员16岁以上超龄小学生1221人回农村参加生产劳动。

1964年贯彻"两条腿走路"方针，在办好全日制小学的同时，兴办半耕半读小学。有的大队根据当地实际，办早、午班和识字班半日制小学。边远山区的小学附设耕读班、识字班。是年 10 月，全县小学增至 1042 所，在校学生 38866 人，其中各种形式的耕读小学 591 所，学生 8686 人。这些耕读小学，后来逐步改为教学点。

“文化大革命”时期，教育受到影响，教育质量大幅度下降。

成人教育得到发展。

在大力发展基础教育的同时，南雄的成人教育也得到了长足的发展。

1987 年，全县 24 个乡镇开办成人教育中心校，采取多层次、多规格、多门类、多种形式的办学方法，定期举办各种技术短期训练班，初步形成农民学文化技术的教育网。教育经费由乡镇统筹，并在教育附加税中抽出 10%—15%，统称为成人教育专用资金。此外，有村办文化技术学校 138 所，接受文化技术教育的有 12457 人。

1951 年春，县总工会举办以学文化扫盲为主的职工业余教育，开设语文、算术 2 科。1963 年成立县职工教育委员会，开展职工专业教育。县职校举办工业、商业会计、英语、美术等专业班。有 7 个基层工会也举办职工业余学校，进行各种技术培训。1987 年 1 月，县职工业余学校改称为职工业余中等文化技术学校。1992 年停办。

从 1984 年下半年起，南雄举办成人高等自学考试，参考人数年均 200 人，实考科目 500 多个，合格科目约占 33%。1986 年开始兴办中专自学考试，每年约 200 人参加，实考科目 120 多个，合格科目约占 60%。后因无人报考停办。1998 年至 2002 年，参加自学考试人数 25052 人次，毕业人数 505 人，其中专科 385 人，本科 120 人。

中华人民共和国成立初期开办党员训练班，1957 年始成立中共南雄市（县）委党校，分大专、中专班。1985 年秋，受省委组织部和省委党校委托，开办党政干部大专函授班。

1982 年 9 月，经广东省广播电视大学批准，成立广东省广播电视大学南雄工作站。1984 年 5 月 29 日，成立广东省南雄县广播电视大学。1985 年 9 月，原南雄县卫生学校校舍移交广播电视大学。该校占地面积 8880 平方米，建筑面积为 2710 平方米。开设汉语文学、工业企业管理、商业企业管理、财政、税收、金融、法律、英语等专业班，2002 年有教师 26 人，其中高级讲师 6 人。1998 年至 2002 年毕业生人数年均 230 多人。①

---

① 南雄市人民政府地方志编纂委员会编：《南雄市志》，广东人民出版社 2011 年，第 421 页。

乡社合并　人民公社

1958 年 8 月 29 日，中共中央发布《关于在农村建立人民公社问题的决议》，提出"建立农林牧副渔全面发展、工农商学兵相互结合的人民公社"的基本方针。在此背景下，南雄掀起人民公社化运动的热潮。

一、小社合并，公社运动

1956 年，南雄全县实现农业生产合作化后，恰逢大旱，秋季连续 85 天无透雨。全县水稻亩产 179.8 斤，比 1955 年减少 30.2 斤，多数合作社减收，只有少数水利条件好的农业社增收。农业社奋力抗旱，依靠集体力量，最大限度地减少了旱灾造成的损失，没有出现灾民逃难他乡、流离失所的现象。农业合作社组织起来的优越性，得到了全县人民的公认。

1957 年，是全县完成高级合作化后统一经营的第一年，当年稻谷亩产 221 斤，比 1955 年增产 11 斤。10 月，中央发布《1956—1967 年全国农业发展纲要（修正草案）》。南雄县委迅速贯彻落实，组织了以兴建水利为重点的农田基本建设运动。1958 年 2 月，县委发出"苦战三年，实现农业发展纲要规定指标的号召"。5 月，中国共产党的八届二次全会提出了"鼓足干劲，力争上游，多快好省地建设社会主义"总路线。

1958 年 8 月，毛泽东到山东省历城县北园乡观察时说："还是办人民公社好，它的好处是，可以把工农商学兵合在一起，便于领导"。1958 年 8 月 19 日至 30 日，中共中央政治局在北戴河召开扩大会议，会议作出了《关于在农村建立人民公社问题的决议》。根据这一"决议"，中共广东省委于 9 月 11 日作出《关于在农村建立人民公社的决定》，该决定对公社所有制体制、劳动组织和管理、组织机构及建社做法等问题作出了决定，提出全省要建立 1000 个社，每社平均 8000 户，实行乡社合并，一乡一社，并以县为单位组织联社。[①]

二、乡社合并，大办公社

人民公社运动首先在河南省兴起。1958 年 9 月，南雄派出代表前往河南信阳取经。取经回来后，县委于 10 月初在湖口试办人民公社，把湖口、珠玑、里东三个乡合并组成一个公社，把 65 个高级社编为 65 个连。入社农户 10666 户 47828 人，26341 个劳动力。三个乡 65 个高级社的账本集中到湖口政府清账，计算出 1958 年 1—11 月的收支账目，再加上当年 12 月份计划大搞财政收入的数字作为湖口公社的全年收入。而 1958 年的收支账则以洋湖连（213 户，代表粮产区）、承平连（350 户，代表烟区）、田心连（228 户，代表半烟区）共 791 户的平均数推算出全公社的收支积累分配数，由此计算出湖口公社 1958 年总收入比 1957 年增长 58.9%，纯收入增长 96.8%，社员分配增长 58.4%，并确定实行"五包"供给制，即全年每人包粮食款 37.8 元，包油盐费 5.96 元，包医药费 13 元，包婚丧生育费 2 元，包文娱学习费 2 元。共 60.76 元。按月发工资，工资分五等，最高 2.5 元，最低

---

① 南雄市史志办公室编著：《中国共产党南雄历史》第二卷，中共党史出版社 2015 年，第 127 页。

1.3 元，等差 0.3 元。11 月份工资已发 49900 元。

继湖口人民公社之后，全县各区同时跟进，并在 1 个月内实现了人民公社化。一区湖口称红旗人民公社，二区黄坑称火箭人民公社，三区乌迳称跃进人民公社，四区水口称上游人民公社，五区主田称先锋人民公社，六区全安称卫星人民公社，七区百顺称高峰人民公社，城关镇称钢铁人民公社。①

---

① 南雄市史志办公室编著：《中国共产党南雄历史》第二卷，中共党史出版社 2015 年，第 128 页。

第三节　基础建设　百废待兴

　　南雄位于广东省北部偏东，地处南岭山脉南麓，浈江上游。四周群山环抱，中央丘陵起伏，由东北向西南形成一条狭长地带，地质学家称之为"南雄盆地"。中部盆地多属紫色砂页岩，水土流失严重，南雄河流虽多，但距海洋较远，属大陆性气候。因此，南雄历来重视水利建设，但历经清末及民国时期的内外战事水利建设严重受损，造成南雄农业灾害以旱灾为首，水灾次之，史称"雄州山高土燥水源短浅，十日不雨辄称大旱"。中华人民共和国成立后，南雄历届县（市）委、政府都十分重视农田水利建设，发动南雄人民大兴水利，建成的大批水利水电工程为南雄工农业的发展作出了重要的贡献。

　　一、兴修水利，旱涝保收

　　南雄境东西距离 84 公里，南北相距 52 公里，总面积 2326.18 平方公里，其中，山地面积 282.7 万亩，占总面积的 81.02%，台地和冲积平原 86.23 万亩，占总面积的 18.98%。南雄属亚热带季风气候，年平均气温 19.6℃，极端最高气温 39.5℃（1971 年 7 月 26 日），极端最低气温 −6.2℃（1955 年 1 月 12 日），无霜期 293 天，年均降雨量 1530 毫米，降水量为 34.8 亿立方米，其中蒸发约 16.47 亿立方米，年均产水量 18.45 亿立方米（不含客水），地下水资源约占河川流量的 21%。雨量分布不均匀，2—4 月约占全年降雨量的 30%，4—7 月占 50%，8 月到次年 1 月占 20%。

南雄中部盆地多属紫色砂页岩，水土流失严重，是全省治理水土流失的重点县（市）之一。据 1983 年调查核实，全市水土流失面积 751.26 平方公里，折合 112.69 万亩，占土地总面积的 21.4%。

市境大小河流共 110 条，浈江、凌江为主要河流，其他多属山涧小溪落差较大，利于发展小水电。据普查，全市水力资源理论蕴藏量 6.47 万千瓦，可开发量为 4.8 万千瓦，水电资源十分丰富。

水利工程建设。

南雄人民具有悠久的兴修水利历史。根据史志记载，从北宋天禧年间建"凌陂"始，以兴建陂、塘为主的农田水利建设日益发展，到清嘉庆年间共有陂、塘 2300 多宗，灌溉面积达 21.43 万亩，但清末及民国时期，由于内外战事不休，水利工程废多于建，至 1949 年只剩下陂塘 369 宗，灌溉总面积约 6.2 万亩。

南雄解放后，党和政府大力倡导水利建设。据统计，1950 年至 1999 年，共投入水利水电建设资金 46143.5 万元，劳动力 15183 万个工日，搬动土方 8815.29 万立方米，石方 1290.77 万立方米，构筑混凝土 15.9982 万立方米，使用钢材 6695 吨，水泥 141.1628 万吨，木材 1.4141 万立方米，建蓄水工程 588 宗，总蓄水量 2.20 亿立方米。其中，建成中型水库 6 宗（在建 1 宗），小（一）型水库 11 宗，小（二）型水库 43 宗，万方以上山塘 528 案，总库容 2.2 亿立方米，建成引水工程 467 宗，引水流量 6.21 秒立方米；建成电动排灌站 237 宗，总装机容量 2270 千瓦。全市有效灌溉面积 39.36 万亩，旱涝保收面积 35.1 万亩。南雄解放后，水利建设大致分为 6 个阶段进行。

第一阶段（1949—1952）国民经济恢复时期。执行"群众自解资金为主，政府贷款资助为辅"的方针，以修复山塘、陂圳为主。三年总共建成山塘等蓄水工程 305 宗，总库容 1048 万立方米。引水工程 36 宗，引水流量 1.3 秒立方米，灌溉面积 5.56 万亩，旱涝保收面积 1.73 万亩。共投入水利资金 11.8 万元，全部由群众自筹，投入劳动力共 11.8 万个工日。

第二阶段（1953—1957）第一个五年计划时期。以巩固原有灌溉工程，扩大灌溉面积为主，有计划有重点地兴建山塘水库示范工程。共建成中型水库 1 宗，小（一）型水库 5 宗，小（二）型水库 10 宗，万方以上山塘 26 宗，灌溉面积增加到 19.7 万亩。共投入水利资金 352.77 万元，其中省、市以上国家投资 134.8 万元，县投入 8 万元，群众自筹 209.97 万元，投入总劳力 445 万个工日。

第三阶段（1958—1960），这一时期推行"以大搞群众运动，大小并举，社办公助，投资少，收益快"的原则。三年中，新建陂、塘 2446 宗，还有宝江水库（中型）上马，横江水库（中型）扩建，"共产主义青年运河"第一工程全线施工。3 年中，水利建设总投资 938.46 万元，其中县以上国家投资 244 万元，群众自筹 694.46 万元，投入总劳力 1389 万个工日。

第四阶段（1961—1965）国民经济调整时期。"以续建配套为主，不新建中大型工程，兴修与管养并重"的方针。5 年中，除完成 9 宗中小型工程的配套外，还建成小（一）型水库 2 宗，小（二）型水库 3 宗，万方以上山塘 16 宗，电灌站 36 宗，水轮泵站 18 个。总投资 727.54 万元，其中省、市以上国家投资 340.73 万元，县投资 114.34 万元，群众自筹 272.47 万元，投放总劳力 723 万个工日。

第五阶段（1966—1976），这一时期执行"以小型为主，全面配套，重点兴建，狠抓管理"的方针。尽管受到"文化大革命"的干扰，时任南雄县委书记的沈会峰同志总结历年抗旱经验教训，深感南雄地势高亢，水源不足，以至旱灾频仍。为从根本上解决干旱威胁，他亲自组织和带领水利技术人员跋山涉水，调查测量，作出决策，兴建总库容6700多万立方米的孔江水库，并亲任水库工程指挥部总指挥。1966年9月，沈会峰排除干扰，领导工程指挥部在水库工地连续举办3期训练班，边学习边劳动，23000多人次奋战3个月，一举拿下土石方30万立方米，完成主副坝工程，随即组织3万多名公社社员开挖54公里长的灌溉干渠。即使受到"文革"冲击，沈会峰仍然以孔江水库工程建设为重。1970年，沈会峰调韶关。1974年7月，重回南雄复任中共南雄县委书记、南雄县革委会主任。他一如既往，为南雄水利建设尽心尽力。下车伊始，即把孔江水库配套工程列入重要议事日程，组织3万多名社员开通干、支渠道，组建2000多人的农田基本建设专业队攻坚克险。1976年，建设工期历时10年的孔江水库终告全面竣工，与浈江北岸6宗中型、小（一）型水库串联成网，灌溉农田8000公顷。

1977年至1980年，沈会峰又连续四个冬季，分别组织数万劳力投入当时称为"雄东、雄中、雄南、雄西"的农田基本建设大会战，兴建了宝江水库，完善五大灌溉网，全县75%耕地解除干旱威胁。这些年，沈会峰的春节都是在工地上过的，南雄的这些大型水利工程，都留下了他深深的足迹。①

1967年7月，时任南雄县革命委员会主任魏世俊同志，还亲任南雄"抓革命促生产"核心小组长，十分重视农田水利建设。1969年11月，组织领导兴建罗田水库，历时5个冬春建成，库容

---

① 南雄市人民政府地方志编纂委员会编：《南雄市志》，广东人民出版社2011年，第638页。

212.2 万立方米。1970 年冬又组织领导兴建瀑布水库，1 万多民工以"民兵师"的组织形式施工，历时 4 个冬春，到 1974 年 8 月基本建成，库容 3400 万立方米，既保证 1333.33 余公顷农田灌溉，又为南雄城居民食用水提供充足的优质水源。还于坝后兴建两级水电站，1973 年建成一级，1976 年建成二级，装机容量共为 6700 千瓦，为南雄最大的水电站。

"文革"十年中，南雄还建设了万方以上山塘 26 宗，水陂 26 座，128 台水轮泵，54 座电灌站。完成了孔江水库"长藤结瓜"式灌溉网，使灌区 63 个大队近 13 万亩农田解除了干旱威胁。总投资 5914.94 万元，其中省、市以上国家投资 1842.35 万元，县投资 1174.29 万元，群众自筹 2898.30 万元，总投入劳动力 371 万个工日。

第六阶段（1977—1999）改革开放时期。执行"加强经营管理，提高经济效益"的方针和省水利厅提出的"经济要搞活，工作要做好，面貌要改变，生活要提高"的水利指导思想。前 11 年，全县组织了雄东、雄中、雄南、雄西农田基本建设大会战，先后完成了一批水利工程的新建、扩建配套工程，全县共完成维修、配套、加固和新建大小水利工程 1572 宗。在电力建设方面，贯彻"以电养电"方针，先后建了 11 万伏变电站 1 座，建成了 2 座骨干电站和一批乡镇小水电站。后 11 年，南雄水利建设以工程除险加固为重点，贯彻"塘库固化、陂头硬化、管理优化"的方针，先后对 17 宗中型、小（一）型水库土坝进行了灌浆、改造、培厚等除险加固；对万方以上的山塘进行了加高、培厚、改造放水涵；将水陂由木石陂改为水泥陂，共改造水陂 450 座；对水库主干渠实施"三面光"、"四面光"工程，共完成"三面光"、"四面光"工程 168 公里；新建南雄市最大坝高的重力坝水库——苍石水库（中型），完成了横江水库防险加固工程，中坪水

库除险加固工程的立项工作。22 年中，共完成水利水电建设投资
37812.21 万元，其中省、市投资 8126.66 万元，县（市）投入
8563.24 万元，乡镇和群众自筹 17185.77 万元，总投入劳力 3794
万个工目。

中华人民共和国成立后的水利建设，为南雄经济的振兴、工
农业生产的发展和人民群众生活用电作出了重要贡献。南雄水利
水电建设的成就，受到上级的多次表彰，1989 年被国家水利部授
予“全国水利建设先进县”称号。广东省自 1988 年实行水利投
入“以奖代拨”，至 1999 年，连续十年被评为省、市先进县
（市）；农村初级水利化达标，按部关市的标准，全市 24 个镇全
部实现达标；农村水电初级电气化，按韶关市标准于 1994 年通过
验收，为全国第二批农村水电初级电气化达标县。

水利工程管理和灌溉用水管理。

中华人民共和国成立后，县委、县政府发动全县人民大兴水
利，先后兴建了一大批水利工程。为加强对这些水利工程的管理，
县于 1962 年 4 月制定了《水利工程管理条例》共 8 章 40 条，建
立了专门的管理机构，设置了专职管理人员。至 1999 年，全市国
管工程专业管理人员共有 324 人。镇级管理的较大工程，每宗有
1—2 名水管员。中共十一届三中全会后，镇管工程大多数承包给
专业户管理。提水工程的管理由所在镇、区、村负责，技术上则
由县（市）机电排管总站负责。

20 世纪 50 年代末，县农业科学研究所设立了灌溉用水试验
站，进行农田用水试验。1962 年 4 月，县人委对灌溉用水作出了
规定，所有大小水利工程必须实施专人放水。放水队伍每 50—
200 亩配备专职放水员 1 人。1965 年起，实行按面积配水。渠道
分段包干，由生产队田间管理员向水库管养员申请放水，逐日登
记用水量，按量计费，后改为按亩计费。公社管的山塘、水库的

灌溉用水实行"自建、自管、自修、自用"原则。

1984年3月起，县政府决定，对孔江水库灌溉用水实行分段定额放水，按量计费供水制度，要求严格交接用水登记，保证流量。

水利事业的水费征收和综合经营。

中华人民共和国成立初期，各村都设有管水员，负责维修本村的水陂，每年收获时节，管水员到收割现场收水谷，名为"陂水谷"。这种收水费没有标准，由受益户随意付给。合作化后，由合作社派员维修陂头、山塘，由社记工分。县管工程则按受益面积计算，向社征收。

随着农田水利事业的不断发展，管理人员的不断增加，根据国家关于"以工程养工程"的原则，县委、县政府每年夏收前都发出《关于征收水费、水谷的通知》，对征收水费水谷的原则、标准、方法、资金使用等都规定得很清楚。收费标准根据不同时期的物价情况和人民生活水平的不断提高而制定不同的标准。

南雄的水利综合经营是60年代初开始的，当时县人委制定的综合经营原则是：在管好用好工程的基础上发展生产，规模较小的以改善职工生活为目的，其产品除留足种苗、饲料外，其余的由管理单位掌握；除用于职工奖励以及照顾病、老弱的困难户之外，大部分按劳分配给职工。生产规模较大、经营项目较多的，应把管养员分开，一部分人搞管理，一部分人搞生产。填综合经营的项目主要是发展水库养鱼，要求做到自繁、自育、自养。其次是进行造林种果。

移民迁安。

南雄自1955年兴建乌迳水库、横江水库始，有水库移民。至1984年，共应搬迁移民892户4309人，加上江西省兴建五渡港水库，属南雄县移民201户1109人，全县总计需安迁的移民1093

户 5418 人。上述移民的迁安工作于 1984 年结束，属广东第二批完成水库老移民安置工作的县份之一。

南雄在 20 世纪 60 年代对移民安置总的要求是"要认真落实国家帮助和群众支持，自力更生为主，勤俭办一切事业"的方针。要求做到责任明确，谁受益的工程，谁负责移民安置。具体政策：一是移民建房所需的劳动力，有关大队和生产队应予以协助，帮工的劳力和移民自己做的工日，由生产队统一记工分，参加分红；二是粮食少的地区，由大队或生产队根据实际情况补助，帮工的泥工、木匠自带基本口粮；三是移民迁至地区所耕种的土地，当地大队、生产队不应计收移民土地费；四是移民建房所需木材、毛竹等，根据需要可允许在当地范围内砍伐使用。

1955 年至 1984 年的 29 年中，全县需迁安的移民全部得到安置。累计建房 58240 平方米，兴建山塘 12 宗，建电灌站 25 座，装机 546 千瓦，修建公路 7 条 21 公里，桥 10 座，架设照明线路 3 公里，共投入迁安资金 198.83 万元。

防汛抗旱。

20 世纪 50 年代，县人委未设专门的防汛防旱组织，每到汛期，由县组织各水利工程和有关社、队召开防汛工作会议，水库和受益社、队共同成立防汛指挥部，组织防汛抢险队。遇上旱年，县委、县人委成立临时指挥部，组织机关干部成立防旱工作队，分赴各地抓抗旱工作。从 60 年代初起，县成立防汛防旱指挥部，下设办公室，办公地点设在县水电局。县人民政府防汛防旱指挥部（后改为防汛防旱防风指挥部，简称"三防指挥部"）是一个常设机构，指挥部成员一般 1—2 年调整一次，办公室的日常工作由县水电局抽调 2—3 人主持。主要任务是：传达贯彻上级三防指挥机构指示，了解气象动态，收集水情雨情资料，及时向上级三防指挥机构和县三防指挥部领导汇报。

三防指挥部坚持贯彻"安全第一，常备不懈，以防为主，全力抢险"的三防工作方针，每年汛前对市重点工程进行一次检查，组织召开各级防洪会议，对重点水库实行行政首长负责制，签订协议书，成立抗洪抢险队伍，由工程所在乡镇负责组织抢险队伍。防汛期间实行 24 小时值班制度。

为做好防汛物准备，各水库都备有沙、石料、草包或编织袋，照明设备和自记雨量计等。市三防指挥部每年汛期前都"向各乡镇和重点水库发出防汛通知"，要求备好防汛物资，并于汛前组织落实。

二、强化机构，发展水电

南雄水利水电工程的发展史。

南雄解放后，随着水利事业不断发展，南雄逐渐建立和健全了各级水利行政管理机构，成立了学术组织，培养了一大批水利技术队伍，设置了水利行政机构、水利工程管理机构、水土保持机构、水利局直属企事业单位。

水利行政机构 中华人民共和国成立初期，县设建设科，负责全县农田水利工程建设、维修。1954 年设立水利科，科员 3 人，后改为水电科。1959 年 10 月 20 日，设立农业水电局。1961 年 6 月 28 日"南雄县农业水电局"分为"南雄县农业局""南雄县水电局"。1968 年 10 月，撤销水电局，设置水利组，归属县农村工作站领导。1971 年 10 月，撤销农村工作站水利组，恢复水电局名称。一直沿用至 1996 年 6 月 17 日，南雄撤县设市后，改名为"南雄市水利电力局"。1997 年 5 月，在机构改革中，更名为"南雄市水利局"。

水利工程管理机构 1962 年 7 月，县人委批准中坪、大源、横江、蛇岭等水库和瀑布引水工程，成立"工程管理委员会"。

1963 年 2 月，县管水库改名为"南雄县××水库工程管理站"。1976 年，凡县管水库均更名为"南雄县××水库（灌区）工程管理所"（属水电局下设的股级独立核算单位）。1996 年 6 月撤县设市后，全部更名为"南雄市××水库（灌区）工程管理所"。

乡镇水利机构　1959 年前以公社为单位，成立了水利工程管理所。1966 年 2 月，县人委决定成立公社一级水电管理委员会。1978 年 7 月，革委决定成立公社水电管理委员会。

水土保持机构　1956 年 6 月，成立了南雄县水土保持委员会。1963 年 2 月，县成立中坪、大源、乌坭、横江、瀑布、凌江、丰门坳 7 个水保站。1956 年冬，广东省水利厅在南雄县湖口太和成立韶关专区水土保持推广试验站。1969 年，移交给南雄县管理，县决定将原各水保站隶属县林业森工局管理。1983 年冬，全县设立 5 个水保站（即太和、巾子岭、黄坑、大塘、瀑布）。水电局设立水保股，1984 年 8 月，成立南雄县绿化水保委员会，下设办公室（科级），后又从绿化水保委员会划出，成立市水保委员会。

水利局直属企事业单位　原县水电局直属单位（即驻县城单位）有：小水电公司、供水公司、水电车队、机电排灌总站、预制构件厂、水电设备维修制造厂（又名电机厂）、水电工程队、水电物资仓库（后改名水电物资公司）。

至 1999 年，南雄水利局直属单位有小水电公司（副科级）和小水电安装服务公司、水电工程队、水电车队、机电排灌总站、自来水公司、水电物资服务公司等 6 个股级单位。

南雄水利技术人才的培养和先进业绩。

随着水利事业的发展，南雄涌现了大批水利技术人才。中华人民共和国成立后，1954 年建立水利科，有了专职技术人员，且不断壮大，由修筑山塘、陂圳逐步进入兴修水库、引水工程、建设小水电站。至 1999 年水利系统已拥有 1100 多人的水利水电专业管理人员和技术骨干。能依自己的技术力量完成中、小型水利工程和 110 千伏以下输变电线路的测量、设计、施工、安装、配套以及继电保护的调试工作。水利局内设有水利水电设计室。

南雄还建立了一支规模宏大的农民群众水利技术队伍。1951年至 1959 年，先后办起了水利学校。举办水利水保培训班 21 期，共培训各种技术人员 2344 名。

1963—1965 年，是南雄电力事业进入大兴时期。1963 年 3 月筹建第一座 35 千伏变电站——水南变电站；1964 年建成第一条35 千伏线路，从始兴罗坝通电到南雄。当年，浈江两岸建成了 41座电力排灌站。为适应电力事业迅速发展的需要，1964 年举办机电培训班，共培训了 141 名电动排灌技术人员。同时还委托江西赣南供电局培训了 7 名管理变电站的技术人员。1970—1976 年 10月，农田基本建设以民团、师团的形式施工，在工地边施工边培训。

中华人民共和国成立后，在水利水电建设中曾涌现出了许多可歌可泣的典范人物和先进个人，已立传的有朱德元、李贤顺、陈逢风三人。其中最为突出的是朱德元。

朱德元（1922—1964），1955 年 7 月起任南雄县副县长，分管农田水利建设工作。他八年如一日，奔波于水利工地，与民工同住、同吃、同劳动，亲自组织水利工程的规划和施工，身先士卒，亲自实践，现场指挥。在 1957 年大源水库清基截流时，遇上洪水，眼看土坝有被冲垮的危险，他毫不犹豫带头跳下水去，在场百多名干部民工也跟着跳下水去抢筑水坝，使工程转危为安。

1959 年，朱德元因积劳成疾，呕血多次，常用手捂住肝部，他却说是胃病，小毛病，带药坚持到工地指挥施工。1963 年 12月，朱德元带着南雄电力排灌站建设规划，到省水电厅请示汇报

后，才入院治疗。因病情一误再误导致肝癌晚期，医治无效，于
1964 年 1 月 10 日逝世。

纵观南雄的水利发展史，可以清楚地看到，南雄的水利水电
工程从无到有、从少到多、从小到大，是经历了艰难曲折的道路
发展起来的。南雄人民历尽艰辛，努力奋斗，使南雄的水利水电
工程遍布雄州大地，形成了"长藤结瓜"的水利网，使全市七大
灌区渠道相通、塘库相连，小水电站如明珠串联，群星璀璨，从
而结束了南雄"十年九旱"的历史。

南雄小水电工程建设情况。

中华人民共和国成立前，南雄没有水电站和火电厂，1950 年
建成第一座火力发电厂，县城开始用电照明。

南雄市按各河道天然落差和分布地域情况计算，全市水能总
蕴藏量 7.39 万千瓦，可开发量 7.2 万千瓦。其中凌江、瀑布水、
大坪水、江头水 4 条支流共占全部水能资源 70% 以上。

1959 年 3 月，主田人民公社泷下建成利用引水渠道落差建成
第一座微型水电站，装机 4 千瓦。至 1971 年，全县共建成 86 座
微型水电站，总装机容量 825 千瓦。大规模的水电建设是从 1972
年开始的，至 1998 年底止，全市共建成水电站 69 座，装机 151
台，总装机容量 4.43 万千瓦，年发电量为 1.5 亿千瓦时。建成投
产的 69 座水电站中，属市管的骨干电站 4 座，总装机容量 15580
千瓦；局管电站 6 座，总装机容量 2679 千瓦；镇、区办水电站 59
座，总装机容量 22745 千瓦。

南雄小水电站建成后设立了管理机构，直接由县水电局管理，
后因县管 7 宗水库调节的电站均担负灌溉和发电双重任务，电站
与灌区、发电与供电、用户与供电之间常发生矛盾，为加强对小
水电的管理，县委，县政府采取了一些具体措施：1979 年 8 月，
成立南雄县小水电领导小组；1983 年 8 月，水电局设立小水电管

理站；1984 年 11 月，在水电局内成立"南雄县小水电公司"，为水电局管理的副科级单位，其职责是管理县管电站，对全县乡镇办的电站进行业务指导和技术培训工作，负责全县小水电站的安装、维修、配套和调试工作，平衡发展供电关系，使之成为"一条龙"。

中华人民共和国成立初期的南雄有县人民电力厂，后于 1964 年改为供电所。1965 年 9 月，供电所与县机电排灌总站合并，成立南雄县机电排灌总站，属水电局下设的事业单位。1970 年 7 月划归为县农机局管理；1973 年 10 月 30 日，移交给水电局管理。1976 年 12 月，撤销供电所，设立供电公司。1984 年 11 月，供电公司的业务归县小水电公司直接管理。1988 年 3 月，撤销供电公司设立供电局。

三、大办交通，联通城乡

交通，是人类社会发展的交往纽带，是国民经济的"先行"，在人们生产、生活中起着重要作用。数千年来，随着生产力的发展，历代勤劳、智慧的南雄人民，依据本地实情，修筑古道、路亭、桥梁，开辟航道，设立渡口，水陆运输有一定的基础，但就南雄整体而言，解放初期，南雄交通运输事业还是落后的。

1933 年 1 月，雄韶公路通车。该公路于 1931 年 6 月动工，由驻军和地方筹款兴建。1934 年 3 月，雄庾公路建成通车。11 月，雄信公路建成通车。这就是中华人民共和国成立前南雄的交通状况。

中华人民共和国成立后，南雄县委、县政府发动人民群众大办交通，兴修公路，实现区乡、部分农村社队通公路。

1959 年南雄至棉土窝公路通车，全长 16 公里。1958 年 9 月，雄百公路竣工。该公路 1956 年动工，历时 3 年，全长 57 公里。

1958 年乌迳到坪田公路、湖口到水口公路建成通车。1963 年黄坑至油山大兰老区公路通车。1964 年水口至南亩公路通车（1983 年延伸至江西省全南县陂头）。1973 年苍石至大坪公路建成通车。1976 年角湾至邓坊公路通车。

南雄交通事业是随着社会的发展和进步而发展。历经多年的奋战，一条条公路翻山越岭，连接南雄城乡，连通神州大地；一座座桥梁飞架东西南北，连接南雄村村寨寨；一辆辆班车进村入寨，沟通城乡……南雄革命老区的交通事业步入了发展的黄金时期，为南雄经济和社会的发展插上了腾飞的翅膀。

第四节 十年"文革" 曲折前进

在"文化大革命"期间，南雄的工农业生产受到一定的影响，但全县经济形势仍处于缓慢上升局面，在水利水电、医疗卫生、发展社队企业，壮大集体经济方面还取得了一定成就。

一、"孔江""瀑布"两大建设

南雄地势高亢，丘陵起伏，素有"十日不雨辄称大旱，半月不雨山塘干"之称。中华人民共和国成立后，南雄县委和县人民政府十分重视水利建设，1950 年至 1952 年，号召农民修复山塘、陂圳。1957 年 11 月至 1958 年 3 月，全县开展大规模的兴修水利高潮，新建、扩建中小型水利工程 17078 宗，完成土方 995.73 万立方米，新增灌溉面积 3.05 万亩，使全县灌溉面积增至 8.45 万亩。

虽然水利建设有所增加，但大部分的耕地仍然不能灌溉到。1962 年 7 月到 1963 年 10 月，南雄干旱天气持续了 480 多天，旱老虎又一次肆虐浈凌大地，浈江河水断流，山坑泉水枯竭。全县人民饱受旱灾之苦，盼望着何时缚住蛟龙，制服旱老虎。南雄县党政领导和广大干部群众清楚地认识到，要从根本上解除干旱威胁，解决水源短缺的问题，必须要兴建几座大容量的水库。

1965 年，县委组织水利技术人员，带着如何过好水利关的问题，跋山涉水，在浈江上游到处勘测，最后决定在鸭子口兴建孔江大水库。省水电厅派来工程师共同勘测研究,副省长罗天两次前来视察指导。最后,兴建孔江水库的蓝图出来了。设计主坝建于鸭子口,高28米,长260米,另4座副坝,总长904米,平均高7.42米,加上公路改建,库区共计土方25.4万立方米,砌石3.2万立方米,砼方0.33万立方米。灌区主干渠长53.56公里,其中隧洞8座,长1850米,渡槽7座,长2215米。新建罗田水库1座,大小附属工程480多宗。灌区共计土方100万立方米,砼方3000立方米,石方10万立方米。总计工程费用454万元,其中国家投资341万元,自筹113万元。

1965年8月7日,县委决定成立孔江水库工程指挥部,县委书记、县长沈会峰任总指挥,赖济标任副总指挥,水电局局长陈家铭等有关部门领导为指挥部组成人员,部署在秋后动工,清基开路,移民安置,为1966年大施工做好准备。1966年,南雄又遭受一次严重旱灾,浈江断流,山塘干涸,10宗库容百万立方米以上的水库6宗已经干涸或基本干涸,受旱农田12万亩。旱灾鞭策着全县党员干部群众加快孔江水库建设步伐。因此,1966年,正是孔江水库大施工的一年。

1966年5月,正当孔江水库建设如火如荼进行时,县委趁此发出了进军孔江水库库区的动员令,组织全县干部群众在库区举办学习班。以学习毛泽东著作为内容,以民兵军事化组织形式,以完成孔江水库库区主副坝土石方30万立方米为目标,开展库区大会战。

万人工地上,白天红旗招展,车轮滚滚,人流湍湍。晚上,工棚里,灯火明亮,人人聚精会神,学习毛泽东著作《为人民服务》《纪念白求恩》《愚公移山》(即"老三篇")。人们以张思德、白求恩、愚公为榜样,发扬"全心全意为人民服务""毫不利己,专门利人""艰苦奋斗,改天换地"的精神,拼命劳动,不计报酬，以苦为乐，以苦为荣。参加学习班的人都是自带铺盖、伙食、工具，指挥部每天只给每人 0.4 元的补助，而劳动的热情十分高涨。民工的战斗精神，使"韶师长征队"很受感动，自动留在工地与民工们一起学习、劳动，孔江水库土坝中渗入了他们的汗水。南雄的举动震动了粤赣边，不少县、市组织人员前来参观。

1966 年 12 月底，南雄人民完成了孔江水库库区主副坝土石方 30 万立方米（不含公路改建）。这确是南雄史无前例的壮举，充分显示了南雄人民建设孔江水库的热情和力量。

库区任务基本完成后，此时仍是"文化大革命"期间，县委组织力量转战灌区，开展灌区大会战。原计划采取库区办法打三个战役：第一个战役出动 4 万人，计划用 25 天的时间基本完成全线 53.56 公里 100 万立方米土方任务；第二个战役出动 8000 人，完成全线石方任务；第三个战役出动由 3000 人组成的专业队，用 4 个月的时间完成各建筑物施工任务，争取在 1967 年上半年通水到罗田。

1966 年 12 月中旬，第一个战役打响，全线共出动了 35000 人，分 4 个工区，在 50 多公里干渠上摆开了四个战场。第一个工区在拉梨寨，民工团由坪田、界址、乌迳、南亩 4 个公社组成；第二个工区在油山，民工团由黄坑、油山、水口 3 个公社和长龙农场组成；第三个工区在邓坊，民工团由全安、古市、主田 3 个公社和凌江、赤马两个农场组成；第四工区在新迳，民工团由珠玑、湖口、白云、百顺 4 个公社组成。整个战役至 1967 年 1 月中旬结束，用时 25 天，共完成土方 70 万立方米，石方 2 万立方米。

拉梨寨涵洞是灌区最长的一座涵洞，长 360 米，高 3.3 米，底宽 2.6 米，其中 30 多米是隧洞。当劈开 200 多米山坳时，又遇到湖洋烂泥，施工困难。一支民兵连 200 多人，天天在深沟里清烂泥，凿石洞，每进一寸一尺都渗透着民工们的汗水。油山公社上朔渡槽长 520 米，高近 20 米。民工们土法上马，把 50 余节重 17 吨、长 10 米的钢筋水泥槽，用卷扬机牵引，一节一节安全吊上槽墩连接而成。

“文化大革命”期间，孔江水库工程建设仍在断断续续地进行。1967 年 9 月 19 日，县抓革命促生产核心小组生产指挥部决定，于 9 月 21 日起在灌区办班，计划出动 5000 人，用 25 天的时间完成建设任务。1968 年 5 月 23 日，成立孔江水库工程领导小组，以赵国兰为组长，肖昌源为副组长，组织部分工程施工。1973 年 8 月 9 日，成立孔江灌区配套工程民兵师，陈德平为师政委，洪佳为副政委，周儒旺为师长，杨成文、黄铁坚为副师长，组织 8 个公社民兵团上工地。通过以上几次施工，共完成土石方 40 多万立方米，兴建了库容 220 万立方米的罗田水库，架起了 520 米、引水流量每秒 2.5 立方米的罗田渡槽。湖口民兵团凿开了渡槽出口处的一座石头岭，长 300 余米，最高处达 20 余米。至 1974 年，主渠道开始了全线通水。

由于有的配套附属工程未彻底完成，或质量不高，时有塌方，有些地段水土流失，渠道淤塞严重，影响通水能力。水库放水涵洞设计为 6.6 个流量，一般只能放三四个流量，要达到设计效益，还须下大力气做好工程配套工作。

1974 年 7 月，“文化大革命”接近尾声，此时，中共南雄县委落实政策，解放了一批干部。沈会峰重任中共南雄县委书记、县革命委员会主任。沈会峰是 1951 年南下解放大军转业在南雄参加土地改革的干部，1954 年起历任中共南雄县委副书记、书记、第一书记职务。在任期间，致力于农田水利建设，南雄的每一项水利工程都留下了他的足迹。这次重返南雄任职，就立即把孔江水库配套工程列入重要议事日程。

1974 年 11 月 25 日至 12 月 15 日，县委组织孔江水库灌区工程大会战，指挥黄铁坚，副指挥钟振星、丘齐标、刘福安。8 个公社共 2 万多民工上工地，突击完成 11 条支圳，总长 18.5 公里。

1975 年 12 月，县委决定成立农田基本建设兵团（简称"农建兵团"），由 2800 多名青年组成，卢章任兵团政委，赖方鸣任团长，黄铁坚、张振林、朱光文、刘德锦等分别担任副政委、副团长。农建兵团的任务是攻坚，把几次大会战留下来的"硬骨头"啃掉，突破所有艰险工程。1976 年 1 月 13 日上午，时值寒风怒吼，大雪纷飞，农建兵团在上朔礼堂召开成立大会。16 日，14 个连队在白雪红日辉映下，奔赴 38 处艰险工程和 56 项附属工程，以军事化行动紧张施工，每天一餐或两餐饭送上工地，劳动 10 个小时。农建兵团经过一个多月苦战，终于把一个个"硬骨头"啃下来了，宣告全面完成孔江水库配套工程。

孔江水库工程历经 10 年的不懈努力，投资 998.4 万元，用去劳动工日 262 万个，完成土石方 247.5 万立方米。全面竣工后的孔江水库集雨面积 101.44 平方公里（含 1987 年新建大竹引洪入库工程扩大的集雨面积 22 平方公里），库容 6522 万立方米，为全县最大水库。水库出水涵洞内径为 1.6 米，最大泄流量 6.6 立方米/秒。灌溉干渠长 53.56 公里，由东至西，蜿蜒于浈江北岸，沿线与乌迳镇的云岭下水库，大塘镇的大源水库，黄坑镇的围背水库，邓坊镇的杨梅水库，珠玑镇的横江、罗田、乌泥水库，以及 260 多口山塘串联成网，灌溉耕地面积为 11533.5 公顷，占全县耕地总面积的 40%。

孔江水库的建成从根本上改变了南雄干旱面貌，为南雄农业生产和经济发展打下坚实基础，堪称中华人民共和国成立后南雄社会主义建设的最大成就和造福子孙万代的千秋业绩，是南雄水利史上的宏伟杰作。孔江水库工程是南雄农田水利建设史上的丰碑。孔江水库建设者们的辛劳业绩，将永远铭刻在南雄人民的心中。①

瀑布水库位于瀑布河上游的黄坪村，集雨面积 76 平方公里，坝高 50.38 米，长 143 米，涵洞直径 2.3 米，长 160 米，总库容 3400 万立方米，有效库容 2694 万立方米，灌溉主田、古市、黎口、雄州等乡镇农田 2 万亩。1970 年冬，1 万多名民工以民兵师的形式组织施工。1974 年 8 月基本建成。1973 年建成一级电站，1976 年建成二级电站，共装机 6700 千瓦，年发电 1955 万度，是全县最大水电站。发电后的水引入原瀑布引水工程灌溉渠道。既保证了灌溉，又为县城食水提供了充足的水源。瀑布水库建成后，曾于 1983 年 3 月 28 日，土坝左侧水坡发生滑坡一处，最深处 8 米，总土方 1168 立方米，并出现泉涌。主要原因是填坝泥土含沙多，黏结力弱，在连日暴雨后，雨水渗入量大而导致滑坡。险情发生后，即拉闸排水，减少库容，并组织 3000 多名民工奋战 7 昼夜，解除垮坝众险。1986 年 3 月完成了加固工作。

二、基本建设，四大会战

大搞农田水利建设。

南雄是一个农业大县，历来重视农业的发展。为能更好地加快农业发展创造更好的条件，在"文化大革命"后期，南雄县成立农田基本建设兵团，大搞农田基本建设，取得了明显成效。

1975 年 12 月 12 日，南雄县农田基本建设兵团（以下简称"农建兵团"）正式成立。农建兵团是由 17 个平原公社 3000 多名基干民兵组成的农田基本建设专业队伍。兵团先后已有 54 人光荣

---

① 南雄市史志办公室编著：《中国共产党南雄历史》第二卷，中共党史出版社 2015 年，第 170 页。

加入了中国共产党，有 324 人加入了共青团，有 152 人光荣参军，同时还为社队企业和国家企业输送了 127 名干部和职工，有的当上了工人，有的当上了大队生产队干部和教师，并培训了大批测绘、爆破、建筑等技术人员，为南雄县大搞农田基本建设造就了一批骨干力量。

南雄农建兵团成立后，深入开展社会主义劳动竞赛，大干农田水利建设。据不完全统计，农建兵团先后共完成了 100 多宗附属工程，共搬运土方达 269000 多方，石方 223000 多方，完成浆砌石 9900 多方，干砌石 1500 多方，砼 1200 多方，河沙 4700 多方，碎石 5700 多方，隧洞进尺 1000 多米，总共投放达 125 万多个劳动工日。

南雄农建兵团一成立，就冒着风雪严寒奔赴孔江灌区工地上，用 20 天完成了拖了八年多没有完成的 55 公里长的 84 宗附属工程任务，搬运 28000 多土石方，比原计划节约了 25000 多个工日，节约工程费用达 18000 多元。在兴建南雄县氮肥厂地基的工程中，耐大劳，流大汗，凿眼放炮，搬石运土，九个连队 1900 多名战士，日夜奋战，只干了 70 天，就完成了 80000 多土石方的任务，得到了县委和氮肥厂的好评。1976 年，农建兵团被评为南雄县农业学大寨的先进单位，界址、新龙、黎口、湖口等连队也被评为南雄县农业学大寨的先进单位，并涌现出一大批先进生产者。

为贯彻执行中央 37 号文件，落实党的政策，从各方面减轻农民不合理负担，充分调动农民积极性，加快农业发展速度，建设大寨县，1978 年 8 月，县委指示要认真整顿好农建兵团，压缩现有人数，加强农业第一线。是月，农建兵团完成了其历史使命，宣告结束。

南雄农建兵团成立两年零八个月，成为一支大搞农田基本建设的尖兵。两年多来，农建兵团在县委的领导下，在各社队和各部门的大力支持下，长年累月转战在孔江灌区、瀑布灌区、中坪电站、化肥厂、宝江水库等建设工地上，大干农田水利建设，革命生产取得了可喜的成绩。农建兵团为加速南雄县早日实现农业现代化作出了应有的贡献。[1]

"四大会战"。

在完成农田基础建设的基础上，中共南雄县委决定，从 1977 年开始，全面开展高产稳产农田建设。采取组织大会战的形式，分成雄东、雄中、雄南、雄西等四大战区，24 个人民公社（镇）协同参战，从 1977 年到 1980 年，每年冬季组织一次大会战，由县大会战指挥部统一规划，统一指挥，进行平整土地，扩大田块、营造梯田（土），完善联网渠道、机耕道、工作道和水利灌溉等工程措施。

1977 年 11 月底至 12 月底，县委组织雄东农田基本建设大会战，全县 18 个公社民兵团共 6 万劳力，分别在乌迳、新龙、坪田、界址、黄坑等公社和宝江水库投入农田基本建设，奋战 40 天，完成土石方 600 万立方米。

1978 年 12 月，全县 4 万多劳力投入雄中农田基本建设大会战，在湖口、珠玑、梅岭、邓坊、水口、南亩等 6 个公社和泷头林场摆开 16 个战场，以治水改土为中心，实行山水田林路综合治理，奋战一个月，完成土石方 177 万立方米，整治农田面积 1.1 万亩，兴建续建小型水库 6 宗，开渠道 105 千米，造林 5000 多亩。

1979 年 12 月，县委组织了雄南农田基本建设大会战，对主田、古市两个公社和城关镇进行农田基本建设，改造农田上万亩。

---

① 南雄市史志办公室编著：《中国共产党南雄历史》第二卷，中共党史出版社 2015 年，第 254 页。

1980 年 11 月底，雄西农田基本建设大会战序幕拉开，全县 7 万劳力在百顺、苍石、帽子峰、澜河等 4 个公社奋战一个月，全部完成 9 项农田基本建设工程，总计土石方 123.1 万立方米，共改造低产田 1.44 万亩。

这是粉碎"四人帮"后，中共南雄县委审时度势、及时调整而作出的发展农业生产的一项重大决策。连续四个冬春，县委组织的雄东、雄中、雄南、雄西四个农田基本建设大会战，参加大会战人数达 16 万人，共投入 38.5 万个劳动工日，搬动土石方6700 多万立方米，平整耕地 1.2 万亩，降低地下水位面积 4.8 万亩，整治排灌系统面积 7200 亩，修筑机耕道 120 条，新建、修建配套水利工程 2400 宗。多数工程做到了当年施工、当年受益。[1]四个冬春的农田基本建设大会战后，大大改善了全县的农业生产基础设施建设，为以后南雄的农业生产连年丰收创造了条件。

赴海南岛育种，推广杂优种植。

南雄是一个农业大县、产粮大县。中华人民共和国成立后，曾三次更新水稻品种。尤其是每三种更新水稻品种，全县 500 育种大队奔赴海南育种，回来后在全县大力推广水稻杂优品种，为南雄农业大丰收作出了积极贡献。

1976 年，县农业局组织杂交稻制种组在城镇的铺背大队试制成功。同年冬，县农业局又组织 20 多人的技术队伍，赴海南岛崖县制种，总结了大面积制种经验。

1977 年冬，县成立"杂交水稻育种大队"，由中共南雄县委常委卢卫群、县农业局局长李剑涛带队，抽调科、局级和公社领导干部，选调青年社员 500 人，赴海南岛乐东县制种。同时在县

---

① 南雄市史志办公室编著：《中国共产党南雄历史》第二卷，中共党史出版社 2015 年，第 256 页。

内组织千人制种队，在主田公社的主田大队、城门大队连片千亩的稻田进行秋季制种。

1977年后，南雄全面推广水稻"三系"（不育系、保持系、恢复系）杂交稻，置换矮秆品种，实现水稻品种"杂优化"。特别是1976年引入"汕优6号"、"汕优4号"和"威优6号"，经示范后，表现出适应性强、抗性好、产量高等特点，平均亩产普遍在400公斤以上，高产田亩产超过500公斤。从此，迈开了全县第三次种子更新步伐的杂交稻品种的自繁、自制和自用的进程。

1978年冬，中共南雄县委再度组织370多人，赴海南岛崖县和南滨农场制种，同时派出专门技术人员在城镇的铺背大队，进行"不育系"繁种成功，解决了制种的亲本种子问题。

1977年至1978年，两赴海南岛春季制种和县内在主田秋季制种，以配制"南优6号"、"威优6号"和"汕优6号"三个组合为主，两年制种面积共计1万余亩，总产杂交种子34万多公斤，推广晚造杂优稻面积11万多亩，杂交稻普遍比常规稻增产20%—30%。杂优稻的大力推广，大大促进了南雄的粮食生产，为以后的粮食丰收奠定了基础。①

三、战备公路，建成开通

南雄交通运输落后的面貌彻底改变，人民的交通运输网，已在全县范围内初步形成。随着经济社会的发展，按照上级有关部门要求，南雄县开始了战备公路的建设，南雄的交通网络开始向纵深发展，从东南西北四个方向向外县、外省延伸。

犁马公路西起曲江县犁市，东至始兴县马市，与韶余公路连

---

① 南雄市史志办公室编著：《中国共产党南雄历史》第二卷，中共党史出版社2015年，第257页。

接，全程长 130.79 公里。是一条横穿仁化县闻韶乡，南雄县百顺镇的塘面、水源，曲江县黄坑乡苦竹，始兴县北山乡奇心洞等四县边境山区公路。该线原属"07033"国防公路，始建 1970 年，于 1972 年竣工交付使用。路基宽 7—8 米，路面宽 4—5 米，均为泥沙碎石结构，属 3 级公路标准。南雄境内段 7.8 公里，养护段实长 12.8 公里，其中兼管养曲江县苦竹段 5 公里，该线山区段路树绿化，均为自然生长的松、杉林。

为了按时保质完成 07033 工程，南雄人民发扬一不怕苦，二不怕死的精神，大批民工在施工现场流汗流血，有些还献出了宝贵的生命。1970 年 2 月，大塘至坪田公路建成交付使用。1970 年 8 月，修筑百顺至塘面"07033"公路时。9 月 11 日，百顺公社上木大队党支部副支书游桥养，在修筑"07033"公路时，在施工爆破中牺牲。经韶关地区革命委员会批准，追认为烈士。同年 12 月 23 日 23 时左右，参加修筑"07033"公路水源村工段的民工宿舍（湖地大队礼堂），因崩山塌房，压死珠玑公社民工 17 人，其中男 14 人，女 3 人。另重伤 1 人，轻伤 6 人。

公路的延伸拓展，促进了运输业的发展。1970 年 8 月，南雄县水上运输公司造船厂试制"浈道"01 号机动扒沙船成功。是年，南雄汽车运输站成立 610 车队。8 月，县属企、事业单位 18 辆货运汽车并入汽车站 610 车队，1972 年 12 月又分出。各单位的车辆渐渐多了起来。

附：南雄市部分乡（镇）村公路一览表

路线编号	路线名称	起止地点	里程（公里）	修建年月	公路等级
610—504	主浰线	主田—浰下	3	1965.12	
610—505	长大线	长龙—大塘	5.6	1959.11	

（续表）

路线编号	路线名称	起止地点	里程（公里）	修建年月	公路等级
610—506	许茶线（茶头背段）	邓坊—茶头背	9.7	1966	
610—507	何下线	何地—下孔	1.7	1972	
610—508	黄大线（大兰段）	坪田坳—大兰	6.3	1963.7	
610—509	雄棉线（棉土窝段）	主田—棉土窝	9.7	1959	
610—510	雄鸡线	南雄—鸡花坪	8	1958	
610—511	里横线	里东—横江	2.5	1958.10	
610—512	东苗线	东坑—苗围	2	1968	
610—514	白苦线	白石坑—苦竹坪	16.6	1964.10	
610—515	老阴线	老宅—阴桥山	4	1965.10	
610—516	坪梨线	坪山—梨树	5.7	1965	
610—517	全暖线	全安—暖水塘	2.6	1964	
610—518	百上线	百顺—上东坑	10.2	1964	
610—519	东水线	东坑—水源	10.6	1964.9	

四、社队企业，发展壮大

社队企业是指在农业合作化和集体化过程中，由农业生产合作社、农村人民公社和生产大队、生产队办起来的集体所有制企业，涉及农、林、牧、副、渔、工商等各个行业。由于社队企业以工业企业为主，人们有时又称社队工业。南雄社队企业，同全国一样，是新中国进入社会主义建设时期在农村出现的具有历史意义的新生事物。农村进行土地改革时，县政府贯彻《土地改革法》，使地主、富农兼营的工商业得到了保护。农村手工业者和农民兼营的副业、杂货铺、小作坊等受到保护。农民生产积极性提高了，农村手工业和副业得到了恢复，这是农村社队企业诞生的基础。

社队企业的缘起　1958 年开始，中共中央正式提出了发展农村工业的政策主张。1958 年 3 月成都会议通过、4 月 5 日中共中央政治局会议批准下发执行的《中共中央关于发展地方工业问题的意见》提出："县以下办的工业主要应该面向农村，为本县的农业生产服务。"为此，在干部中应该提倡，既要学会办社，又要学会办厂。现在县以下工业企业的形式，大体上可分为县营、乡营、合作社（农业社或手工业社）营，县、社或乡、社合营等三种。这一文件还首次明确提出"社办工业"的生产经营范围，即："农业社办的小型工业，以自产自用为主，如农具的修理，农家肥料的加工制造，小量的农产品加工等。"

南雄社队企业的发展历程　1949 年 11 月，城关区将城镇个体手工业劳动者组织起来，成立城关区职工筹备委员会，为群众团体组织。1950 年 3 月，职工筹备委员会改为总工会委员会，成立了木器、理发、车缝、铁器和五金修配等行业经济实体小组。1951 年总工会已有基层工会 8 个，会员 6345 人。1953 年冬，贯彻中共中央总路线的精神，对农业和手工业进行社会主义改造。广大农民按照自愿、互利、联合的原则，走一条从互助组到初级社、再到高级社的合作化道路，改造私有制，变私有制为集体所有制。1954 年首先在木器行业成立"木器手工业生产合作社"。入社的社员要交纳相当于本人 1 个月工资的股金和入社费。合作社按照入社自愿、退社自由的原则吸收社员。社内实行生产资料集体所有，共同劳动，民主管理，按劳分配。50 人以上的生产合作社设脱产的主任和会计各 1 人。由互助组到高级社再到人民公社，除集体从事农业生产外，还派出部分社员从事工副业生产，较大的合作社还组织副业队外出搞副业，有 1 名专门管理工副业的副社长。在此同时，街道的手工业也出现了一个声势浩大的手工业合作化的高潮。据 1957 年的资料统计，从 1954 年、1955 年到 1956 年 12 月底止，全县组织起来的手工业生产合作社有 67 个，入社人数 1574 人，占手工业总人数的 84.1%。

1958 年兴办人民公社，实行以公社为单位进行经济核算，高度集中，统一经营，一切生产资料归公社所有，手工业社、组全部纳入当地人民公社，与公社兴办的企业合并，这就是社队企业的萌芽时期。1976 年 11 月，中共南雄县委为了加强对社队企业的领导和管理，成立了"南雄县社队企业管理局"，局长由县委副书记王广居同志兼任，配专职干部 5 名，归属县革委会财贸办公室领导，办公地点设在繁荣路，与二轻局合署办公。

社队企业的经营形式　社队企业的经营形式经历了由单一向多种多样发展的过程。中华人民共和国成立后至 1955 年，乡镇企业的经营形式只有个体手工业者和个体工商业。1956 年至 1957 年，随着农业合作化的发展和城镇私营工商业的社会主义改造，社队企业的经营形式由个体手工业者和个体工商业转为铁器、木具、车缝、五金、理发和饮服等合作社（组）的集体经营，归县手工业科领导。1958 年实现人民公社化后，为了响应中共中央关于"人民公社必须大办工业"的号召，全县的各种手工业社（组），合并成铁木社和饮服业等合作社（组），直接由所在地的人民公社领导。1976 年成立南雄县社队企业管理局之后，将全县的农村工企业分为社办和大队办两级企业，归县社队企业管理局领导。1984 年农村推行政治体制改革，政企分开，社队企业改称为乡镇企业。

村办企业　村办企业，即人民公社化后的大队后来成立的经济合作社兴办的企业。主要是果场、茶场、林场、田七场、养猪场、水产养殖场、砖瓦厂、石灰厂、造纸（土纸）厂、采石场、竹木加工厂、花岗石板材厂、小水电站、粮油饲料加工厂等。1978年大队企业有487个，从业人员3507人，总产值311.3万元，营业总收入387.05万元，实现利润89.55万元，上交税金6.29万元。1984年，全县成立一批经济合作社，新办大批企业，推动了村办企业的发展。到1987年，村办（含街道办）企业有839个，从业人员3574人，总产值1576.64万元，营业总收入1923.04万元，实现利润478.52万元，上交税金56.26万元。1993年，在省委第八次山区工作会议精神的鼓舞和县委、县政府关于《乡镇企业总收入计划目标奖罚暂行办法》的激励下，村办企业以"跳跃式"的速度向前发展。当年，全县村办企业共有2533个，从业人员8831人，总产值10025万元，营业总收入9101万元，实交税金191万元，实现利润1047万元。到2001年，村办企业共有2033个，从业人员7907人，总产值30564万元，营业总收入33275万元，实现利润2016万元，上交税金328万元。

镇办企业　镇办企业，大部分是在1956年对手工业进行社会主义改造时，在各墟镇组织起来的铁器、木器、竹器、五金修配、缝纫等手工业生产合作社。1958年实现人民公社化后，社办企业迅猛发展。当年8月，全县各公社办有土炼钢炉11座，投入炼钢劳力4000多人，还有7000多个劳力用铁锤敲打制造滚珠轴承。但因发展过快，缺乏必要的技术、设备等条件，经济效益甚微。到1961年，这些企业大部分被关、停、并、转。1965年，社办企业仅有34个。1971年，在发展"五小工业"（即小化肥、小水电、小水泥、小煤矿、小钢铁）推动下，社办企业有较大的发展。1978 年，有社办企业 193 个，从业人员 4179 个，拥有固定资产 388 万元，年总产值 840 万元。

社队企业的发展，在增加农村村民（社员）的收入、集体经济的积累和缓解人民群众对日常生活必需品的需求等方面提供了一个途径，具有一定的意义。它的初期兴起和以后的衰落，是特定历史时期的必然。在物质生活极度匮乏的年代，它填补了社会对物质产品旺盛需求的空缺，但它必然会受到技术、设备、原材料、质量和销售的制约，因而无法与现代的企业相提并论，当市场被更现代、更专业、更优质的产品大量占领时，便缺乏竞争能力。社队企业帮助社会度过一段艰难的时期，因此它的陨落实际上也是一种社会的进步。

五、医疗卫生，方兴未艾

中华人民共和国成立初期，南雄的医疗卫生事业认真贯彻了"面向工农兵，预防为主"的方针，狠抓了常见病、多发病的普查和防治，开展了爱国卫生运动，提高了人民健康水平。

保健室　农业合作化时期，农业社普遍建立保健室。从 1955年到 1958 年，卫生部门为农业社先后培训、复训保健员 539 人次，南雄 191 个农业社都建立了保健室。保健室主要任务是开展卫生知识宣传、为农民治疗小伤小病。保健药物在农业社公益金项下支付，社员看病不收钱。保健员不脱产，实行误工补贴。

卫生站　1959 年至 1968 年全县各生产大队逐步建立卫生站。由县培训的半农半医卫生员和大队接生员二至三人组成。建站所需资金在大队公益金项下支付。社员来卫生站看病不收诊金，不收出诊费，药品价格按成本价计价收费。卫生站人员报酬：半农半医卫生员与大队干部一样，实行"三定"，定工出勤，定额补贴。接生员实行误工补贴。

合作医疗站　1968 年上半年，在广州军区空军医院"六二六"医疗队帮助下，黄坑公社上象大队创办了全县第一所队办合作医疗站。县革命委员会在黄坑公社召开现场会议，推广上象大队经验，全县迅速掀起了大办合作医疗站的高潮。全县 204 个大队有 200 个大队办合作医疗站，参加合作医疗站人数达到 281807 人，主田、界址、梅岭等三个公社在队办合作医疗站的基础上实现了社队联办合作医疗站。队办合作医疗站资金以个人负担为主，大队给予适当补助。多数地区每人每年负担 1 元，生产队在公益金内补助 5 角。社队联办合作医疗站，个人负担 1 元，生产队 5 角，公社 2 角。队办合作医疗资金由大队集中统一使用，社队联办资金由公社合作医疗办公室统管集中使用。赤脚医生报酬由大队负担。社员在合作医疗站看病只交挂号费，免交药费和医疗处理费。病情较重需上送治疗者，合作医疗站只报销药费的 50%—70%。

在社会主义建设发展时期，南雄的医疗卫生事业，逐步形成并发展，从而保证了当时人们的健康，做好了防病保健工作，为后期医院的兴建打下了基础。1979 年以后，随着农村经营体制改革，合作医疗站已逐步转变为自负盈亏的大队卫生站。1987 年县政府为了稳定乡医队伍，搞好农村预防保健工作，每年拨出专款 42000 元，给乡村医生每人每年补助 120 元，作为从事防保工作误工补贴报酬。

8

第八章
改革开放时期

　　1978 年十一届三中全会召开后，南雄县大力发展经济，推行家庭联产承包责任制和林业新政，发展山区经济。随着经济和社会的高速发展，1996 年，南雄县撤县设市，掀开了南雄历史的新篇章。大力招商引资，开发工业园，发展精细化工产业。开放搞活城市发展，开发和扩建新城，改造老城。2008 年，南雄市被广东省委、省政府授予"广东省文明城市"的光荣称号。2012 年 5 月成立了广东省广府人珠玑巷后裔海外联谊会，精心打造了"珠玑古巷，梅关古道"国家 4A 级旅游景区和"中国银杏之乡"。同时改造了老区薄弱学校，发展了医疗卫生。改革开放时期，南雄经济得到飞速发展。

第一节 改革开放 振兴南雄

　　中共十一届三中全会是中华人民共和国成立以来党的历史上具有深远意义的伟大转折，它完成了党的思想路线、政治路线和组织路线的拨乱反正，是改革开放的开端。南雄县委坚持贯彻党的十一届三中全会精神，推行家庭联产承包责任制和林业新政，积极发展"两烟"生产，开发水南新城，改燃节柴，治理红砂岭，实施山地综合开发，自觉地把工作重心转移落到实处。南雄历史进入社会主义现代化建设新时期。

一、中共十一届三中全会，拨乱反正

　　1977年8月12日至18日，中国共产党第十一次全国代表大会在北京召开。1978年12月13日，邓小平同志在党的十一届三中全会前召开的中央工作会议上发表了《解放思想，实事求是，团结一致向前看》的重要讲话。党的十一届三中全会标志着中国从此进入了改革开放和社会主义现代化建设的历史新时期，中国共产党从此开始了建设中国特色社会主义的新探索。中国实现了从"以阶级斗争为纲"到以经济建设为中心的深刻转变。

　　1979年，南雄县委坚持贯彻党的十一届三中全会精神，端正了思想路线，清算了林彪、"四人帮"在农村推行的极"左"路线，各级干部的作风有了很大的转变，贯彻了中央关于农业问题的两个文件，恢复和加强农村经营管理，建立和健全了各项生产责任制，使按劳分配这个原则得到较好的落实。

1978 年 3 月，韶关市地委召开落实干部政策工作会议，南雄县委对落实干部政策工作进行了认真的研究，把落实政策工作列入党委的重要议事日程，大规模地平反"文化大革命"中的冤假错案。

1978 年 11 月 27 日，县委召开了干部政策平反大会。全县受林彪、"四人帮"迫害而应平反的干部 640 名、职工 293 名和应昭雪的干部 15 名、职工 36 名，县委大张旗鼓地召开大会，为这些同志平反，恢复名誉。至 1981 年 2 月全县落实干部政策总人数 3860 人，圆满完成了平反干部冤假错案工作。

1980 年 6 月 28 日至 7 月 1 日，中共南雄县第四次代表大会召开，大会审议通过县委工作报告和县委纪律检查委员会工作报告。中共南雄县第四次代表大会的召开，落实了各项经济政策，开展了真理标准问题的讨论，解放了思想，整顿、调整、充实了各级领导班子，充分调动了广大党员干部和群众的积极性，使国民经济得到了迅速恢复和发展，人民生活水平有了显著提高。

二、联产承包，林业新政

家庭联产承包责任制。

党的十一届三中全会以来，南雄县委清除极"左"路线的影响，从价格、税收、信贷和农副产品收购方面调整了农业政策，适当地放宽了对自留地、家庭副业和集市贸易的限制。特别是尊重生产队的自主权，因地制宜地发展多种经营，普遍建立各种形式的生产责任制，改进劳动计酬办法，初步纠正了生产指导上的主观主义和分配中的平均主义。这些措施，有效地调动了农民的积极性，使农业生产得到比较迅速的恢复和发展，绝大多数农民的收入有所增加。

农业生产责任制的建立，就是农村社队管理体制的重大改革。一石激起千层浪，1978 年以来，南雄县社队生产经营中出现了各种责任制形式，如专业承包、联产计酬、联产到劳、包产到户、包干到户等，新经济体制的出现，对旧的管理体制进行了冲击，因此当年农村社队管理体制出现了动荡。为此，1980 年 9 月 27 日，中共中央发出文件《关于进一步加强和完善农业生产责任制的几个问题》，对加强和完善农业生产责任制提出了明确要求。

1981 年 6 月 16 日，中共南雄县委发出文件《关于进一步加强和完善生产责任制的意见》（雄发〔1981〕16 号），对全县农村经济管理体制进行规范。

南雄县委提出，从三方面进行引导：一是要从稳定出发去进行引导。现有的生产责任制，不论什么形式，一定要稳定下来，缺什么，再补什么，不断完善。二是重点抓好"联产到劳"责任制，做到巩固、完善、提高。三是做好包产到户的引导工作。把生产队班子恢复起来，搞好固定资产清理登记，保护公共财产。搞好包产合同，落实好国家各项任务和上调各社队钱粮。处理债权债务，照顾"五保户"、烈军属等。

1981 年 11 月 16 日，中共南雄县委发出文件《中共南雄县委、南雄县人民政府关于加强和完善包干到户生产责任制的十项规定》（雄发〔1981〕42 号），对全县农村经济管理体制进行了改革。农业生产实行包干到户是生产责任制一种形式，不是分田单干。因此，社队原有的土地、鱼塘、山林、果园、水利设施、大型机械等基本生产资料，要坚持集体所有，切实保护，决不准变为私人所有。农户对生产队包干的责任田和投标的生产资料，只有种植权和使用权，不准变卖、转让。到 1981 年 12 月，南雄县所有生产队，在坚持土地集体所有制的前提下，都实行了包干到户，统称为"家庭联产承包责任制"。此后，农民有了生产自主权，打破了分配上的"大锅饭"，解放了生产力，农业连年增产增收。

林业新政。

1982 年春，随着家庭联产承包责任制在全县农村的落实，县委将林业工作的改革与领导纳入了议事日程。1982 年 10 月，县委批准成立了南雄县林业公安分局，编制 13 人。1982 年 2 月 27 日，县委、县政府发出文件《关于发展林业生产的决定》（雄发〔1982〕4 号），为加快恢复和发展南雄林业生产作出十条决定：一是加强党对林业的领导；二是稳定山林权属，谁种谁管谁收；三是办好社队林场，鼓励联营和个人造林；四是提高林业补助奖售标准；五是落实林业生产责任制；六是抓好封山育林，护林防火；七是实行木材统一管理，严禁乱砍滥伐；八是贯彻《中华人民共和国森林法》，以法治林；九是提高林业科技水平；十是开展林业生产竞赛活动。

南雄是山区，也是广东省重点林区。1985 年，省委、省政府作出"十年绿化广东"的决策，经过努力，1992 年南雄提前完成了绿化达标任务。1998 年，已改为县级市的南雄市委、市政府分析了当时全市林业情况，认为全市有山地面积 281 万亩，林业用地 225 万亩，绿化达标后，全市已初步兴办了一批林业商品基地，初步确立了一批林业主导产品，探索建立了多种经营林业的模式，使林业经济效益、生态效益和社会效益日益显著。但由于多种原因，南雄林业生产仍然存在分散经营、管理水平低、投入少、林营质量不高、效益低等弊端。要改变这种落后面貌，必须开展林业第二次创业，加快林业深度开发进程。为此，1998 年 5 月 27 日，南雄市委、市政府作出关于组织林业第二次创业，加快林业深度开发进程的决定。

全市林业第二次创业，以广东省《关于组织林业第二次创业，优化生态环境，加快林业产业化进程的决定》为依据，结合南雄实际，以培育资源为基础，以建立名优稀特商品林基地为重点，以改革林业经营机制为动力，以集约经营为方向，以提高效益为中心，实现资源管理资产化、经营集约化、服务社会化、流通市场化，把林业作为山区的主导产业，把林业深度开发提高到一个新的水平。

全市林业第二次创业的目标：到 2005 年，全市基本建成 120 万亩用材林基地，50 万亩毛竹林基地，30 万亩经济林基地，森林覆盖率保持在 64.1% 以上，林木蓄积量由 500 万立方米增加到 700 万立方米，毛竹蓄积量由 2800 万条增加到 8000 万条，松脂收购 3500 吨增加到 10000 吨，竹木加工有较大的突破，全市林业行业总产值由 1.5 亿元增加到 15 亿元，使林业成为南雄的主导产业。

为了实现全市林业第二次创业的目标，市委、市政府制定了"十条"优惠政策，扶持林业生产，如自办林场可享受采伐计划单列和木材自销经营，实行育林金返还制度，优惠提供种苗，鼓励扶持竹木加工企业等。

通过推行一系列林业新政，加快了南雄林业深度开发进程。到 2016 年，全市林地面积 159368.4 公顷、森林覆盖率 66.87%、森林绿化率 67.92%、森林蓄积量 9473881 立方米，南雄林业走上了正常发展轨道。

三、"两烟"发展，产业振兴

南雄"两烟"是指"烟叶"和"卷烟"。南雄盆地中部的紫色土壤，富含磷、钾，是发展优质烟叶生产得天独厚的条件。南雄日照充足，雨量充沛，所产烟叶色泽金黄，俗称黄烟。

清初，黄烟传入南雄之后，发展很快。当时曾有人从水土保持角度对种植黄烟提出异议。道光四年《直隶南雄州志·物产》中有云："但种烟之地，俱在山岭高阜，一经垦辟，土性浮松，每遇大雨，时行冲刷下注，河道日形壅塞，久则恐成大患。然大利所在，趋之若鹜。是惟有土者严禁新垦，庶可塞其流而端其本耳。"垦地种烟确实加重了水土流失，但因烟农"大利所在，趋之若鹜"，禁而不止，黄烟一直盛产不衰。及至第一次世界大战后，英美烟草公司及南洋兄弟烟草公司，均派代理商到南雄收购烟叶，外销南洋群岛各国，大大地促进了黄烟生产的发展，1927年烟叶总产达4000吨。《广东工商》载：1933年南雄生产烟6万担，仅次于鹤山（10万担）。全省为39.6万担，国内居第4位。抗日战争全面爆发后，海口被封锁，烟叶出口中断，黄烟生产量一度大幅度下降。南雄县政府编印的《南雄统计会刊》记载：1939年黄烟总产1453吨。不久，因舶来卷烟断绝，内地卷烟工业兴起，烟叶需求量随之增大，而主要烟叶产地山东、河南已沦陷，于是南雄烟叶顿成奇货，畅销韶关、衡阳、长沙、贵阳、重庆、成都等地，黄烟生产随之恢复发展。1943年南雄县政府编印的《南雄统计会刊》载：全县黄烟总产2921.4吨。1943年9月，广东省政府曾以增产粮食名义，明令禁止用稻田种烟。南雄县政府奉令成立南雄县禁种黄烟委员会，饬令各乡保不得用稻田种黄烟，并晓谕农民将原植烟旱地改种杂粮。县政府派军警下乡铲毁违禁烟苗。烟农、烟商利益所在，极力反对。县参议会、商会、烟业工会各派代表2人，向九战区司令长官薛岳请求解禁。结果禁种不成，黄烟继续发展。1946年，国民政府禁止洋烟进口，严限烟叶输入，国内烟叶价格暴涨，进一步促进了黄烟生产的发展。1946年，全县烟叶总产5000吨，每100公斤烟叶价格相当于3500公斤稻谷的价格。

抗战胜利后，由于国内各主产烟区烟叶生产陆续恢复发展，加上南雄烟叶青梗品种久未改良，烟叶品质下降，市场销路逐渐转淡，黄烟生产随之衰退。1948 年《浈凌报》专论《从数字看南雄》称：1948 年黄烟总产 7 万担（3500 吨）。同年 9 月，驻南雄的国民党"粤赣湘边剿匪总司令"叶肇，曾倡导改进南雄烟草，成立南雄县烟叶促进会，兴办烟叶改良试验场，聘请中山大学农学院教授罗溥鍒兼任试验场主任。时任广东省主席宋子文从美国购进"佛光""特字 400 号"烤烟种子 40 公斤，免费送给烟农种植。结果因政局动荡，经费困难，加上烟株"死头"严重，试验失败。1949 年，改良计划停止实施，全县烟叶总产仅 2500 吨。在 50 年代中至 60 年代初，南雄年种植黄烟面积 5 万—8 万亩，年产烟叶 6000—9000 吨，年出口烟叶 3000—5000 吨，历史最高产量曾达 9000 吨（1982 年）。

1982 年，家庭联产承包责任制成功推行，面对粮食大面积增产丰收，中央提出"决不放松粮食生产，积极开展多种经营"战略方策。南雄县委开始考虑，在种粮以外，寻找南雄的致富之路。南雄县委先后派出多个调研组，到全县各地调查摸底，寻找经济发展突破方向，提出种黄烟、搞土纸加工、种油茶、搞营林复垦等四条突破渠道，其中种黄烟，产生强烈反响。

南雄县党政领导从实际出发，制定"兴烟富民"战略，采取六项优惠政策，走科技兴烟之路，努力推行品种良种化、种植区域化、技术规范化的"三化"生产措施，稳步健康地发展黄烟生产。六项优惠政策如下：（1）烟农增植黄烟不增加派购任务；（2）交售任务内 G28 烤烟实行价外补贴，每 100 公斤补贴 80—180 元，交售任务外的烟叶实行议价收购；（3）提高预购订金，每 100 公斤由 20 元提高到 60 元；（4）发放贴息贷款；（5）交售 100 公斤 G28 烤烟，供应牌价复合肥 100 公斤；（6）建立一支 125 人的黄烟技术队伍，为烟农提供技术服务。

自 1976 年南雄引进美国斯佩特 G28 烤烟品种后，经过三年观察，三年试种，1985 年 G28 在南雄大面积推广成功。1987 年又推广一个产质兼优的 K326 烤烟品种，逐步替代 G28 而成为当家品种。后来又根据不同区域生态环境而配置相适宜的优良品种，实现黄烟良种区域化，即在丘陵烟区推广 K326 和杂交 9023 浓香型品种；在山区推广"翠碧一号"清香型品种；在高发病烟区推广抗病力强的"岩烟 97"品种。这些优良品种经专家、厂家验认，均可作甲级卷烟的主要原料。南雄黄烟生产不断引进推广先进技术，从育苗到烘烤形成了系列先进技术规模。如采用包衣种子育苗，漂浮育苗，营养袋移栽，单行种植，地膜覆盖，按土配方施肥，科学打顶抑芽，掌握成熟度采摘，推广巴西式烤房和三段烤烟法等等，逐步普及千家万户。

1985 年，烟叶总产突破 1 万吨。1988 年又突破 2 万吨，最高的 1992 年达 3.1 万吨。从 1985 年至 1997 年，13 年间，全市共生产烟叶 27.1 万吨，年均约 2.1 万吨，为广东全省烟叶总产量的 50%。烟叶收购量年均 1.6 万吨，为全省烟叶收购总量的 60%。全国烟草种植面积 20 万亩以上的县市只有 6 个，南雄就是其中之一。1985 年，广东省烟草公司确定南雄为优质烟叶生产基地。1986 年，中国烟草公司又确定南雄为出口晒烟基地。1990 年 6 月，全国烤烟"三化"生产现场观摩会在南雄召开。中国烟草总公司的领导和湖南、河南、四川、黑龙江、山东、江西、广西、贵州、安徽等省、自治区的烟草行家会聚南雄进行现场考察后，反映良好，一致认为：南雄近 20 万亩烤烟长势整齐，无花无虫，不脱肥，不暴长，分层落黄，收烤成熟度是全国最好的。南雄烟叶声誉大增，畅销 11 个省市 30 家卷烟大厂。1992 年，原中国烟草总公司总经理到南雄视察时，欣然题词："金叶之乡在雄州。"1996 年 7 月，在国家农业部中国优质农产品开发服务协会主办的中国特产之乡命名活动中，南雄市被命名为"中国黄烟之乡"。1999年南雄被列为全国六大国际型优质烤烟生产基地之一和全国名优晒烟基地。

烟叶生产的发展，为卷烟生产提供了充足的优质原料。南雄卷烟厂的发展也经历了由小到大，后至兼并的过程。

南雄卷烟始于民国初年。"广裕兴"商号于1930年使用手动卷烟机生产"一心牌""一德牌"香烟，常用工人20名，日产卷烟250条，主要供应军界，市场时有销售。抗日战争爆发后，沿海口岸封锁，进口卷烟断绝。卷烟工业迅速兴起，外来资本纷纷注入南雄，投资设厂，1943年南雄县政府登记的卷烟厂有5家：抗建卷烟厂、中国南雄家庭卷烟厂、中国顺风卷烟厂、中国友联卷烟厂、岭南手工烟厂。这些工厂都有一定规模。如中国友联卷烟工厂登记有资本5万元，厂房5间，2000平方尺，职工20人，木制手工卷烟机10台，每年生产花牌香烟8000条，红狮牌香烟3000条，顺风牌香烟3000条，狮牌香烟1000条，合计15000条。抗战胜利后，尚存中国南雄家庭卷烟厂、叶兴烟店、汉雄卷烟厂等。"家庭"和"叶兴"各使用一台卷烟机，日产香烟各250条，香烟品种有克斯、繁华林、双喜、海军、龙眼、鸵鸟等。中华人民共和国成立后，国家对卷烟实行专卖，南雄私营手工卷烟合作社尚有少量生产，1953年产18173条，1954年停止生产。1965年，南雄烟丝厂购进一台卷烟机，开始生产"南雄牌"卷烟，日产三大箱。

1982年初，南雄卷烟厂搬迁到南雄胶合板厂，合并其人员和厂房。1983年，南雄卷烟厂经国务院批准列入国家计划。1985年11月引进英国莫林斯卷烟、接嘴、包装生产线，开始生产甲级滤嘴香烟"百顺""富加乐"。到1987年已引进五条卷烟、接嘴、包装生产线，年设计生产能力为5.6万大箱。主要产品有：特长滤嘴"百顺"（1985年11月投产）、特长滤嘴"富加乐"（1985年11月投产）、特长滤嘴"雄叶"（1985年11月投产）、长度滤嘴"雄叶"（乙一级，1986年7月投产）、滤嘴"南雄"（黄包，丙级，1982年投产）、滤嘴"南雄"（红包，乙二级，1983年11月投产）、滤嘴"珠玑"（1983年12月投产，1986年9月停产）。

通过采取一系列政策措施，南雄的黄烟生产发展很快，效益很高。南雄卷烟厂1986年产值达3819万元，比1984年的938万元增长3倍。一个烟厂的产值超过县经委24个企业的总产值，为南雄县提供税利2400万元，比1984年的400万元增长5倍。加上烟草公司上交的税利800万元，共达3200万元，占全县地方财政收入3608万元的88.7%。黄烟发挥了优势，成了南雄最主要的优势产业和经济支柱。

随着卷烟生产的发展，带动了印刷厂、纸箱厂、运输业、服务业的发展。1987年。印刷厂卷烟包装印刷产值400万元；纸箱厂的卷烟包装箱产值为43万元。黄烟产业的发展，可以说是"一业腾飞，百业繁荣"。1988年成了南雄的"黄烟年"，全县黄烟种植21.89万亩，总产2.1万吨，基本实现了"3个1亿元"的目标。

根据省经济体制改革的战略目标，要求撤销或兼并年产10万大箱卷烟以下的小厂。经南雄市委、市政府同意，于2001年12月28日与韶关卷烟厂签订了《广东韶关卷烟厂兼并南雄卷烟厂协议书》，经国家烟草专卖局批准，取消南雄卷烟厂法人资格和生产点，人员、财产、设备全部由韶关卷烟厂集中统一管理。

南雄黄烟经过300多年的发展，特别是近十多年的改革飞跃，在品种、栽培、调制、加工、经营等方面都上了新的台阶。黄烟的产量和质量在全国全省声誉鹊起。烟叶生产已成为南雄最重要的按支柱产业和经济支柱，每年产烟总量占据广东省的"半壁江山"。南雄市委、市政府一直把黄烟作为南雄的经济发展战略进行推进。据官方统计，2017年，南雄完成黄烟种植7.8万亩，烟叶收购量21.5万担。

四、城市开发，水南新城

改革开放以来，随着社会经济的高速发展，城市经济发展大大加快，原来的城市框架已难以适应当前社会经济的发展，城市改造成为县委、县政府迫在眉睫的任务。

1984年，县委决定改造城市面貌，加快县城建设，分别成立由县政府领导挂帅任组长的"改造老城区领导小组"和"水南新区建设指挥部"，加强了对城市建设开发工作的领导。县委抓了两件事：

一是抓老城改造。老城是全县的政治、文化、经济中心，但老城运行时间长，公共设施陈旧，影响市容市貌和群众生活。为此县委、县政府提出抓好老城改造。1984年有七项工程一齐上马：第一项是青云大桥，次年8月竣工通车；第二项是环城公路的修建，打通了北门至汽车站的公路；第三项是繁荣市场、八一市场的建设；第四项是县电视差转台的建设，春节前建成；第五项是建设博物馆；第六项是县委、县政府三幢宿舍楼房建设；第七项是兴建3700瓦的苍石电站。1985年第二批工程上马，包括县招待所、儿童乐园以及新城建设等。1985年，县政府发文《关于改造老城问题的通知》，明确既要高速推进新城区建设，又要搞好老城区改造。抓好县城主要街道、骑楼人行道、门店装修，加强了城区绿化和卫生管理，古城面貌焕然一新。1985—1987年这三年，南雄的建筑面积相当于1980年的前30年建筑面积的总和。

二是开发建设新城。1984 年 10 月，县委决定在城关镇水南新城区开发建设新城，规划面积 1.18 平方公里。1984 年 12 月，县政府发文《关于建设水南新区的决定》，每年基建投资在 1000 万元以上，第一期工程为 0.46 平方公里，预计五年内建成。首先是建设连接老城区的青云大桥，打破与老城区的壁垒。青云大桥横跨浈江，位于南雄大桥与河南桥之间。1984 年 10 月，随着青云大桥的破土动工，标志着新城开发正式展开。青云大桥桥长 92 米，引桥道路 310 米，桥宽 15 米，总投资 135 万元。次年 8 月，青云大桥竣工建成，南雄老城区与新城区连成一体。南雄县城面积由 1949 年的 1.43 平方公里，扩大到 3.97 平方公里。到 1987 年，县委先后动员各部门投资 4000 多万元，在荒山野岭的水南开发建设新城区，新建楼房 48 幢。以新城的建设为标志，南雄从此拉开了县城改建序幕，开启城市化进程的发展道路。

为加快南雄城市化建设进程，1985 年，南雄县委制定南雄县住房改革政策。1985 年 9 月 25 日，南雄县人民政府下发《关于加快住房建设若干政策问题的暂行规定（草案）》（雄府〔1985〕128 号）。规定如下：一是实行私建公助。二是积极推行"公建私助"。三是对自住私房给予一次性维修补贴。四是逐步实现公产房商品化。五是鼓励单位在水南新区建设。六是鼓励城镇居民建房。七是对私人建住宅，尽可能给予优惠。八是按规划开辟新住宅区。通过此八项规定的实行，缓和南雄县内住房紧张的局面，开展住房制度改革，加快住房建设步伐，促进城市化的发展。

同时，南雄经济社会的快速发展，也有力地推动了城市化的进程。改革开放以来，南雄市以 1984 年开发水南新城为起点，城市建设得到了较快的发展，城市基础、市政设施建设不断完善，一座基础设施完善、交通便利、环境优美、占地面积 1.2 平方公里的现代化新城在浈江河畔上拔地而起。30 年来，南雄市累计投入资金近 20 亿元，先后建成了沿江西路、林荫路、浈江路、教育路、雄州公园、三影塔广场、河滨公园等一大批市政公用设施，形成了"三纵七横"的交通网络，建成了河南、金叶、青云、水南四座大桥，城区面积由改革开放前的 1.74 平方公里增加到现在的 9.4 平方公里，新增和改造城区绿化休闲面积 7 万多平方米。

五、改燃节柴，绿化南雄

南雄县地处粤北，毗邻江西。全县土地总面积 351 万亩，耕地 44 万亩，山地 280 万亩，山地占总面积的 79.7%。山地森林资源比较丰富，是广东省重点林区之一。

中华人民共和国成立初期，全县森林蓄积量为 750 多万立方米。随后，由于林业工作上"左"的错误路线干扰，长期以来过量砍伐，尤其是 1958 年、1968 年、1978 年三次大砍伐，使森林资源遭受了严重破坏，木材蓄积量急剧下降。

1985 年，中共广东省委、省政府发出了"五年消灭荒山、十年绿化广东"的号召。从 1985 年冬季开始，在全县范围内认真组织以"五改"节燃为中心的群众性活动，涌现了一批先进代表人物。其中时任广东省韶关市南雄县林业局党总支书记、局长廖威宗就是其中一位先进代表人物，他忠于职守、廉洁奉公，自觉过好"权力关""金钱关""人情关""家庭关"，为"五改"节燃、绿化家园作出了突出贡献。当年有些人为了走私木材能顺利放行，经常找到廖威宗同志拉关系、求人情，送钱送物。但廖威宗坚持原则，秉公办事，对违反政策的人和事，无论是谁都毫不留情。1987 年 8 月，他小舅子在水口镇违章私运了一车木材，被木材检查人员截获。后来检查人员听说是廖局长小舅子，就把他放了。

他知道后立即前往查封。他小舅子认为是自己的姐夫，他来查封是做样的，于是擅自启用这些木材。当他知道后，严肃批评了他小舅子，并按规定给予罚款 1000 元。他小舅子事后跑到他家大吵大闹，指责他不近人情、不顾面子，声言今后不认他这个姐夫。他老婆也出面说情，要他免于处理，或从轻处理。他当即严厉批评了他们，并说："如果再无理取闹，加重处罚。"就这样，小舅子不告而别。"改燃节柴"保卫绿色家园，首先从砖瓦窑改柴烧煤开始，他带领干部深入到各乡镇、村，开展宣传发动工作，并在黄坑镇组织现场会，推广砖瓦窑改柴烧煤经验。盛夏炎炎，烈日当空，他一身汗水、一身泥，奔走在全县 461 个窑厂之间，在他的带领下，每年从砖瓦、石灰窑这些巨大的"老虎口"中抢回的木材达 2.4 万立方米，有效地保护了森林资源。1986 年 11 月，全省"五改"节燃会议在南雄召开，"五改"节燃经验推广到全省各地，受到了省、市领导的好评。1987 年全国节木代用会议授予南雄县为"全国节木代用十面红旗之一"。廖威宗为"五年消灭荒山、十年绿化广东"立下了汗马功劳。1989 年评为"全国先进工作者"。

所谓"五改"，就是：改砖瓦窑烧柴为烧煤；改烤烟烧柴为烧煤；改城镇机关食堂烧柴为烧煤；改城镇居民炉灶烧柴为烧煤、烧石油液化气；改农村农民炉灶烧柴为烧煤、烧草。

"五改"的全面开展，改变着千百年来以木柴为燃料的旧习惯，大大减少了木材消耗量，确保了"封山育林"措施的落实，从而加快了全县造林绿化的步伐。据统计，1987 年全县"五改"节约木材可达 8 万立方米，相当于当时 70 万亩森林的生长量。1986 年造林 12.9 万亩，比上年增加 4.6 万亩，增加 55.4%；种果树 2.02 万亩，相当于中华人民共和国成立以来，种果树面积的五倍。至 1987 年，"五改"目标全面实现。

同时，在绿化建设方面，1985 年，县委提出林业改革实现五个转变。1986 年 9 月，根据广东省委东莞会议精神，为加速南雄开发农业的步伐，促进农村经济发展，实现"三年消灭荒山，五年绿化南雄，八年治理水土流失"的奋斗目标，县委进一步制订了《关于落实造林种果岗位责任制若干问题的决定》。县委还提出，到 1990 年实现 40 万亩宜林地基本绿化，使全县森林覆盖率从 52% 提高到 75%，绿化率从 90% 提高到 100%，林业平均亩产值由 7 元提高到 30 元。

六、水土保持，治理利用

南雄位于广东省东北部，南岭山脉南麓，珠江流域源头、北江上游的浈江流域最上游。地貌特征是西北高，东南低，四面高山环抱，中部低平，丘陵起伏，属紫色砂页岩地质，俗称"南雄红层盆地"。

20 世纪 80 年代，南雄是全省水土流失重点县之一，也是北江上游水土流失最严重的县。1983 年经珠江水利委员会航空图片和实地考察测定，全县水土流失面积达 751.26 平方公里，其中，面状流失 76.17 万亩，沟状流失面积 36.38 万亩，崩岗流失 0.14 万亩，占北江上游流失总面积的 68%，年平均流入各河道泥沙 132.9 万吨，据小古录水文站观测，仅浈江年总输入沙量 1959 年为 50 万吨，60 年代年平均为 49.5 万吨，70 年代年平均增至 56.5 万吨，80 年代前三年平均为 62.14 万吨，之后四年平均为 60 万吨。河水含沙量不断增加，60 年代平均为 0.3054 公斤/立方米，80 年代平均为 0.42 公斤/立方米。流量减少，50 年代平均为 57.36 个流量，70 年代减到 47.91 个流量（枯水期长 8—9 个月），航道缩短 61 公里，中华人民共和国成立初期韶关木船可通到新田，后来只有在丰水期才能通航到南雄县城。浈江河床在 1950—

1987 年，平均每年淤高 7 厘米，38 年共淤高 2.6 米左右。

南雄的水土流失的原因主要有：一是自然因素，因红壤本质疏松，土层浅薄，加上气候、地形等因素，易受雨水侵蚀，容易风化；二是人为因素，因人们生产活动频繁，乱砍滥伐，加上不合理的开荒扩种，以及历代战争造成植被严重破坏，水土流失日益严重。

另外，中华人民共和国成立前历代统治者对治理水土流失不够重视，植被日益受破坏，水土流失面积日益增加，耕地表土丧失，肥力下降，严重危害农业生产。水土流失不仅制约了全县国民经济的发展，而且也成为影响北江中下游乃至广州和珠江三角洲地区饮水质量和防洪安全的严重隐患。水土流失成了南雄县生态环境的头号问题。

为此，中华人民共和国成立后，各级政府高度重视水土保持工作，特别是 1988 年 8 月广东省委书记林若来南雄检查农业开发，作了"一定要把红砂岭全面披绿"的指示后，南雄县掀起了水土流失整治的热潮。而在此前，南雄为做好水土保持工作，早于 1955 年成立了第一个水保机构——南雄水源林营造站，1956 年在南雄湖口太和墟成立了"韶关专区水土保持试验推广站"，归韶关专区水电局管理。1969 年，该站移交给南雄县管理，与南雄水源林营造站合并，改名为"南雄县水土保持试验推广站"，属南雄县革命委员会农村工作站林业森工组管理。1976 年 9 月归南雄县水电局管理。

1984 年 7 月，南雄县成立绿化水保委员会，下设办公室。1992 年 9 月，为加强预防监督，设立了"南雄县水土保持执法监督站"，为副科级事业单位。2001 年，县级机构改革时，水土保持委员会办公室确定为正科级事业单位并赋予水土保持行政管理职能，下辖南雄市水土保持执法监督站和南雄市太和水土保持站、珠玑巾子岭水土保持试验推广站、黄坑水土保持工作站、附城水土保持工作站4个股级水保站。

2008年9月，撤销了上述4个股级水保站，新组建"南雄市水土保持站""南雄市水土保持监测站"，实行两块牌子一套人马、合署办公。2011年11月，南雄市水土保持监测站分离出来。截至2017年，南雄市水保办是市政府直属正科级并赋予行政管理职能的参照公务员管理单位，也是广东省唯一机构健全的县级正科级水保专门机构，下辖南雄市水土保持执法监督站、南雄市水土保持站、南雄市水土保持监测站。主要职能是宣传执行《中华人民共和国水土保持法》及其法律法规；做好水保工程项目的规划和储备工作；负责全市的水土流失预防、监督、执法等行政管理工作；依法查处水土流失案件；依法依规对开发建设项目的水土保持方案进行审批；负责对全市水土流失的动态监测等。

在设置治理机构后，南雄一直对水土流失问题进行行之有效的治理，从1955年至1988年，已进行治理面积53.25万亩（355平方公里），其中效益显著的有8.1万亩。筑谷坊23503座，沟洫工程95.45万米，完成土方107.74万立方米，石方118.38万立方米，开发水平梯田0.71万亩，整治坡耕地0.77万亩，营造水保林14.66万亩，经济林7万亩，投工354.81万工日，国家投资565.18万元。尤其是在1986年实施省人大议案至2000年，水保部门以小流域为单元，对南雄辖区内水土流失严重的13条小流域进行了集中、连续的综合治理，累计治理面积607.4平方公里。在实施治理措施中，建谷坊10769座，筑拦沙坝19570座，挖沟洫工程679.6万米，修梯田22.3公顷，营造水保林32211公顷，种经济林果6237公顷，种牧草3842公顷，封禁治理面积22292公顷，共完成土方446万立方米，石方923万立方米。总投工865万工日，完成总投资4506万元，其中国家投资1636万元。

同时，采取具体的水土流失治理措施有：（1）将水土保持列入党和政府的重要议事日程，实行岗位责任制，市五套班子建立了领导成员到水土流失区挂钩蹲点的制度，各镇领导也分别建立联系点，以点带面开展工作。（2）50年代，以治沟为主，采用土谷坊群配合土生草、灌木治理措施。60年代，以治坡为主，坡沟兼治，采用削坡开水平沟结合拦沙坝的治理措施。70年代采用劈山填沟、炸坡造田、治用结合的沟坡综合治理措施。这些都取得了一定成绩。80年代总结了以往经验教训，由分散、间断、单一的治理改为按小流域集中、连续、综合治理；由群众运动改为实行专业承包；由只治不管改为治、管、封结合，水保工作出现了新的局面。（3）以小流域为单元的集中、连续治理，做到统一规划、分期实施集中、连续治理。做到一年治理、三年巩固提高、五年初见成效。（4）对重度流失的红砂岭，采取等高、定距生物坝、乔、灌、草立体配置，治理与开发利用相结合的方法。

1985年，在采取治理措施后，南雄的水土流失治理成效显著，体现如下：（1）通过治理和开发利用，保护耕地68320亩，恢复淹浸田的弃耕地5020亩，新增耕地面积4778亩。这些对发展南雄农业生产、提高作物产量起到了积极的作用，农业生态环境也不断好转，经治理改造，原湖口太和水保站治理成功的其中300多亩红砂岭已成功被利用为南雄市烟草公司黄烟种植优质试验基地，为南雄市今后大力推广治理、利用、改造红砂岭流失区治理成果，推进南雄市黄烟等农业产业发展提供了新的成功经验。（2）通过治理，控制了水土流失，起到缓洪拦沙作用，使土壤侵蚀模数由1985年的5375吨/平方公里，下降为1736吨/平方公里，年土壤流失量从352万吨减少到129万吨，治理区河床平均下降0.24—0.9米，水利设施淤积量减少60%；拦蓄径流3.63亿立方米，拦水效率为21%。在汛期起到了滞洪作用，减少了洪涝灾害。（3）人为水土流失的发展势头得到遏制。开发建设项目水土保持方案制度正依法依规实施。（4）通过几十年的综合治理和预防监督，植被的恢复和生态环境的改善，使土壤理化性质、小气候也得到改善，南雄市水土保持工作不仅由单纯的水土流失治理转向水土保持综合管理，还正朝着规范化、法制化方向发展。

七、因地制宜，发展经济

山区五大优势。

1978 年以来，经过几年的改革与发展，南雄的经济社会虽然发生了较大变化，但是仍然面临着许多困难。县委深刻认识到，只有立足本地资源开发，兴办实业，才能使山区建设立于不败之地。

1984 年 8 月，县党政领导班子调整，县委提出"致力山区资源的综合开发，变资源优势为经济优势"的发展思路。县委对山区工作指导思想确立后，组织力量开展全县资源普查，通过实地调查研究，外出了解国内外市场信息，专家科学考察论证等多种形式，找准南雄"山、水、土、石、矿"五大优势。

一是山。全县有 280 万亩山岭，其中有 28 万亩竹林，还有 34 万亩荒山。而南雄有 7 间竹木工艺厂，有传统的竹木加工工艺技术，南雄制作的竹木玩具"圣诞老人"和"一帆风顺"的小船，在国际市场上很受欢迎。南雄的竹木资源十分丰富，在加工增值方面，还大有文章可做。34 万亩荒山被人们看成是劣势，一旦种上黑荆树就可转化为优势。珠玑区巾子岭林场实地调查表明，黑荆树粗生易长，是造林绿化、防止水土流失的好树种，是黄土岭的"克星"。黑荆树皮含丹宁高达 53%，是制烤胶的优质原料，木质优良可做家私，枝丫材可做燃料，三年、五年便可收成。每亩总产值高达 500 至 1000 元，如果三年内种上 10 万亩，五年后年收入可达 500 万元以上。县烤胶厂原来全都是从广西云南调进的原料，仅含丹宁 24%，又不能保证供应，且运途长，成本高。因此，每年完不成生产任务。如果广种黑荆树，原料就有了保证，年产量就可以从 700 吨提高到 5000 吨。产值可达 1000 万元，效益也将显著提高。

二是水。全县的水力资源蕴藏量达 6.47 万千瓦，可开发量有 4.21 万千瓦。到 1983 年底，已建中小电站 36 座，装机 72 台，总装机容量 2.21 万千瓦，只利用了 52.5%，还大有潜力可挖。这些水力资源的充分开发，将为乡镇企业和地方工业的发展提供大量的能源。

三是土。南雄盆地的紫色土，在世界上不多见。紫色土壤含有丰富的钾，特别适宜种黄烟。烟叶曾内销 28 个省市，外销 67 个国家和地区。80 年代初引进美国 G28 良种，1984 年全国评比名列第二，1985 年，在全省黄烟优质生产会议上，被专家们评定质量超过云南玉溪烟。这种烟怕旱、怕涝、怕冷、怕热，还怕酸。在别的一些地方试种失败，而在南雄盆地却种植成功。县委通过组织科技人员化验鉴定，还发现紫色土可以烧制防潮砖，可以烧制高级锦砖和彩釉砖。这三种砖，色彩明亮、质地坚硬、抗压耐磨，国内外都很畅销。

四是石。县委、县政府先后请来一批地质工作者和建材专家，对南雄资源进行普查鉴定，发现有六七个区蕴藏着大量优质建筑材料——花岗岩。据有关专家鉴定，南雄花岗岩共有 11 个品种，储量有 2.6 亿立方米，有的质量超过意大利和西班牙。加工的样品备受外商欢迎，大有开采价值。在世界上兴起的花岗岩建筑物装饰热中，无疑是一笔巨大的财富。

五是矿。南雄不仅有铀矿，而且还有钨、铝、锡、金等矿藏。并且发现了品位很高的稀土矿，采掘也十分方便，开发以后，也将成为南雄的重要财源。

山地综合开发。

通过资源普查，南雄在认识上有新的提高。如何把劣势变为优势、包袱变为宝贝、穷山区变为富山区，县党政领导班子的思想认识得到了统一，发动大家出谋献策，共同研究制定开发南雄的奋斗目标和具体措施。那就是：三线开发，重点突破，即把全县178个乡分成三种不同类型的区域进行开发。

第一条线：开发山区。重点放在发展林业，以用材林和毛竹为主。县委采取了三条政策措施：一是全面实行自营山政策，规定山的经营权五十年不变，所种林木归私人所有。二是实行封、管、造结合，以造代砍，保护森林资源。三是开征"荒芜费"，凡自营山三年内不造林的，每亩收荒芜费10元，以促进造林绿化。这样，有效地调动了群众造林养山的积极性。1984年，山区造林11万亩。其中杉树4万亩，松杂树7万亩。在努力发展林业的同时，县委还积极开展竹木加工、挖矿等多种经营，普遍提高了山地的经济效益。效益较好的帽子峰林场，每亩山地年产值已经超过了70元。

第二条线：开发黄土丘陵。实行林粮并举，全面发展。林业以造经济林为主，重点种好黑荆、油桐、水果、湿地松四种树。由县绿化委员会和县农委开发办公室牵头，把农业局、林业局、果菜公司组织起来，为农民种树做好各项服务工作。1985年7月，县委组织区公所领导到江西的赣州、福建的漳州、浙江的温州三个黑荆树生产基地，学习种植技术。育好760多万株黑荆树苗，规划种植4万亩，落实到各家各户。1986年还种下油桐8000亩，水果6000亩。同时，继续发挥粮食生产优势，大办养殖业。1986年黄土丘陵区养猪18万头，养兔3万多只，均比上一年有较大发展，还新挖鱼塘近6000亩。另外，还积极发展种植西瓜、花生、蚕桑、甘蔗、湘莲等经济作物。

第三条线：开发红砂岭。利用红砂岭的紫色土含钾丰富的优越条件，重点发展黄烟，大力推广美国浓香型优质烟种 G28。经过试验比较，该品种确实比本地青梗烟增产，每担增值 25 元，提高了经济效益，调动了烟农积极性。1985 年种黄烟 13 万亩，比 1984 年增加 5 万多亩，其中 G28 烟 3 万亩，总产值达 1600 多万元，约占全县农业总产值的 10%。实行黄烟、花生、大豆轮种。

山区光靠卖原材料，要富起来很难，一定要充分利用资源优势，大力发展加工业。县委围绕开发利用"五大资源"，想方设法引进资金、技术，大力开展横向经济联系。在县财力还比较困难的情况下，把对全县经济具有举足轻重的"三大加工"开展起来，努力建成具有南雄特色的加工业体系。

一是黄烟加工。1980 年建起了南雄卷烟厂，第一次打破了光卖烟叶的局面，取得了一定的经济效益。但该厂设备陈旧，工艺落后，只能生产低档烟。随着黄烟有了较大的发展，烟厂的加工能力已很不适应。另一方面，消费市场也发生了变化，低档烟越来越难销售。为了适应这种变化，南雄 1985 年自筹资金 100 万元，另从省市引进资金 100 万美元，引进英国、荷兰两条先进卷烟生产线。同时，还从广州、郑州、北京、东北等地引进技术，改进配方，试制出"富加乐"和"百顺"两种高档产品。烟厂经过改造，生产能力提高了 36%，经济效益也显著提高。同样的烟叶，加工成高档烟，要比过去加工低档烟增值二至三倍。

二是竹木加工。南雄过去有 10 多年从事竹木加工的基础，但规模很小。全县每年出产的几万立方米木材和 20 万—30 万根毛竹，绝大部分做原料廉价卖掉。大量的枝丫材、灌木材当柴火烧掉，林业经济效益很低。不把竹木加工搞上去，山区农民要"靠山致富"就难以实现。为了改变这种落后面貌，1984 年，县委把竹木加工作为支柱产业来抓。首先对县城的七间竹木加工厂进行改造，并以这些骨干企业带动农村小厂，通过产品扩散，派师傅下乡，为乡镇企业培训技术工人等办法，带动了乡村竹木加工业的发展，促进城乡一起富。1985年，竹木加工已扩展到10个区（镇），增办工厂14个，初步形成了城乡结合、工农一体的竹木加工体系。产品有玩具、筷子、竹席、竹木工艺品等，其中玩具打进了港澳市场，远销东南亚和欧美各国。1985年产值达500万元，比上一年增长3倍。全县从事玩具加工的劳力已有5000人，其中农村劳力2000多人，产值达200多万元。

三是土石矿加工。根据南雄土石矿资源的不同特点，采取多种办法，进行开发加工。通过更新县陶瓷厂的设备，改造工艺流程，使该厂用紫色土做原料生产出具有抗压、抗冻、耐磨性强的防潮砖，并降低生产成本，提高产品的竞争力。产品在国内外市场供不应求，成了"拳头"产品。花岗岩开采加工技术要求较高，南雄则通过引进先进设备来开发。和外商签订开发合作意向合同，外商投资150万美元，县投资400万人民币。稀土矿露天开采，设备简单，投资少、收效快，南雄就发动区、乡农民来办。南雄县专门成立了稀土矿开发公司，组织农民办矿。1985年全县第一间稀土矿采选厂，在澜河区建成试产。

为了充分发挥南雄山区资源优势，推动南雄经济发展。1993年，南雄县委、县政府提出"八五"期间建设"五大基地"：白果基地3333.33公顷、毛竹基地20000公顷、松香基地606公顷、油茶基地2000公顷、药材基地2000公顷。1995年，又提出建设白果基地6666.67公顷，要把南雄建成中国白果之乡。1998年市政府决定再建油茶基地1333.33公顷。

1999年6月12日至14日，广东省山区综合开发工作会议在梅州召开。省委、省政府在会上号召全省山区"东学梅州，西学高州"，把山区综合开发作为增创山区新优势、推动山区经济社会发展的第二次创业。南雄市委、市政府召开会议，认真研究部署山区综合开发，于 1999 年 9 月 2 日下发了《关于加快山区综合开发步伐，推进山区二次创业的决定》（雄发〔1999〕32 号）。南雄市委提出"在山上再造一个新南雄"，把山区潜在资源优势转化为经济优势，以高州、梅州为榜样，办好五个龙头企业，带动五大主导产业发展，形成产业特色，提高产业效益。

办好五个龙头企业，带动五大产业发展：一是以烟草公司为龙头，巩固发展烟草产业。全市烟叶种植规模稳定在 15 万—18 万亩，实现年产烟叶 45 万担，烟叶生产和卷烟产值达到 10 亿元。二是以金友公司为龙头，巩固发展优质米产业。当年种植 15 万亩，三年内扩大到 20 万亩，生产优质米 5 万吨，实现产值 2 亿元以上。三是以白果公司为龙头，发展白果产业。在现有 200 万株、10 万亩白果的基础上，从 1999 年开始，用五年时间新种植白果 100 万株，使全市白果基地总面积达到 15 万亩。到 2003 年实现产值 2 亿元，到 2010 年实现产值 10 亿元以上。四是以翠屏股份有限公司为龙头，推广养殖三元杂交猪。在五年内，全面更新生猪品种，实现饲养量达到 50 万头以上，销售额实现 4 亿元。五是以林业开发公司为龙头，抓好七个基地建设。建立 60 万亩竹类基地，建立 30 万亩松脂基地，建立 40 万亩用材林基地，建立 10 万亩油茶基地，建立 5 万亩油桐、药材、水果基地，建立 2 万亩观赏林基地，建立 64 万亩生态林基地。

南雄市委提出，把山区综合开发、产业基地建设作为一项再就业工程来抓，将企业富余人员转移到山区综合开发中，为企业下岗职工再就业广辟门路，动员组织干部职工积极参加山区综合开发二次创业，解决好机构改革干部分流问题。还计划成立"南雄市山区综合开发指挥部"，对全市山区综合开发进行统一规划，统一领导，实行经营企业化、投资主体多元化等。通过开展采矿、旅游，以及林粮、林油、林果、林药、林牧、林菌、林电等综合经营，做到以林为主，实现森林永续利用，南雄市走上了繁荣山区经济、治山致富的正常发展轨道。

撤县设市 谱写新篇

南雄是具有光荣革命传统的老区。土地革命战争时期属中央苏区县之一。南雄素有"中国黄烟之乡"、"中国岭南银杏之乡"、"中国恐龙之乡"之美誉。县内名胜古迹众多，梅关是"岭南第一关"。闻名海内外的珠玑巷一度是中华民族拓展南疆的聚居地和众多广府人及海外赤子的发祥地，其独特的人文历史，对岭南经济文化产生过深远影响。1996 年，经过改革开放十多年的发展，南雄工业化快速发展，城镇化进程逐步加快。1996 年南雄撤县设市，从此，南雄历史翻开了新篇章。

一、撤县设市，撤乡并镇

改革开放以来，南雄县经济、交通、城市建设等各项事业持续高速发展，社会稳定，市场繁荣。1993 年，南雄县各项经济和社会发展指标均已超过国务院规定的撤县设市标准。为进一步扩大改革开放，有利于发挥南雄资源优势和地理优势，促进粤赣湘边地区的经济繁荣，使行政建制与经济建设更相适应，全县广大干部群众和珠玑巷后裔、海外华侨、港澳台同胞迫切要求南雄撤县设市。

撤县设市。

早在 1992 年，南雄县委、县政府就向上级作过撤县设市的请示。1993 年 8 月，南雄县委、县政府向省、市民政部门作了汇报，并提出了正式请示。韶关市市政府、广东省省政府也同意将南雄县列入 1994 年撤县设市计划。于是，南雄县成立专门领导机构抓这项工作，由县委、县政府主要领导任正、副组长，下设办公室专门负责日常工作，完成了所有的乡改镇工作，请中山大学地理系帮忙规划南雄市域和中心城区，并接受和圆满通过了省民政厅、市民政局的民政工作指标和设市指标的检查，得到了上级民政部门的好评。

1993 年 12 月 23 日，县委、县人大、县政府、县政协四套领导班子及各方面人士共 41 人，参加了"南雄县撤县设市建制座谈会"，领导们各自表达了对南雄撤县设市的愿望、关注、信心和设市后的前景设想。

1994 年 1 月，南雄县人民政府又向韶关市人民政府提出南雄撤县设市的请示。

1996 年 6 月 17 日，国家民政部发文称："经国务院批准，同意撤销南雄县，设立南雄市（县级），以原南雄县的行政区域为南雄市的行政区域。"9 月 19 日，南雄举行撤县设市庆祝大会，各机关单位正式挂牌，喜气洋洋。

南雄撤县设市后，快速推进了城乡一体化发展，实现了城市合理布局，基础设施更加完善，公共服务水平提升，居民得到更多实惠；又改善了投资环境，扩大了对外开放，吸引外资，加快了南雄经济和社会的发展。

撤乡并镇。

为了调整政府结构，节约人力、财力，提高办事效率，1994 年 6 月，经省政府批准，全安、苍石、主田、油山、帽子峰、江头、邓坊、黎口、坪田、新龙、孔江、南亩等 12 个乡改为镇，全县县以下 24 个行政区均为镇建制。

为了集中财力、物力建设中心乡镇，加快小城镇建设步伐，

2001 年，南雄部分镇撤并，即撤销大塘镇，将原大塘镇和油山镇的黄地、大兰、莲山、坪田坳、平林等 5 个村合并为油山镇，镇政府设在大塘，即原大塘镇政府所在地。将原油山镇的兰田、益田、茶头背、上湖 4 个村划分归邓坊镇管辖。撤销新龙镇，将所属村并入坪田镇，镇政府设在新龙，即原新龙镇政府所在地。撤销苍石镇，将其所属村并入全安镇。撤销孔江镇，将其所属村并入乌迳镇。全市由 24 个镇变为 20 个镇。

2005 年 1 月，撤销黎口镇，所属村并入雄州镇，镇政府设在雄州镇。撤梅岭镇，所属村并入珠玑镇，镇政府设在珠玑镇。全市由 20 个镇变为 18 个镇。同年 8 月，雄州镇更名为雄州街道。

撤乡并镇意义重大，有利于政府集中财力、物力搞建设，避免重复建设。镇域人口规模增加，为中心小城镇规模的扩大提供了条件。同时，也部分地避免了小城镇建设各自为政、规模小、布局分散等弊端，促进企业和个人向中心镇集中，进一步强化了中心镇的中心作用。区划调整和中心镇的重新选择，使布局更加合理。

二、珠玑联谊，古巷生辉

成立联谊会。

1990 年 3 月，曾在南雄工作过的老同志，广州市委原书记、广东省顾委常委、省顾委委员等来南雄视察、指导工作时，就对珠玑巷的人文历史景观很感兴趣，认为南雄珠玑巷是古代南北通衢的一个重镇，珠玑巷人是唐代以来向岭南拓展经济、文化的先驱，在中华民族文化发展史上有着重要的影响，具有独特的人文历史优势。加上不少珠玑巷后裔返乡寻根问祖，把珠玑古巷视为自己"七百年前桑梓乡"。根据南雄珠玑巷这一独特的人文历史，建议以爱国爱乡为纽带，成立南雄珠玑巷人南迁后裔联谊社团，发挥珠玑巷独特人文历史优势，增强中华民族凝聚力，激发珠玑巷后人团结拼搏、艰苦创业的精神，深入改革开放，促进山区经济发展。此建议很快被南雄县政府接受并达成共识。

1990年4月18日，"南雄县珠玑巷南迁氏族联谊会筹委会"成立，6月6日，决定将"南雄珠玑巷南迁氏族联谊会筹委会"改为"南雄珠玑巷人南迁后裔联谊会筹委会"，筹备工作自此展开。

1994年10月，南雄珠玑巷人南迁后裔联谊会筹委会第一次会议在南雄县召开。随后成立"南雄珠玑巷南迁后裔联谊会筹建指挥部"，在北京召开"重修珠玑古巷恳谈会"。

经历多年酝酿协商和广泛发动，1995年11月28日，"广东南雄珠玑巷后裔联谊会成立暨第一届恳亲大会"在南雄隆重举行。大会一致推举黎子流为第一届理事会会长。出席会议的有霍英东、马万祺、朱森林等各级领导和海内外16个国家和地区的100多个社团、侨团的代表，共1700多人。

此后20年，联谊会经历了5届理事会，围绕"弘扬祖德、维系桑梓、增进情谊、发展经济、振兴中华、造福社会"的立会宗旨，高举爱国爱乡大旗，充分发挥自身优势，以传承广府文化、开展文化经济双向交流、促进文化教育慈善事业为己任，服务经济建设，圆满完成了历届理事会确定的各项工作目标，不断为社会发展作出新贡献。

2008年6月，联谊会迁址广州，经广东省民政厅批准，在广州重新注册，成为具有全省性、非营利性、联合性的省级社会团体，为联络、服务广大珠玑巷后裔广府乡亲创造了更广阔的平台。

2012年5月，经广东省民政厅批准，"广东南雄珠玑巷后裔联谊会"正式更名为"广东省广府人珠玑巷后裔海外联谊会"，主管单位为广东省归国华侨联合会。

联谊会的更名，顺应了时代发展趋势，具有里程碑的意义。联谊会的成立，标志着广东最大的语系族群拥有了一个民间团体，它将在强化广府人海外联谊、传承与发扬广府文化、增强民族凝聚力等方面发挥更大的作用。

开发珠玑巷。

对于南雄而言，见证了岁月变迁、历史沧桑的珠玑古巷和梅岭景区是其最宝贵的资源。珠玑巷后裔联谊会成立后，南雄市立即以联谊活动为纽带，以千年古巷为载体，致力于开展人文珠玑和旅游珠玑的建设工作。

为把珠玑巷建成集寻根问祖、旅游观光、投资置业为一体的旅游区，联谊会从资金到规划，一直在积极参与和全力推动。

1996年南雄市委、市政府邀请中国古建筑设计大师和广州市城市规划设计院共同完成了珠玑巷总面积为60万平方米、重点规划区域面积约28万平方米的总体规划设计。之后，又得到了中山大学彭华教授的支持，于2004年至2006年在原有规划基础上，对南雄新的旅游规划进行勘察和设计。

为加快珠玑古巷等人文历史文化区、景区的规划建设，2002年，南雄市委、市政府成立"珠玑巷旅游景区规划建设领导小组"，2007年，成立"南雄市旅游资源开发工作领导小组"。在多方联合推动下，许多建设项目陆续建成：南雄城区至珠玑到梅岭全线贯通超一级公路；珠玑镇自来水工程完工；珠玑竹博园建成；珠玑巷大雄禅寺全面竣工；完成祖居纪念区第一、二期建设工程；完成"梅花长廊"建设工程；引进资金开发建设珠玑新城区；推进祖居纪念区第三期建设工程。2007年6月，南雄市调整、规划了第三期珠玑巷人文历史文化区的用地，推进重建（重修）祖居纪念馆的工作。

2011年，《珠玑古巷、梅关古道旅游区控制性详细规划》通过了评审。该规划以"中华文化驿站，天下广府根缘"为定位，围绕将珠玑巷建成"岭南姓氏文化集中游览体验地，世界广府人寻根问祖圣地"进行编制，有力地推动了南雄珠玑巷创建 4A 级景区和南雄旅游产业的发展。

2012 年 8 月，经全国旅游景区质量等级评定委员会批准，珠玑古巷·梅关古道被评定为国家 4A 级旅游景区。如今的珠玑巷是一个集寻根问祖、旅游观光、投资创业于一体的旅游景区，成为南雄旅游景区的龙头和粤北地区最具历史人文特色的重点景区之一。

移民的姓氏文化是珠玑巷的特征，也是其优势所在。后裔对珠玑巷的热情支持，主要源于这种文化情结。作为珠玑巷姓氏文化的重要标志，以及满足广大后裔寻根的需要，姓氏纪念馆（宗祠）建设成为珠玑巷姓氏文化的重要载体，也俨然成为珠玑巷一道亮丽的人文景观。行走在珠玑古巷，随处可见特色的姓氏纪念馆。

在寻根文化的驱动下，各姓氏广泛发动珠玑巷后裔捐资捐物、出钱出力，建设姓氏纪念馆（宗祠）。截至 2014 年底，已有 25 个姓氏在珠玑巷修建纪念馆（宗祠），43 个姓氏成立了纪念馆管理委员会、联谊会和筹委会，还有不少姓氏正在酝酿筹建之中。这对于充实、完善和弘扬、发展珠玑巷姓氏文化起到了重要的作用。

为使珠玑巷成为缅怀先人、激励后人、吸引游人的爱国爱乡、寻根旅游文化胜地，南雄市珠玑巷后裔联谊会还积极发挥纪念馆（宗祠）的载体作用，协调帮助各姓氏举办各种类型的文化活动和恳亲联谊活动，以文会友，增进情谊。

17 年来，各姓氏纪念馆接待客人 100 多万人次，接受捐资 1.4 亿元人民币，有力地支持了珠玑巷的建设和公益事业。

2005 年起，珠玑巷先后被省侨办、省文化厅、省教育厅、省旅游局、省委统战部、省侨联等多个单位或媒体评为"广东最美的街区""广东省人文历史类最美乡村旅游示范点""一个人一生要去的66个地方""中华文化传承基地""广东统一战线基地""广东侨界海外文化交流基地""珠江文化星座"。

南雄旅游业在珠玑巷景区这个龙头的带动下，从无到有，从小到大，成为当地新的经济增长点，到南雄旅游的人次年递增率在20%以上，极大地推动了南雄第三产业的发展。

三、梅关古道，银杏染秋

南雄旅游资源丰富，名胜古迹众多，是一个集古色、红色、绿色、金色于一体的好地方。"古色"指珠玑古巷、梅关古道、千年古塔、千年古村、恐龙古迹等景点；"红色"指广东省委机关瑶坑旧址、水口战役纪念公园、油山革命纪念碑等景点；"绿色"指帽子峰森林公园、孔江国家湿地公园、小流坑—青嶂山省级自然保护区等景点；"金色"指千年银杏树王、坪田古银杏群等景点。其中，珠玑古巷·梅关古道荣获"国家4A级旅游景区"、"首批省文化旅游融合发展示范区"等殊荣，梅关古道被评为"2016中国十大古道"，帽子峰省级森林公园被评为"国家3A级旅游景区"，帽子峰林场被评为"广东省森林生态旅游示范基地"，被誉为"小九寨沟"，坪田古银杏群被评为"中国深秋100个看红叶的地方"和被推介为"全国9个最美银杏观赏地"之一。

梅关古道。

梅关古道位于南雄市东北面，离市区26公里，又称大庾岭古驿道，是"中国四大赏梅地"之一、首批"广东省红色旅游示范基地"。梅关古道跨粤赣两省，是古代连接长江、珠江两大水系最短的陆上交通要道，是全国保存完好的古驿道。此古道秦汉时即开通，秦时设关，叫横浦关。

唐玄宗开元年间，张九龄建议修凿梅关古道，改善南北交通，他自任开路主管，指挥施工，历时二年，将一条羊肠小道拓展为二丈（约6.7米）宽，全长十几千米，用青石铺垫的大道，是古代沟通南北，连接长江、珠江水系的交通孔道。从此，梅关古道成为世界海上丝绸之路与陆上丝绸之路的连接线，成为中国海洋文化与内陆文化的衔接点。它在中国及至世界古代人文发展史上起过重要的作用。

粤汉（今京广）铁路和雄余（今323国道）公路开通后，梅岭古驿道失去了南北交通孔道作用，现仅存关楼及古道两侧约8公里长的道路，关楼及古驿道是国家重点文物保护单位。

梅关古道历代都有修补，并在路旁增植松、梅等树。2016年，梅关古道景区新增了"元帅岭"爱国主义教育基地，"八一"期间正式对外开放，还兴建了九龄风度像和广场。2017年增加种植了一批红梅，为打造梅花品牌奠定了坚实基础。

至2017年，完善了古道游客服务中心、景区标识牌、旅游厕所、垃圾箱、医务室、婴儿室等设施，按照"修旧如旧"的原则对来雁亭、夫人庙、半山亭、六祖寺、衣钵亭、两江亭等景点进行修复，顺利通过了广东省旅游局4A景区复核。

中国银杏之乡。

银杏树为落叶乔木，又称白果树，第四纪冰川期后仅存中国大陆的孑遗树种，有"活化石"之称。白果树有雄雌之分，雄雌异株，需通过授粉才能结果。其果实壳薄肉厚，风味独特，熟食口感软糯，营养丰富；银杏叶甘、苦、涩，具有益心通气、活血化淤和通脉舒经之功效。银杏具有食用、药用、材用、绿化和观赏价值。

南雄是中国生长银杏最南端的一个县级市。有专家认为，以前中国的银杏树，除了浙江省天目山尚有少数处于野生状态外，其余均为人工栽培。自发现南雄的野生银杏林后，中国的野生银杏树生存领域扩大到了广东。

过去，种植白果树苗一般从种植到挂果需要 20—25 年时间。从 1988 年起，南雄应用嫁接技术种植白果树苗，一般 6—7 年就可开花结果，从而大大缩短了投产周期。20 世纪 90 年代，南雄广植银杏树，发展银杏产业，成为远近闻名的"白果之乡"。2001 年，全市有银杏树 60 多万株，年产果约 300 吨，其中主产区坪田镇上百年的银杏树有 1600 多株，年产果 100 多吨。

2001 年 8 月，南雄市建立了坪田镇岭南银杏种群自然保护区，保护区域内的古银杏树呈自然分布状态，株数众多，形成群落，品种、品性优良独特，生长期最长达千年，普遍在三四百年以上。

2001 年，南雄市被国家林业局授予"全国经济林建设先进县"、"中国银杏之乡"称号。

2002 年 8 月 10 日，广东南雄新世纪银杏园有限责任公司成立，由香港协群有限公司投资 750 万元与南雄银杏开发有限责任公司共同合作经营。

2012 年，帽子峰省级森林公园投资 200 多万元完善配套建设。

2015 年，帽子峰景区停车场投入使用。帽子峰、坪田道路沿线更换了 8 块大型 T 形广告，使"银杏染秋"的宣传氛围更加浓厚。帽子峰景区、坪田景区各景点实现了免费 WIFI 覆盖，为游客提供了方便。

帽子峰森林公园被评为"中国森林氧吧"、广东省森林生态旅游示范基地、省级森林公园。

2016 年，坪田镇被评为省休闲农业与乡村旅游示范镇。2018

年，坪田镇被评为中国最美银杏文化小镇。坪田古银杏群在央视论坛"中国深秋 100 个看红叶的地方"中名列第 57 位。

为了方便更多的游客到南雄旅游，满足游客观赏梅关古道和银杏染秋等景观的要求，南雄市大力完善景区的基础设施建设，做到最美的景、最优质的服务，旅游项目建设快速推进，珠玑旅游大道、梅关古道战壕修复、奥威斯大道、帽子峰景区停车场、坪田景区停车场等旅游基础设施建设项目全面竣工并投入使用。"体验南雄·徒步古道古巷"活动、"赏梅南雄·梅岭梅花节"的工作正紧锣密鼓地进行，南雄成功举办了"珠玑巷姓氏文化旅游节""梅岭梅花节""中国旅游日"等一系列旅游节庆活动，旅游推介力度进一步加强。

2015 年，南雄旅游人数呈现猛涨趋势，旅游收入越来越多，带动了相关经济的发展，旅游总人数 336.95 万人，旅游总收入 23.65 亿元。2016 年，旅游总人数 398.51 万人，旅游总收入 27.24 亿元。2017 年，旅游总人数 458.69 万人，旅游总收入 32.18 亿元。南雄市旅游自 1978 年到 2018 年，历经 40 年的发展，从最初接待游客 6.3 万人次、旅游总收入 0.12 亿元，到 2017 年，旅游人次增长近 72 倍，旅游收入增长 267 倍多。

南雄根据创建广东省全域旅游示范区的要求，把南雄市作为一个大景区来打造，打造"广东省旅游强市"和"赣粤边际旅游度假优选地"的发展目标进一步明确。把姓氏文化、银杏文化、恐龙文化和红色文化等旅游元素融入城市建设，把南雄建设成为宜居宜业宜游、具有鲜明特色的知名旅游城市，带动了南雄城乡旅游业的发展，促进了南雄市第三产业的发展。南雄被评为全国休闲农业与乡村旅游示范县。

四、老区学校，改造薄弱

20 世纪 80 年代末至 21 世纪初，南雄教育呈现出良好的发展态势。兴建、改建了一批中小学校，全面改造了薄弱学校，学校基础设备和教育教学设施设备得到了较大的改善。学校布局逐年进行调整，渐入教育均衡化发展的轨道。1995 年，被评为"全国尊师重教先进县"；1997 年，被评为"全国两基工作先进市"和"全国农村教育综合改革先进市"。至 2005 年，南雄市有省一级学校 4 所，韶关市一级学校 14 所。"十一五"期间，南雄市投入学校改造的经费为 1.2 亿元，进行了高中学校建设、学校危房改造、学校布局调整、教育创强等多项专项行动，共改造学校 86 所，较好地改变了全市中小学校的办学条件。"十二五"期间，教育创强取得了显著成就。"十三五"期间，南雄市积极稳妥推进教育现代化先进县（市）创建工作，全面推进教育综合改革。2017 年 11 月，南雄市荣获"广东省促进义务教育均衡发展先进集体"。

办学条件得到改善。

从 1980 年到 1985 年，时任教育局局长郭淑华依靠国家、集体、个人三股力量，群策群力，多方集资建校舍，取得明显成效。多渠道筹集教育经费 1921.3 万元，新建校舍 15.7 万平方米，维修校舍 11.5 万平方米，添置课桌 8700 套。到 1985 年，南雄率先完成了普及小学教育。是年，被广东省政府评为"一无两有"特级县（"一无两有"：校校无危房，班班有教室，学生人人有课桌凳）。1986 年，被国家教育委员会授予"基础教育先进县"，奖匾为胡耀邦题字。

为解决办学经费不足，南雄狠抓勤工俭学，办起了一批校办工厂，并取得较好的经济效益。1987 年，教育局印刷厂、美术工艺陶瓷厂、塑料编织制品厂、钻石厂，职工约 200 名，全年纯利 15 万元。全县通过校办工厂（场）安排教职工家属就业 630 多人。1988 年，南雄被国家教委授予"全国中小学勤工俭学先进集体"。

同时，还狠抓了全县的"四室一场"建设。通过各种办法筹措教育经费，在全县中小学校，基本装配了"仪器室、实验室、图书室、阅览室、运动场"（四室一场）。南雄教育的发展，再次走在了全省山区县前列，为此后的"普九"打下了扎实的基础。

2001 年 5 月，省老促会的一批老同志，心系老区人民，他们组成调研组来到南雄调研，南雄市老促会倾全会之力，与省老促会调研组一道，走访了油山、帽子峰、水口、湖口、黎口、珠玑、坪田、新龙等 8 个乡镇，了解老区人民的生产、生活状况。此后，南雄市老促会对全市老区学校进行了全面排查，做到心中有数。情况摸清楚了，老区学校改造工程浩大，需要投入的资金多，需要社会各界的支持和群众的帮助。南雄老区学校改造工作，在市委、市政府的关心重视下，老促会上跑资金，下监工程质量，为老区学校改造倾尽了心血。南雄老区学校改造工作进展神速，取得了前所未有的成绩。从 2002—2005 年，仅用三年时间共筹集资金 2333 万元，改造老区小学 82 所。其中广东省拨款 1860 万元，韶关市拨款 60 万元，南雄市自筹资金 328 万元，引进外来资金 85 万元，共改造老区学校面积 46376 平方米，让近万名学生享受到了老区学校改造的实惠，使他们能够像城市里的孩子一样，坐在足以挡风避雨、驱寒保暖、宽敞明亮的教学楼里安心学习。

"十一五"期间，全市小学生均校园占地面积 47.6 平方米，生均校舍占地面积 11.3 平方米。初中生均校园占地面积 36.9 平方米，生均校舍占地面积 11 平方米。高中生均校园占地面积 23.2 平方米，生均校舍占地面积达到 11.3 平方米，均达到省政府规定的标准。

"十一五"期间，投入 1000 多万元进行了中小学教育装备，基本完成了初中和乡镇中心完小计算机室和语音室装备任务，基本实现了"校校有网站、师生有网页"，实现了基于互联网的"校校通"。新建科学馆、实验楼共 20 间，全市有实验功能室 778 间，图书 109 万册。教育装备水平为南雄市全面推进素质教育提供了较好的物质保障。

此后在普及 9 年义务教育中，不断改善办学条件，提高教学质量。南雄中学、南雄市第一中学和黄坑中学等先后被评为"省一级学校"。

教育创强有新成就。

推进教育创强以来，南雄市规范化学校建设和布局调整工作稳步推进，全市撤并教学点 10 所，以"校安工程"建设为项目，总投入 1359 万元，加固维修 12 栋共 1.2 万平方米，重建 6 栋共 1.29 万平方米。在教育强镇建设中，南雄市以创建规范化幼儿园为载体，撤销低水平、小规模幼儿园 20 多所，先后投入资金 2000 多万元进行园舍设施改造，使全市的幼儿园水平办园水平得到提升。珠玑、黄坑、主田镇先后投入 2000 多万元进行校园改造建设，改善了办学条件，提升了全镇的办学水平，三个镇于 2010 年通过了省专家组的验收。全市教育创强工作取得了新成就。

1. "十二五"期间，是南雄教育事业全面快速发展的五年，全市教育事业发展取得显著成绩：2011—2014 年，南雄市坚持以教育创强为抓手，高标准改善办学条件，高标准创建了 12 个教育强镇，实现教育强镇全覆盖。2014 年 1 月，广东省教育厅授予南雄市"教育强市"称号。全市投入教育创强资金达 6 亿多元，高标准、大幅度改善全市中小学校和幼儿园的办学条件。其中，2012 年至 2013 年，南雄市投入 3 亿多元建设了南雄一小、新全安中学、南雄二中、特殊教育学校等教育"四大"民生工程，不断优化城区学校布局，大幅度增加城区中小学优质学位，解决了智障儿童享受教育的问题。2014年至2015年，南雄市投入1.5亿元异地新建新城中学及群众体育活动中心、异地新建梅岭小学、扩建实验小学、新建机关幼儿园小岛分园等新的教育"四大"民生工程，于2015年年底全面建成。

"十二五"期间，南雄市坚持以均衡优质为导向，高层次构建教育新格局。

学前教育快速发展。 五年来，全市实施了第一期和第二期"学前教育三年行动计划"，高标准、高品位建设了14所镇中心幼儿园。全市公办幼儿园由8所增加到20所，公办幼儿园覆盖率由16%提高到33%，规范化幼儿园覆盖率由30%提高到75%，学前三年毛入园率由85%提高到93%。

义务教育均衡发展。 五年来，全市义务教育标准化学校由8所增加到45所，标准化学校覆盖率由17.8%提高至100%。2015年，小学、初中适龄儿童毛入学率均达100%。全市现有义务教育阶段专任教师学历达标率100%。2015年11月初，南雄市通过了国家义务教育发展基本均衡县国家督导评估。

高中（中职）教育优质发展。 南雄市高中阶段教育毛入学率目标从90%提高至92%，2015年达到了97.12%，对比规划目标超出5.12%。五年来，南雄市高考重点本科上线1022人，本科以上上线5242人，专科以上上线1.4万人，"3+证书"上线率达92%以上，各批次上线人数名列韶关市各县（市、区）前茅。中职学生毕业就业率达99%以上。

特殊教育加速发展。 2012年9月，投入420万元高标准建设了南雄市特殊教育学校，主要接收智障学生就读。南雄市"三残"学生入学率达97.8%。

2."十三五"期间，南雄市积极稳妥推进教育现代化先进县（市）创建工作，全面推进教育综合改革。

2016 年，第一批教育强镇复评顺利通过。珠玑、水口两镇接受省教育强镇复评验收。市教育局加大了对验收的校舍维修改造、校园文化建设等工作，于 12 月中旬顺利通过了省教育强镇复评督导验收。

加大投入义务教育项目建设。2016 年完成了新城中学搬迁重建、群众体育活动中心、珠玑梅岭小学搬迁重建、全安中心小学提质改造、机关幼儿园小岛分园、黎灿学校扩建、坪田中心小学扩建等 7 项教育民生工程的 16 栋校舍建设任务。其中，全安中心小学提质改造、机关幼儿园小岛分园、黎灿学校扩建等工程已建成投入使用。至 2016 年底，古市中心小学搬迁建设、古市中心幼儿园建设、市一中校舍扩建、黄坑中学运动场建设等 4 项苏区县教育发展项目的 6 栋校舍建设工程基本完成，2 个运动场工程和附属工程正在加紧建设中，2017 年上半年全面完成建设任务并交付使用。启动了坪田中学综合楼、乌迳中学实验楼、乌迳镇高溯小学综合楼、乌迳镇鱼塘小学综合楼、帽子峰镇洞头小学教学楼、珠玑镇罗田小学教学楼、特殊教育学校功能楼等 7 个新建项目建设工作。

教育现代化工作有序推进，教育综合改革进入试水区。2016 年，韶关市教育局确定南雄市作为教育综合改革的试点县（市）。南雄市向省政府申请支持先进县（市）建设规划资金总投入35907 万元。摸清了市里推进现代化基础设施的"短板"，出台了基础设施建设的方案，制定了《南雄市农村改革发展三年行动项目规划表》，三年教育投入达 5.3 亿元，其中农村改革三年行动计划投入 1.3 亿元。确定改革的两个核心点，第一个是进行校长职级制改革，第二个是实行教师"县管校聘"制。

在推进教育现代化和综合改革的进程中，"十三五"期间，南雄各级各类教育发展稳步推进。

学前教育实现了优质普惠发展。进一步扩大了公办幼儿园覆盖面，理顺了财贸幼儿园归口管理，财贸幼儿园核定为公益一类国有公办幼儿园性质；新建机关幼儿园小岛分园投入使用，机关幼儿园总园的改建设计已经完成、新建古市镇中心幼儿园基本完成。认定了 25 所民办幼儿园为南雄市普惠性民办幼儿园，全市公办幼儿园和普惠性民办幼儿园所占比例达 71.4%。

义务教育更加优质均衡发展。加快推进了新城中学、古市中心小学搬迁重建、新城小学改造建设和启动北城区小学建设工作。特殊教育实现全纳目标，并探索了特殊教育向学前教育、高中教育延伸。完善了残疾儿童少年随班就读保障体系，提高了特殊教育学校质量。完成了广东省社区教育实验区创建工作。成功通过创建广东省社区教育实验区验收，成为粤北山区乃至粤东地区首个县级市社区教育实验区。

着力构筑优质均衡教育的硬环境。2017 年，南雄市全面完成了新城中学搬迁重建、南雄市群众体育活动中心建设、古市镇中心小学搬迁建设、古市镇中心幼儿园建设、市一中学生宿舍楼新建和学生食堂扩建，以及坪田镇新龙金城中心小学功能楼、坪湖分教点综合楼、坪田中学综合楼、乌迳镇高溯小学综合楼、乌迳镇鱼塘小学综合楼、帽子峰洞头小学教学楼、珠玑镇罗田小学教学楼、南雄市财贸幼儿园改造工程、南雄市中等职业学校南校区综合楼等 14 个项目的主体和附属工程建设任务，进一步巩固了南雄市义务教育发展均衡县建设成果，改善了南雄市学校硬件设施条件，加快了南雄市义务教育现代化学校建设进程。同时，启动了特殊教育学校多功能楼新建、机关幼儿园总园改建、青少年宫改建、新城小学搬迁改造等 4 个项目建设工作。完成了南雄市黄坑中学教学楼与综合楼工程、南雄市第一中学综合楼工程、南雄市中等职业学校实训中心及设备购置、新建南雄市乌迳镇第二小学工程等 4 个项目申请 2018 年中央预算内投资计划的申报工作。

着力构筑开放和谐的教育软环境。南雄市加强指导，全力推动强镇复评工作。黄坑、澜河、帽子峰等镇已完成督导验收。百顺、全安、江头等镇在接受省教育强镇韶关督前检查之后，积极准备，做好省教育强镇复评正式督导验收各项迎检工作。积极开展了创建教育现代化的各项前期工作，全面熟悉《广东省推进教育现代化督导验收办法及方案》指标体系，指导学校对照方案指标体系，全面开展自查活动，认真抓好学校"补短板"工作，积极实施教育信息现代化建设。全面实行《南雄市中小学教师课时标准实施意见》，大力推行教师"县管校聘"制改革，积极建立与岗位设置相适应的教师分类管理制度和以工作任务、责任、业绩为核心的聘期考评制度。加快信息化教育装备建设，积极推进教育信息化应用。全市新增互动式多媒体教学一体机 104 套信息化装备，全面建成涵盖市、镇、校三级的"南雄教育域网"，第一期两所初中、三所小学的创客空间建设项目已完成验收，积极推进小规模学校的综合型课室建设和同步课堂的试点建设工作，抓实新装备使用的培训工作，开展了韶教云平台县区和学校管理员的专项培训和装备使用的督促检查。

教育事业蓬勃发展。

南雄市始终坚持教育优先发展战略，持续加大教育投入，着力改善办学条件，不断提高教育质量，全市教育事业发展取得了喜人且令人瞩目的成就。

一是城乡教育走向均衡发展。为了解决农村义务教育均衡发展的薄弱环节和短板，南雄市委、市政府对教育果断投入，保障学生公平就学，逐步落实教育关爱工程，全面实行控辍保学"双线"目标责任制,依法保障义务教育学生受教育权。高标准推进教育强镇建设,实现 18 个镇(街道)教育强镇全覆盖,实施了三期"学前教育三年行动计划"。实现公办镇中心幼儿园全覆盖,促进农村入学权利公平,减小城乡教育差距。

二是师资队伍更加优化。近年来,为了提高教师队伍整体素质,南雄市选招教师实行制度化,按照逐步补充、逐年招聘、凡进必考、优中选优、宁缺毋滥的招聘原则,着力遴选人才,规范教师队伍的公招公选工作。

三是办好人民满意的教育。改革开放以来,南雄市教育信息化建设经历了从无到有、从有到优的过程,不断增加教育投入,多方筹措校建资金,改善办学条件,使全市各类学校信息化、图书仪器、音体美学科教育教学水平都得到了质的提升。全市教学班(含教学点)已实现每个教学班一套多媒体电教平台;各中小学校实现"校园网络校校通、优质资源班班通"。镇中心小学、初中、高中、完中及城区域所有学校实现 1000M 宽带接入,片区完小、特殊教育学校和较大规模教学点实现 300M 以上宽带接入,所有教学点和公办幼儿园实现 100M 宽带接入。

为抓好基础工程建设,近三年来南雄先后搬迁重建、改建、扩建 35 所片区完小和教学点,改造一大批农村义务教育乡村学校。

通过新建、改扩建等形式,近两年全市新增幼儿园 4 所,新增公办幼儿学位 1200 个,有效缓解学前教育资源供给不足的矛盾。投资近 1000 万元搬迁改扩建南雄市第二小学,新增小学学位 1200 个。

2017 年以来,南雄市还实施了"农村校园公交"专线工程,打通乡村孩子接受相对优质教育资源的最后一公里。

五、医疗卫生，蓬勃发展

改革开放以来，南雄市面对新的形势勇于探索，开拓创新，抢抓机遇，加速发展医疗卫生事业，极大地提高了全市医疗卫生服务水平和疾病预防控制能力，为全市人民群众的身体健康和社会经济的发展作出了重大贡献。

不断健全医疗卫生服务体系　改革开放以来，南雄市医疗卫生资源总量持续增加。截至 2019 年，全市现有各类医疗机构 358 间，其中村级卫生站 283 间，企事业、个体诊所 51 间。医疗机构编制住院床位 1409 张，每千人拥有床位 4.26 张。全市卫生系统在职在编人员 1276 人，每千人口执业（助理）医师达到 2.1 人，每千人口注册护士达到 2.23 人，每万人口全科医生达到 2.85 人。门、急诊人次 1024807 人，住院人数 47322 人，保障了广大人民群众得到就近、便捷、应有的基本医疗卫生服务的权利。

建立健全城乡居民医疗保障制度　2001 年南雄市实施城镇职工基本医疗保险制度，2003 年启动新农合，2007 年启动城镇居民基本医疗保险制度，2013 年新农合和城镇居民医保制度合并为居民医疗保险。住院补偿比为：一级医院 90%、二级医院 80%、三级医院 60%，最高支付限额 20 万元。对重度残疾、低保人员和城镇低收入家庭、60 周岁以上老年人等困难群体实行参保缴费和医疗救助。城乡居民医疗保障制度为广大城乡居民提供了化解医疗风险的保护屏障，使越来越多的居民摆脱了"因病致贫"和"因病返贫"的困境，为构建和谐南雄作出了积极贡献。

不断完善医疗卫生基础设施建设　改革开放以来，南雄市卫生医疗条件明显得到提高。到 2008 年年底，南雄市卫生系统固定资产达 1.5 亿元，有万元以上的设备 244 台（件），其中百万元以上的设备 6 台（件）。先后兴建了市人民医院综合大楼、中医院门诊大楼，并健全和完善了各功能科室。此外，还分别对乌迳、湖口、黄坑、珠玑、南亩、油山等镇十多个卫生院进行新建或改造。群众的就医环境和职工住房条件明显改善。诊疗手段不断增多，诊疗水平明显提高。市级医院已引进了螺旋 CT、核磁共振、腹腔手术镜等先进设备。镇级卫生院也具备做三大常规、摄片、B 超和部分生化检查的能力，基本实现人员、设备和房屋三配套，医疗卫生服务能力得到进一步提升。

党的十八大以来，借助卫生创强的机遇，南雄市加快医疗卫生基础设施建设，积极改善群众就医条件，为群众提供更加优质、便捷的医疗卫生服务。一是 2017 年 9 月，获得省委同意在乌迳镇建设第二人民医院，成为全省第 46 家第二人民医院建设单位，投资约 2.5 亿元，按 300 个床位建设规模建设（项目已破土开工建设）。二是启动了北城区异地新建中医院、妇计院建设，投资 3 亿多元，分别按 300 和 150 个床位建设（项目已破土开工建设）。三是采用 PPP 模式建设市人民医院综合住院大楼，投资 1.5 亿多元，采用 PPP 模式与珠海和佳医疗设备股份有限公司投资建设南雄市人民医院综合住院大楼。四是投资 1 亿多元着手对镇级卫生院进行新一轮标准化建设。2016—2017 年共完成公建民营村卫生站 119 间。五是全面打造基层医疗卫生机构中医馆（理疗室），2016—2017 年已完成 18 间中医馆建设。六是加强配备基层卫生院装备，共投入资金 1155.5 万元，其中地方配套资金 462.2 万元，每个基层卫生院均配备了一台救护车、一台 B 超、一台心电图机、一台 500MAX 光机（中心卫生院装备 DR）和一台生化分析仪。七是加快市 120 急救指挥中心新改扩建工程建设，该项目一共投资 1607 万元，其中省资金 1286 万元，地方配套资金 321 万元，共有五个急救网络医院。2017 年已完成了指挥平台、救护车及车载设备的招投标工作，共计人民币 940 万元。

　　卫生计生工作成绩斐然　2017年，南雄市创建国家慢性病防控示范区顺利通过国家评审，成为韶关市唯——一个国家级慢性病防控示范区，荣获了"全国麻风防治先进集体"称号。基本公共卫生服务项目及基建项目工作曾代表省接受了国家督导组的督查考核，得到了国家卫计委的肯定。曾先后荣获过"全国疾病预防控制工作先进集体""全国麻风病防治管理信息系统工作先进集体""广东省麻风病防治先进单位""广东省严重精神管理治疗工作优秀县"等荣誉。

第三节 开放搞活 城市发展

党的十一届三中全会以后，在社会主义公有制为主的前提下，允许多种经济成分存在，南雄的民营经济经历了一个从无到有、由弱到强的发展过程。在搞活民营经济的同时，开放经济窗口，大力招商引资，开发了工业园区，发展了精细化工产业。经济的发展带动了城市的发展，南雄市大刀阔斧进行城市经营，改造老城，开发新城，古城日新月异。南雄人民同心协力，群策群力，成功创建了省文明城市，又在"巩文攻坚"战中，取得了丰硕的成果，南雄市城市正以前所未有的繁华景象向现代化城市迈进。

一、民营经济，注入活力

2002年1月，南雄市委九届八次全体（扩大）会议对全市民营经济发展作出安排布置，以私营企业、个体户和民营股份制企业为主体的民营经济不断发展壮大，民营经济在国民经济中的比重，成为一个地方发达与否的明显标志。南雄民营经济经过多年的努力，有了较大的发展，对财政的贡献以每年百分之三十的幅度增长，但总量不多，企业规模也不大。市委、市政府认真加以重视，调整政策，采取措施加快发展，把民营经济做强做大。

2002年6月14日，南雄市委、市政府下发《关于大力发展民营经济的决定》（雄发〔2002〕31号），对全市发展民营经济提出政策规定。提出了全市今后发展民营经济的指导思想是先予后取，多予少取，放水养鱼，放开搞活，规范管理。确定全市发展民营经济，重在方向上引导、技术上扶持、政策措施上鼓励，遵循不干预原则。提出发展民营经济的总体目标是：力争在2005年左右，使全市民营经济总量占全市国民经济总量的50%左右。

至2007年，南雄市个体工商户和私营企业达到7000多户，注册资金12.87亿元，从业人员2.2万多人，缴纳税金4100多万元。

2012年，南雄市民营投资总额达到46.55亿元，占全部投资总量的65.5%，比重比上年同期提高5.5个百分点。民营投资已经成为南雄市投资的主要构成部分。

2014年，南雄市民营经济增加值87.92亿元，增长14.7%，占全市生产总值的比重为77.6%。2015年，民营经济增加值95.53亿元，同比增长10.5%，占全市地区生产总值比重的76.4%。

2016年，南雄市民营经济实现平稳较快发展，在经济"调结构、稳增长"中发挥了重要作用。初步核算，南雄市全年实现民营经济增加值104.4亿元，按可比价计算，比上年同期增长8.0%。其中，第一产业实现增加值28.1亿元，增长4.1%；第二产业实现增加值45.1亿元，增长9.8%，增幅比同期地区生产总值第二产业增幅高0.3个百分点；第三产业实现增加值31.2亿元，增长8.8%。民营经济对地区生产总值增长贡献率为74%，拉动地区生产总值增长6.1个百分点。

近年来，南雄市委、市政府以产业招商为重点，出台一系列政策扶持和加快民营企业发展，民营经济总量不断壮大，对经济的拉动作用不断提升，是南雄经济增长的主力军。民营经济稳步发展，截至2017年，南雄市共有个体工商户12554户，注册资金6.62亿元，从业人员14459人；私营企业1555户，注册资金

43.44 亿元，从业人员 10837 人；规模以上民营企业 94 家，占全市规模以上企业的 93%；民营企业高新技术企业 19 家，占全市高新技术企业的 95%。经济总量不断扩大。2017 年民营经济增加值 102.35 亿元，占全市地区生产总值比重的 71.3%。产业结构不断优化。生产型民营企业不断趋于多元化，涉及农土特产品加工、精细化工、陶瓷建材、浆纸制造等 10 多个行业。

南雄市民营企业在扩大招商引资、繁荣城乡经济、富裕城乡群众等方面发挥着越来越重要的作用。

二、招商引资，产业崛起

南雄重视招商引资，发展经济。开发了工业园区，发展精细化工产业，已取得了明显的成效。南雄产业转移工业园创建于 2008 年初，2010 年 3 月经省人民政府同意被认定为省产业转移工业园，2013 年扩园获批。近年来，南雄产业转移工业园先后获得省中小企业创业基地、省模范劳动关系和谐园区、省服务 4 星级园区、省创先争优"南粤先锋"先进基层党组织、省循环化改造示范试点园区、省首批分布式光伏应用发电试点园区等荣誉。在省产业转移工业园目标责任考核中已累计四次荣获优秀等次，获得奖励扶持资金 4 亿多元。截至 2017 年 12 月底，入园企业 106 家，试投产企业 85 家，规模以上企业 67 家。完成固定资产投资 13.6 亿元，完成工业总产值 100.19 亿元，实现工业增加值 24 亿元。2017 年园区实际累计入库税收 12974.18 万元，同比增长 45.8%。园区经济稳定增长。

招商引资。

2006 年冬，南雄市提出争创广东省省级可持续发展实验区构想，获得省政府批准，成为粤北地区首个省级可持续发展实验区。省级可持续发展实验区的成功申报，为南雄经济社会的发展提供强大的驱动力，对南雄乃至整个粤北地区经济的发展和资源的永续利用都有极大的现实指导意义。

在 2007 年经贸合作推进会上，南雄市成功签约 32 个招商项目，签约资金近 48 亿元，同时有 12 个项目破土动工，招商引资取得新突破。南雄市围绕园区主导产业定位，并充分发掘利用自身的优势和社会潜在资源，开展了一系列富有成效的精准招商措施：

一是以商招商。成立了由产业园区 11 家企业负责人组成的产业招商团队，由招商团队提供拟对接企业信息，重点面向珠三角地区展开招商工作，取得了显著成效，通过以商招商成功引进企业 20 多家。

二是产业链招商。围绕重点打造的精细化工、竹纤维上下游产业链开展招商。园区一期已引进精细化工上下游企业近 90 家。2017 年，总投资 22.5 亿元，主要以竹纤维为原材料生产环保餐具的广东绿洲生态科技发展有限公司已签约落户园区二期，首期用地 225 亩已挂牌，动工建设项目建成投产后，年产值可达 30 亿元以上规模。

三是注重乡贤招商。充分利用外出乡贤联谊会平台进行招商，通过举办姓氏文化旅游节，为广大乡贤回报家乡、投资家乡、建设家乡营造了良好的政务环境和社会氛围，形成了"资金回流、企业回迁、信息回传、人才回乡"的良好局面。同时，主动拜访对接有投资意愿的外出乡贤，宣传南雄当前发展的优势，邀请乡贤主动投资家乡，回报家乡。此前，已引进千万元以上的乡贤投资项目 25 个，投资总额达到 34 亿多元。2017 年，又成功引进广东美瑞克微金属磁电等 2 家乡贤企业落户园区二期，总投资 2.8 亿元人民币。

2012 年，南雄合同利用外来资金 3924 万美元，完成年度任务的 100%，同比增长 78.93%，实际利用外来资金 2296 万美元，完成年度任务的 100%；新批外商投资项目 6 个，同比增长 50%。外贸出口 3096 万美元，同比增长 32.93%，超额完成 500 万美元，为韶关外经贸工作作出了突出贡献。

2013 年，南雄市实际利用外来资金 2200 万美元。新批项目 16 个，合同资金 3200 万美元。外贸出口 3555 万美元。

2014 年，新批外来资金项目 21 个，同比增长 31.25%。合同资金 3675 万美元，同比增长 14.84%。实际利用外来资金 2465 万美元，同比增长 12.05%。外贸出口完成 4625 万美元，同比增长 30.1%。

2015 年，全市实际吸收外来资金 804 万美元，比上年增长 44.18%。全市外贸出口 4565.7 万美元，比上年增长 18.5%。外贸进出口总额 5015.3 万美元，比上年增长 14.3%。

2016 年，完成外贸进出口 1005.4 万美元，同比下降 11.8%。全市完成社会消费品零售总额 16.1 亿元，同比增长 10.5%。完成批发业销售额 8.6 亿元，同比增长 6.7%。零售业销售额 15.1 亿元，同比增长 13.2%。

2017 年已签约项目 11 个，分别是韶能集团广东绿洲生态科技有限公司扩产项目、帽子峰景区旅游开发项目、南雄市多功能文化景观廊桥建设项目、美瑞克微金属磁电科技项目、南宝树脂（佛山）投资建厂项目、南雄富亚电器项目、优质仙草种植项目、南雄市南亩香水柠檬生态园项目、碳谷（广州）新材料项目、南雄市中科利亨车库设备制造基地项目、广东新供销天润（粤北）粮食产业园项目，投资总额为 38.713 亿元。已开工项目 6 个，分别是帽子峰景区旅游开发项目、优质仙草种植项目、美瑞克微金属磁电科技项目、南雄市多功能文化景观廊桥建设项目、南雄市南亩香水柠檬生态园项目、南雄富亚电器项目，开工率为

54.5%。新签约企业项目和 5 个企业落地动工建设均已完成任务。

精细化工产业崛起。

2010 年 3 月工业园区改名为产业转移园区。创建之初，为贯彻省"双转移"战略部署，主动做好珠三角地区精细化工企业的产业转移，南雄市根据自身发展情况和资源禀赋优势，将园区定位为以生产涂料、树脂、油墨、日用化工产品等精细化工为主导的产业。此举，不仅吸引了众多珠三角地区的精细化工企业，甚至全国各地的精细化工企业也纷纷转移入驻园区。

东莞大岭山（南雄）产业转移工业园，建于 2008 年 4 月，省委领导在韶关提出产业集聚课题以后，2008 年 11 月经省安监局、省环保厅批准，成为粤北首个省级精细化工产业园区。园区一期 404.73 公顷用地已全面完成招商引资工作，入园企业 99 家，试投产企业 47 家，规模以上企业 35 家，以精细化工为主导产业，产品涉及油墨、树脂和包装、制罐等上下游配套产业，企业在园区内实现"研—产—供—销"一体，产业集聚规模已形成。

2012 年，南雄市大力实施工业强市战略，以工业园区为载体，扎实推进工业化进程，顺利推进重点项目。共安排重点建设项目 43 个，其中新建项目 18 个，续建项目 25 个。重点建设项目完成投资 30.7 亿元。绿洲公司投入资金 1.1 亿元，新增 6 条生产线；彤置富水泥项目完成投资 2.1 亿元；乐华陶瓷新增洁具生产线已投入 1.5 亿元。

2012 年园区新增 13 家规模以上工业企业，纳入常规统计的企业个数达到 48 家。完成工业总产值 45.99 亿元，同比增长 50.3%，产值占全市规模以上工业企业产值比重的 70.7%，实现工业增加值 11.84 亿元，同比增长 51.5%，占全部规模以上工业企业增加值的 69.8%。园区基础设施不断完善。二期园区已完成征地 5000 多亩，平整土地 2600 多亩。园区连续两年荣获省级产业转移工业园目标责任考核优秀等次。

园区工业发展迅猛。

2015 年，园区一期试投产企业 85 家，其中，规模以上工业企业 65 家，完成工业总产值 123.23 亿元，增长 26.6%，实现工业增加值 30.12 亿元，增长 25.7%，占全市工业总产值和增加值的比重分别为 75.4% 和 73.3%。

2016 年，园区一期提质增效明显，连邦化工挂牌上市，置换企业 5 家，投试产企业 84 家，其中规模以上企业 66 家，国家高新技术企业 11 家，实现工业增加值 33 亿元，增长 12.4%。被认定为省循环化改造示范试点，省知名品牌示范区创建通过评审。园区二期基础设施日益完善，华电、光伏发电项目稳步推进。犁牛坪风电场、珠玑纸业本色纸项目建成投产，彤置富水泥项目顺利"点火"。乐华陶瓷、绿洲纸模等重点企业技改扩产进展顺利。

2017 年实现工业总产值 143.7 亿元，全市规模以上工业企业 101 家，规模以上工业企业完成总产值 122.15 亿元。园区入园企业 106 家，精细化工类企业占比近 90%，在较短时间内形成了南雄市新的工业主导产业，并成为全省产业集聚程度最高的精细化工园区。园内规模以上工业企业 67 家，完成工业总产值 100.19 亿元。园区工业占全市工业总产值和增加值的比重分别为 69.7% 和 54.9%。园区有高新技术企业 18 家，上市企业 3 家。

南雄市通过招商引资，发展精细化工产业，全市的经济飞速发展。工业园区已具规模，并不断发展扩大规模，不断吸引港澳企业进驻，带动了南雄的经济发展，提高了南雄的经济水平，加快了古城现代化建设的步伐。

三、城市经营，古城新貌

改革开放以来，南雄大力改建老城区，古城换新貌。至 2011 年，南雄市建成面积 10.6 平方公里，建成了基础设施完善、交通便利、环境优美的现代化新城。

改造老城。

从 2002 年开始的城市经营，在老城区改造中得到突破。2005 年，首批改造项目竣工，建成了青云路、永康路、维新路、沿江西路出口工程、三影塔广场、博物馆、河滨公园等市政工程；修复了古城墙、跑马道和具有宋代风格的古城门楼；完成了维新路、北门街、永康路的改造工程；建成了占地面积 1.8 万平方米，内设 8 个篮球场、2 个排球场、3 个羽毛球场、1 个采光天棚风雨操场的全民健身广场；建成了两条高品位的商业步行街。近 5000 户市民在城市改造中住进了新居。

2006 年 7 月，金叶大桥建成，长 120 米，宽 24 米。贯通南北走向的金叶大道"中轴线"开通，长 580 米，宽 34 米。金叶大桥南接教育路，北连金叶大道，成为中心城区南北方向的主干道，使中心城区道路框架科学合理，大大方便了广大市民日常生活、工作的交通出行。

2012 年，南雄市城市建设日益完善。以建设城市综合体项目为契机，增强商业集聚。南雄市在原金刚小区老水厂附近，规划占地面积 100 亩，启动了一个集超市、酒店、酒店式公寓、餐饮、娱乐休闲、文化等功能于一体的现代化商业综合体项目——南雄东方（大润发）广场的开工建设，总投资 6 亿元。总投资 17.8 亿元的大福国际名城（一期），已完成投资 2.3 亿元。雄州公园完成投资 300 万元。韶赣汽车城完成投资 2000 万元。翠竹居小区完成投资 2500 万元。78 套公租房建设完成投资 150 万元。城区天然气主管网基本建成。全安垃圾填埋场已建设好，垃圾压缩中转站已投入使用。珠影文化广场项目如期推进，新城影剧院影厅已投入使用。

2014年1月16日，南雄东方（大润发）广场建成开业，对提高城市品位，打造幸福南雄，实现在家门口就能享受到以往在广州、深圳、韶关等城市才能享受到的购物、餐饮、休闲的便利和乐趣。

开发扩建新城。

青云大桥的落成和新城区的建设，拉开了南雄城市改建的序幕，开启了城市化进程的发展道路。

2012年，根据南雄中心城区建设发展，为提升城区环境品质，市委、市政府决定在水南兴建雄州公园，占地800多亩，公园里有人工湖、音乐喷泉、园前广场、园林小品等建筑，2016年建成开园，为广大市民提供了优质的休闲、健身、游玩场所，得到了广大市民的喜欢和称赞。

2015年7月6日，南雄时代广场落成启用。时代广场项目主要结合新城影剧院项目的建设，主要设计了时代广场商业、文化建筑，整个项目形成了以广场为中心，东面为新城影剧院，南面、西面及西北面均为商业、文化建筑及高层住宅楼等，让南雄市民能够在家门口体验到多元化、高品质、一站式的文化产品和商业服务，为广大市民提供了娱乐、休闲的好场所。

2016年，南雄城市面貌日新月异。实施城镇提升三年行动计划，精心谋划了135个中心城区建设项目，总投资56.7亿元，在建项目67个。北城大道、崇贤大道建设步伐加快，北城区框架逐步成型。新图书馆、档案馆完成封顶，碧桂园、大福名城等商住项目加快推进，保障性安居工程及"三旧"改造项目进展顺利，8条主要街道完成"黑底化"工程，中心城区配套功能更加完善，宜居水平稳步提升。

南雄城市持续不断的改造、开发、完善和发展，今日的南雄城市，已焕然一新，绿化面积、休闲场所不断扩大，宜居环境越来越好。

四、文明创建，巩文攻坚

南雄城市是一座历史悠久的文化名城，美丽的自然风光和人文景观交相辉映，多彩的文物古迹与新颖的现代建筑相辅相成，淳朴的民风民情与现代文明气息相互交融，构筑成一道道独特亮丽的城市风景线，成为粤北浈凌两岸的一颗璀璨明珠。

创文成功。

2000 年 5 月，市委提出了力争 2001 年、确保 2003 年把南雄市建设成为省文明城市的目标。实现全市经济繁荣、政治清廉、风尚良好、科教领先、文化发达、规划科学，建设优质、环境优美、管理先进、城乡一体的文明城市目标。

南雄市在创建中实施"一把手工程"，成立了由市委、市政府主要领导为正副组长的创建文明城市工作领导小组，以加强对创建文明城市工作的领导。市党政一把手亲自抓创建工作，切实把文明创建工作列入议事日程，市委、市政府每年召开专题会议，部署动员文明城市创建工作，并制定出文明城市长期规划和年度计划。政府有形之手的大力推动，使南雄的文明城市创建工作扎实有效地开展。

舆论宣传形成浓厚的创建氛围。在创建进程中，做到舆论先行，加大宣传力度，调动全社会共同参与创建的积极性，在全市形成了一个人人参与文明城市创建的良好氛围。2005 年，南雄市人民广播电台、南雄市电视台开设创建专题专栏，市区主要公共场所设有大型公益性广告，社区、居民小区有文明创建宣传栏；

市直机关工委、人事局、文明办、妇联、团市委等单位分别组织开展了"文明机关""人民满意的公务员""文明行业""文明单位""礼仪单位""礼仪之家""礼仪门店""礼仪标兵""行风评议""巾帼立业""创文明城市，做文明新人"演讲等丰富多彩的创建活动；南雄教育局、老干部局、总工会组织成立了"中小学生城市管理义务监督队""离退休老同志城市管理义务监督队"，他们走上街头向市民宣传教育、义务监督，并开展"你丢我捡"活动；市区各小学还开展了少先队员认养绿地活动，以实际行动支持创建工作。投入 10 多亿元不断提升城市品位。

着力提高市民现代文明素质。南雄市把思想教育、道德建设作为文明城市的核心工程摆在突出的位置抓紧抓好。几年来，在市民中经常开展思想道德教育、爱国主义教育，建设了省、市两级爱国主义教育基地，重要纪念日、节庆日均举行全市性教育活动。同时，多形式、多内容开展《南雄市民公约》和《南雄市文明公约》讨论和"讲公德、爱南雄"教育实践活动，各行各业普遍制定行为规范，开展职业道德教育，共青团和教育部门经常组织青少年参与志愿服务等多种形式的社会实践。2006 年以来，广泛深入开展了"学文明礼仪，建和谐家园"教育实践活动，用礼仪这把小钥匙开启了现代公民教育的大门，广大市民道德素养和文明水平明显提高。这一做法被称为"南雄经验"而得以在全韶关市推广。在第五个道德纪念日之际，雄州街道含辛茹苦抚养孤女的邓玉莲老人当选为"感动韶关十佳道德模范"，全市纷纷以座谈会、报告会等形式开展向邓玉莲老人学习的活动，宣传邓玉莲老人的先进事迹，推动公民道德建设。

努力建设"文化南雄"。在创建文明城市的过程中，南雄市贯彻实施《南粤锦绣工程》，积极响应和配合广东建设文化大省战略，提出建设"宽裕、活力、文化、绿色、和谐"新南雄的奋斗目标，为全市经济社会发展提供强大的精神动力和智力支持。依托"中国黄烟之乡"、"中国恐龙之乡"、"中国银杏之乡"以及"广东省文化先进市"、珠玑古巷"广府人的发祥地"的品牌优势，通过摄制大型纪录片《千年珠玑》、开展文化"三下乡"等"文化惠民"工程、编印《南雄诗苑》和举办元宵民间文艺汇演等一系列的文化活动等，打响梅岭文化、珠玑文化、恐龙文化、银杏文化、特色旅游文化等地方文化品牌。同时，认真抓好艺术演出网络、群众文化网络、文物博物网络、电影放映网络、文化市场网络建设，各项工作达到省级标准，2004 年被评为"广东省文化先进市"。

2001 年、2003 年、2005 年南雄市先后三次被省委、省政府评为"创建文明城市先进单位"。

南雄市的文明城镇创建活动，较好地促进了文明水平的提升，城市品位和小城镇建设质量有了明显的提高。

2008 年 1 月 10 日，南雄市被广东省委、省政府授予"广东省文明城市"的光荣称号，成为全省 4 个获此殊荣的城市之一。创建省文明城市，促进了南雄市国民经济持续快速健康发展，全市综合实力不断提高。2007 年，全市实现生产总值 34.5 亿元，同比增长 16.3%。其中第二产业 7.09 亿元，增长 46.7%；第三产业 13 亿元，增长 14.5%。地方财政一般预算收入 1.43 亿元，同比增长 29.3%。农民人均纯收入 3760 元，同比增长 9.0%。

"巩文攻坚"。

为全面实现政治文明、物质文明、精神文明和生态文明四个文明协调发展，南雄市乘广东省委实施"泛珠三角"战略的东风，以粤北地区首个省级可持续发展实验区为契机，全面实行领导班子创建目标管理责任制，建立协调联动的网络机制和激励推动机制，全民动员、全员参与，巩固省文明城市的创建成果。市委提出，南雄在城市规划建设中要始终贯穿科学和谐理念，坚持既保持历史文化古城的韵味，又体现现代城市发展的要求，正确处理开发与保护的关系，拉大城市框架，完善城市功能建设。力争到 2020 年，南雄城区建设成为 20 万左右人口的宜居宜业区域性中等城市。

南雄创文成功十年，为了"巩文攻坚"，2017 年，南雄市委、市政府决定借助省文明城市的复查，在强力推进城市建设的同时，进一步加强城市的文明创建，不断提升城市的管理水平。

建立"街长制"。将南雄中心城区以主要街道为区域划分为 27 个片区，每个片区由一位市领导驻点，担任"街长"，并将市领导分管区域的职能单位或者片区内的机关单位划分为该片区的责任单位，责任单位"一把手"担任"副街长"。同时，安排好雄州街道和各社区居委会干部按区包片分工，通过完善以"街长"负总责、"副街长"协助、街道和社区干部为责任主体的方式，常态化推进片区文明创建宣传发动、环境卫生整治、"六乱"现象清理、公共设施维护、城市管理提升等工作。力求通过这一制度探索一条"政府主导、领导驻点、部门联动、全民参与"的城市管理新机制，实现城市管理、城市秩序、城市风貌、市民素质明显提高的目标。

9

第九章

迈进新时代　开启新征程

　　党的十九大报告明确指出，中国特色社会主义进入了新时代。南雄人民与时俱进，开拓创新；精准扶贫、精准脱贫、美丽乡村建设、教育现代化的推进等，确保南雄小康社会的全面建成，实现苏区人民美好幸福生活。

实力提升　魅力南雄

十八大以来，南雄人民迎难而上，开拓进取，经济结构更加优化，精准扶贫、精准脱贫取得喜人成绩，人民福祉明显增进，生态环境持续改善，综合实力迈上新台阶。

一、脱贫攻坚，乡村振兴

新时期精准扶贫、精准脱贫攻坚战打响以后，南雄市认真贯彻落实中央、省和韶关市打赢脱贫攻坚系列决策部署，精心组织，周密部署，全市上下众志成城，以"踏石留印，抓铁留痕"的毅力扎实推进脱贫攻坚各项工作。亮点纷呈，成效显著，实现了"精准扶贫，精准脱贫，苏区县不能掉队"的承诺。扶贫攻坚战取得了不俗"战绩"，获"广东省扶贫开发工作优秀集体"荣誉称号。在两轮扶贫"双到"工作中，共投入帮扶资金 7 亿多元，实现有劳动能力贫困户全部脱贫，无劳动能力贫困户全部纳入低保五保。2016—2017 年筹集扶贫财政资金约 19853.262 万元，共4811 户 11452 人实现脱贫。

产业帮扶。

在推进精准扶贫、精准脱贫工作中，南雄市根据资源特点和各镇（街道）、各村各户实际，实行统分结合的原则，重点发展种养业、新能源产业、电商产业及休闲观光业等四大产业。

2012 年，通过落实产业扶贫，贫困户的收入大幅增加，45 个贫困村的贫困户人均纯收入达到 8620 元，对比"双到"前的 2009 年增加了 6944 元。2016 年，南雄市各产业有序推进，按照"东茶西菜，南北水果，中部烟稻，种植为主，养殖为辅，循环发展"的总体布局，稳步推进种养业。各帮扶单位依托种植业发展，创新模式，将农户无组织化生产升级为产业化集约化长效性发展，鼓励贫困户以成立合作社、将资源变股权、将资金变股金等方式，参与产业发展。全市各镇（街道）以"公司+合作社+贫困户"模式发展主导长效扶贫产业 84 个，其中，68 个重点村已建成 50 亩以上特色产业 66 个，已投入扶贫资金 3200 余万元，链接贫困户 736 户；各镇面上村统筹发展 100 亩以上特色产业项目 18 个，已投入扶贫资金 1449 万元，链接贫困户 616 户。省食药监局在葛坪村投入 130 万元，以企业保价包销模式种植仙草，贫困户 35 户 126 人全部参加。全市养殖蜜蜂 3000 箱，产蜜糖 20 多万斤，产值约 1000 万元，其中，有 300 多户贫困户参与养殖，共养殖 1200 多箱。全市养猪年均出栏数 70.5 万头，总产值 7.6 亿元，其中温氏集团出栏数 30.5 万头，贫困户以务工、土地流转等方式直接或间接参与养殖 5 万头。2016 年，南雄市向贫困户免费发放鸡苗共 2 万只，发放相应生产物资 50 吨。2009—2015 年，全市投入帮扶资金 4.5 亿多元，有 6062 户 22682 人实现脱贫。

以全国电子商务进农村示范县建设为契机，全市已完成村级电商示范站 83 个，将电商点建在贫困户身边，为贫困户拓宽农产品销路、创造就业机会和增收致富发挥了积极作用。2017 年，组织贫困户参加电商培训 150 人次，电商产业链吸纳贫困户就业超过 600 人。全市统筹扶贫资金 2000 万元，融资社会资金 2300 万元，在围背水库建设 5500 千瓦扶贫光伏发电项目，已并网发电。省纪委投资近 310 万元在灵潭村建设 350 千瓦扶贫光伏发电项目，贫困户每年可获得收益分红 160 万元。中国能源建设集团投资

4.5 亿元建设犁牛坪风电场，吸纳贫困户 20 多人务工就业。

2017 年，南雄"精准扶贫 + 旅游产业"快速融合，形成连片开发、产业带动效应。如坪田镇以特色小镇建设为契机，将精准扶贫纳入旅游产业发展，引导景区贫困户参与旅游扶贫产业，并辐射全镇贫困户，带动贫困户增收致富。珠玑镇以珠玑古巷、梅关古道 4A 景区及灵潭农业产业园为依托，让贫困户参与旅游产业发展。主田镇以两岸元升花博园、香草世界森林公园为依托，以土地入股、资金入股、吸收贫困户务工等多种方式，发展旅游扶贫产业，走出"生态旅游 + 精准扶贫"的新型扶贫路子。江头镇云峰山以种植 1000 亩蓝莓为基础，带动贫困户发展农家乐等休闲观光产业。

为民解难。

在扶贫工作中，南雄市各帮扶单位把贫困户当家人，用心用情用力为贫困户办实事、解难事。在扶贫开发"双到"工作中，所有贫困户和贫困人口全部参加新农合、新农保，开展重大疾病和贫困学生上学救助行动，确保有病能医治。考上大学、中职、高中的学生能顺利上学，确保农村社会保障制度和扶贫开发的有效衔接，推进基本公共服务均等化。2016—2017 年，全市共为 2443 名建档立卡贫困学生发放生活补助 795.38 万元。同时，还利用"6·30 扶贫济困日"资金以及社会捐赠资金，为政策外在校贫困子女提供资助，共发放补助 27.56 万元。南雄市扶贫办对全市贫困户进行了分类造册等，根据视力、语言、智力和肢体等 6 类标准对残疾人员进行了摸底核查，将统一安排医生到各镇（街道）进行一站式评残服务，帮助贫困户进行残疾评定并办理残疾证。出台《开展建档立卡贫困人口精准医疗救治实施方案》，对全市建档立卡贫困户统一开展疾病筛查，对筛查结果进行分类造册，对患有大病和慢性病的建档立卡贫困人口实施精准医疗救治，着力解决贫困人口因病致贫、因病返贫问题。积极开展医疗救助，2017 年 1—6 月共实施救助 507 人，发放救助金额3395682.09 元。2017 年度建档立卡贫困人员参加基本医疗保险和养老保险共有14952 人，其中2017 年度参加城乡居民医疗保险的有14794 人，参加职工医保的有 158 人，参保率为100%。

2016 年，南雄市各帮扶单位因地制宜，各尽所能，帮助贫困户发展其他产业，带动贫困户增收致富。如省纪委帮扶珠玑镇灵潭村组建了农机队，并于2016 年 7 月开始为村民实现机械化收割，为村里带来 2 万多元的利润。省工商局筹集帮扶资金 50 万元，为珠玑镇中站村建设后龙山公园，筹集帮扶资金 30 万元，用于照明工程建设。省商务局筹集资金 200 万元，帮助珠玑镇角湾村兴建集小广场、小运动场、小舞台和村民活动中心于一体的角湾村公共服务平台。省食药监局等单位筹资 60 多万元，收购澜河镇葛坪村小水电站，并投入 50 万元对电站进行升级改造，项目建成后将为葛坪村每年带来 15 万—18 万元的收入，每户贫困户可增收 3100 元。

2017 年，革命老区角湾村共有相对贫困户39 户133 人，在省商务厅的帮扶下，多渠道筹集资金 600 多万元，修建旅游观光道和水渠等基础设施。投资 200 多万元，种植 500 亩油茶和油菜花，重点打造油菜花风景区，预计可为贫困户人均每年创收近 4000元。筹集资金 200 多万元，加大村庄整治力度。在这一系列精准扶贫举措推动下，该村成为油菜花、养蜂、基础设施、公共服务等综合施策扶贫示范村。

坚持共享。

南雄市通过加大财政投入，争取帮扶单位支持，把扶贫工作与改善人居环境、提升人民幸福指数相结合。全力推进路灯亮化、村级居家养老服务中心、镇"五小"场所（小公园、小广场、小运动场、小菜市场、小停车场）及村"二小"场所（小公园、小广场）、农村4G网络、电子商务进农村服务站、基层公共服务综合平台等"六大覆盖"建设。2016年底，实现全市行政村路灯全覆盖和全市行政村4G网络全覆盖。2016年，全市建成居家养老服务机构101个，力争2018年实现全覆盖。全市18个镇（街道）已完成"五小"场所全覆盖，208个行政村"二小"场所建设已完成92个，2017年6月完成全覆盖。电商进农村服务站，已完成54个，2017年6月完成行政村全覆盖。全市共18个镇（街道）和232个村（居）委会，已全面完成基层公共服务综合平台建设，实现了全覆盖。

2016—2017年，南雄共筹集扶贫资金约2.3亿多元，其中，省级财政专项资金6930万元，韶关市级财政专项资金2584.3万元，东莞对口帮扶资金8594.8万元，南雄市本级资金1426.2万元，行业扶贫资金1637.7万元，帮扶单位自筹资金2703.9万元，社会捐赠资金1297万元。为确保新时期精准扶贫、精准脱贫攻坚战圆满完成目标任务，南雄市将采取抓好五个落实：一是继续落实市四套班子挂点联系制度。每个班子领导挂点联系1～2个重点贫困村，联系帮扶1～2户贫困户，以市委书记为班长的四套班子领导，率先垂范，带头落实挂点联系制度，并经常深入镇、村调研督导。二是继续落实"三级书记"抓扶贫制度。明确市委书记和市长为全市脱贫攻坚第一责任人。各镇（街道）党委、政府和各村（居）对本辖区贫困人口的脱贫工作负主体责任。三是落实人力保障要求。成立了市、镇两级"精准"办，选优配强人员，实施了"十百千"结对帮扶工程，选派了68个第一书记、270名驻村干部、2300多名帮扶责任人，全面落实驻村（镇）制度，实现了贫困村结对帮扶全覆盖、户户有帮扶责任人。四是落实经费保障要求。为贫困村和面上非贫困村分别提供5000元和8000元工作经费，为驻村干部发放下乡补贴，提高福利待遇，并将驻村干部下乡补贴列入财政预算。五是落实政策保障要求。先后出台52个县级扶贫文件，把行业资源重点向贫困村、贫困人口倾斜，为三年脱贫攻坚提供了政策支撑、工作机制和条件保障。

新农村建设。

在推动新农村建设中，南雄注重结合各村资源实际，把乡村休闲旅游、扶贫农业、电子商务等产业相融合。同时，引导村民移风易俗，实现乡风文明，形成农村基层党组织和党群理事会共建共治共享的治理格局。2010—2015年共有41个不具备生产生活条件贫困村庄1403户农户进行搬迁安置，搬迁户建房省财政每户补助3万元，其余农户自筹，在搬迁安置村中共有26个集中安置点进行新农村建设。2017年，全市有899个自然村已启动人居环境综合整治及新农村建设，以68个省定贫困村的634个自然村为试点先行村，以点连线带面，通过采用EPC模式，全域推进68个省定贫困村建成社会主义新农村示范村，切实改善农村人居环境，建设美丽宜居乡村，助力乡村振兴。投资1亿元的省级新农村示范片项目，涉及从珠玑古巷往梅关古道方向的聪辈、里仁、石塘、里东、灵潭等5个主体村，已经完成了约80%的工程量，初见成效。全安镇杨沥村、湖口镇大和村、乌迳镇长龙村、古市镇丰源村、江头镇涌溪村等5个创建新农村示范村试点村已启动施工。

新农村实行统一规划，统一图纸，统一外墙，统一实施基础实施，统一硬化、美化、亮化，把搬迁村建设成为"五新"即新楼房、新设施、新环境、新农民的新名村，成为"生产发展、生活宽裕、乡风文明、村容整洁、管理民主"的新农村亮点。通过财政补助、帮扶单位出资、社会捐赠、群众自筹等方式，整合社会资源，加强农村基础设施和公共服务设施建设，美化和亮化环境，美丽宜居的生态乡村建设得到稳步推进，切实增强人民群众的获得感和幸福感。

实施新农村建设，打赢脱贫攻坚战，以更大的政治担当、更强的工作本领、更实的工作举措、更严的工作作风，奋力开创南雄乡村振兴发展新局面，帮助全市贫困户早日脱贫致富，确保全市所有贫困群众与全市同步进入小康社会，过上幸福生活。

二、农村电商，助推经济

南雄是农业大县，有很多名优农土特产品，农土特产品历来以"生态、绿色、美味"闻名于广府之地，但由于互联网落后、信息闭塞等原因，大部分农土特产品都是"养在深闺无人识"，农民苦于没有很好的渠道和平台将产品销售出去，产生不了经济效益，当地农民自嘲是"躺在金山上"过苦日子。如何解决这一问题？发展电商是最好的渠道。

正是在这样的背景下，南雄市决定大力发展电商事业。2015年7月，国家财政部、商务部公布了2015年电商进农村综合示范工作的200个示范县名单，南雄名列其中，成为广东省列选的4个县（市）之一。

成为国家电商进农村综合示范县，对于南雄来说，只是取得了一个执照，一张通行证，如何真正让电商在浈凌大地开花结果，成为农民致富的助推器，这才是至关重要的。南雄市委、市政府对此非常清楚，在进入列选之后，旋即发动"农村电商建设大会战"。

2015年7月，南雄被正式列为全国示范县后，根据新的要求，南雄市重新制定了工作方案，迅速出台了农村电商扶持办法，明确了工作方向和工作思路，确定了工作目标和工作内容，落实了具体的工作措施。同时，在"十三五"规划和市人大会议上，明确把电子商务产业列为南雄的六大主导产业之一和重点、亮点工作，每月进行督导督查，确保创建工作顺利推进。

"互联网＋"电子商务进农村是新生事物，为加强对此项工作的认识，南雄市主管领导、电商工作人员先后多次到江西于都县、省商务厅、韶关市、英德市、浙江杭州阿里巴巴淘宝大学、安徽蚌埠市学习、考察、培训，全面了解掌握发展电商的模式、做法，为做好全市电商工作打下了坚实的基础。

为营造电子商务进农村的浓厚氛围，南雄市于2015年8月迅速召开了由市电商工作领导小组成员单位、各镇（街道）镇长（办事处主任）、电商企业共100多人参加的创建全国电子商务进农村综合示范县（市）工作动员大会。设立了三块大型户外广告牌，开展电子商务进农村的宣传工作。通过电视媒体多次对电商进农村进行采访、报道，制作电商专题片在全市深入宣传。采取微信等新媒体方式进行广泛宣传，全市上下发展电商的浓厚氛围逐渐形成。

由于电子商务工作是新课题，加之基础薄弱，为切实推进此项工作，南雄市找准突破口，积极与全国大型电商平台合作，全面推进电子商务进农村。2015年8月，南雄市分别与中国邮政韶关公司、苏宁云商韶关公司签订了合作协议，精心部署，全力推进电商进农村工作。除与邮政、苏宁合作外，南雄市还引进发展农村电商综合实力较强的阿里巴巴农村淘宝在南雄农村进行布点，建设10个农村电商示范村，全力推进电商进农村工作。

2016年2月，南雄市成立了电子商务行业协会，加强对全市电商工作的指导、合作、交流。现已有上百家商户加入了协会。物色具备多年行业经验的公司，迅速成立了南雄市电子商务第三方运营公司，即南雄市文华电子商务孵化港有限公司，密切配合政府的创建工作。加强部门合作，积极开展电商培训，先后与南雄市委统战部、南雄市电子商务第三方运营公司、南雄市电商协会等联合开展了5期的农村电商培训班，培训人数500多人次。

2016年8月29日，南雄市电子商务公共服务中心正式启用。该中心建筑面积5432平方米，集办公孵化区、仓储物流区、人才培训区、产品展示区、公共服务区等五大功能于一体，其中产品展示区面积逾800平方米，分农产品展区、美食体验区、酒类展示区等，可供商家充分展示销售的特色产品。南雄市电子商务公共服务中心的正式启用，标志着南雄市电子商务发展迈上了一个新台阶。

经过强有力的组织实施，南雄市电子商务进农村综合示范工作进展顺利并初见成效，农村电商呈现出了快速发展的良好势头。

中国邮政韶关公司围绕合作协议和实施方案目标，截至2016年，已建成了南雄电子商务创业园和18个镇级邮政电商服务站，占全市的100%。60个村级邮政电商服务站，占全市的28.6%。努力打造集"网络代购+平台批销+农产品进城+公共服务+普惠金融+物流配送"为一体的农村百姓创业增收的服务平台，初步实现了商品代购、农产品代销以及缴费充值、购票等的便民服务功能。

苏宁云商韶关公司在黄坑、湖口、珠玑、油山、主田、邓坊镇开设了6家苏宁易购直营店。苏宁易购中华特色馆——南雄馆，于2016年1月正式上线，南雄农土特产品品牌知名度逐步提升。当年1—5月，南雄苏宁易购直营店线上线下销售额达1370万元，其中网络销售额837万元。京东也在南雄市开设了京东帮服务店5家，当年1—5月实现销售额1250万元。

随着南雄电子商务进农村示范县工作的开展，全市到2016年镇村级电商服务站点超100个，且都具备了代购代销、在线支付的服务功能。全市各镇都开设了不止一个物流配送点，通过网络渠道将铜勺饼、猪糕丸、板鸭等具有南雄特色的农土特产品销售出去。为稳步推进电商发展，南雄市制定了电子商务进农村综合示范工作实施方案，邮政部门建立了全市第一个"南雄电子商务创业园"。现在大部分农村青年均以网购为主，县域地区的网络零售对扩大消费、拉动内需的作用越来越突出，农村巨大的消费潜力和电商前景吸引了越来越多的电商企业开拓农村市场。据初步统计，南雄市 2016 年共有电商经营户 200 多家，淘宝卖家 60 多户。2016 年 1—5 月，全市电子商务交易额达到 7491 万多元。

如今，南雄市农村合作社、种养业大户、返乡农民工、大学毕业生、农土特产品生产经营户发展电商的意愿十分强烈，加入电商行业协会的大部分商家都加强合作，全力发展农产品电子商务，全市发展电子商务的氛围已经初步形成；一大批网商和企业积极开展线上销售，且取得了不俗的业绩，还带动了 2700 多人就业，其中返乡农民工 2370 人参与创业就业。截至 2017 年底，已有阿里巴巴、苏宁、京东等电商巨头设立农村电商服务站点，分别达到 26 家、5 家、5 家。三大巨头在 2017 年上半年南雄的线上交易额分别达到 3.6 亿元、0.22 亿元和 0.82 亿元。

南雄成为国家电商进农村综合示范县，有助于农民增收致富、农村宜居宜业；可以开辟信息面向全国、产品流向全国的电商渠道，把优质农土特产品销出去；有助于农村产业升级，有效推动农土特产品规模化、集约化、专业化的经营，形成农村产业聚集。同时，着力配合地方政府打造"一乡一品"、"一镇一产业"等，实现农村产业结构优化；有助于地方经济社会转型，带动农业、农村、农民全面触"网"，不仅在经济上直接增加农民收入，促进农村经济和产业结构优化升级，还可以促进农民就近就业。

南雄市紧紧抓住电子商务进农村综合示范这个契机，扎实推进电子商务进农村各个示范项目建设，激发农村电子商务的创新动力、创造潜力、创业活力，促进全市农业转型、农民致富、农村变美。

三、交通巨变，老区圆梦

南雄历来有"居五岭之首、为江广之冲"和"枕楚跨粤、为南北咽喉"之称，自唐代名相张九龄奉诏开凿梅关古驿道后，这里就是岭南通往中原的要道。

中华人民共和国成立以来，南雄人民披荆斩棘，经过几代交通人的不懈努力，南雄交通实现了跨越发展，与1949年前相比发生了翻天覆地的变化。

改革开放前，全县境内只有韶关至大余、南雄至信丰两条主干道，县乡道均是黄泥河沙路，80年代中后期开始对县乡道公路进行水泥硬底化建设，2008年全市208个行政村全面实现通水泥路，比省委、省政府提出的完成建设任务时间提前一年实现。2014年底全市300人以上的自然村的农村公路全面硬化。南雄交通网络已改过去面貌，如今的南雄，国道、省道、县乡道，道道通；铁路、高速路、农村公路，路路行。

桥梁建设迅猛发展。市境国道G323线，省道S342线及县道、乡道的公路桥梁，随着公路上等级改造工程的不断实施，大部分桥梁都进行了改造或大中修，且不断新建。国、省道大中型桥梁7座，县道公路桥梁共57座，合计1257.52延米，其中大中型桥梁6座，450延米。乡道公路桥梁共179座，合计4043.87延米，其中大中型桥梁24座，1773.14延米。村道桥梁共66座，合计1371.66延米。市政桥梁有青云桥、水南桥、水西桥3座，改革开放后新建金叶大桥、羊角大桥、水西小岛桥3座。

韶赣高速公路自2007年9月28日动工建设，粤境段全长125.3公里，总投资73.8亿元人民币，全线拟按全封闭、全立交、完全控制出入的高速公路标准建设，设计速度为120公里/小时，全线双向六车道，已于2011年1月1日全线通车。其起于韶关市曲江区马坝镇欧山，途经粤北曲江、浈江、仁化、始兴、南雄5县市区，与江西赣大（赣州到大余）高速公路对接，是江西通往广州里程最短最便捷的高速公路。从韶赣高速公路出发，北可往湖南、湖北等省，东可通江西、浙江等地，南则连接了珠三角地区乃至港澳地区。韶赣高速公路是连接中国华南与华东地区的新捷径，不但与京港澳高速公路以及广州至乐昌高速公路相连，还与正在规划建设的深湘高速公路相交，是北京至港澳、大庆至广州两条高速公路的连接线，是华东地区进入华南地区最便捷的通道之一。韶赣高速公路的建成通车，不但加强了粤北与赣南的联系，还将珠三角、红三角、长三角连为一体，对进一步改善南雄市的投资环境，促进政治、经济、文化和社会发展，形成交通枢纽具有十分重大的意义。

韶赣高速公路的开通，带动了南雄经济的发展，有助于农民走出城镇，把自己种植的粮、菜、瓜果和土特产品卖出去，购买质量更优、价格更为低廉的生产、生活用品，对就业、招商引资、产业结构优化、改善人们的生活等方面有重大的影响。有效降低了生产运输成本，在更大空间上实现了资源有效配置，改善了南雄投资环境，优化了产业结构布局，促进了南雄经济产业带的形成，为南雄经济发展注入了强大的生机和活力。

与此同时，2009年3月施工，2014年9月30日正式通车的赣韶铁路，大大优化和完善了南雄交通运输环境，促进南雄资源开发和经济发展。赣韶铁路东起京九铁路南康站，经赣州市南康区、大余县和韶关市的南雄市、始兴县、仁化县、浈江区，至京广铁路韶关东站，全长182公里，韶关境内共有117公里，设南雄、始兴、丹霞三站。赣韶铁路连通了京广线和京九线这两大南北铁路大动脉之间的脉络，时速160公里/小时，大大缩短了广州到南昌的距离（缩短120公里），运行时间缩短3小时，加速了省际人们的出行。赣韶铁路的开通，将彻底摘掉南雄革命老区不通铁路的帽子，优化和完善南雄交通运输结构，改善南雄投资环境，促进沿线矿产资源开发，带动革命老区经济的进一步发展，提高老区人民的生活水平。此外，赣韶铁路开通后，打通了长三角、珠三角、粤赣、西南等地区间客货交流"大通道"，从而成为推动南雄经济社会平稳较快发展的"新引擎"。

过去，人们没有交通工具，出行主要靠步行，公共交通工具基本没有，许多人一辈子没有到过县城。改革开放后，逐渐出现了自行车、摩托车、小汽车、公共汽车，公共交通顺势迅速发展。如今公共出行交通工具种类多、线路多，群众出行便利，在农村生活的人们可以每天到市区购物、串门等，这些都是过去不敢想无法想到的光景。

如今，广东的主要出省通道——赣韶铁路、韶赣高速公路、G323线、S342线贯穿全境，和工业园区相接驳的新的交通运输体系，充分发挥公路、铁路的拉动效应。四通八达的地方公路构成了南雄快捷便利的交通网络。从南雄到广州只需3个小时，到江西赣州只要2个小时，南雄已基本融入珠三角3小时经济圈。便捷的交通、优越的区位，使南雄成为粤北和华南地区进入华中、华东地区的"桥头堡"，起到了承接珠三角、对接长三角的重要枢纽作用。

南雄精细化工园区为何能成为山区县市探索产业集聚的一张名片，这得益于已经建成的韶赣高速公路。赣韶铁路的建成，将有效地解决广东华电南雄热电联产项目用煤运输难题。交通环境的日趋成熟，进一步密切了南雄与外界特别是与珠三角等地区的联系。韶赣高速公路、赣韶铁路的相继开通，大大疏通了南雄东西、南北交通网络，同时也给南雄经济发展提速添后劲。

40 年来，南雄交通基础设施建设不断完善，高速、铁路、国道、省道、县道、乡道、桥梁建设如火如荼，彻底改变了南雄过往封闭的道路交通环境。截至 2017 年底，全市公路通车总里程 2275.28 公里，其中国道 42.127 公里，省道 170.51 公里，高速公路 52.94 公里，县道 272.780 公里，乡道 1191.296 公里，村道 827.879 公里，公路通达率 100% 。

第二节 时代征程 辉煌铸就

经过长期努力，中国特色社会主义进入了新时代，近代以来久经磨难的中华民族迎来了从站起来、富起来到强起来的伟大飞跃，可以说，新时代的开启是改革开放 40 年不断探索不懈奋斗的汗水结晶。加快振兴发展，确保南雄如期全面建成小康社会，开启全面建设社会主义现代化新征程。

一、党的建设，全面加强

中国特色社会主义进入新时代，党的十九大报告从党和国家事业发展全局出发，提出了新时代党的建设总要求，对推动全面从严治党向纵深发展作出新部署，把党的政治建设摆在首位。用新时代中国特色社会主义思想武装全党，建设高素质专业化干部队伍，加强基层组织建设，从严管党治党，全面增强执政本领，为实现"两个一百年"奋斗目标、实现中华民族伟大复兴的中国梦提供坚强的政治保证。

党的政治建设。

南雄把抓党建作为"天职"，将党的政治建设摆在首位，牢固树立"四个意识"，坚定"四个自信"，突出抓好"与人有关、与制度机制有关、与作风建设有关、与促进各项工作有关"的"四个党建"，力促南雄基层党建稳步提升。各镇（街道）党（工）委书记能严格履行党建工作"第一责任人"的职责，真正把基层党建抓在手上，做到带头调查研究、带头组织实施、带头推动落实，抓出了实际成效，形成了"书记抓、抓书记"的局面。

坚持抓好"四个党建"，压实党建责任。一是抓好与人有关的党建，提高党员干部队伍综合能力。坚持正确用人导向，把好选人用人关，实施"镇选村培"发展农村党员机制，提升党员发展质量。"镇选村培"人才库1391人，协助开展村集体工作763件；实施后备干部"青苗培养工程"，在每个村按村小组比例60%—80%选定1651名优秀人才建立纪实档案；依托南雄市乡贤反哺工作联络中心党组织，建立流动党员培养、服务、反哺机制，凝聚外出乡贤党员对家乡进行支持和反哺。二是抓实与制度机制有关的党建，确保管党治党常态长效化。实施"两个机制、两个意见、两个挂钩"，即镇（街道）党建考核机制、机关党委（党组）党建考核机制、村"两委"班子考核和村干部补贴指导意见，与考核排名挂钩，与经济绩效挂钩，考核评分低于80分，且排名末2位的单位列为薄弱党委（党组）进行整顿。同时，建立党建保障专项经费，每年市财政划拨125万元，由市委组织部统筹用于基层组织活动阵地建设、"两新"组织党建、整治软弱涣散村、省定贫困村党建和创建标兵党支部等项目。建立村干部激励保障机制，与韶关学院合办村级党组织书记大专学历提升班，对85名村支部书记每人补贴6000元用于学习深造。由财政兜底逐年增加村级办公经费和村"两委"干部补贴。建立老党员关爱保障机制。出台50年党龄老党员关爱金制度，累计为881名老党员发放关爱金195.81万元。三是强化与作风建设有关的党建，党建工作责任不断夯实。制定《关于进一步从严治党的实施意见》，实施《南雄市"三会一课"全程纪实管理办法》，对"三会一课"实行全过程纪实、动态化问效；开展"三访三问"活动，即以访党员干部、致富能人和贫困户，问家庭情况、群众需求和存在困难为重点，确保驻点联系群众取得实效，规范党员干部执政行为。四是狠抓与促进工作有关的党建，发挥党组织政治引领作用。坚持两手抓，两促进，以"党建＋精准扶贫"厚植党建力量，开展党员"精准择岗"活动，把 68 个贫困村建设成"双示范村"，制定《关于加强和改进农村基层党组织建设的实施意见》，把党组织的设置进一步向基层延伸、向面上覆盖。至 2017 年，已成立党群理事会 928 个，在自然村成立党组织 261 个，实现了 68 个贫困村 4446 户 1.02 万人脱贫致富。

党的基层组织建设。

把抓好党建作为最大的政绩，推动基层党建全面过硬。一是扎实推进驻点联系群众工作。制定了《南雄市镇村党员干部直接联系服务群众实施办法》，建立健全各级领导干部直接联系、镇（街道）领导干部驻村机制，促进党员领导干部直接联系服务群众工作常态化、长效化。全市 232 个驻点团队累计走访 70.17 万户。收集群众反映问题 28998 个，解决群众反映问题 28069 个，其中驻点团队自行解决 25328 个，镇级协调解决 2672 个，提交市级层面解决 69 个，办结率 96.8％。二是全面整顿软弱涣散党组织。采取"乡镇拉网式、部门会诊式、部长点评式"等排查方式精准确定软弱涣散党组织，通过采取市领导挂点抓、组织部门指导抓、市直单位帮扶抓、选派"第一书记"蹲点抓、晋级村结对抓"五位一体"的整顿措施，五年共对 94 个软弱涣散村（社区）党组织进行了整顿。三是扎实推进基层治理。全市 18 个镇（街道）、232 个村（社区）全部完成了公共服务中心（站）建设并投入使用，全市解决征地历史留用地任务 435.36 亩，100％ 完成任务；208 个经联社、2548 个经济社全部启动承包地确权登记颁证工作，工作开展率达 100％，现确认家庭承包农户数 84598 户，占全市承包农户总数 88800 的 95.27%。在"飓风 2017"行动中，专项打击整治行动效果明显，全市共立涉恶案件 27 宗，破 22 宗，破案率 81.48%。

党的作风建设。

推动党委落实主体责任，强化对党风廉政建设的领导。制定了党风廉政建设党委主体责任清单和纪委监督责任清单，将主体责任细化为 26 个方面 83 项责任，监督责任细化为 16 个方面 47 项责任，由各级领导班子及其成员签字认领任务清单。每个季度对各镇（街）、各单位落实"两个责任"情况进行抽查，有效推动了"两个责任"的落实。

开展述责述廉述德活动。组织开展党政主要负责人向纪委全会述责述廉述德，针对执行政治纪律和政治规矩、履行管党治党主体责任、遵守廉洁自律规定、接受"八小时以外"监督和"四德"建设等方面，由市党风廉政建设领导小组成员、市纪委委员、特邀监察员进行现场询问和综合考评，归纳提出整改落实意见建议。严格检查考核和责任追究。将落实主体责任情况纳入镇域经济发展考核和市直单位绩效考评的重要内容，检查考核和评价结果作为评优评先和衡量各单位绩效的重要依据。对检查考核和评价中发现的问题，及时反馈，提出整改要求，限期完成整改。

围绕"干部转作风、群众得实惠"目标，深入推进作风建设各项工作，紧紧围绕"四种形态"，把监督执纪问责做深、做细、做实。

推动监督常态化。紧盯公款吃喝、公款旅游、公车私用、公款送节礼、出入私人会所以及隐形"四风"等违反八项规定精神。突出问题开展明察暗访，严肃查处顶风违纪问题。建立健全暗访、曝光、问责、查处"四管齐下"的监督机制。针对群众反映强烈的问题共开展明察暗访 96 次，处理相关责任人 306 人，制作明察暗访典型问题警示教育片 6 期，及时发现并督促纠正各单位干部队伍中存在的作风问题，向全市释放出执纪必严、违纪必究的强烈信号。

健全完善常态化谈话提醒制度。针对"两个责任"落实情况进行"咬耳扯袖"式谈话，对党员干部执行"六大纪律"和履行"两个责任"存在的苗头性、倾向性问题和轻微违纪问题进行"红脸出汗"式的谈话。共开展提醒谈话 2380 人（次），对有轻微违纪违法问题的 55 名党员干部进行诫勉谈话。

推动监督触角向基层延伸。采取廉政巡查、重点抽查、明察暗访、案卷抽查、跟踪回访等方式，督促各单位依法依规履行职责。督促建立便民服务中心 18 个，便民服务站 221 个，并对市镇两级便民服务中心进行实时监控，监督干部为民办事作风。督促相关部门对全市 208 个行政村及 2327 个村小组进行了"三资"清理，全面推行"村组账镇代记"电算化管理软件，进一步规范农村集体"三资"监管。

构建干部"八小时以外"监督网。实行领导干部"八小时以外"活动情况自查报告制，聘请业余监督员建立居住地社会监督点，建立家庭监督联系制度，组织领导干部及其家属参加警示教育活动，将"八小时以外"活动情况作为述责述廉述德、党风廉政建设责任制检查考核、干部日常监督管理的重要内容。

加强对换届纪律和换届期间工作作风建设的监督检查。通过开展专项监督检查、加强换届纪律宣传、畅通信访举报渠道、强化换届风气考核等举措，积极营造风清气正的换届环境。严查换届过程中出现的工作不作为、慢作为、乱作为，以及"懒政"、"怠政"、擅权"乱政"、"四风"反弹等行为，切实加强换届期间工作作风建设。

坚持"零容忍"惩治腐败，切实做到正风肃纪绝不手软。十八大以来全市纪检监察机关共受理群众信访举报 1422 件（次），立案查处违纪违法案件 458 件，结案 420 件，给予党纪政纪处分 423 人，其中副科以上党员干部 82 人。通过加强国际追赃追逃工作，成功追回潜逃近 20 年的在逃人员 1 人。通过办案，为国家和集体挽回经济损失 2200 多万元。同时，对有轻微违纪的党员干部进行诫勉谈话教育，对违规单位责成建章立制、限期改正，并为 174 名受到错告、诬告的单位及其党员干部澄清了事实。

推动农村党员干部违纪违法线索排查常态化，强化对案源线索的管理。全面掌握全市党员干部、各村"两委"干部及其家属基本信息，在惠农政策落实前进行全面筛查，关口前移主动发现线索。落实领导分片包案制度，采取异地审查、联合审查、交叉审查等方法，提升线索初核率、立案率、结案率。截至 2017 年 12 月，全市共排查农村基层党员领导干部违纪违法线索 1333 条，转立案 347 件，结案 284 件，给予党政纪处分 284 人，移送司法机关 7 人。紧盯七类问题线索，突出加强对扶贫领域、基层"微腐败"、"为官不为"、村"两委"换届和村级小额建设工程项目的监督，深入群众摸清实情，加大力度发现并查处群众反映强烈的问题，重拳打击基层"蝇贪蚁腐"。

增强监督执纪合力。建立由纪检、监察、公安、检察、审计、信访、扶贫等单位组成的监督执纪问责协作机制，实现信访件跟踪督办"横向到边、纵向到底"全覆盖，把好立案预审关、案件审理关、量纪处理关。制定下发执纪审查工作协作区制度，提高执纪审查质量和效率，强化执纪审查工作"一盘棋"的整体意识。建立巡察工作机制，利剑出鞘取得一定成效。成立了巡察工作领导小组，领导小组下设巡察办和 4 个巡察组，实行常规巡察与专项巡察相结合，延伸巡察触角，在对各镇（街道）的巡察延伸至各村（社区）党组织乃至村小组一级，对市直各单位的巡察延伸到下属单位党组织。同时，建立巡察工作责任倒查机制，即4个巡察组开展交叉轮换巡察，如果发现上一个巡察组对应当发现的重要问题没有发现的，要倒查上一个巡察组的责任，确保发现问题，形成震慑。制定市委巡察5年工作规划，系统规划十三届市委巡察工作，确保在一届任期内实现巡察全覆盖。2017年共开展常规巡察4轮、扶贫领域专项巡察3轮、养老福利机构专项巡察1轮。其中前3轮常规巡察发现问题292个，移交问题线索15条；前两轮扶贫领域专项巡察发现问题82个，移交问题线索13条；养老福利机构专项巡察发现问题116个，移交问题线索5条，立案6件6人，巡察利剑作用凸显，巡察工作取得显著成效。

推进监察体制改革，实现试点良好开局。按照中央、省和韶关市的部署和要求，认真抓好方案的组织实施，积极稳妥地推进改革试点工作，成立深化国家监察体制改革试点工作小组。在人员转隶方面严格执行顶层设计，按照既定的步骤和时间节点，自下而上、统筹推进。

创新派驻巡察协调联动机制，构建派驻、巡察、执纪审查"三位一体"大监督格局。加强对巡察派驻机构的统一管理，探索未巡先查、补位巡查、巡后再查的衔接体系，更好地发挥日常监督职能作用，推动基层党风廉政建设和反腐败工作取得新成效。

努力实现"四个全覆盖"，贯彻落实上级要求部署，结合南雄实际，制定《关于明确派驻纪检监察组监察权限和推动监察职能向基层延伸的意见（试行）》，明确了5个综合派驻纪检组和5个单独派驻纪检组（即派驻公安局纪检组、卫计局纪检组、教育局纪检组、法院纪检组、检察院纪检组）履行纪检、监察两项职能。同时向南雄产业转移工业园派出监察专员办公室，与园区纪工委合署办公；向18个镇街派出监察组，与镇街纪委合署办公，实现了四个全覆盖的权力监督格局。

多措并举开展廉政教育，不断增强教育实效。充分发挥警示教育功能，根据查处的典型案件精心编写警示教材，有针对性地进行警示教育，共组织 234 批 1.4 万人次到市廉政教育基地接受廉政警示教育。抓住基层"微腐败"治理节点，发放宣传单 30 余万份。以"身边案"教育"身边人"，组织全市党政班子领导及配偶、各镇（街道）、各单位"一把手"及配偶到南雄人民法院旁听案件庭审，让领导干部及家属现场感受贪腐给个人、家庭、社会所带来的严重伤害，体会廉洁自律、遵纪守法的重要性，自觉加强廉洁意识、守好纪律规矩，共同把好家庭"廉政关"。

创新反腐倡廉载体，拓展廉政文化建设新途径。通过运用政务网站、微信公众号和"廉政手机报"等"微"渠道，进行廉政教育"微宣传"，实现廉政实时"微提醒"。大力弘扬中华民族优秀传统文化，融入南雄本土文化特色，开展孝廉文化"六进"活动，引导党员干部群众崇尚廉洁。打造廉政文化一条街、廉政主题公园、廉政绿道、廉政小品曲艺、廉洁读书月等廉政文化品牌，坚持用群众喜闻乐见的形式传播廉洁文化，引导党员干部向善向上、廉洁修身、廉洁齐家。

伟大的事业必须有坚强的党来领导。党的十八大后，南雄认真落实党要管党、全面从严治党的主体责任，把党的政治建设摆在首位，以党建引领强村富民、推动创新创业、提升服务效能，不断激发基层党组织活力，为南雄实现振兴崛起和又好又快发展提供坚强的组织保障、纪律保障和制度保障。

二、时代号角，振兴崛起

2017 年 10 月 18 日，中国共产党第十九次全国代表大会在北京隆重召开。党的十九大是在全面建成小康社会决胜阶段、中国特色社会主义进入新时代的关键时期召开的一次十分重要的大会。

党的十九大为党和国家事业发展描绘了宏伟蓝图，吹响了建设社会主义现代化强国的时代号角。南雄积极行动，迅速掀起了学习党的十九大精神的热潮。全市人民戮力同心，以习近平新时代中国特色社会主义思想为统率和指引，在学懂、弄通、做实上下工夫，将党的十九大精神贯彻落实到全市经济社会发展和民生各项工作中，推动南雄振兴崛起。

国民经济快速发展，综合实力明显增强。从 1978 年到 2018 年，南雄市经济总量从 7291 万元增加到 1202219 万元，增加了 1194928 万元，按可比价格计算，增长 31 倍；第一、二、三产业分别比 1978 年增长 9、52 和 122 倍。人均生产总值从 1978 年的 195 元增加到 2018 年的 35734 元，按可比价格计算，比 1978 年增长 32 倍。在近 40 年的发展进程中，全市的经济结构发生了巨大变化，产业结构不断调整优化，初步形成了新的经济格局。2018 年第一、二、三产业增加值占南雄生产总值的比重为 23、20、57，与 1978 年相比，第一产业比重下降 32 个百分点，第三产业比重上升 37 个百分点。第三产业成为拉动国民经济增长的主要推动力。

特色农业不断发展，现代农业初步形成。回顾南雄农业，自中华人民共和国成立以来，发生了巨大变化。特别是党的改革开放以来，调整结构，科技兴农，南雄主要农产品实现了稳定自给有余，农民生活由解决温饱向小康迈进，农业农村进入了加快发展现代农业和建设社会主义新农村的新阶段。南雄也成为国家和省"双料""产粮大县"，并以丰富的物产资源，荣膺"中国黄烟之乡""中国银杏之乡"等美誉。截至 2018 年底，全市粮食、蔬菜、花生、黄烟等主导农作物产量分别达到 18.45 万吨、18.46 万吨、2.68 万吨、1.5 万吨，猪牛羊禽肉类产量 5.1 万吨，渔业总产量 1.76 万吨。全市农业机械总动力达到 45.3 万千瓦，农业机械化水平进一步提高，农民的生产生活条件得到显著改善。全市农业总产值达到 46 亿元，农林牧渔业增加值达到 28 亿元，农村居民人均可支配收入达到 14962 元。以龙头企业为核心的现代农业发展稳步推进，全市共有 7 家省、市级农业龙头企业，注册登记农民专业合作社 728 家，烟草、优质米、禽畜养殖、油茶、中药材和农土特生产加工等六大特色农业基地不断发展壮大，烟叶产量占全省一半，被确定为全国粮食流通监督检查示范单位、全省整县推进现代烟草农业建设产区。

工业生产快速发展，出现了跨越式的变化。进入 21 世纪后，市委、市政府提出"加快工业优化升级、促进工业经济壮大发展"的思路，通过对外开放，招商引资，国企改革，资源开发，园区建设，大企业带动等重大举措，认识上放胆、政策上放宽、机制上放活、优化服务，为非公经济发展营造了良好环境，工业经济迎来了蓬勃发展的春天。2018 年实现全市工业总产值 69.8 亿元，规模以上工业企业完成总产值 45.8 亿元。园区完成工业总产值 23.3 亿元。园区工业占全市工业总产值和增加值的比重分别为 51% 和 37.5%。园区有高新技术企业 18 家，上市企业 3 家。

第三产业蓬勃发展，强力推动经济增长。珠玑古巷·梅关古道、帽子峰森林公园分别被评为国家 AAAA、AAA 级景区。两岸花博园等景区建成开业，坪田银杏森林公园、云峰山生态旅游区等在建项目顺利推进。初步形成珠玑梅岭、主田江头、帽子峰坪田等"三大"旅游片区。被评为全国休闲农业与乡村旅游示范县。商贸流通发展提速，大润发广场、五金大市场建成开业。列为国家电子商务进农村综合示范县，建成电商创业园 1 个、镇村电商服务站 74 个。完成农村普惠金融试点建设，建成农村金融综合服务站 37 家、助农取款点 208 个。2017 年，完成第三产业增加值 62.8 亿元，完成社会消费品零售总额 54 亿元。2017 年全市旅游景区 18 个，全年接待旅游人数 458.69 万人次，旅游总收入 32.18 亿元。

基础设施不断完善，城乡建设提速加快。 改革开放以来，南雄市各项基础设施建设取得跨越式发展，南雄作为粤北地区门户城市、连接"珠三角"与"长三角"的桥头堡地位更加凸显。韶赣高速和赣韶铁路分别于 2011 年、2014 年建成通车，南雄火车站投入运营，圆了几代人的火车梦；城市道路、景区道路建设工程快速推进，省、县、乡道升级改造和农村公路建设取得重要进展；三影塔广场、东方（大润发）广场、时代广场、雄州公园广场等城市公共基础设施建设顺利完成；信息化工程、能源建设、电力基础设施建设进程加快；防洪减灾工程、水资源保障工程和农村水利基础设施建设成效显著。从 2016 年起，南雄市全面落实城镇提升三年行动计划，谋划了总投资 57 亿元的 135 个项目，进一步实现中心城区完善功能、扩大城区容量、提升城乡整体风貌。至 2017 年底，基本上完成了北城区北城大道、崇贤大道等项目的征地拆迁工作，并加快路网、仁和酒店项目建设，完成新图书馆、档案馆建设；扎实做好一江两岸景观风貌提升、河南桥文化景观廊桥项目前期准备工作，完善新老城区道路整治提升。此外，加快建设珠玑、帽子峰等特色小镇，继续抓好镇村"五小"惠民项目建设。占地 800 多亩的雄州公园兴建了人工湖、音乐喷泉、园前广场、园林小品等建筑，为广大市民提供了优质的休闲、健身、游玩场所，得到了市民的称赞。

社会事业不断发展，人民生活水平大幅提高。 南雄历年来把提高人民生活水平作为工作重中之重，居民收入大幅提高、财富不断增加、生活质量明显改善。2018 年，城镇居民人均可支配收入 26776 元，农村人均可支配收入 14962 元。高度重视发展教育，实现了教育强镇全覆盖，获得了"广东省教育强市""国家义务教育发展基本均衡县"等荣誉。文物保护、文化、体育、卫生事业快速发展。社会保障明显加强，城乡居民养老保险、医疗保险参保人数快速增长，新型农村合作医疗覆盖率达100%，城乡"低保"全覆盖；就业形势基本稳定。扶贫"双到"投入资金5亿元，实施扶贫项目1.5万个，贫困村农民人均可支配收入达1.2万元，精准扶贫工作扎实推进。"十二五"期间，全市投入教育创强资金达6亿多元，高标准、大幅度改善全市中小学校、幼儿园的办学条件。每年，南雄都开展文化、科技、卫生"三下乡"活动，中小学生艺术节、龙舟赛等活动，各镇、村文化体育活动十分活跃，书画、摄影、各类球赛等群众喜闻乐见的活动经常开展。每逢重大节庆日，南雄均精心组织大型文艺演出，广大市民享受到了高雅的精神文化大餐。

迈进新时代，开启新征程。今天，人们行走在苏区南雄这块红色热土之上，映入眼帘的是一幅幅旧貌换新颜的美丽图画，还有那些深蕴在苏区人民内心的喜悦与舒适的精神生活，全方位地展示今日新南雄的沧桑巨变，激烈着49万南雄人民，在新时代新征程中，不忘初心，牢记使命，为全面建成小康社会、实现中华民族伟大复兴的中国梦而努力奋斗！

三、光辉历程，永恒使命

2019年1月，是南雄市老区建设促进会（以下简称为老促会）成立30周年的日子。30年前，南雄市老促会和全国老促会系统一样，在陈云、习仲勋、宋任穷、伍修权、杨成武等老一辈无产阶级革命家的关怀倡议下，经党中央批准成立的，是在各级党委、政府的领导下，专门为革命老区建设发展服务的特殊团体。老促会是以离退休老同志为主体组织起来的一支特殊队伍，既是各级党政的高参，又是一支实干的力量，起着其他社会力量所无法取代的作用。"老区建设促进会践行的是党的宗旨，代表的是党和政府形象，承载的是老一辈无产阶级革命家的殷切嘱托，连接的是党联系老区人民的纽带，搭建的是社会各界关心支持老区建设的桥梁，汇聚的是一大批忠诚党的事业、热爱老区人民具有无私奉献的老党员、老军人、老干部、老专家和社会各界爱心人士，是在各级党委、政府领导下的一支专门从事服务老区建设发展的重要力量。

在 30 年的奋斗实践中，南雄市老促会以对党无限忠诚，对老区人民无限热爱的初心和实际行动，为推动南雄苏区振兴发展，做了大量卓有成效的工作，受到了党委、政府的充分肯定，得到了全市老区人民的高度赞誉。2018 年 9 月，南雄市老促会被中国老促会评为先进老区建设促进会，成为广东省唯一获此殊荣的县（市、区）老促会。

南雄市老促会四大突出贡献。

1. 以高度的政治责任感、使命感，为"申苏"成功作出了突出的贡献。1929 年，南雄已划归由赣西南特委管辖的"中央苏区县"之一，但因没有采取积极的申报措施，一直未被中央党史研究室确认批准为原"中央苏区县"。南雄市老促会以高度的责任感和使命感，认真搜集信息与材料。2009 年 5 月 9 日《羊城晚报》公布梅州大埔县被中央党史研究室确认为中央苏区县之后，南雄市老促会在第一时间向市委主要领导汇报，请示开展"申苏"筹备工作。市老促会与市史志办主动承担这一重任，在市委、市政府的领导下，把"申苏"这一任务作为工作的重中之重，会长不顾年事已高，带病坚持工作，亲力亲为，以极其强烈的责任感，带领"申报"组不辞劳苦，行程数万公里，历时一年，跑遍江西南昌与赣南各市县，寻找当年南雄苏维埃政府材料。到广东省有关党史部门，克服重重困难，四处搜集整理历史文件、文献以及相关资料，寻找拜访革命历史见证老人。终于形成了近

30 万字的申报论证材料和一批苏维埃政府补充材料及当年红军领导人写的回忆录等有关资料，三次由市委领导带队上北京汇报。2010 年，南雄被中共中央党史研究室、中共广东省委党史研究室确认为原"中央苏区县"，恢复了第二次国内革命战争时期的历史地位。这是广东党史研究工作和老区建设工作的又一新成果、新成就，对加快南雄市革命老区经济社会协调发展，具有重大的现实意义和深远的历史意义。

2. 重教助学，为老区薄弱学校改造作出了突出的贡献。南雄是全国著名的革命老区，韶关市唯一的原"中央苏区县"。全市 18 个镇（街道）中有 17 个镇（街道）属老区镇（街道）。全市 208 个行政村，有 154 个是老区行政村。全市 268 所小学，老区学校占 171 所。2001 年 1 月省、韶关市、南雄市老促会联合调查组调查核实，南雄有破危学校 102 所，破危面积 62404 平方米。这些破危学校，不同程度地出现瓦面下沉、人字架扭曲、腐烂、墙体钢筋外露、腐蚀、碳化，或地面下沉、墙体裂缝，存在着相当大的安全隐患。

2001 年 5 月，南雄市老促会心系老区人民，带着省老促会调研组来到南雄调研，走访了油山、帽子峰、水口、湖口、黎口、珠玑、坪田、新龙等 8 个乡镇，了解老区人民的生产、生活状况。此后，南雄市老促会对全市老区学校进行了全面排查，做到心中有数。

情况摸清楚了，老区学校改造工程浩大，需要投入的资金多，需要社会各界的支持和群众的帮助。南雄市老区学校改造工作，在市委、市政府的关心重视下，南雄市老促会上筹资金，下监工程质量，为老区学校改造倾尽了心血。南雄老区学校改造工作进展迅速，取得了前所未有的成绩。从 2002—2005 年，仅用三年时间共筹集资金 2333 万元，改造老区小学 82 所。其中：省拨款

1860 万元；争取韶关市拨款 60 万元；南雄市自筹资金 328 万元；引进外来资金 85 万元。共改造老区学校面积 46376 平方米。近万名学生享受到了老区学校改造的实惠，使他们能够像城市里的孩子一样，坐在宽敞明亮的教学楼里安心学习。此外，南雄市老促会把党和政府的温暖及时送到革命烈士后裔的心坎上，从 2004—2018 年，共筹集发放革命烈士后裔助学金 689 人次，计 159.63 万元，切实做到为革命烈士后裔解困助学。

3. 情系老区、为老区建设倾心尽力作出了突出贡献。多年来，南雄市老促会想老区人民之所想，急老区人民之所急，情系老区、关心老区，为老区建设倾心尽力，为解决老区人民行路难、饮水难、读书难、看病难、住房难"五难"问题，先后共筹集资金 2596.5 万元，办了大量的实事好事，受到了老区人民的高度赞扬和市委、市政府的充分肯定。一是筹集资金 880 万元，解决了 8 个镇、17 个自然村、17800 人的吃水问题。二是筹集资金 209.5 万元，整村搬迁 13 个自然村，搬迁农户 267 户，使搬迁农户都住上了新房。三是筹集资金，实施安居工程 600 户。四是筹集资金 410.25 万元，实施危房改造工程 880 户。五是筹集资金 856.75 万元，实施了道路、桥梁、水利、文化等一批基础设施建设，真正做到为老区人民所思所盼。

4. 传承红色基因，为保护修复、开发利用革命遗址作出了突出贡献。南雄人民开展革命斗争的历史从 1925 年开展工农运动开始，经历了土地革命战争、抗日战争和解放战争，时间长达 24 年之久。在漫长的革命斗争岁月中，南雄人民英雄辈出，革命旧（遗）址众多，这些都是南雄人民的宝贵财富。

近两届老促会班子把保护、抢救、修复、开发利用好革命旧（遗）址摆上重要议事日程，想方设法，倾心尽力，多方筹集资金保护、抢救、修复、开发革命旧（遗）址。只有这样，才可以告慰革命英烈，同时也可以发展红色旅游产业，与乡村游、生态游、古村游相结合，真正把革命旧（遗）址打造成爱国主义教育基地，干部、党团员培训基地，红色旅游目的地。南雄市老促会先后共筹集资金 1000 多万元，初步修复革命旧（遗）址 10 处，它们分别是：雄州街道荆岗村委会瑶坑村中共广东省委瑶坑旧址，油山镇大兰村委会廖地村油山会议旧址，油山镇坪田坳村委会坪田坳村油山革命纪念园，湖口镇新迳村委会古坑村中共南雄中心县委旧址，邓坊镇上湖村委会西坑村中共五岭地委扩大会议（西坑会议）旧址，水口镇水口村委会水口村"水口战役"纪念园，帽子峰镇坪山村委会乾村粤赣湘边人民解放总队旧址，油山镇大兰村委会大岭下村"大岭下会议"旧址，澜河镇澜河村锅坑黄屋"东江纵队粤北留守部队隐蔽处"。兴建革命旧（遗）址 1 处：北山事件红军烈士纪念碑、遗址碑、纪念广场。

南雄市老促会的五大新作为。

1. 抓班子、带队伍，班子建设有新面貌。2016 年 11 月南雄市老促会班子换届以来，十分注重抓班子成员政治思想建设，把政治思想建设摆在各项工作的首位，增强"四个意识"、坚定"四个自信"、坚决做到"两个维护"，坚决维护以习近平同志为核心的党中央权威，坚决维护习近平同志作为全党的核心地位。自觉执行党的路线、方针、政策，自觉遵守党章、党规、党纪有关规定。班子成员带头践行老区精神，做到讲学习、讲政治、讲团结、讲正气、讲奉献，退休人员发挥余热，在职人员发挥特长，共同心愿是服务老区人民，按"四家""四友"定位，努力提升老促会的凝聚力、战斗力、影响力，努力把老促会办成老区人民之家、基层干部之家、史志人士之家、革命先辈后代之家。与老区人民交朋友、与基层干部交朋友、与史志人士交朋友、与革命先辈后代交朋友。南雄市老促会班子无论精神面貌，还是班子的工作作风、班子的工作业绩都受到了上级的一致好评，也得到了社会上的认同点赞。

2. 抓调研、促发展、建言献策有新思路。2016年换届以来重点抓了三个专题调研。

一是开展了老区贫困村创建社会主义新农村示范村专题调研。

二是开展了革命老区贫困村脱贫攻坚专题调研。

三是开展了革命旧（遗）址调研。2017年10月31日，习近平总书记在瞻仰南湖红船时强调要结合时代特点大力弘扬"红船精神"，让"红船精神"永放光芒，为老区人民学习践行"红船精神"指明了方向。为认真贯彻习近平总书记上述指示精神，进一步摸清南雄市红色家底革命旧（遗）址情况，继而保护、修复好革命旧（遗）址，把革命旧（遗）址打造成爱国主义教育基地，打造成与生态、古村落、观光、休闲融为一体的红色旅游胜地，进一步焕发老区革命旧（遗）址青春，造福老区人民，努力为实现市委、市政府提出的战略目标增砖添瓦。2016年11月南雄市老促会换届以来，南雄市老促会联合市史志办，分成三个小组，分别由老促会正副会长、史志办主任带队，对全市革命旧（遗）址进行了调研。通过调研，挖掘新发现了乌迳镇红四军南雄（黄木岭）脱险地；澜河镇小流坑墨砚厂陈毅养伤处；小流坑粤北党政军委员会旧址；锅坑黄屋东江纵队粤北留守部队隐蔽处；油山镇连山仙人洞陈毅隐蔽处；上朔朔溪农会旧址等20处重要革命旧（遗）址，全市革命旧（遗）址总数由原来的39处增加到68处，为南雄红色历史文化挖掘、整理作出了突出贡献。

3. 抓"健康扶贫"项目落地，扶贫攻坚有新举措。为了帮助革命老区人民从根本上解决看病难、难看病问题，解决老区基层医疗卫生技术人员招不进、留不住、派不出问题，帮助革命老区医疗人员提高医疗技术水平，市老促会携手广东省医学教育协会，在南雄开展了"健康扶贫"活动，无偿培训老区基层医疗技术人员，获得了广东省医学教育协会赠送价值 500 万元医疗培训费。2018 年 4 月起，南雄市 24 家不同级别的医疗卫生单位（含县级医疗卫生单位及基层卫生机构）共 1698 名卫生技术人员参与在线培训，经过近 8 个月的培训与多方调研验证，此项目平台师资队伍强大，课程内容覆盖面广，课程质量水准高，统计分析及监管功能强大，可操作性强，长期实施效果好，深受广大革命老区基层卫生单位及卫生技术人员的喜爱，是一个真扶贫、扶真贫的好项目。

4. 抓青少年教育有新探索。青少年是祖国的未来，民族的希望，他们将肩负历史的重任。党的十九大报告指出："青年一代有理想、有本领、有担当，国家就有前途，民族就有希望。"为了抓好青少年光荣传统教育，南雄市老促会正副会长、正副秘书长、办公室正副主任兼任校外辅导员。市老促会联手市关工委、市教育局、共青团南雄市委，在全市部分中小学校开展了"追寻红色足迹、传承红色基因——百场红色文化讲座进课堂"活动，对青少年教育起到了良好的效果。充分利用在南雄发生的革命故事和革命先辈先烈英勇事迹教育青少年。从南雄革命历程中的重大事件，著名革命先驱、先烈事迹中陶冶情操，以事件彰显革命领导人的历史作用，以革命先驱的事迹映衬事件中的闪光点，让青少年耳目一新、迸发聪慧，激励广大青少年奋发有为，争做新时代有理想、有本领、有作为、有担当的优秀青年，为民族振兴崛起，为祖国繁荣富强而奋斗。

5. 抓革命先辈后代联络联谊有创新。南雄开展革命斗争时间早、规模大、历时长，在长期的革命斗争中涉及的伟人多、牺牲的烈士多。据统计，除毛泽东、项英、邓小平等同志曾到过南雄参加革命活动外，至少还有 7 位元帅以及 120 多位开国将领，到南雄参加过革命活动。未授军衔、担任省部级领导干部的不计其数，老一辈无产阶级革命家的思想品德和光辉足迹，既是党和国家精神财富，也是南雄一笔巨大的精神财富，同时又是南雄独特丰富的红色资源。为了加强与革命先辈后代联络、联谊，充分发挥革命先辈后代红色资源优势，凝聚革命先辈后代的智慧和力量，加快南雄苏区振兴发展，南雄市老促会于 2018 年 5 月 15 日分别向市委、市政府提交了关于成立"南雄市革命先辈后代工委"的请示，市委书记、市长分别作出批示，同意成立南雄市革命先辈后代工委，市委办 7 月 1 日正式下文关于成立南雄市革命先辈代工委的通知（雄委办〔2018〕21 号），为做好广大革命先辈后代工作提供了组织保证。南雄市革命先辈后代工委成立后，南雄市老促会积极走访了广大革命先辈后代，先辈后代们建议在成立革命先辈后代工委的基础上，要继续搭建平台，注册登记成立社团组织南雄市革命先辈后代苏区振兴促进会，市政府批复同意成立南雄市革命先辈后代苏区振兴促进会。2018 年 12 月 22 日，东纵边纵后代 160 多人在原东江纵队司令员曾生之子、政委尹林平之女的带领下，到南雄革命老区寻访，赠送了一批革命书籍和字画，对南雄革命老区的发展提出了许多好的意见建议，先辈后代们表示将全力以赴、竭尽所能，全力支持南雄苏区的振兴发展。

南雄市老促会和老区建设之所以取得辉煌的成绩，与市委、市政府重视老区建设和老促会工作，对老促会工作"高看一眼，厚爱三分"密不可分，与部门支持和社会参与紧密相连。根据南雄市老区建设促进会章程规定，市委、市政府有关职能部门都是市老促会理事成员单位。为实现"两个一百年"奋斗目标，各理事成员单位充分发挥自己的职能优势，树立全市一盘棋思想，主动配合老促会开展各项工作，积极支持老促会交办的各项任务，同心协力抓好老区建设，共同擦亮苏区金字招牌。

附　录

附录一 南雄红色标语歌谣

油山镇上朔红色标语

录文：

农民暴动起来打土豪分田地

红军·埃革（3）宣

说明：保存在南雄市油山镇上朔村下村上新屋门墙
上。长96cm，宽46cm，字方大16cm×18cm。在第二次
国内革命战争初期，上朔村一度是南雄县武装暴动的中
心，1928年，在南雄县首次武装暴动中诞生的县苏维
埃政府机关就设在该村。南雄游击队自1928年诞生后，
在斗争中很快地发展成为三个游击大队。这条标语是南
雄红军游击队第三大队书写的。

录文：

帮助红军买粮食！

红军·埃革（3）宣

说明：保存在南雄市油山镇上朔村下村上新屋门
墙上。长90cm，宽60cm，字方大15cm×16cm。在第
二次国内革命战争期间，上朔村的群众对革命作出了
出色的贡献。

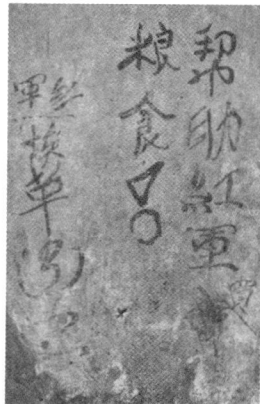

油山镇坳背村红色标语

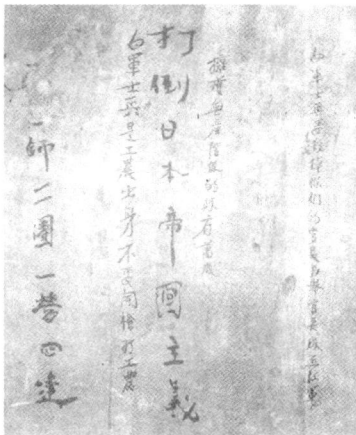

录文：

　　白军士兵要杀掉你们的官长另举官长成立红军

　　拥护无产阶级的政府万岁

　　打倒日本帝国主义

　　白军士兵是工农出身不要开枪打工农

　　　　　　　　　　　一师二团一营四连

　　说明：保存在南雄市油山镇坳背村曾昭瑞旧屋二楼墙壁上。高75cm，宽60cm，其中"打倒日本帝国主义"一条字体较大，笔迹跟署名一样风格。其余三条字体较小。"打倒日本帝国主义"及署名则可能是另一时间写的。坳背村是油山游击队领导骨干曾彪同志的家乡，红军和游击队曾多次进驻过该村，住宿在曾昭瑞、曾五妹家里。曾昭瑞兄弟旧屋墙壁上现存有近百条红军标语，字体大小不一，部分有重叠现象，有些较清楚完整，有些已模糊难辨，看得出红军曾先后数次在此驻留。

录文：

　　红军与农民一样分田地！

　　英勇的工农到红军中来！

　　红军要识字读书！

　　改良红军生活！

　　说明：保存在南雄市油山镇坳背村曾昭瑞旧屋楼壁。高100cm，宽70cm，字方大5cm×7cm。

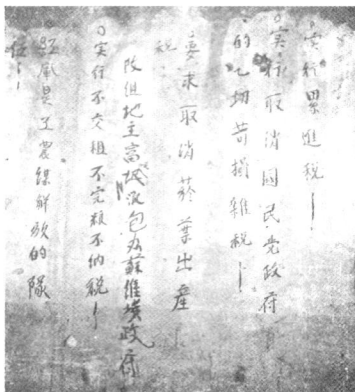

录文：

实行累进税！

实行取消国民党政府的一切苛捐杂税！

要求取消烟叶出产税！

改组地主富农流氓包办苏维埃政府！

实行不交租不完粮不纳税！

红军是工农谋解放的队伍！

说明：保存在南雄市油山镇坳背村曾昭瑞旧屋楼壁。高 100cm，宽 110cm。字方大 5cm×7cm。

录文：

农工商学兵如今起来

铲除国民党

团五连排长李罗汝

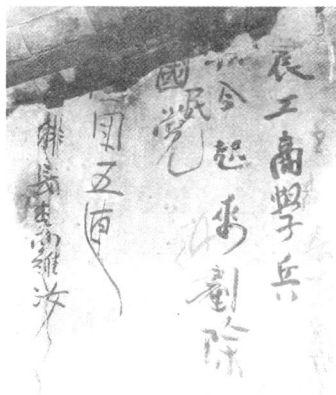

说明：保存在南雄市油山镇坳背村曾五妹旧屋二楼墙壁。字方大 7cm×12cm。在该屋墙壁上还有李罗汝书写的几条标语，字迹均已模糊。

油山镇夹河口村红色标语

录文：

公买公卖！

穷人不打穷人！

士兵不打士兵！

红天星丙机（宣）

说明：保存在南雄市油山镇夹河口村彭宪财住屋二楼墙壁上。长80cm，宽65cm，字方大7cm×9cm。

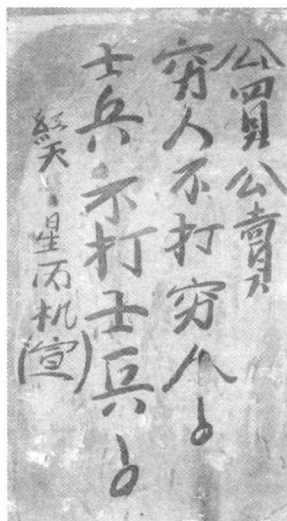

油山镇五色村红色标语

录文：

拥护中国共产党

说明：保存在南雄市油山镇五色村祖厅侧门上方，字方大14cm×16cm，该侧门房墙外墙上还存有"拥护中国共产党，拥护中央苏维埃……"的标语，笔迹与本标语一致。

界址镇界址墟红色标语

录文：

反对帝国主义。

中国工农红军河西独立第一团一连五班（宣）

说明：保存在南雄市界址镇界址墟丁仁深住房二楼墙壁上，为"中国工农红军河西独立第一团一连五班"所写。

录文：

共产党是无产阶级的政党

白军兄弟替官长打仗

红军士兵替自己打仗

打倒帝国主义

说明：保存在南雄市界址镇界址墟丁仁深住房二楼墙壁上，高150cm，宽100cm。该处共有十七条红军标语，均是"中国工农红军河西独立第一团"写的。其中，以团部署名的标语有三条，以"红军明医"署名的标语有四条，其余标语的署名是该团一连的班排番号或指战员。据曾在该团当过号兵的老红军战士李文华（南雄乌迳镇中心乾村人，1929年参加南雄游击队、参加过长征）回忆说："河西独立第一团"的前身即"南雄红军独立团"，该团于1932年1月在江西上犹营前改编后，属红三军团第七军指挥。水口战役时，该团奉命开调到南雄，这些标语可能是那个时候留下的。水口战役后，该团正式编入红七军。

录文：

打倒国民党

消灭广东白匪

红军明医

说明：保存在南雄市界址镇界址墟丁仁深住房二楼墙壁上，为"中国工农红军河西独立第一团"所写。

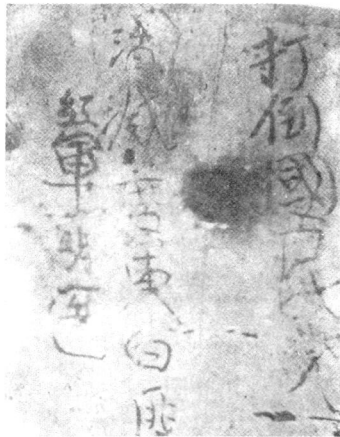

南亩镇鱼鲜村红色标语

录文：

1. 粤军弟兄是工农出身不要替军阀屠杀工农！

2. 粤军弟兄暴动起来拖枪来当红军！

3. 欢迎粤军弟兄来当红军！

4. 粤军弟兄要使家里老母有饭吃，只有暴动起来！

5. 医治白军伤兵！

6. 优待白军俘虏兵！

红军 I45 甲 A

说明：保存在南雄市南亩镇鱼鲜村王瑞东住屋楼上。长 130cm，宽 90cm，字方大 8cm×6cm。据当地老人回忆，红军只去过南亩一次，时间是 1932 年夏水口战役之后，鱼鲜村所有的红军标语和漫画都是那个时候留下的。

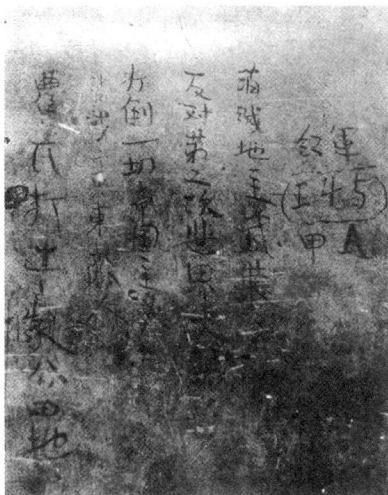

录文：

农民打土豪分田地。

消灭广东敌人。

打倒一切帝国主义。

反对第二次世界大战。

消灭地主武装。

红军 I45 甲 A

说明：保存在南雄市南亩镇鱼鲜村王瑞东住屋楼上。长 100cm，宽 90cm，字方大8cm×10cm。该楼壁还存有"反对日本帝国主义出兵东三省，反对帝国主义进攻苏联""打倒国民党政府，建立苏维埃政府，反对拉夫"等标语，均完整清楚。

录文：

拥护中央苏维埃政府。

白军士兵不要打红军！

共产党是无产〔阶级〕。

苏维埃口宣

说明：该标语是红军写在南亩镇鱼鲜村村民王瑞东房屋墙壁上，为长方形、灰泥质地，黑墨水书写，表面有刮花痕迹，字迹部分模糊。字方大5cm×7cm。

录文：

帝国主义从中国滚出去！

扩大民族革命战争推翻帝国主义在中国的统治！

扩大民族革命战争驱逐帝国主义驻华的海陆空军！

反对帝国主义创造军阀混战瓜分中国！

反对帝国主义镇压中国革命！

反对帝国主义武装进攻苏联！

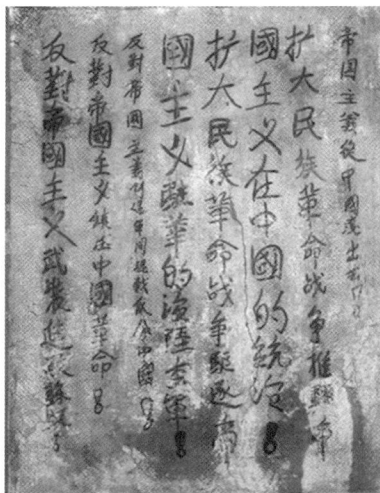

说明：1932年夏水口战役期间，红军曾驻扎在南亩镇鱼鲜村，在村民王瑞东房

里写下这幅标语。标语为长方形，灰泥质地，黑墨水书写，表面有刮花痕迹、有裂纹。字方大 7cm×8cm。

录文：

农民起来实行土地革命！

说明：这条标语是 1932 年夏水口战役之后，红军写在南亩镇鱼鲜村王瑞东楼壁上的。该标语为长方形，灰泥质，黑墨水书写，字迹清楚，表面有部分刮花痕迹。字方大 6cm×6cm。

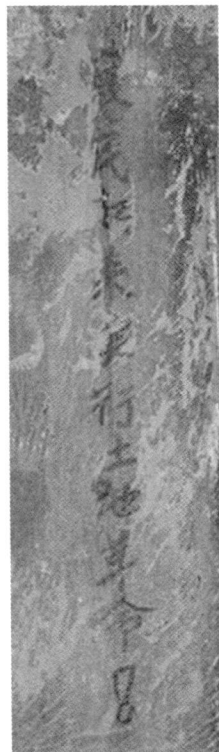

录文：

农民组织游击队，夺取地主武装

说明：保存在南雄市南亩镇鱼鲜村水楼西墙壁上。石灰白字，长 2000cm，字高 130cm、宽 100cm，离地高 250cm，无署名。该楼东墙上有一条字体相同、大小相仿的石灰标语："收缴豪绅地主民团枪支"，末尾的署名是"红军 I45"。

乌迳镇新田村红色标语

录文：

焚烧田契借约！

说明：1934 年 10 月 26日，红军长征部队红一军团等进入广东南雄油山、界址和乌迳一带。27 日拂晓，红一军团在乌迳新田与粤军余汉谋部打响了进入广东后的第一仗。红军击溃守敌后，陆陆续续地进入新田村休整，为了不惊扰村民，红军就住在村里的祠堂里，新田村大大小小的祠堂成了红军驻扎的场所。此标语是当时红军所写下的。此标语在南雄市乌迳镇新田村李文林住房墙壁上。为白灰楷体字，长 540cm，宽 70cm，每字规格约 70cm×60cm，标语末尾署名已经风化不清。

湖口镇三角村红色标语

录文：

土地革命是为雇农贫农中农谋利益的，

贫农组织贫农团。

实行八小时工资制，

增加工资减少工时。

农民起来实行土地革命。

红军是真正为劳苦工农谋利益的，

工农劳苦群众与红军亲密的团结，

红军不拿工人农人一点东西。

红军是劳苦工农自己的阶级武装……

说明：保存在湖口镇三角村吴屋公厅墙壁上，1932 年夏水口战役期间，红军曾驻扎吴屋，写下许多革命标语。

水口镇簕过村红色标语

录文：

反对帝国主义瓜分中国

红军□□□□

说明：保存在南雄市水口镇簕过村陈屋村小组院墙上，石灰白字，全长 1300cm，字方大 80cm×90cm，离地高 200cm。写于 1932 年夏水口战役期间。据该村的一些群众说，"文化大革命"前，还可以看到署名中"红军"后面有"第三"的字样。

水口镇云西村红色标语

录文：

粤军弟兄是工农出身不要替军阀来打自家的工农红军。

红军 I45 （甲口）

说明：保存在南雄市水口镇云西村钟屋村院墙上。全长 1800cm，字方大 70cm × 90cm，离地高 200cm。标语中的"粤"字已脱灰，但印迹清楚，

425

署名中最后一字看不清楚，写于 1932 年水口战役期间。该村院墙上还保存有三条红军书写的大标语。

珠玑镇中站村红色标语

录文：

红军不杀敌方投诚官兵　拥护苏维埃中央临时政府！

（六）红军四军

说明：保存在南雄市珠玑镇中站村陈福林住房墙壁上。上面一条为黑墨字，全长 600cm，字方大 55cm×60cm，标语末尾有编号"（六）"，署名是"红军四军"。下面一条标语为红色的油墨字，全长 660cm，字方大 55cm×70cm，末尾署名（写在另一面的墙角上）已无法辨认。标语离地高 2.5 米，这两条不同颜色的标语的书写时间，现尚难确定。据当地老人回忆，是 1932 年夏水口战役期间红军战士书写的。该村还发现有以"红四军"署名的"优待白军俘虏兵""医治白军伤病员"等标语。

珠玑镇梅关村红色标语

录文：

建立苏维埃政府
推翻国民党政府
组织工农赤卫军
消灭豪绅靖卫团
亲爱的工友们自
动的团结起来
加入工农的武装

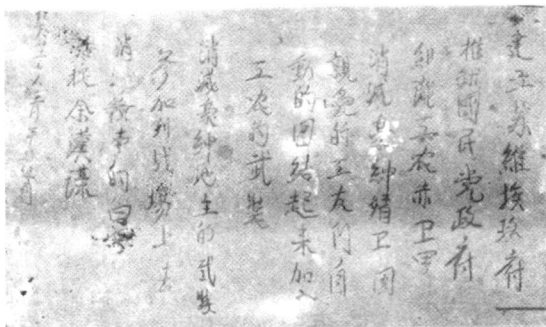

消灭豪绅地主的武装

参加到战场上去

消灭赣南白军

活捉余汉谋

红天星丙青年一组制

说明：保存在南雄市珠玑镇梅关村街尾头村小组公厅墙壁上。高110cm，宽230cm，字方大10cm×15cm。标语原被石灰浆覆盖，由于石灰剥落，露出了部分字迹，经过细心刮剥，才露出全貌。据调查分析，该标语写于1932年夏，红三军团围攻大庾守敌余汉谋部，一、五军团（部分主力）都曾开到南雄梅关一带支援。

录文：

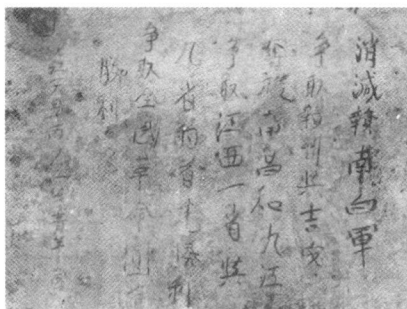

消灭赣南白军。

争取赣州与吉安。

争取南昌和九江。

争取江西一省与几省的首先胜利。

争取全国革命圆满胜利。

红天星丙一组青年（宣）

说明：保存在南雄市珠玑镇梅关村街尾头村小组公厅墙壁上。标语高105cm，宽135cm，字方大10cm×15cm。

录文：

红军是工农的军队。

红军（宣）！

说明：保存在南雄市珠玑镇梅关村豪头村小组赖兆昆住屋外墙上。长600cm，字方大50cm×60cm。据当地老人回忆，该标语是1932年夏水口战役前夕红军战士写的。

油山镇上朔村红色歌谣

录文：

当红军歌（歌词）

当兵就要当红军，处处工农来欢迎。

官长士兵都一样，没有谁来压迫人。

当兵就要当红军，帮助工农打敌人。

买办豪绅和地主，杀他一个不留情。

当兵就要当红军，退伍下来不愁贫。

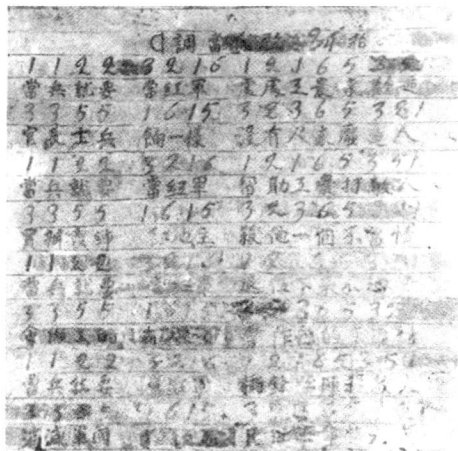

会做工的有工做，会作田的有田耕。

当兵就要当红军，冲锋陷阵杀敌人。

消灭军阀和地主，民族革命快完成。

说明：保存在南雄市油山镇上朔村徐屋祠堂正门侧墙上。高150cm，宽110cm。红军多次进过上朔村，这首歌曲抄写的具体时间不详。

界址镇洋街村红色歌谣

　　说明：这是红军书写在南雄市界址镇洋街村董家祠堂正门左侧的《告敌方士兵歌》。高 280cm，宽 320cm。文告写在打有方格的灰墙上，四周饰有边线，文字流畅，是一种歌式文告。可惜因年久失修，在自然的和人为的破坏下，已毁原貌，无法连贯地认读原文。这种残存的布告，在南雄境内多有发现。如南雄县夹河村象嘴头村门楼的灰墙上保存有《中华苏维埃临时政府规例》和《致中国士兵书》，都是打好方格写字的。书法很工整。这种费时费工的宣传文告，说明红军在这些地方曾驻留过不短的时间。

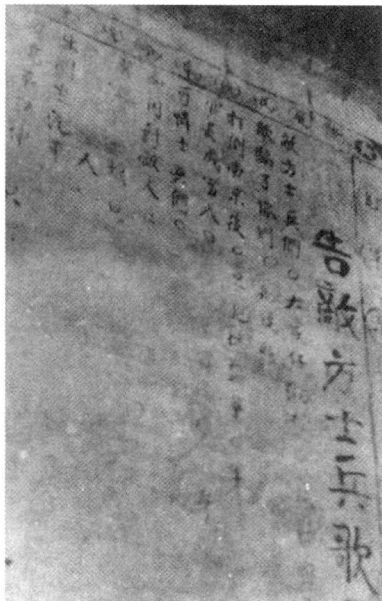

珠玑镇角湾村红色歌谣

录文：

调十骂反革命（仿送郎调）

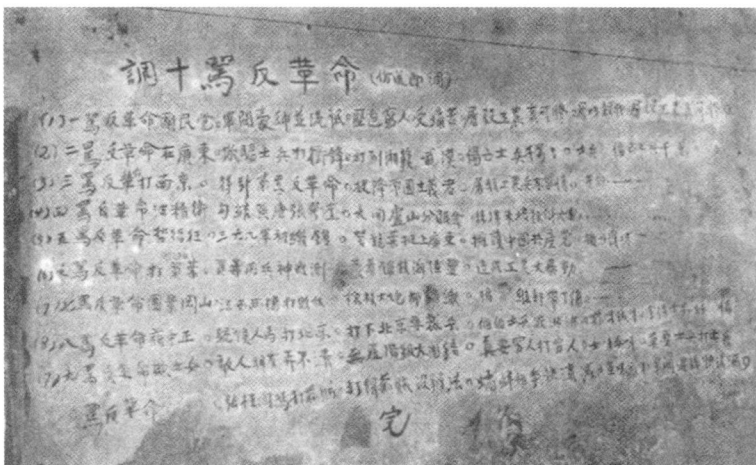

（1）一骂反革命国民党。军阀豪绅并流氓。压迫穷人受痛苦。屠杀工农真可惨。屠呀杀耶。屠杀工农真可惨。

（2）二骂反革命在广东。欺骗士兵打冲锋。打到湘赣和武汉。伤亡士兵千千万。士呀兵呀。伤亡士兵千千万。

（3）三骂反革命打南京。得到南京反革命。投降帝国主义者。屠杀工农不留情。（重复句……）

（4）四骂反革命汪精卫。勾结黄唐张发奎。大开庐山分赃会。吓得朱培德倒大霉。（……）

（5）五骂反革命势猖狂。三六九军被缴枪。贺龙叶挺上广东。拥护中国共产党，拥呀护呀……

（6）六骂反革命打贺叶（贺龙、叶挺）。贺叶用兵神难测。藏着枪支海陆丰。造成工农大暴动。……

（7）七骂反革命围景（井）冈山。江西两杨打败仗。枪支大炮都被缴。杨贼维（如）轩带了伤。……

（8）八骂反革命蒋中正。统领人马打北京。打下北京要裁兵。个个士兵泪淋淋。蒋呀贼呀，害得士兵好可怜。

（9）九骂反革命欺士兵。敌人朋友弄不清。无产阶级大团结。莫要穷人打穷人。士呀兵呀，莫要士兵打士兵。

（10）十骂反革命□□□。张桂阎冯打蒋贼。打得蒋贼没办法。鹬蚌相争快消灭。军呀阀呀。军阀混战快消灭。

说明：保存在南雄市珠玑镇角湾村聂帮英住房门墙外壁。宽220cm，高100cm，字方大4cm×5cm。原被黄泥石灰混合浆覆盖，只露个别字迹，经细心刮剥，始露原貌。角湾村是红军多次经过的地方。1929年初、1931年春和1932年夏，都有主力红军从角湾村经过，其中有两次在该村驻留过。这两次，红军都写了大量的标语、诗歌。

录文：

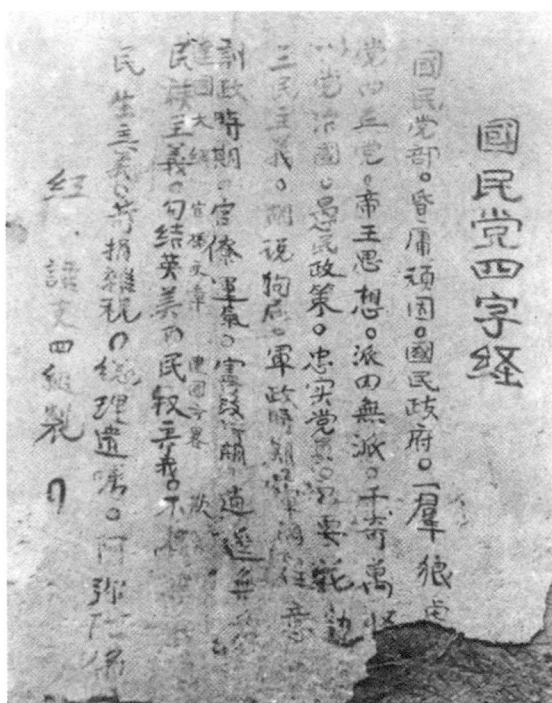

国民党四字经

国民党部。昏庸顽固。国民政府。一群狼虎。

党内无党。帝王思想。派内无派。千奇万怪。

以党治国。愚民政策。忠实党员。只要花边。

三民主义。胡说狗屁。军政时期。军阀任意。

训政时期。官僚运气。宪政时期。逍遥无畏。

建国大纲。官样文章。建国方略。欺骗□□。

民族主义。勾结英美。民权主义。不□□□。

民生主义。苛捐杂税。总理遗嘱。阿弥陀佛。

红军语文四组制

说明：保存在南雄市珠玑镇角湾村肖屋村肖述珍住屋门墙外壁。宽70cm，高60cm，字方大4cm。

帽子峰颂

说明：1947年4月初，中共五岭地委建立粤赣湘边人民解放总队，黄业任总队长，司令部驻在帽子峰镇乾村。一天，司令员黄业看到远处高耸的帽子峰，想到项英、陈毅曾在这里打过三年游击，心中不由地升起崇敬与豪迈之情，挥笔写下了《帽子峰颂》一诗，抒发了他对这座英雄名山的敬仰之情。黄业属下的连队指导员劳火，多才多艺，能弹会唱。他看到《帽子峰颂》后，很快就为这首诗谱上曲，并教会战士们唱。随着东纵南雄部队——粤赣湘边解放总队四处出击，游击区扩大到以帽子峰为中心的周边粤赣湘省的二十多个县，这首歌在粤赣湘边各部队中得到广泛传唱。后来，部队改编为"中国人民解放军粤赣湘边纵北江第二支队"，司令员黄业、政委张华决定将《帽子峰颂》确立为部队的军歌。

红军歌谣（两首）

（一）

白军士兵弟兄，多是工农出身；
受了军阀压迫，开来进攻红军。
长年离乡背井，永别儿女双亲；
残杀自己兄弟，究竟为谁牺牲？
修筑马路堡垒，天天辛苦不停；
干饭两顿不饱，军饷克扣干净。
于今天寒地冻，棉衣还未上身；
受尽长官打骂，当作牛马畜生。
可恨国民狗党，代表资本豪绅；
出卖满洲华北，半个中国送尽。
高叫无力抗日，屠杀革命人民；
不管中国灭亡，围攻苏区红军。
我苏维埃政府，工农自己政权；
工人增加工资，八时工作一天。
打倒豪绅地主，农民分地分田；
实行反帝抗日，大队已经先遣。
野战红军出动，快要对日作战；
白军士兵弟兄，莫听军阀欺骗。
切勿烧杀抢掠，你我本无仇怨；
协同群众游击，大家打成一片。
快把枪头掉转，实行暴动兵变；
杀死反动官长，加入红军作战。
实现自由解放，革命反日分田；
工农兵大团结，胜利就在跟前。

（二）

我本是一农民，各种痛苦都受尽；

今天想起来，怎能不伤心。

豪绅压迫，地主剥削到如今，

一天到晚真辛苦，满身血汗都流尽。

推翻地主阶级，打倒帝国主义，

要不这样——永做奴隶，不得翻身。

说明：赣粤边三年游击战争时期，流传在南雄、大庾（江西省）一带的红军歌谣。

附录二

南雄市革命历史旧（遗）址名单

序号	旧（遗）址名称	地　点	现存情况	发生时期	爱国主义教育基地级别	遗址保护单位级别
1	南雄县农民协会遗址	南雄县城风神庙	已损毁	大革命		
2	朔溪农会遗址	油山镇上朔村	已修复	大革命		
3	中共南雄县委旧址	湖口镇湖口村老屋下村花楼	已损毁立有碑石	大革命		
4	国共合作时期国民党南雄县党部旧址	雄州街道市府大院内大成殿	保存完好	大革命		省级
5	李乐天烈士故居	湖口镇新迳村筲箕窝李屋	已损毁	土地革命		
6	南雄县苏维埃政府成立大会遗址	黄坑镇黄坑村老墟场	已损毁	土地革命		
7	中央红军长征入粤第一站宿营地	界址镇下屋子、杉头下	濒临倒塌	土地革命		
8	红三军团、红五军团驻地旧址	界址镇赵屋村洋街	濒临倒塌	土地革命		

（续表）

序号	旧（遗）址名称	地　点	现存情况	发生时期	爱国主义教育基地级别	遗址保护单位级别
9	南方红军三年游击战项英、陈毅隐蔽处	澜河镇白云村虎鞋	已损毁	土地革命		
10	北山事件红军烈士纪念碑	澜河镇白云村龙狮石	已修复	土地革命	县级	
11	南方红军三年游击战陈毅养伤处	澜河镇白云村小流坑墨砚厂	已损毁	土地革命		
12	红军医院旧址	澜河镇白云村瓩盖脑	已损毁立有碑石	土地革命		
13	赣粤边三年游击战争指挥机关	帽子峰上里洞	已损毁	土地革命		
14	毛泽东在南雄居住旧址	南雄县城八一街	濒临倒塌危房	土地革命		
15	南雄县第一次学运秘密会议遗址	南雄县城何家祠	已损毁	土地革命		
16	陈丕显与国民党南雄县长谈判旧址	南雄县城岭南酒家	已损毁	土地革命		
17	南雄县第一次农民暴动遗址	南雄县城美香馆酒楼	已损毁	土地革命		
18	红四军活动地遗址	南雄县城莫屋空坪	已损毁	土地革命		
19	南雄县第五区苏维埃政府旧址	水口镇篛过村欧阳氏宗祠	保存完好	土地革命		

（续表）

序号	旧（遗）址名称	地　　点	现存情况	发生时期	爱国主义教育基地级别	遗址保护单位级别
20	红五军、红四军军部旧址	南雄县城上武庙	已损毁	土地革命		
21	红四军、红五军活动地旧址	南雄县城下武庙	已损毁	土地革命		
22	水口战役部分红军战士牺牲掩埋地	水口镇水口村打石湖	保存完好	土地革命		
23	水口战役战场旧址	水口镇水口村水口墟	已损毁	土地革命		
24	红一方面军临时指挥部皖岸寨旧址	水口镇大部村	已损毁	土地革命		
25	红五军团指挥部篛过村后龙山旧址	水口镇篛过村	已损毁	土地革命		
26	红四军黄木岭脱险地	乌迳镇官门楼村黄木岭	保存完好	土地革命		
27	赣粤边红军独立师第三团团部旧址	乌迳镇孔江村枫坑	濒临倒塌	土地革命	县级	县级
28	红军长征入粤第一仗旧址	乌迳镇新田村村边	正在建纪念公园	土地革命		
29	大岭下会议旧址	油山镇大兰村大岭下彭屋	已修复	土地革命	县级	

（续表）

序号	旧（遗）址名称	地　点	现存情况	发生时期	爱国主义教育基地级别	遗址保护单位级别
30	陈毅藏身洞金星岩革命旧址	油山镇大兰村李坑垄	保存完好	土地革命		
31	南雄县苏维埃政府兵工厂遗址	油山镇大兰村李坑垄	已损毁	土地革命		
32	油山廖地会师	油山镇大兰村廖地	已修复	土地革命	县级	
33	黄地土围保卫战旧址	油山镇黄地村	损毁严重	土地革命		
34	毛泽东、朱德同志居住旧址	油山镇锦陂村	濒临倒塌	土地革命		
35	谢泰谦烈士故居	油山镇孔村	损毁严重	土地革命		
36	项英、陈毅隐蔽处	油山镇莲山村寨背洞	保存完好	土地革命		
37	南雄县苏维埃政府旧址	油山镇平林村上门	已损毁	土地革命		
38	南雄县妇女训练班遗址	油山镇平林村田螺坑	已修复	土地革命		
39	朱德率红四军突破粤军伏击地战场旧址	油山镇坪田坳村大石埂	保存完好	土地革命		
40	彭显模烈士故居	油山镇上朔村	损毁严重	土地革命		
41	曾昭秀烈士故居	湖口镇湖口村	损毁严重	土地革命		

（续表）

序号	旧（遗）址名称	地　点	现存情况	发生时期	爱国主义教育基地级别	遗址保护单位级别
42	陈召南烈士故居	湖口镇石坑村	损毁严重	土地革命		
43	南雄县苏维埃政府旧址	油山镇上朔村	正在修复	土地革命	县级	县级
44	南雄县农民暴动策源地	珠玑镇灵潭村鸳鸯围	正在修复	土地革命		
45	陈毅与国民党代表谈判旧址	珠玑镇梅岭村钟鼓岩	已修复	土地革命		
46	抗日战争胜利纪念碑	古市镇修仁、丹布村	已损毁	抗日战争		
47	八路军南下支队军政会议遗址	百顺镇朱安村沙坑	濒临倒塌	抗日战争		
48	中共南雄县委遗址	湖口镇新湖村赤溪湖	已损毁	抗日战争		
49	中共南雄中心县委驻地	湖口镇新迳村古坑	已修复	抗日战争	县级	
50	中共南雄中心县委党员训练班旧址	湖口镇新迳村樟树下	保存完好	抗日战争		
51	八路军南下支队司令部旧址	澜河镇上矽村	濒临倒塌	抗日战争		
52	中共广东省委党员干部训练班遗址	全安镇河塘村里岗岭村围楼	已损毁	抗日战争		

（续表）

序号	旧（遗）址名称	地　点	现存情况	发生时期	爱国主义教育基地级别	遗址保护单位级别
53	中共广东省委电台驻地旧址	全安镇密下水村谢地村何屋	已损毁	抗日战争		
54	南雄飞机场遗址	雄州街道郊区村水西	已损毁	抗日战争		
55	中共广东省委机关旧址	雄州街道荆岗村瑶坑	已修复	抗日战争	省级（省级党员教育基地）	省级
56	广东陆军总医院遗址	珠玑镇灵潭村	正在建纪念公园	抗日战争		
57	中共南雄县委青年训练班遗址	珠玑镇上嵩村下洞	已损毁	抗日战争		
58	中共南雄县委遗址	珠玑镇叟里元村里塘坪	已损毁	抗日战争		
59	中共五岭地委扩大会议旧址	邓坊镇上湖村西坑	已修复	解放战争	县级	
60	小流坑粤北党政军临时委员会遗址	澜河镇白云村小流坑	濒临倒塌	解放战争		
61	东纵粤北留守部队隐蔽处	澜河镇澜河村锅坑	已修复	解放战争	县级	
62	五岭地委帽子峰会议遗址	帽子峰林场芳坑	已损毁	解放战争		

（续表）

序号	旧（遗）址名称	地　点	现存情况	发生时期	爱国主义教育基地级别	遗址保护单位级别
63	中共五岭地委粤赣湘边人民解放总队机关旧址	帽子峰坪山村乾村	已修复	解放战争	县级	
64	南亩战役遗址	南亩镇南亩村南亩墟	已损毁	解放战争		
65	南下大军与北江第二支队会师旧址	珠玑镇梅岭村梅关	保存完好	解放战争	县级	国家级
66	南雄革命烈士陵园	南雄县城郊区	保存完好		韶关市级	
67	水口战役纪念公园	水口镇水口村水口墟	保存完好		韶关市级（国防教育基地）	
68	油山革命纪念碑	油山镇坪田坳村	保存完好		韶关市级	

注：

1. 2012年12月，南雄市政协文史委员会、南雄市史志办公室合编的《南雄市革命历史遗址专集》南雄文史第38辑，收集有考证确认的革命遗址39处。

2. 2017年4月以来，南雄市老促会与南雄市史志办多次联合开展调查，挖掘发现新的革命旧（遗）址29处。

《南雄市革命历史旧（遗）址名单》取自以上调研资料，截止时间为2019年5月。

附录三 **大事记**

1925 年

春，曾昭秀等南雄籍进步学生在广州成立南雄留省学生会，出版《雄声月刊》。

9 月 16 日，三百多名农会会员在上朔村十房祠堂（四德堂）举行朔溪农民协会成立大会。

12 月，共产主义青年团广东区委派农民运动讲习所第五期学员傅恕、夏明震、沈仲昆到南雄开展工农运动，建立共产主义青年团南雄县特别支部，代号"兰芝"，傅恕任书记。

1926 年

5 月 1 日，成立南雄县总工会，陈赞贤任委员长，工会会员958 人。

6 月，成立中共南雄县支部，傅恕为支部书记。

6 月，箬过村农民协会成立。

8 月，中共南雄特别支部成立，傅恕任支部书记。

10 月，广东省妇女解放协会南雄县分会成立，曾昭慈为主席。

冬，南雄县第一次农民代表大会在县城召开，一千多名代表出席，成立南雄县农民协会，选举陈召南为委员长。

1927 年

11 月 7 日，中共南雄特别支部在湖口集英国民小学召开党员扩大会议，决定领导农民举行武装起义。

12 月 1 日，中共南雄县委员会成立，委员有彭显模、欧阳哲、彭显伦、曾昭慈。

1928 年

2 月 1 日，中共南雄县委改组，曾昭秀为书记。

2 月 13 日晚，大雪，县农民赤卫队举行武装暴动，分头攻打大城门税厂、中站税厂、夹河口税厂及新田、水口等处，共摧毁税卡 18 处，击毙顽抗的税卡人员 24 名，缴枪二十多支。

2 月 18 日，中共南雄县委在黄坑墟召开万人群众大会，成立南雄县苏维埃政府。大会选举曾昭秀为苏维埃政府主席，宣布赤卫队为县苏维埃政府的武装部队，决定县苏维埃政府机关设在上朔洋楼。随即开展土地革命，5 万群众参加"平仓"、"平田"运动，捕杀反动豪绅地主二百余人，摧毁其据点五十余个。

1929 年

1 月 24 日，毛泽东、朱德、陈毅率领红四军二十八团和三十一团及特务营、独立营近四千人，从大庾县城入南雄县上下杨梅。25 日在上茶田白石埠击退国民党政府军 1 个团的拦截，出夹河口，经上朔、宿乌迳、在黄木岭召开群众大会，26 日经界址入江西信丰县李庄。

4 月，中共南雄县委在油山坪田坳召开党员代表大会，选举县委员会书记陈召南。

6 月 1 日下午，彭德怀率红五军攻占南雄县城，县长方新剃须易服潜逃。红军镇压反动官绅，释放被关押的政治犯，筹款 3 万元，缴获商团枪械百余支，集中全城裁缝赶制军装千套，5 日退出南雄城。

11 月 2 日，因叛徒告密，中共南雄县委书记陈召南、常委周序龙、周群标、何新福等被国民党军警逮捕，3 日被杀害于城郊五里山。

11 月，中共南雄县委重建，彭显模为书记。南雄党政军受中共赣南特委领导，南雄革命根据地成为中央苏区有效管辖范围。

1930 年

4 月 1 日下午 5 时，毛泽东、朱德率红四军占领南雄县城，县长梅翊翔携印潜逃，红军在雄城驻扎 1 周，开展革命宣传，筹款 4 万元，于 7 日离城，经乌迳入信丰。

10 月，南雄县委根据中央苏区的指示，在坪林恢复南雄县苏维埃政府，组建"北江红军南雄独立营"，开辟支援中央苏区的食盐运输线，配合中央红军反"围剿"。

1931 年

1 月，南雄县委根据赣西南特区西河分委的指示，将南雄独立营与南康、信丰一带活动的肖云发部共五百多人，改编为"北江红军南雄独立团"，团长谢泰谦。

3 月 8 日，红军独立团攻打延村水楼，击毙第六区"清剿"委员冯宠华及其弟冯宠汤，活捉土豪冯番毛，缴步枪三十余支。

1932 年

3 月 9 日，中共南雄县党员代表大会在油山大岭栋附近的山寮坑召开，成立新的南雄县委员会，叶修林任县委书记。

7 月 8 日至 10 日，发生水口战役。红一军团的第十二军、十五军，红五军团的第三军、十三军，以及江西独立第三师、六师，在毛泽东、朱德、王稼祥指挥下，同粤军李汉魂、张梅新、陈章、张达所部共 13 个团的兵力，激战于水口墟一带，相持 3 昼夜，红军击溃了粤军，双方伤亡较大。

1934 年

10 月，中国工农红军红途经广东南雄。

冬，中共赣粤边特委书记、军分区司令员兼政委李乐天率领特委机关和武装约七百余人到油山，开展武装斗争。

1935 年

3 月，中共中央分局书记、中央革命根据地司令员兼政委项英，中央办事处主任陈毅，到油山廖地村会合李乐天开展游击战争。

10 月，中央根据地军区原参谋长龚楚叛变后，化装袭击北山澜河白云龙西石，杀害游击队员六七十人，又窜到帽子峰企图捕捉项英、陈毅，阴谋未遂。是为北山事件。

1936 年

1 月底，李乐天在信丰小河乡坳背村附近，被国民党军队包围，激战中英勇献身。

1937 年

5 月，国民党重兵"围剿"游击队二十余日，陈毅身带伤病，伏莽写下《梅岭三章》诗篇。

9 月 6 日，陈毅与大庾县县长彭育英在钟鼓岩谈判团结抗日事宜。

11 月上旬，陈丕显以江西省抗日义勇军第一支队代表身份，在南雄县城与大庾县政府秘书鲁炯雯、南雄县县长曾绳点以及驻军师长谈判团结抗日事项。

1938 年

1 月，赣粤边游击队在大庾县池江集结，改编为新四军第一支队，2 月 25 日北上抗日。

2 月 24 日，12 架日机突袭南雄城，投弹二十余枚。驻雄中央空军二十大队起飞迎击，飞行员陈其伟在空战中中弹牺牲，飞机坠毁于迳口，县城军民隆重举行追悼会。

8 月 29 日上午 10 时，17 架日机袭击南雄机场，驻雄中央空军 9 架飞机起飞还击，空战 30 分钟，击落日机两架，大队长吴汝鎏座机中弹起火坠毁，吴汝鎏壮烈牺牲，南雄军民隆重举行追悼会，南雄机场命名为"汝鎏机场"。

9 月，莫雄出任南雄县长，招抚土匪头子钟寿山，稳定南雄局势，并释放在押政治犯。

秋，广东青年抗日先锋队南雄县队成立，中共党员董天锡任队长，各中小学成立抗日同志会，广泛开展抗日宣传活动。

12 月 5 日，日机两批 16 架次突袭南雄县城，投弹一百余枚，燃烧弹两枚，炸死二十多人，重伤 16 人，轻伤六十余人，房屋倒塌四十余间。

1939 年

春，中共广东省委书记张文彬来南雄传达六届六中全会精神，成立南雄中心县委，书记罗世珍。

6 月 23 日下午 1 时 50 分，8 架日机袭击南雄县城，投弹 30

余枚，毁民房 29 间，炸死 19 人，伤 17 人。

12 月，中共广东省委机关迁到南雄瑶坑村。

冬，中共广东省委在全安乡里岗岭围楼举办县级党员训练班，有 30 多人，翌年 5 月结束。

1941 年

7 月，国民党顽固派突袭中共南雄中心县委驻地古坑。幸早有察觉，已作应变转移。从此，中共南雄县委改委员制为特派员制，以利隐蔽活动。

11 月 26 日，日机轰炸南雄县城，毁民房 26 间，炸死 39 人，伤 36 人。

1945 年

2 月，日本侵略军进逼南雄，南始曲守备司令李震下令烧毁飞机场仓库，炸毁河南桥。3 日下午 4 时，日军围攻南雄县城，6 时城陷，县政府撤至宝江乡长潭尾村（3 月迁至龙口墟），并在百顺成立办事处。

2 月 23 日深夜，日军向始兴撤退，国民革命军收复南雄县城。

8 月，王震、王首道根据中共中央军委建立五岭根据地指示，率部南下，于 8 月 27 日到达南雄北山澜河上矽，旋因日本投降，时局变化，接军委电报后轻装北上。

1946 年

12 月 3 日晚，中共领导的雄庾信人民义勇大队攻打邓坊乡公所，三十多人缴枪投降。

1947 年

3 月，中共香港分局派张华到百顺乡凌溪村的云影庵（今属仁化县），成立五岭地委，张华任书记，黄业、刘建华任副书记。会议决定以"反三征"（反征兵、征粮、征苛捐杂税）为中心，发动群众，扩大队伍，发展游击区，建立根据地。

4 月，粤赣湘边人民解放总队成立，黄业任总队长，张华任政治委员，刘建华任副总队长，陈中夫任政治部主任。总队有三千五百多人，下设 4 个支队。

1948 年

3 月 1 日，国民党"粤赣湘边区'清剿'联防指挥部"总指挥叶肇在南雄就职。是月，叶肇派六十九师九十二旅（隆昌部队）对中共五岭根据地猖狂进攻。26 日解放总队所属政工队队长董天锡战死。解放总队暂时从平原退入帽子峰、油山。

1949 年

1 月 1 日，中国人民解放军粤赣湘边纵队宣告成立。2 月，粤赣湘边人民解放总队改名为中国人民解放军粤赣湘边纵队北江第二支队。

3 月至 4 月间，中共南雄县工作委员会成立，书记吴新民，副书记郭显亲。同时，成立南雄县人民政府，县长吴新民（兼），秘书郭显亲（兼），成立 5 个区人民政府。

8 月，中共南雄县党政领导班子调整，县委书记兼县长张尚琼，副书记于亚农，副县长华云。

9 月，中共南雄县工作委员会改为中共南雄县委员会，由张尚琼续任县委书记，并由张尚琼、于亚农、郭显亲等组成新的南雄县委，其中于亚农续任县委副书记，郭显亲为县委秘书。

9月24日凌晨2时，中国人民解放军第二野战军第四兵团第十五军第四十五师在北江第二支队协同下，进攻南雄县城，4时攻克，南雄解放。县人民政府入城接管旧政权。

附录四　**革命先辈后代题词**

　　南雄市是全国著名革命老区，是目前韶关市唯一的原中央苏区县，在革命战争年代，许多老一辈无产阶级革命家、党和军队领导人都曾经在南雄这片红色土地上战斗过，老一辈无产阶级革命家的光辉思想和优良作风将永远激励着南雄儿女奋勇前进！为了更好地传承红色基因，充分发挥红色资源优势，加强与广大革命先辈后代联络联谊工作，南雄市先后成立了"南雄市革命先辈后代工作委员会"和"南雄市革命先辈后代苏区振兴促进会"。革命先辈后代为编纂《南雄市革命老区发展史》给予了极大的支持帮助，提供了许多有益的资料。在《南雄市革命老区发展史》出版前夕，本书编委会特邀请部分革命先辈后代为《南雄市革命老区发展史》出版发行题词，题词如下：

为《南雄市革命老区发展史》题

南国烽烟卅十年

雄风万里辟新天

陈昊苏

2019年9月30日

陈毅元帅之子陈昊苏为《南雄市革命老区发展史》出版发行题词

为《南雄市革命老区发展史》题

传承红色精神
促进南雄发展

陈丹淮

2019.9.29

陈毅元帅之子陈丹淮为《南雄市革命老区发展史》出版发行题词

为《南雄市革命老区发展史》题

红色南雄

苏区丰碑

己亥秋　黄梅

黄克诚大将女儿黄梅为《南雄市革命老区发展史》出版发行题词

南雄市革命老区发展史

为《南雄市革命老区发展史》题

发掘红色历史
传承红色基因

刘康

朱德元帅女儿朱敏之子刘康为《南雄市革命老区发展史》出版发行题词

454

建设美好南雄

传承苏区精神

为《南雄市革命老区发展史》题

张峰

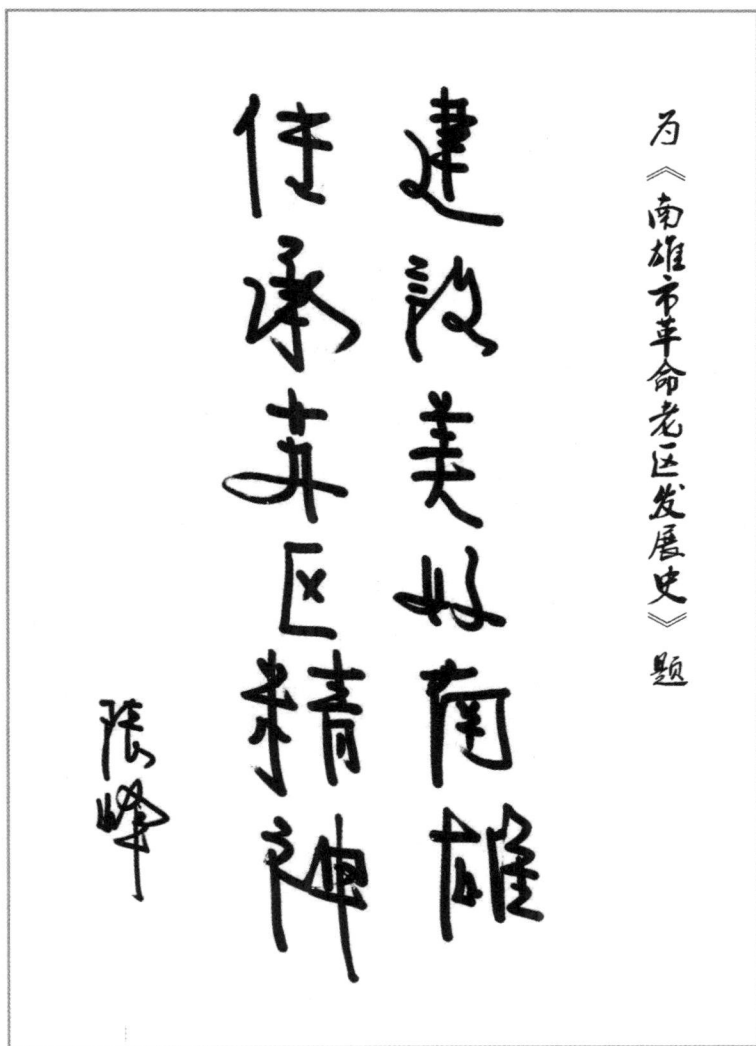

彭德怀元帅侄女彭梅魁之子张峰为《南雄市革命老区发展史》出版发行题词

后记

为贯彻习近平总书记关于"发扬红色资源优势,深入进行党史、军史、老区革命史优良传统教育,把红色基因代代传下去"的指示,进一步传承红色基因,弘扬老区精神,根据中国老区建设促进会《关于编纂全国1599个革命老区县发展史》的安排意见,南雄市委、市政府高度重视编纂工作,2017年8月,成立编纂《全国革命老区发展史》丛书《南雄市革命老区发展史》编委会,由市委书记王碧安任主任,市委副书记、市长林小龙任执行主任。市老促会会长涂运发任编辑部主任。从市委宣传部、市政协办公室、市史志办、市委党校、市教育局等单位,抽调精兵强将,具体由市老区建设促进会组织开展编纂工作。经过两年来的努力,数易其稿,正式付梓出版。该书将历史的真实性、事件的准确性与内容的可读性相统一,成为南雄市有质量、有特色、有价值的历史文献书籍。

在编写过程中,南雄市26个单位或部门为本书的编纂提供资料。它们是:市纪委、市委办、市政府办、市委组织部、市委宣传部、市发改局、市史志办、市政协办公室、市教育局、市卫计局、市交通运输局、市农业局、市林业局、市水务局、市住房和城乡规划局、市统计局、市民政局、市财政局、市商务局、市旅游局、市扶贫办、市档案局、市水保办、市老区办、市老促会、南雄产业转移工业园管委会。

456

　　本书各章节编写人员分工：革命老区概况、解放战争时期由陈水勤编写；大革命时期、土地革命时期后半部分及抗日战争时期由肖锋编写；土地革命时期前半部分由李君祥编写。中华人民共和国成立后社会主义过渡时期、社会主义建设探索与十年“文革”时期由曾诚、陈水勤提供文字初稿，具体由彭贤光编写中华人民共和国成立后至“文革”时期；陈长莲和胡剑锋负责改革开放时期；江珍华负责迈进新时代时期；江珍华和庄素梅负责附录的编写。中华人民共和国成立前的革命斗争史由陈水勤统稿；中华人民共和国成立后的社会主义建设史由江珍华统稿。本书图片由李君祥、陈水勤、李子亮、肖锋、江珍华提供、摄影。

　　由于编者水平有限，加之时间比较匆促，本书尚有不足之处，诚请读者批评指正。

南雄市革命老区发展史编辑部
2019 年 6 月